郑州市文物局郑州黄河文化遗产研究丛书

典籍里的郑州黄河

郑州市文物局　主编

陈万卿　著

科学出版社

北　京

内 容 简 介

本书选取、整理和收录了部分与黄河郑州段有关的地方志和二十五史等典籍中的史料。所涉地区包括郑州市下辖的巩义市、荥阳市、惠济区、金水区和中牟县等黄河沿岸区县市。收录的史料，按照内容可分为水系、漕运、治水、堤防、灾祥、名山名胜、人物、战事、艺文、碑志、城池、建筑、交通、疆域、沿革、滩地等。这些史料真实反映了古代黄河郑州段及其沿岸的政治、军事、经济、地理、宗教信仰、自然灾害、治河等方方面面的情况，再现了鲜活的黄河历史，以期对学界研究黄河郑州段有所裨益。

本书适合历史学、考古学等相关专业的高校师生及从业者参考、阅读。

图书在版编目（CIP）数据

典籍里的郑州黄河 / 郑州市文物局主编；陈万卿著. —北京：科学出版社，2023.10

（郑州市文物局郑州黄河文化遗产研究丛书）

ISBN 978-7-03-076821-6

Ⅰ. ①典⋯ Ⅱ. ①郑⋯ ②陈⋯ Ⅲ. ①黄河—文化史—郑州

Ⅳ. ① K296.11 ② K928.42

中国国家版本馆 CIP 数据核字（2023）第 208172 号

责任编辑：闫广宇 / 责任校对：王晓茜
责任印制：肖　兴 / 封面设计：北京有道文化传播有限公司

科学出版社 出版

北京东黄城根北街16号
邮政编码：100717
http://www.sciencep.com

北京中科印刷有限公司 印刷

科学出版社发行　各地新华书店经销

*

2023年10月第 一 版　开本：787×1092　1/16
2023年10月第一次印刷　印张：17
字数：400 000

定价：168.00元

（如有印装质量问题，我社负责调换）

"郑州市文物局郑州黄河文化遗产研究丛书"
编委会

主　　编：任　伟
副 主 编：郭　磊　王成福　胡　鹏　王金超　杨　洋
编　　委：张贺君　李生刚　张　翼　李艳萍　李喜明　尚红林
　　　　　杨　凯　王景杰
编写人员：张贺君　世笑瑾　宋文佳　夏林阳　张甜甜　杨锁印
审　　校：夏林阳

编写说明

1. 本书收录了二十五史和地方志中关于黄河郑州段的部分史料。

2. 引用的二十五史,均来自中华书局标点本。其中《史记》是1959年标点本,《汉书》是1962年标点本,《后汉书》是1965年标点本,《三国志》《周书》是1971年标点本,《晋书》《宋书》《魏书》《北史》《新五代史》《明史》是1974年标点本,《南齐书》《北齐书》是1972年标点本,《梁书》《隋书》是1973年标点本,《南史》《旧唐书》《新唐书》《金史》是1975年标点本,《旧五代史》《元史》是1976年标点本,《宋史》《清史稿》是1977年标点本。《陈书》《辽史》中没有发现关于黄河郑州段的史料。

3. 引用的地方志,绝大部分出自河南省地方史志办公室编纂的《河南历代方志集成·郑州卷》,郑州大象出版社2017年12月出版。该书收录的地方志均为影印本,因此我们对摘录的文献加以正字断句,文字漫漶不清难以辨识者,用□代替。

4. 引用的《嘉靖荥阳县志》,是陈万卿校注,扬州广陵书社2006年6月出版的。

5. 以上所有引用文献,其作者、出版社等信息,在正文脚注中不再标出。

6. 典籍中有避讳字者,今皆改正之。

7. 引用典籍无年份者,我们查证之后,加在文首,如《后汉书·灵帝纪》"中平六年八月戊辰,中常侍张让、段珪等杀大将军何进",中华书局标点本中无"中平六年",是我们加上去的。

8. 除少数原文就有标题的文献外,收录的史料大部分系摘录,并无标题,书中的标题是我们依据史料的内容加上去的。如"荆河惟豫州:伊、雒、瀍、涧既入于河,荥播既都,道荷泽,被明都。其土壤,下土坟垆。田中上,赋杂上中。贡漆、丝、绨、纻,其筐纤絮,锡贡磬错。浮于雒,达于河",引文前加"荥播"为标题。凡我们所加之标题,其下之正文皆另起一段(第七章,以及其他章节中有作者的篇目除外)。

序

《尚书·禹贡》曾勾勒出黄河河道的大致走向："导河积石，至于龙门；南至于华阴，东至于底柱，又东至于孟津，东过洛汭，至于大伾，北过降水，至于大陆；又北，播为九河，同为逆河，入于海。"其中对郑州段的描述仅仅为八个字——"东过洛汭，至于大伾"。万里黄河中，郑州段仅有三百里（1里合500米），但是，黄河是中华民族的母亲河，而郑州是中华文明的起源地之一，典籍中关于黄河郑州段的记载，真可用"浩如烟海"来形容。

《典籍里的郑州黄河》，顾名思义，收录了典籍中关于黄河郑州段及其沿岸的相关记录。黄河从巴颜喀拉山发源之后，一路迤逦东来，过青海、四川、甘肃、宁夏、内蒙古、陕西、山西后，进入河南，之后从山东流归渤海。黄河入河南后的第一个地级市是三门峡，接着流经洛阳、济源、焦作、郑州、新乡、开封、濮阳七个市，从濮阳市台前县入山东境。黄河全长约5464公里，其中郑州段全长约150公里，不到总长度的3%。若以黄河全流域为范围收录典籍有关记载，则卷帙之浩繁、工作量之巨大难以估计。鉴于此，本书仅仅收录了黄河郑州段的相关史料，即便如此，内容仍颇为可观。

黄河郑州段自西而东流经五个区县市，分别是巩义市、荥阳市、惠济区、金水区、中牟县。我们查找了二十五史和地方志中关于这五个区县市的资料。其中地方志包括《嘉靖郑州志》《康熙郑州志》《乾隆郑州志》《民国郑县志》《正德中牟县志》《顺治中牟县志》《康熙中牟县志》《乾隆中牟县志》《同治中牟县志》《民国中牟县志》《嘉靖巩县志》《乾隆巩县志》《乾隆巩县志（乾隆五十四年刻本）》《民国巩县志》《嘉靖荥阳县志》《康熙荥阳县志》《乾隆荥阳县志》《民国续荥阳县志》《顺治荥泽县志》《康熙荥泽县志》《乾隆荥泽县志》《嘉靖汜水县志》《万历汜乘》《顺治汜志》《乾隆汜水县志》《民国汜水县志》《康熙河阴县志》《民国河阴县志》。

我们对搜集到的史料进行了一定的取舍。上述五个区县虽然濒临黄河，但有很多史料与黄河并无十分密切的关系，这一部分史料就要舍弃。比如灾祥部分，主要收录黄河及其主要支流上的灾情、祥瑞，其他水系和地域的灾祥就弃而不用。又比如水系部分，众所周知，郑州除巩义全境和荥阳的一部分属黄河流域外，其余国土均属淮河流域，大部分河流不汇入黄河，因此一些支流和不为人所知的河流没有收录进本书。有的史实发生地虽远离黄河，却与黄河有着千丝万缕的联系，这些史料就要收录进来。如荥阳的索水不是黄河支流，京水也远离黄河，但据《史记》记载，楚汉战争的重要发生地在鸿沟—成皋一线的黄河沿岸，之后扩大到了索水及京水，因此，京水、索水，以及这两水上的重要城池——京城和索城就与黄河产生了联系，就要收录进去。总而言之，我们是以黄河为中心收录史料的，不完全考虑距离之远近，而是以史实的发生是否与黄河相关联为标准。

搜集到的史料，按照内容可分为十六类，分别是：水系、漕运、治水、灾祥、地名、人物、战事、艺文、碑志、城池、建筑、交通、疆域、沿革、滩地、赋税。这中间，漕运与治水息息相关；艺文与碑志体例相近；城池、建筑、交通，往往互相穿插，且均为人类物质文明之见证；县区的疆域常常随沿革发生变化，地方志记载中的滩地又与疆域十分密切。因此，综合考虑之后，我们将全书分为九章，章下再分小节。

小节的划分，颇为作难。我们收录的史料，除二十五史外均为明清至民国时期编写的地方志。按照当时的行政区划，巩义市为巩县，中牟县仍称中牟县，两者地理范围变化不大。而荥阳市、惠济区、金水区的变化最大，今之荥阳，由过去的汜水县、荥阳县、河阴县分分合合而来；今之惠济区、金水区，则是过去的荥泽县和郑县的辖境。因此，本书中有几章下的小节内容，是按照旧的行政区划进行论述的。但是，过去方志编写者们又喜欢将邻县的资料编入本县的志书，如汜水、荥阳、河阴、荥泽四个县的县志，均将鸿沟、广武山、敖仓等编入其中，但文字却又不同，难以取舍。我们只得将其原文全部录于本书中，以便从不同的角度来了解同一个事物。

第一章，水系。上游之巩义，共有河、洛、济、伊四水，河、洛、伊三川在巩义西南入洛，洛水在巩义东北入黄河。巩义全境均属于黄河流域，故而巩义的河流收录较多。荥阳市有汜水汇入黄河，汜水流域可归入黄河流域；古有济水与黄河交汇，有砾溪（即今枯河）汇入黄河；境内流域面积最广的索河虽汇入贾鲁河，但与黄河只有咫尺之距。惠济区有枯河、须水河、贾鲁河。中牟县历史上有济水、汴水、滩头河、小清河汇入黄河。此外，历代围绕黄河开凿了大量的运河，如春秋时期的鸿沟、隋唐的通济渠、宋代的汴渠。均收录于本章中。枯河汇入黄河，须水河汇入贾鲁河，贾鲁河入淮河。金水区有贾鲁河入淮河。

第二章，漕运、治水、堤防。收录部分关于黄河郑州段漕运与治水的相关史实，按照时代顺序进行编排。黄河郑州段的漕运，是以黄河为中心而开展的。自鸿沟开凿之日这里即有漕运，秦始皇统一中国后，充分利用了鸿沟和济水等水系，把在南方征集的大批粮食运往北方，设立于荥阳北部的敖仓即为明证。黄河郑州段的漕运以隋唐和北宋最为兴盛。隋炀帝开通济渠后，南方漕船沿该渠在荥阳入黄河，溯河而上，在洛口入洛河，沿洛河达东都洛阳。因这一段水文复杂，运输困难，效率低下，唐玄宗时裴耀卿建议置武牢仓、洛口仓，设河阴县，实行"节级转运"之法。北宋都汴梁，有四河通漕运，以汴河所漕为多，汴水所引黄河水多沙易淤，每年清淤汴河河道人员动辄以万人计，于是有范子渊"导洛入汴"工程。明清两代，京杭大运河不再经过郑州，郑州的漕运急剧衰退，并逐渐退出历史舞台。

郑州地处温带季风气候区，夏季暴雨多，境内河流往往排泄不及，容易形成洪涝。黄河郑州段含沙量高，水出荥阳，至中牟成悬河，大堤易溃，元以后更是愈渐频繁。北宋以前，为保证漕运，统治者不惜人力物力对这一带的河流进行治理。明清两代，由于运河移至山东，为保障漕运，统治者牺牲上游的利益，造成河南境内河患频繁。是以唐宋两代之治河，是为保障漕运之治水，明清两代之治河，是为应对黄河决口之治水。

第三章，灾祥。收录历代在黄河郑州段及其附近发生的水灾、祥瑞与不祥之兆。所收录之水灾，与前之《治水篇》不同：《治水篇》所收录的史料，多为对水系进行有计划的改造和干预，主动性居多；本章之记载，没有人为之干预，即使有，也仅为被动抵御，将决口堵住之后，便无其他措施。汉武帝以后，儒学被立为正统，董仲舒所创"天人感应"说渐入人心。儒家认为，当政治清明时，对人有益的祥瑞就会频出，如本章记载中常常出现的"河清"；相反，当政治昏暗的时候，不祥之兆也会频出，如"河水黑""彗星见，黄河冰结如石"等。这些现象都是表示上天对皇帝的赞赏或惩罚。

第四章，名山名胜。收录的古地名均位于黄河郑州段沿岸，主要可以分为三个大类：名山，黄河及其重要支流的津、渡、关，以及其他。黄河沿岸之名山，以巩县、汜水县、河阴县、荥泽县较多，这是因为这些地方属丘陵地貌。荥阳县虽也地处丘陵区，但是明清时的荥阳县并不靠近黄河，而其境内的名山大多位于南部，因此我们没有收录。郑县和中牟县沿黄一带是平原，几乎无山。津、渡、关以巩县、汜水县为多，盖因这一带的黄河南岸有群山为阻，河道相对稳定，不像下游河道在历史上来回移动，加之这里是进出关中的要道，所以适合建设渡口，得南来北往之便利。

第五章，人物。收录的人物主要有三类：一是在黄河及其沿岸有过重要活动或者对治理黄河产生重要影响的上古部落首领和帝王；二是对治理黄河做出重要贡献的名人；第三类人物较为复杂，他们有的因黄河泛滥而为民请命，有的因治水而亡，有的死于水灾，总而言之，他们的人生都受到了黄河的重要影响。在本章所分的三个小节中，又以历史时代为顺序，对各个人物进行了编排。

第六章，战事。郑州地处中原腹心之地，北依邙山、大伾山、广武山而俯瞰黄河，西南为崇山峻岭，东为一望无际之平原。位于荥阳的虎牢关在历史上尤其是以今洛阳或西安为政治中心的时期，为关东入京的必由之口，战略地位极其重要，郑州因此成为"军事重地"。诚如方志之记载，郑州"表里山河，汉唐六季以迄元明，争雄角险，实为中土奥区、巩洛门户"，是以这里战争频仍，发生了许多影响中国历史进程的重大战役以及无数次大大小小的战事。

本章按照时代顺序对历代战事进行了编排，共分为六个小节。每小节下又有分类，重要战役如"邲之战""成皋之战""官渡之战"，按照战争名称列为一类；西汉末年、魏晋南北朝、五代十国时期战事混乱不堪，是以按照时代列为一类。

第七章，艺文、碑志。所收录的内容，体例繁杂，大体可分为两类：一为与黄河有关的各类文章，二为与黄河有关的碑志。需要说明的是，这些碑志都是从方志上摘下来的录文，至于碑志本身是否存世，大多不得而知。本章共分两节，每节的内容，按照文章或碑志的成书时代进行编排。

第八章，城池、建筑、交通。郑州建城历史悠久，文献记载中的古城，有的至今仍然存在，如春秋之索城，秦汉之楚王城、汉王城，汉代之荥阳城，仍有高大的城墙矗立于世。有的城址已经消失在历史的长河中，如商之隞都、隋之荥泽城、唐之河阴城，早已沦于黄河，明清时各县之县城则均被拆毁。本章收录的城池，或多或少都与黄河有所关联，有的在黄河沿岸，有的遭遇黄患侵袭。收录的古建筑，或建于黄河之滨，或遭遇黄患，或与治水有关，如龙王庙、金龙四大王庙，是治理水患的祭祀之所。收录的关于交通的记载，则反映了古人在黄河附近建桥、凿山等史实。每节内以县为单位又进行了分类，以便于阅读。

第九章，疆域、沿革、滩地。地方志中有不少关于疆域和沿革的记载，内容涉及黄河者颇多。根据记载我们可以知道，明清时期巩县、汜水县、河阴县、荥泽县、郑县均地接黄河，河阴县、荥泽县甚至跨越了黄河。巩县、汜水、河阴、荥泽、郑县都有黄河滩地，由于黄河南北移动十分频繁，滩地的地界常被冲毁，若不及时勘清，往往会造成各县纷争不断，甚至引发斗殴和死亡，因此地方官对滩地十分重视，不仅设置界桩，还将其载入方志。

古代典籍浩如烟海，我们查阅的只是其中极少一部分，本书收录的史料，只能说是冰山一角。一则限于我们的能力，能够找到的典籍不多；二则精力有限，即使找到了更多的典籍，也难有时间去查找。这是不得已的事，只能抱有遗憾了。由于我们的水平有限，即使是手头的典籍，也未必能将与黄河郑州段有关的记载一一收录。此外，本书章节之编排、典籍之正字断句，若有不足之处也是在所难免，敬请方家批评指正。

编　者

2022 年 11 月

目　　录

序

第一章　水系 ··· 001
　　第一节　黄河、洛河、汜河、枯河 ··· 002
　　第二节　索河、须水河、贾鲁河 ··· 018
　　第三节　鸿沟、汴水、济水、荥水等 ··· 019
　　第四节　其他河流 ·· 029

第二章　漕运、治水、堤防 ·· 035
　　第一节　秦汉至隋唐漕运 ··· 037
　　第二节　宋代漕运 ·· 045
　　第三节　明代漕运 ·· 050
　　第四节　北宋及以前的治水 ·· 051
　　第五节　金元两代的治水 ··· 060
　　第六节　明清两代的治水 ··· 062
　　第七节　堤防 ·· 074

第三章　灾祥 ··· 086
　　第一节　水灾 ·· 087
　　第二节　祥瑞 ·· 095

第四章　名山名胜 ··· 101
　　第一节　名山 ·· 102
　　第二节　津、渡、关 ··· 112
　　第三节　其他 ·· 115

第五章　人物 ··· 121
　　第一节　帝王 ·· 121
　　第二节　治水能臣 ·· 125
　　第三节　其他人物 ·· 135

第六章　战事 ··· 141
　　第一节　春秋战国 ·· 142

第二节　秦汉 143
　　第三节　魏晋南北朝 155
　　第四节　隋唐 168
　　第五节　五代、宋、金、元 181
　　第六节　明清 187
第七章　艺文、碑志 193
　　第一节　艺文 193
　　第二节　碑志 209
第八章　城池、建筑、交通 216
　　第一节　城池 217
　　第二节　建筑 227
　　第三节　交通 232
第九章　疆域、沿革、滩地 234
　　第一节　疆域与沿革 234
　　第二节　滩地 246

后记 257

第一章

水　系

　　黄河，古称河水。历史上的黄河郑州段，支流纵横，水系发达。沧海桑田，千百年以来，这些河流有的仍存在且变化不大，有的因数次改道或者人为改造而不复旧貌，有的已消失无踪。

　　现今之黄河郑州段，起于巩义市，流经荥阳市、惠济区、金水区，从中牟县入开封境。该段黄河有个重要特点，就是郑州以上的河道很少发生改道，郑州以下的河道则南北滚动极其频繁。现在一般将郑州桃花峪定为黄河中游和下游的分界线，原因有二：一是水出桃花峪之后，即进入一马平川地带，再无高山阻隔；二是历史上黄河频繁改道，几乎都是以此地为圆心。

　　黄河郑州段的重要支流，上游有伊河、洛河，二河流经巩义市，汇流之后称伊洛河。伊洛河是黄河中游南岸较大的支流，在洛阳平原腹地左携涧水，右带伊河，东出平原，在河洛镇洛口汇入黄河，其汇入黄河之处，又称"洛汭"。黄河东流，又有汜河和枯河汇入。汜河发源于荥阳南部，在汜水镇汇入黄河。枯河，古称砾溪，历史上常被误称为旃然或澶然（旃然实际应为索水上游），该河从荥阳市区北向东流，入郑州市惠济区，汇入黄河。

　　黄河南岸最重要的一条河流是贾鲁河，属淮河支流。贾鲁河上游为索河、须水河。索河发源于荥阳南部，流入郑州市高新区，与须水河汇流，称索须河。索须河绕郑州城北向东流，称贾鲁河，贾鲁河南流，经中牟县境入开封，过尉氏县，至周口市入颍河，最后汇入淮河。因金元时期少数民族政权入主中原时河防不修，黄河南侵济水（汴河）水道，河道湮没，后元代贾鲁疏通索水及荥阳南部诸水，合而东流入汴河，故而此水被称为贾鲁河，俗称汴河南支。今则索水与须水合流，称索须河，东流，在郑州北与原来并不相涉的黄水合流，称贾鲁河。

历代在黄河周边开凿了大量的运河，如春秋时期之鸿沟，隋唐时期之通济渠，宋代之汴渠……

鸿沟，又称狼汤渠、莨荡渠，战国魏惠王十年（前360年）开始兴建，是沟通黄淮的一条古运河。修成后，自秦汉至魏晋南北朝，一直是黄淮间的主要水运交通线路之一。

汴河，又称通济渠、汴水，是隋炀帝杨广在鸿沟、汴渠等基础上兴修的运河。汴河在北宋时最为繁盛，《宋史·河渠志》载："惠民、金水、五丈、汴水等四渠，派引脉分，咸会天邑，舳舻相接，赡给公私，所以无匮乏。唯汴水横亘中国，首承大河，漕引江、湖，利尽南海，半天下之财赋，并山泽之百货，悉由此路而进。然则禹力疏凿以分水势，炀帝开圳以奉巡游，虽数湮废，而通流不绝于百代之下，终为国家之用者，其上天之意乎。"南宋以后，宋金划淮为界，通济渠不再通航，后逐渐湮废。

黄河郑州段有不少已经消失的河流和湖泽，如济水、荥泽、圃田泽等。济水，古四渎之一。《禹贡》："导沇水，东流为济，入于河，溢为荥。"济水发源于王屋山，东南流，在成皋城北的温县境内注入黄河，即《水经注·河水》："河水又东，过成皋县北，济水从北来注之。"古之济水与黄河汇流之后，因其水清，比重小，黄河水浊，比重大，且济水流程短而落差大，呈冲击之势，故而不能与河水混合，二水并流，泾渭分明。秦汉之鸿沟、隋之通济渠、唐宋之汴河，皆济水之故道。荥泽和圃田泽均为济水河道流经之大泽，今已塞平，不复存在。

总之，历史上的黄河郑州段，水系纷繁芜杂，易令人混淆不清。因此，本章收录了部分典籍中的黄河水系记载，以期对黄河郑州段的水系有更加直观的了解。

第一节　黄河、洛河、汜河、枯河

河水[①]　河水东过孟津，入巩县界，为小平津。

《名胜志》《郡国志》云："小平城，汉县，废址在今巩县西北，有河津曰小平津，即城之隅也。"《施府志》："小平城在平阴东北，平阴在孟津县。故《方舆纪要》以小平城属孟津，不知小平、平阴本非一地，平阴故城在今孟津，巩、孟接壤，故小平城遂入巩县。"

按，今巩西北裴峪渡即小平津，以裴、平音近而讹。见府志古迹。

又东过巩县故城北，右得鄩水。

《水经注》："巩县北有山临城，谓之釜原丘。其下有穴，谓之巩穴，潜通淮浦，北达于河。直穴有渚，谓之鄩渚。故河自鄩穴以上又兼鄩称。"《吕氏春秋》称武王伐

[①] 《河南历代方志集成》第七卷《乾隆巩县志》（乾隆五十四年刻本），第237页。

纣至鲔水，纣使胶鬲候周师，即此。《施府志》："鲔渚，今已湮塞，而河水旧兼鲔水之称，故著之。"

又东为五社津。

《方舆纪要》："五社津在巩县北五里，大河东过巩，谓之巩河，有五社津。更始将朱鲔守洛阳，遣兵渡巩河攻温。又，建武初遣将军耿弇等军五社津，而使吴汉等围洛阳，是也。"

又东过神尾山，洛水自西南来，东北流注之，谓之洛汭。

《水经注》："洛水于巩县东洛汭北对琅琊渚，入于河，谓之洛口。自县西来而北流注河，清浊异流，皦焉殊别。"《程大昌书谱》："洛既北入河，河之南、洛之北两间为汭，汭之为言在洛水之内也，渭河入河之间，亦名渭汭，正其义也。又洛水成皋西入河，谓之洛汭，即什谷也。"《明史·地理志》："洛水旧经巩县北入河，谓之洛汭，亦曰洛口，嘉靖后东过汜水县入河。"《施府志》："《明史》谓洛水过汜水县入河者，嘉靖后大河北徙，去洛口远，故洛水又东流乃入河，今大河复南徙，洛水入河处在巩东北界。"

又东过洛口，柳泉水自柳桥出，北流注之。

《李通志》："柳桥在巩县东。"《旧志》："柳泉在金沟正南。"

按，柳泉水即洛口东金沟村所出之水也，以泉畔多柳得名，泉在金沟南五里许，有村曰柳源村。

又东过成皋，入汜水界，石城水合汜北流注之。

按，石城水俗名玉仙河，流二十余里入汜水界，北流至成皋东入河，故于汜界终，记之。

黄河[①]　自昔为中国患，《河渠书》述之详矣。探厥本源，则博望之说，犹为未也。大元至元二十七年，我世祖皇帝命学士蒲察笃实西穷河源，始得其详。今西蕃朵甘思南鄙曰星宿海者，其源也。四山之间，有泉近百泓，汇而为海，登高望之，若星宿布列，故名。流出复潴，曰哈剌海，东出曰赤宾河，合忽阑、也里术二河，东北流为九渡河，其水犹清，骑可涉也。贯山中行，出西戎之都会，曰阔即、曰阔提者，合纳怜河，所谓"细黄河"也，水流已浊。绕昆仑之南，折而东注，合乞里马出河，复绕昆仑之北，自贵德、西宁之境，至积石，经河州，过临洮，合洮河，东北流至兰州，始入中国。北绕朔方、北地、上郡而东，经三受降城、丰东胜州，折而南，出龙门，过河中，抵潼关。东出三门，集津为孟津，过虎牢，而后奔放平壤。吞纳小水以百数，势益雄放，无崇山巨矶以防闲之，旁激奔溃，不遵禹迹。故虎牢迤东距海口三二千里，恒被其害，宋为特甚。始自滑台、大伾，尝两经泛溢，复禹迹矣。一时奸臣建议，必欲回之，俾复故流，竭天下之力以塞之。屡塞屡决，至南渡而后，贻其祸于金源氏，由不能顺其就下之性以导之故也。

[①]　《宋史》卷九十一《志第四十四》，第2255～2256页。

黄河[①]　中国河患，历代详矣。有清首重治河，探河源以穷水患。圣祖初，命侍卫拉锡往穷河源，至鄂敦塔拉，即星宿海。高宗复遣侍卫阿弥达往，西逾星宿更三百里，乃得之阿勒坦噶达苏老山。自古穷河源，无如是之详且确者。然此犹重源也。若其初源，则出葱岭，与《汉书》合。东行为喀什噶尔河，又东会叶尔羌、和阗诸水，为塔里木河，而汇于罗布淖尔。东南潜行沙碛千五百里，再出为阿勒坦河。伏流初见，辄作黄金色，蒙人谓金"阿勒坦"，因以名之。是为河之重源。东北会星宿海水，行二千七百里，至河洲积石关入中国。经行山间，不能为大患。一出龙门，至荥阳以东，地皆平衍，惟赖堤防为之限。而治之者往往违水之性，逆水之势，以与水争地，甚且因缘为利，致溃决时闻，劳费无等，患有不可胜言者。

黄河[②]　旧薄大伾激广武，一河全在汜境，《禹贡》所谓"东过洛汭，至于大伾"正此地也。今河北徙，过牛口自北而南直抵五龙坞，逾敖仓历四十五里而达河阴矣。王文恪过汜水，登大伾山，有《河源辩》见于《艺文》。王荆公等诸贤诗并见焉。

黄河[③]　距县北十七里许。旧循李林等一泻而东，南岸有滩地千顷，盖河民旧业也。今直抵敖山脚下，波吼如雷，南岸良田尽沦河北，按册取课，从难问诸水滨矣。河民何罪，遭河伯之虐至此极也。

河水[④]　自禹时至于大伾北，过洑水山阴，实为其环绕。故《竹书纪年》云："迁于嚣，于河上。"历代虽有迁徙，无大变更。今来汜入荥，为河阴、武陟天然界限。

河水[⑤]　《通鉴辑览》："商王河亶甲元祀嚣，有河决之患。"

《竹书纪年》："周贞定王六年，晋河绝于扈。"

《水经注》："河水又东过成皋县北，济水从北来注之。又东过荥阳县北，蒗荡渠出焉。大禹塞荥泽，开之以通淮、泗。汉平帝之时，河、汴决坏，未及得修，汴渠东侵，日月弥广，水门故处，皆在水中。汉明帝永平十二年，议治汴渠，上乃引乐浪人王景问理水形便。景陈利害，应对敏捷，帝甚善之，乃赐《山海经》、《河渠书》、《禹贡图》及以钱帛。后作堤，发卒数十万，诏景与将作谒者王吴共筑堤防修堨，起自荥阳，东至千乘海口，千有余里。景乃商度地势，凿山开涧，防遏冲要，疏决壅积，十里一水门，令更相回注，无复渗漏之患。明年渠成，帝亲巡行，诏滨河郡国置河堤员吏，如西京旧制。景由是显名，王吴及诸从事皆增秩一等。顺帝阳嘉中，又自汴口以东，缘河积石为堰，通古渠□，咸曰金堤。灵帝建宁中，又增修石门，以遏渠口。水盛则通注，津耗则辍流。"

---

① 《清史稿》卷一百二十六《志第一百一》，第3715～3716页。
② 《河南历代方志集成》第十一卷《顺治汜乘》，第333页。
③ 《河南历代方志集成》第十四卷《康熙河阴县志》，第40页。
④ 《河南历代方志集成》第十四卷《民国河阴县志》，第176页。
⑤ 《河南历代方志集成》第十四卷《民国河阴县志》，第177～179页。

《宋史·河渠》："元丰二年七月戊子，范子渊言：'因护黄河岸毕工，乞中分为两埽。'诏以广武上、下埽为名。元丰五年，广武上、下埽危急，诏救护，寻获安。元祐八年七月辛丑，广武埽危急，诏王宗望急往救护。大观三年八月，诏沈纯诚开撩兔源河，兔源在广武埽对岸，分减埽下涨水也。重和七年秋雨，广武埽危急，诏内侍王仍相度措置。宣和元年十二月，开修兔源河并直河，毕工，降诏奖谕。"

《金史·河渠》："黄河埽设散巡官一员，雄武、荥泽、原武、阳武、延津五埽则兼汴河事，设黄汴都巡官一员，于河阴以莅之。大定十一年，河决王村，孟、卫州等界多被其患。十二年正月，尚书省奏：'检视言，水东南行，其势甚大。至河阴广武山循河而东，至原武、阳武、东明等县，孟、卫等州增筑堤岸，日役夫万一千，期以六十日毕。'大定二十七年，以河阴县令佐勾管河防事。"

《元史·河渠》："元延祐八年，委太常丞郭奉政、前都水监丞边承务、都水监卿朵儿只、河南行省石右丞、本道廉访副使帖木赤、汴梁判官张承直，上自河阴，下至陈州，与拘该州县官一同沿河相视。各官公议：'今相视上自河阴，下抵归德，经夏水涨，甚于常年，以小黄口分泄之故，并无冲决。'"

《河南通志》："元至正十六年，河决郑州河阴县，官民居尽废。"《开封府志》："明太祖黄河说其略曰：'今朕得观斯水，狭直处如经如弦，凡山回石起之处，则盘若羊肠，若河阴以达于徐、宿，地旷而原平则不然，斯水汗汗漫漫、浩浩荡荡，有不可测焉。'"

《明史·河渠》："山东佥事江良材尝言：'通河于卫有三便。古黄河自孟津东北至怀庆东北入海。今卫河自汲县至临清、天津入海，则犹黄河古道也，便一。三代前，黄河东北入海，宇宙全气所钟。河南徙，气遂迁转。今于河阴、原武、怀、孟间导河入卫，以达天津，不独徐、沛患息，而京师形胜百倍，便二。漕舟至封丘，陆运抵淇门入卫。今导河注卫，冬春水平，漕舟至河阴，顺流达卫。夏秋水迅，仍从徐、沛达临清，以北抵京师。且修其沟洫，择良有司任之，可以备旱潦，戎马，益起河南富强之势，便三。'詹事贺韬大然其画，具奏以闻。不行。"

《开封府志·河防》："明嘉靖七年霍韬《治河疏》，其略曰：'若引河自兰阳注宿迁，则归德诸处河溢奔溃，将数郡一壑，其患不止于徐、沛二州县而已也。莫若自河阴、原武、孟津、怀庆之间择地形便，导河入卫河，冬春水平，则漕舟由江入海，溯流至于河阴，顺流至于卫河，沿流至于天津。'"

《河南通志》："康熙六十一年正月十七日，河冰溢，水复漫涨，钉船帮南坝尾接至秦家厂子堰决断二十余丈，又将新筑月堤塌断，水由李光锋庄坝下直逼马营口堤工，至十八日决开二十余丈，水深溜急，无可堵塞。署理总河陈鹏年建议于广武山下王家沟挑挖引河一道，使水由东南会入荥泽旧县前入正河。又，六月初四日，沁水暴溢，冲塌秦家厂北坝台八丈，南坝台塌九丈五尺，边埽加镶塌卸六丈。又，钉船帮大坝蛰陷四十五丈，抢筑将成，至初六日复陷，幸王家沟汛水刷宽一百余丈，全河尽注，不浸马营决口。总河陈鹏年、巡抚杨宗义于广武山官庄峪挑引河一百四十余丈，以泄水势。雍正二年，兵部侍郎嵇曾筠疏奏其略曰：'臣由武陟至孟津所属，皆有沙滩，将大溜逼趋南岸至仓头对面，又横长一滩，自北岸伸出，使全河之水直趋广武山根，以致土崖汕刷。至官庄峪，则大溜又为山嘴所挑，直注东北，于是姚其营、秦家厂又为顶冲矣。臣以为下流固须堵筑，上流尤贵疏通，于仓头对面所长横滩开引河一道，直接中泓，俾水势通流，由西北迤达东南，不至激射东北，则姚其营、秦家厂可免顶冲之患。'"

黄河[①]　旧在县治北十里，今南侵逼近县城，数决数治，详见古志。元陈孚诗：千载金汤拥上流，只今惟有荻花秋。江南客子笑无语，闲看黄河绕汴州。

黄河[②]　自宋太宗时始决温县、顿丘并荥泽，遂筑而堤之。元时决杞县之浦口、荥泽之塔海庄。明时改丹沁入黄河，而河愈南侵。正统时决荥泽，东过开封之西南。正德间又决荥泽孙家渡，命臣胡世宁塞之。国朝康熙十九年，大河南塌，知县王澍申请下埽，河道范时秀、南河同知史飚廷督工下埽，六十三个邻封协运官柳至椿麻苇缆等物用。河库银两发怀庆，开属采买埽手一名，椿夫一班二十五名，埽夫一班二十五名，每夫一名给工食银五分，提取沿河堡夫一百名，本县募夫一百名，每夫日给工食银四分，并无苦累里民。

康熙二十年，河又南塌，知县王澍申请下埽二十三个，俱照十九年下埽例行。

康熙二十二年，知县王澍奉文创筑南河岸大堤一道，长一千三百九十九丈，共该募夫三千三百五十七名，开属州县协募夫一千六百七十八名，本县募夫一千六百七十八名，每夫日给工食银四分。

康熙二十三年，知县王澍奉文增修河北岸遥堤一道，长一千三百五十七丈，照二十二年南岸筑堤例行。

康熙二十四年，河又南塌，知县王澍申请下埽三十个，照十九年下埽例行。

康熙三十一年至三十二年，知县王□申请下埽，南河同知徐大臣、王□督工，通共下埽一百一十个，其物料夫役俱照十九年下埽例行。

康熙三十三年，河又南侵，知县周元恺申请下埽估计一百九十八个，尚未下完。

论曰：汉唐以前黄河未至荥泽，宋元以来虽有河患，而为害犹小，至明中叶不令丹沁达卫，改入黄河，而荥之受害乃日甚焉。盖丹沁自北直冲黄河，水势汹涌，迫河南徙，自地中溃塌，非若上溢之可以堤御也。惟下埽稍延旦夕，亦非常久之计。莫若仍令丹沁归卫，则河不为北流所迫，庶自西而东不至湍激南侵，而可免坍塌之患。况丹沁入卫且有利于漕运，似亦事之可行者。

黄河[③]　横贯荥邑之中，为害滋深，历代以来城邑屡徙，田庐失业，不啻鸿雁嗷嗷

---

① 《河南历代方志集成》第十卷《顺治荥泽县志》，第200页。
② 《河南历代方志集成》第十卷《康熙荥泽县志》，第293～294页。
③ 《河南历代方志集成》第十一卷《乾隆荥泽县志》，第17页。

于中泽，而仅获安宅之鸠也。濒岁，堤埽之建筑，夫料之追呼，剥肤近灾较他邑更甚，兴利而除弊，所致望于留心民瘼者至切，故河防一志胪列独详。

黄河[①]　三代以前，河自孟津过洛汭，至大伾东北入海，未经荥地。及宋时，由孟津、巩、温、汜水、河阴，以至于荥泽，而故道遂淤。明时都御史刘大夏发丁夫数万浚荥泽孙家渡，开新河七十余里，其故道在旧县北十里余，自丹沁入河，水自南徙，故道又淤。成化八年南塌至旧县，离今治尚有五里余。国朝河势南徙不已，故道又淤，今塌至县城北门外。《旧志》云尔。康熙三十七年因河复南啮县城，遂迁，于古荥阳郡旧址建筑新治，今渡口在旧县南关。余详《河防志》。

黄河[②]　自荥泽县交界胡家屯起，至中牟交界杨桥止，共六十余里。向来河势中流，去堤尚远。自雍正六七年后渐次南徙，遂于来童寨、裴昌庙等处建埽防护。嗣后大溜直逼堤根，田庐沦没，不可胜计，更增十七、十八等堡土坝埽工，岁抢修防，大为民累。乾隆三年九月内，自来童寨东北沙忽淤积，河势自北而南直趋黄冈庙，三日之内冲刷堤北滩地一里余，啮去大堤之半，计水面高平地一丈余，洪涛汹涌，势甚可畏。河道胡、同知张允恔、知州张钺急率民夫三千名昼夜督护，内戗坝，外筑堤，土工坚好，得保无恙。后每遇水涨，随冲随筑。十六堡至十八堡埽工陆续增修，长至五百八十四丈，丁夫、草料，官民交苦之。乾隆六年，总河白勘檄令开引河一道，自原武县界起，由郑境至中牟之杨桥止，共长一千三百余丈，河溜从此归入引河，而堤工得以稍息。然夏秋水潦，两河分流，其旧河堤埽仍宜加谨防护。按，河为郑患，《旧志》未载，故附记之。《旧志》。

同治七年，荥工漫溢，由郑州常庄、东赵、青寨、大庙、京水、祥云寺、马庄、花园口、贾冈冈、王小店、陈康庄、穆庄、圃田、大孙庄、小孙庄以至中牟县界临河一带尽被淹没。河道邵葛民督工修筑，不数月而工竣。又，光绪十三年石家桥决口，郑地自石家桥以下桥口、马渡、郭挡口、来童寨、黄冈庙、刘江等村入中牟界四十余州县咸成泽国。钦差礼部尚书李鸿藻、河南巡抚倪文蔚兴工堵筑，费帑银千有四百余万。十四年冬工竣，滨河之地均成沙漠。十五年，河东道总督许振祎设河防局，内附石方局，采买石料，自荥泽、郑州而下，两岸约四里许，筑一石坝，直至山东界，河归中流不能近堤，今数十年绝无河患。

黄河[③]　在县北五十里，沿河筑堤，亘四十里，属中牟管。明正统间，河故道行县南，天顺间迁北，坍塌崇宁、至水、敏德、原敦、大郭、郑村、北岩、南岩等保田地共二百一十七顷五十六亩，钱粮洒派概县。

---

① 《河南历代方志集成》第十一卷《乾隆荥泽县志》，第31页。
② 《河南历代方志集成》第二卷《民国郑县志》（民国五年），第36页。
③ 《河南历代方志集成》第四卷《顺治中牟县志》，第79页。

黄河[①]　《书》："道河积石（在兰州），至于龙门（在蒲州），南至于华阴，东至于砥柱（今陕州三门山），又东至于孟津。东过洛汭（在巩县东），至于大伾（在黎阳县，今浚县）。"盖古河自洛汭即北行，不经此地也，周定王五年秋河徙，九河之地已为海所渐矣。

汉孝文时，决酸枣，东溃金堤。孝武元光中，决瓠子，东南注巨野，通于淮、泗。二十余年，岁数不登，梁、楚尤甚。发卒数万人塞之，筑宫其上，名曰宣防。后复北决于馆陶，分为屯氏河，东北入海，广深与大河等。至元帝永光五年，决清河灵鸣犊口，而屯氏河绝。孝成建始四年，决东郡金堤。鸿嘉四年，渤海、清河、信都河水溢溢。哀帝时，贾让上策，决黎阳遮害亭，放河使北入海，盖其时河势犹北行也。

自王莽辛未河决，其后七百余年，至唐明皇开元十年博州河决，河之安澜惟此为久也。

五代汉乾祐三年六月，河决郑州。周广顺二年十二月河决郑、滑。显德六年，河决原武。盖河徙渐近此地，而犹未南入淮也。

宋仁宗至和二年，决大名、馆陶。熙宁十年，大决于澶州曹村，北流断绝，河道南徙，东汇于梁山张泽泺，分为二派，一合南清河入于淮，一合北清河入于海，盖河入淮之始，然特其支流，非全归淮也。

金之亡也，始自开封北卫州决，入涡河以合于淮，旧河在开封城北四十里，东至虞城，下达济宁州界。

元至正四年，河溢堤决，济宁、单州等处皆罹水患，水势北侵安山，沿入会通运河，以贾鲁为河防使，诸埽堤成，乃复故道，南汇于淮，又东入于海。

明洪武二十四年，决原武之黑洋山，东经开封城北五里，又南行至项城，东至寿州正阳镇，全入于淮，而故道遂淤。永乐九年，复疏入故道。正统十三年，决荥阳东，过开封城之西南，汴城在河之北矣，中牟亦在河北。天顺间复迁于北，坍塌崇宁、圣水、敏德、原敦、大郭、郑村、北岩、南岩等保田二百余顷。

嘉靖中，费宏言："我朝河势南趋，自入河南汴梁以来，分为三支，或由濠颍等州、涡河等处，或出宿迁小河口，或从怀远县至泗州出淮河。正德末，涡河日就浅淤，黄河南趋之势既无所杀，乃从兰阳、考城、曹濮地方，奔赴沛县之飞云桥、徐州之留城等处，悉入运河。自徐州至清河一望皆水，耕稼失业。"戴金又言："黄入淮之道有三：一自中牟至荆山，合长淮之水，曰涡河；一自开封府至高冈小坝，丁家道口、马牧集、鸳鸯集口至沧州小浮桥，曰汴河；一自小坝经归德府南饮马池、文家集，经夏邑至宿迁，曰白河。弘治年间黄河变迁，涡河、白河二道上源年久湮塞，而徐州独受其害。"此二说皆患在徐州，其后又徙他处矣。

中牟古无河患，自河南徙，而牟当其冲，其害久而益剧也。民劳于河，贫于河，

[①]　《河南历代方志集成》第四卷《康熙中牟县志》，第223～225页。

且死徙于河，此不详昧轻重矣，故为之博引以补前志之略也。我朝三十年来，本邑黄练集，旁邑马圈、金龙口、黑堽、王家楼及归德之虞城、江南之桃源，此完彼溃，迄无安澜，河伯若故，与斯民为仇也。夫役车船以竭民力，梢麻椿橛以耗民财，河塌堤压以破民产，民之糊口惟艰，逋赋而逃，率此之由。佟大中丞抗章力请，不令累民，奄奄余黎，赖以少苏，然万里黄流与天地相终始，决黎阳之策不行，则牟之患无穷已也，官斯土者何以为补救之方哉？

《路史》："至道中上问汴水疏凿之，繇张洎对曰：'禹于荥阳泽下分大河为阴沟，引注东南，以通淮泗。'至大梁浚仪，复为下渠，一渠东经阳武中牟台下为官渡水，一渠始皇凿川灌郡，谓之鸿沟，即出河之沟。亦曰：莨沟，王吴所作。史谓：'渠堤自荥阳而东，则上疑其为鸿沟，下疑其为官渡。'有不然者，今汴渠自西而东，鸿沟乃横亘南北，而官渡直黄河尔。故袁绍相拒沮授叹曰：'悠悠黄河，吾其济乎？'官渡非，汴亦明矣。郦道元谓：'禹塞荥泽开渠，以通淮泗。'予固谓：'伯禹之前有汴，不易之论。'"谓官渡即黄河误。

周显德二年疏汴水，《一统志》："汴水源出开封府荥阳县大周山，合京、索、须、郑四水，东南至中牟县北入于黄河。"今湮没。

《水经注》："役水又东北迳中牟泽，即郑太叔攻萑蒲之盗于是泽也。"

黄河[①] 在县北五十里，西自郑州来，东抵祥符界，计在牟境者曲折绵亘九十余里。沿河筑堤以防冲决，盖牟邑之患莫大于此。旧按，中牟古无河患，《书》云："东过洛汭（在巩县东），至于大伾（在黎阳县，今浚县）。"古黄河自河汭即北行，不经此地。

周定王五年秋河徙，自是禹之故道浸失。

汉孝文时，河决酸枣，东溃金堤。孝武元光中，决瓠子，东南注巨野，通于淮、泗。二十余年，岁数不登，梁、楚尤甚。发卒数万人塞之，筑宫其上，名曰宣防。后复北决于馆陶，分为屯氏河，东北入海，广深与大河等。至元帝永光五年，决清河灵鸣犊口，而屯氏河绝。孝成建始四年，决东郡金堤。鸿嘉四年，渤海、清河、信都河水溢溢。哀帝时，贾让上策决黎阳遮害亭，放河使北入海，盖其时河势犹北行也。

自王莽辛未河决，其后七百余年，至唐明皇开元十年博州河决，河之安澜惟此为久。

五代汉乾祐三年六月，河决郑州。周广顺二年十二月，河决郑、滑。显德六年，河决原武。盖河徙渐近此地，而犹未南入淮也。

宋仁宗至和二年，决大名、馆陶。熙宁十年，大决于澶州曹村，北流断绝，河道南徙，汇于梁山张泽泺，分为二派，一合南清河入于淮，一合北清河入于海。盖河入淮之始，然特其支流，非全归淮也。

金之末年，始自开封北卫州决，入涡河以合于淮。旧河在开封城北四十里，东至虞城，下达济宁州界。

---

① 《河南历代方志集成》第五卷《同治中牟县志》，第273~275页。

元至正四年河溢堤决，济宁州等处皆罹水患，水势北侵安山，沿入会通运河，以贾鲁为河防使，筑埽堤成，乃复故道，南汇于淮，又东入于海。

明洪武二十四年，决原武之黑洋山，东经开封城北五里，又南行至项城，东至寿州正阳镇，全入于淮，而故道遂淤。永乐九年，复疏入故道。正统十三年，决荥阳东，过开封城之西南，汴城在河之北矣，中牟亦在河北。天顺间河复迁于北，坍塌崇宁、圣水、敏德、原敦、大郭、北岩、南岩等保田二百余顷。

嘉靖中，费宏言："我朝河势南趋，自入河南汴梁以来，分为三支，或由濠颍等州、涡河等处，或出宿迁小河口，或从怀远县至泗州出淮河。正德末，涡河日就浅淤，黄河南趋之势既无所杀，乃从兰阳、考城、曹濮地方，奔赴沛县之飞云桥、徐州之留城等处，悉入运河。自徐州至清河一望皆水，耕稼失业。"戴金又言："黄入淮之道有三：一自中牟之荆山，合长淮之水，曰涡河；一自开封城至高冈小坝，丁家道口、马牧集、鸳鸯集口至沧州小浮桥，曰汴河；一自小坝经归德府南饮马池、文家集，经夏邑至宿迁，曰白河。宏治年间黄河变迁，涡河、白河二道上源年久湮塞，而徐州独受其害。"此二说皆患在徐州，其后又徙他处矣。

国朝康熙元年六月，河决黄练口，村落湮没殆尽。至雍正元年六月，河决十里店、小潭溪堤。上廑圣衷，遣兵部侍郎嵇曾筠会同总河齐苏勒、巡抚石文倬驻工修堵，小潭溪漫口于七月合龙，十里店漫口于十一月合龙。又是年九月二十一日，河决杨桥，十二月合龙。自是牟境之杨桥、十里店、小潭溪三处皆成险要之区，故各筑月堤以资捍卫。乾隆十八年河复南趋入堡。

又旧按，中牟自河南徙，最当其冲，其害久而益剧，民劳于河，贫于河，且死徙于河，此之不详昧轻重矣，故为之博引以补前志之略也。我朝来，本邑黄练集，旁邑马圈、金龙口、黑堽、王家楼及归德之虞城、江南之桃源，此完彼溃，迄无安澜。夫料椿橛类皆取办于民，民之糊口惟艰，逋赋而逃，率此之由。康熙十二年，佟中丞尝抗章力请，发帑金募夫买料，一皆官办，奄奄余黎，藉以少苏。迨雍正癸卯年，河又一岁两决，牟邑西北地方大半变为沙碱，屡被豁除田粮一千九百余顷，民困以纾，得安其业。然万里黄流与天地相终始，其随时补救之方正无穷，期官斯土者宜何如殚厥职耶？

按《旧志》所载，黄河之分合迁徙最为详悉，而中牟之被河患则自元明以来为尤甚。考元至元二十三年，河决祥符、中牟等十五州县，诏募南京民夫二十万人分筑堤防。明洪武十四年七月河决祥符、中牟诸县，二十五年决阳武，浸及于陈州、中牟等十一州县。有司乞发军民修筑堤防，诏免今年田租。十月发开封等郡民人及安吉等十七卫军修筑。宣德元年七月黄河溢，郑州、阳武、中牟等州县漂没田庐无算。宏治二年河决，分而为三，其一由封丘金龙口漫祥符，东北趋长垣、曹濮；其一由中牟趋尉氏县；其一泛滥于兰阳、仪封、考城、归德。上命刑部尚书白昂治之，役丁夫二十五万人，即《旧志》所载徐州独受其害者也。万历间，创开中牟县河渠及吴家堂堤以备水患。国朝自康熙元年决黄练口，雍正元年决十里店、小潭溪，九月决杨桥，乾隆二十六年又决杨桥，嘉庆二十四年漫十里店，中牟皆被其灾，庐舍人民漂没殆尽，皆仰赖朝廷威灵，拯民疾苦，立命重臣驰工修筑，刻期涸复，出昏垫而衽席之。迨道光二十三年决九堡，中牟正当其冲，大溜所经，深沙盈丈，县境东北膏腴之壤皆成不毛之地矣。国家轸念灾区，蠲除赋税，小民余息得以少苏。越二十五年，今上戊辰六月，复有荥泽之决，水由荥泽、郑州东北直趋中牟，大溜□城而过，凡十四里堡平原尽成泽国。□□□叠，赈恤频仍。己巳正月合龙，流亡渐复，且幸水势纡徐，未夺大溜，冲激少而漫衍多，淤泥之地尚堪种植。然河高地下，所恃者一堤之障耳，思患预防之策宜何如绸缪也。

黄河[①] 宋绍熙五年即金昌明五年，黄河自阳武决口，北方汲县、胙城河道淤塞，黄河南徙，河道始入中牟境。现黄河在县北五十里，西自郑州来，东抵开封界，计在牟境曲折绵亘九十余里。沿河筑堤以防冲决，民劳于河、贫于河、死徙于河，故《旧志》载黄河之分合迁徙最为详悉。中牟之被河患，元以后尤甚。元至元二十三年，河决祥符、中牟等十五州县，诏发南京民夫二十万人分筑堤坊。明洪武十四年七月，河决祥符、中牟诸县。二十五年决阳武，浸及于陈州、中牟等十一州县，有司乞发军民修筑，免本年田租，十月发开封等郡民人及吉安等十七卫军修筑。宣德元年黄河溢，郑州、阳武、中牟等州县漂没田庐无算。弘治二年河决，分而为三，其一由封丘金龙口漫祥符东北，趋长垣曹濮；其一由中牟趋尉氏；其一泛滥于兰阳、仪封、考城、归德，命刑部尚书白昂治之，役丁夫二十五万人。万历间，创开中牟县河渠及吴家堂堤以备水患。清康熙元年，决黄练口。雍正元年，决十里店、小潭溪，九月决杨桥。乾隆二十六年，又决杨桥。嘉庆二十四年，漫十里店。道光二十三年，决九堡，中牟为大溜所经，沙深盈丈，县境东北膏壤皆成不毛地，西北地方半变为碱沙。二十五年，河决荥泽，经郑州东北直趋中牟，大溜夹城而过，凡十四里堡平原尽成泽国。咸丰元年合龙，流亡渐复，幸水势纡徐，冲激少而漫衍多，淤泥之地尚堪种植。光绪十三年，郑工石桥决口，直趋中牟，县城西北隅水深丈余，距城堞仅三砖险极，城内浸水除十字街丁字口高地外，余皆深数尺或丈余，浅者架木为桥，深者行舟，房屋淹毁无算。城西北隅因受河流冲激，城根倾陷，官绅督民夫折城堞砖坠水护城，嗣大溜渐转城北，县城得免倾陷。十五年冬合龙，县城东西北三面壤土尽变白沙，近虽渐露土质，但万里黄流与天地相终始，河高地下，所恃者一堤之障耳。思患预防之策随时补救之方，居牟者自当日夜筹维，以备万一也。

洛水[②] 在县西北四里，至洛口入于黄河。

洛水[③] 东过偃师县城南，与巩县分水，休水北流注之。

《水经注》："休水导源少室山，西流迳穴山南，而北与少室山水合，水出少室北

---

① 《河南历代方志集成》第六卷《民国中牟县志》，第17~18页。
② 《河南历代方志集成》第六卷《嘉靖巩县志》（民国重刻本），第344页。
③ 《河南历代方志集成》第七卷《乾隆巩县志》（乾隆五十四年刻本），第237~240页。

流，西南流注休水。休水又左会南溪水，发大穴南山，北流入休水。休水又西南北屈，潜流地下，其故渎北屈出峡，谓之大穴口。北历覆釜堆东，盖以物象受名矣。又东届零星坞，水流潜通，重源又发，侧缑氏原，《开山图》谓之缑氏山。休水又迳延寿城南，缑氏县治，故滑费。休水又西转北屈，迳其城西。休水又北流注于洛水。"

《施府志》："郦注谓休水导源少室，迳穴山南。穴山者，今黄鹿岗也。休水又左会南溪水，发大穴南山。大穴南山者，今偃师夹沟南山也。至谓潜流地下，故渎出峡，历覆釜堆，东届零星坞，水流潜通，重源又发。今亦不然，盖涧底多罅隙，水流时有断续，道元据尔时所见言之，非休水有重源也。"

又东历郏中。

《水经注》："洛水东北历郏中，水南谓之南郏，亦曰上郏。迳訾城，亦谓之北郏，又有郏城，盖周大夫郏肸之旧邑。"《施府志》："上郏，今罗庄，以郏肸子罗得名也。下郏，今孙家湾，即郏湾南北夹岸，实一地。今上郏隶巩，下郏隶偃师。"

又东为訾店渡。

《方舆纪要》："宋景德四年，造訾店渡桥。"《玉海》："景德四年二月，西京新造訾渡桥，癸酉赐名奉先。"

又东北过訾城北，罗水自东南来，北流注之。

《水经注》："罗水出方山罗川，西北流，蒲池水注之。水南出蒲陂，西北流合罗水，谓之长罗川。亦曰罗中也。盖肸子郏罗之宿居，故川得其名耳。罗水又西北，白马溪水注之。水出嵩山北麓，迳白马坞东，而北入罗水。西北流，白桐涧水注之。水出嵩麓桐溪，北流迳九山东，又北，九山东溪水入焉。水出百称山东谷。东北流入白桐涧，又北迳袁公坞东，盖公路始固有此也，故有袁公之名矣。北流注于罗水。罗水又西北迳袁公坞北，又西北迳潘岳子父墓。罗水又于訾城东北入于洛水也。"

《施府志》："罗水出方山，即《山海经》浮戏之山也，东接开封界，西北至罗水入洛处，几百里，盖西南诸大山之水皆以罗为经。"注曰："罗水出方山下者，则今核桃园水也。其曰西北蒲池水注之，水南出蒲陂，西北流合罗水者，则今菩提寺水也。其曰又西北白马溪水注之，水出嵩山北麓，迳白马坞东而北入罗水者，则今罗汉寺水也。其曰西北流，白桐涧水注之，水出嵩麓桐溪者，则今车园水也。于白桐涧水，又曰北流迳九山东，又北，九山东溪水入焉，水出百称东谷者，则今窑岭水也。九山东溪入白桐涧水，在牛山西，白马溪水在牛首山东南，蒲池水在讲山北，皆在罗水西南。而罗水东北则青龙山，自浮戏逆转西北，盘亘数十里，故罗水西北流，乃入于洛。"

又东，明溪泉水北流注之。

《水经注》："洛水又东，明乐泉注之，水出南原下，五泉并导，故世谓之五道泉，即古明溪泉也。"

《春秋大事表》："贾辛军于溪泉。"杜注："巩县西南有明溪泉。"

《施府志》："明溪泉，即稍柴务水，程明道提举西京竹木务，巩之稍柴务亦属西京也。有数泉并导，南原下侧洛水注之。"

又东北为黑石渡。

《明史·地理志》："巩县西南有黑石渡。"《方舆纪要》："黑石渡在巩县西南二十五里，下为洛水津渡处，隋末王世充与李密相持，充夜渡洛水，营于黑石。"

又东北，黄水自东南来，西流注之。

《春秋大事表》："昭二十二年，王猛居于皇。"杜注："河南巩县西南有黄亭，按《后汉志》，湟水即皇也。"《水经注》："洛水合于溪泉，又东，浊水注之，即古黄水。"京相璠曰："黄亭在訾城北三里"，今在巩县西北。《施府志》："湟水即和义沟水，入洛处在故巩城上。《水经注》次湟水于故巩城下，岂当时水循岸至巩城下乃入洛，与京相璠谓黄亭在訾城北三里，当有误。訾城在罗水入洛处，去黄亭尚十余里。杜注谓黄亭在巩西南，是也，而《大事表》又谓在巩西北，误。"

又东北，康水东流注之。

《杜工部集》："甫十余岁，梦人令采文石于康水，觉而问人，此水在二十里外，乃往求之，见峨冠童子，曰可于豆垅下取，甫依言果得一石，有金字文。"

《施府志》："康水即康店南水，工部故里在窑湾，去康店在二十里外。"

又东北过巩县故城东。

《水经》："洛水东北过巩县东。"注："洛水迳巩县故城南，东周所居，本周畿内巩伯国。"《施府志》："《经》谓过巩县东，而注谓迳城南者，盖洛水自西南来过故城东也。"

又东北，石子河西北流注之，即乾石河，今名石河道。

《明史·地理志》："巩县有石子河，流入洛水。"《纲目》："刘长恭率步骑二万讨李密，陈于石子河。"《施府志》："石子河水出东西青龙山涧中，有龙湫，渟泓不流，入夏水乃出，故俗呼干石河。"《方舆纪要》谓即洞水，非。

按，《纲目》："王世充兵败于黑石，坚壁不出，越王侗遣使劳之，世充惭惧请战，与李密夹石子河而陈，又大败。"即今石河道，去黑石十三里，当是此地，在巩西南。

又东北，水峪水出，东流注之。

《县志》："水峪水出邙山，在县西二十里。"

又东北，过县治北，洞水自南来，北流注之，即市河水。

《水经注》："洞水发南溪石泉，世亦谓之石泉也。京相璠曰：巩东地名坎埳，在洞水东，疑即此水也。又迳盘谷坞东，世又名之曰盘谷水。司马彪《郡国志》：巩有坎埳聚。《春秋》：僖公二十四年，王出及坎埳。服虔亦以为巩东邑名也。《晋太康地记》《晋书·地道记》并言在巩西，非也。其水又北入洛。"

《方舆纪要》："市河在巩县东，源出青龙山，流入洛。"

《施府志》："洞水出东青龙山东石涧中，下流至黄冶北涧谷，作八九盘回，其旁坞即盘谷坞也。"

按《水经》，洞水，宋本作洞水，《高士传》下随投洞水而死，疑即此水。而朱谋㙔以为洞、颍古字通用，乃阳城颍水也。夫既又洞水矣，似不必改从颍水为是。或以魏氏河当洞水，于地形殊不合。

又东，魏氏河北流注之。

《县志》："魏氏河在县东三里流入于洛。"

又东，饮马沟水自南来，北流注之。

《方舆纪要》："饮马沟在巩县东七里，吕布军虎牢，饮马于此。"按，饮马沟水出西横岭下，经鲁村西，北流入于洛。《方舆纪要》以为在巩东七里，即七里铺西沟水也，地犹名饮马沟。

又东为神堤渡。

《李通志》："神堤渡在巩县东北。"

又东，任村水自南来，北流注之。

《方舆纪要》："元丰初，范子渊议引入洛汴，遣宋用臣等相视兴役，自任村沙口至河阴县瓦亭子，达汴口，接运河，长五十一里，两岸为堤，长一百三里。"

按，任村，今名任村沟，其水即《府志》所谓任村沟水也。

又东北流入于河。

《水经》："洛水北入于河，又东北流入河。"注：《山海经》："洛水，成皋西入河是也。谓之洛汭，即什谷也。"张仪说秦曰："下兵三川，塞什谷之口。"谓此也。黄帝东巡河，过洛，修坛沉璧，受《龙图》于河，《龟书》于洛，赤文绿字。尧帝又修坛河、洛，择良议沉，荣光出河，休气四塞，元龟负书，背甲赤文成字，遂禅于舜。舜又习尧祀，沉书于日稷，赤光起，元龟负书至于稷下，荣光休至，黄龙卷甲，舒图坛畔，赤文绿错以授舜。舜以禅禹，殷汤东观于洛，习礼尧坛，降璧三沉，荣光不起，黄鱼双跃，出潜于坛。黑乌以浴，随鱼以上，化为黑玉赤勒之书，黑龟赤文之题也。故《春秋》说题辞曰："河以通乾出天苞，洛以流坤吐地符，王者沉礼焉。"又洛水自县西来而北流注河，清浊异流，瞰焉殊别。《施府志》："《水经》于洛水再言入河，似重出。及舟下洛口，见大河于上流，分一枝与洛为迎，合流东下，乃入大河，知古人纪载不虚也。至道元于河洛，记图书者凡三，于和山九水，曰尧率舜升于首山，而导河渚。有五老游焉，相谓：'《河图》将来告帝，期知我者，重瞳也。'五老乃翻为流星而升于昴。今孟津负图河是也。于伊洛之交，曰黄帝煞五牲、醮大鱼，始得图书，今洛偃界伊入洛处是也。于洛汭，记尧坛历，叙黄帝、尧、舜受图之事，是图书同出于洛口也。"

按，《府志》以《水经》两言入河，谓舟下洛口，见大河于上流分一枝与洛为迎，合流东下，乃入大河，知古人纪载不虚。但分支或不常有，谓洛入河，清浊异流，瞰焉殊别。尝登什谷。

洛河[1]　发源于秦家岭，历七百里与伊、瀍、涧水联络结局而为西京。其下流会汜水达河，《山海经》曰："洛东北注河，入成皋西。"《禹贡》："伊、洛、瀍、涧入于河。"注：伊、瀍、涧三水入洛，洛自巩县入河，今则过成皋东至满家沟入河。《左传》刘定公睹河洛，叹曰："美哉禹功！明德远矣！"其在二水，河派间乎。

汜河[2]　有二源，俱出方山，其一名小龙池，在九顶雪花峰前玉仙祠下。北流而为小里河，其一名黄龙池，在小龙池之东，既出流而复纳于石窍中，人以物投窍中，越三昼夜，自神母泉涌出。盖峰名艳螺，其中石窍皆空，水随窍转故也。自神母泉而东流，会汉家泉，转折而西，会豹窝马跑泉。北出方山口，会小里河，北受泥河水，经寒战山而北，受棘寨河水，而竹川之太溪与井子沟之耿家河皆附焉。又北受石嘴小泉水，又北经沙河，过邢村，转折而西达于城南，受磴固川莲花池水，襟郭络隍而西，而北抵伏蛟山下。又受柳泉水，北出玉门，合洛水而东，纳于大河。土人云，正德以前，大河由温境之内，洛水循大伾而东，至玉门正北，合汜水同入大河。嘉靖以后，大河南徙，水侵大伾，洛水自巩入河。今大河复北去，转向东南，至满家沟山下，洛、汜始汇。《旧志》。

考，《荟蕞》云："汜水在郑州西一百四十里，东南有方山。"《山海经》："浮戏之山也，汜水出焉。"有马跑泉、汉家泉、柏池泉，有玉仙山，山上有玉仙元君祠，祠前有二泉，一为小龙池，即小里河源，一为黄龙池，即汜水源。西有大伾山，山之东尽于玉门山，乃汜水入河处。又有广武山沿河六十里。《通志》云："汜水源出方山。"《水经注》："汜者，取水决复入之义。北经虎牢城东，又北由孤柏嘴以下入河。《山海经》曰：浮戏之山，汜水出焉。浮戏即方山也。"《左传》："昭公二十二年，子朝之乱，王师军于汜水。"又，项羽大司马曹咎守成皋，渡汜水击汉军，汉乘其半渡而击之，大破楚军。唐武德四年，秦王世民击窦建德，东涉汜水，复薄其阵。又，史谓汉高祖即位于汜水之阳。即此。按，《荟蕞》以大伾属汜，而《通志》载襄王避乱、高祖即位皆在汜水，附录于此。

汜水[3]　汜从水、从巳，乃十二支。巳地所来之水也，达于河，河力强而汜力弱，河水泛涨则汜水逆流而倒注之，有决而复入之义。《朱子》注曰："水决复入为汜。"《资治通鉴》注："汜旧读作凡，颜师古音祀，今成皋城东汜水是也。"

旃然[4]　去邑城东十三里。《左传》曰："楚师伐郑，次于鱼陵，右师城上棘。遂涉颍，次于旃然。"杜预注曰："旃然水出荥阳成皋县东，入于汴。今地名河沟，盖水会东流，由河阴之涸河而达于汴矣。"

---

① 《河南历代方志集成》第十一卷《顺治汜志》，第333页。
② 《河南历代方志集成》第十二卷《乾隆汜水县志》，第51页。
③ 《河南历代方志集成》第十一卷《顺治汜志》，第326页。
④ 《河南历代方志集成》第十一卷《顺治汜志》，第438页。

旃然河[1]　《通志》云："源出荥阳，过汜水，经河阴县北抵荥泽达于汴，惟河水久涸。"今无可考，城东十里许有河沟村，迤东新店、蒋头等村，相传为旃然河经流处，或此即其故道欤？

旃然[2]　《左传》云："次于旃然。"城东十三里，今地名河沟。

旃然河[3]　距县五里。水出荥阳，过汜水，经县北抵荥泽，达于汴。明嘉靖间河涸，又以涸河称。《左传》云"楚师伐郑，次于鱼陵，右师城上棘，遂涉颍，次于旃然河"，即此。

澶然[4]　《水经注》："世谓砾石涧。"《经》谓"砾溪"，按魏《郑道忠墓志》作"砺石间善长"云。世谓，盖俗名也。唐曰澶然（详"金石"）。《申志》误作旃然。水久涸，近渐复。此下所录济汴，至流竭时止，澶然至见在索水，除《水经注》、清《一统志》外不赞一辞，水微事简，无可记也。

澶然[5]　《水经注》："济水又东南，砾石溪水注之，水出荥阳城西南李泽。泽中有水，即古冯池也。《地理志》曰：荥阳县冯池在西南，是也。东北流，历敖山南。迳虢亭北，又东北，迳荥阳县北，断山东北，注于济，世谓砾石涧，即《经》所谓砾溪矣。"

《申志》："明嘉靖二十三年河枯，万历二十七年漫泉忽涌三泉，河流渐复，未几又枯。"今谓其故道曰枯河。

前清末年，胡村以下渐有浅流，今则车庄之南已见泉水，盖几乎绕城矣。

涸河[6]　在县西南，有渠道无水，天雨连绵，山水暴发，或灌田，或坏田，有利亦有害。旧志。

考旃然河出荥阳、过汜水，经河阴县北，抵荥泽，达于汴，明嘉靖间河涸，又以涸河称。《左传》云"楚师伐郑，次于鱼陵，右师城上棘，遂涉颍，次于旃然河"，即此。

河、洛、济、伊

巩水考[7]　按，巩地巨浸，河、洛、济、伊四水。

河、洛、伊三川于巩西南入洛，洛于巩东北入河，独联络三川之脉。

《吕氏春秋》云："古龙门未开，吕梁未发，河出孟门。大溢逆流，名曰洪水，禹乃决流疏河，所活千八百国。"

禹功在河洛最著，纪导河曰："东过洛汭，至于大伾。盖上自孟津而来，下望大伾而趋也。"

---

[1]　《河南历代方志集成》第十三卷《民国汜水县志》，第398页。
[2]　《河南历代方志集成》第十三卷《民国汜水县志》，第399页。
[3]　《河南历代方志集成》第十四卷《康熙河阴县志》，第40～41页。
[4]　《河南历代方志集成》第十四卷《民国河阴县志》，第177页。
[5]　《河南历代方志集成》第十四卷《民国河阴县志》，第182～183页。
[6]　《河南历代方志集成》第十一卷《乾隆荥泽县志》，第33页。
[7]　《河南历代方志集成》第六卷《乾隆巩县志》，第448～449页。

第一章　水　系

纪导洛曰："东会于伊，又东北入于河。曰：伊、洛、瀍、涧，既入于河者，盖上流瀍涧而纪之也。"

纪贡道曰："浮于洛，达于河。"

《水经》曰："洛至巩而入河。"

《山海经》云："洛东北注河入成皋西。地在巩河之南，谓之洛口，又谓之河口，又谓之洛门。"

纪导济入于河，地在巩河之北。

《晋书·地道志》云："济自大伾山入河，与河水斗而东。"夫《禹贡》所谓至于大伾，似去洛汭尚远，在黎阳者近，《山海经》云河自巩县与洛水合，成皋与济水合。

戴延之《西征纪》云："济自大伾入河与河水斗而东流。"又孔安国志注云："济由温东南至巩县北，而南入河，与河并流过成皋。"此注是。

唐尧、虞舜、夏禹、殷汤、周成受图膺瑞俱在洛。

汉李膺、郭泰飘飘仙舟，亦顺流于洛。

晋潘岳前瞻太室，傍眺嵩丘，傅亮与客置辩于舟中，亦逆行于洛。

巩穴石潭多鳣鲤，三月乘桃浪跃龙门，皆洛产也。

《左传》载周刘定公夏馆于洛汭，叹曰："美哉！禹功明德远矣。微禹民其鱼乎？"乃知禹抑洪水而天下平，其在河洛之间乎。

应场《灵河赋》曰："资虚川之遐，源出昆仑之神丘，涉津洛之峻泉，播九道于中州。"

洛口河，在县东北二十里，即洛入河口。《书》曰："伊、洛、瀍、涧，既入于河。"即其处也。

市河，在县东门外，源出青龙山，旋绕山岩，流入洛水。

魏氏河，在县东南三里，源出青龙山，水甚微细流，入于洛。

洛河，在县北三里，至洛口入黄河，今至汜水。

干石河，在县西二十里，源出青龙山，河道皆石，雨后大水入洛，不雨则无，故名。

青龙河，在县西南五十里，源出青龙山，总牛鼻五泉之水而成河，入于洛。

洛汭，在县北，洛水入河之处，清浊异流，亦名什谷。《禹贡》："东过洛汭。"《史记》："张仪说秦塞什谷口。"《左传》："周刘定公夏馆于洛汭，叹曰：'美哉！禹功明德远矣。'"即此。

长罗川，在县西南，又名罗口水，经罗出方山，西北流过訾城入洛。

白云川，在县西南回郭镇，淫雨山水为患，邑令季璟筑堤防之，名曰季公堤。

荣锜涧，杜预云："巩县西荣锜涧"，谓之畿内。

担车涧，在县西三十里。

黑龙潭，在县东南七十里，前有元君庙，遇旱祈雨多应。

小龙池，在县东玉仙山内。

黑水池，在县南慈云寺下。

莲花池，在罗口保，广二十亩，宋人种莲处。

八角井，在县西石窟寺前。

菡萏泉，在县东竹林寺前，泉水莹彻，常开菡萏，故名。旱涝水不增减，下通市河入洛。

柴家泉，在防郭保石崖间，居民引注灌田。

马跑泉，在赵封保，汉高屯兵于此，马渴无水，跑地得泉，至今不涸。

罗汉泉，在罗口保，罗汉院西南百步。

西流泉，在罗口保，水出乱石山之麓，西至嘉村合青龙河入洛。

牛鼻泉，在罗口保，一池莹碧，岁旱引水灌田。

渑水泉，在罗口保村麓之间，水势浩荡，旋绕岩阿，至涉村，水合青龙河入洛。

菩池泉，在罗口保。

君子泉，在县西南三十五里，泉水涌出，宜植莲，故名。

明溪泉，在县西南，《左传》"贾辛屯兵明溪"，即此。贾辛前志讹为窦牟，今正之。

石泉，在县东南十里屹嶙峪。

饮马沟，在县东七里，吕布屯虎牢，饮马于此。

第二节　索河、须水河、贾鲁河

索河[1]　源出小陉山南圣水峪，八景之一。

索河[2]　距县东南十二里。源出荥阳小陆山圣水池，东北与汜水合，《左传》谓"晋韩宣子如楚，郑子皮、子太叔劳诸索氏"，汉史又谓"楚汉大战京索间"，俱此地。

索水[3]　《水经注》："即古旃然水也。"今自荥阳入境，迳袁庄南里许，东流十余里，迳湾寨而入荥泽。

索水[4]　《水经注》："索水出京县西南嵩渚山，即古旃然也。其水东北流，器难之水注之。《山海经》曰：'少陉之山，器难之水出焉，而北流注于浸水。'即此水也。迳虢亭南，杜预曰：'旃然出荥阳成皋县，东入汜。'《春秋》襄公十八年，楚伐郑，右师涉颍，次于旃然，即是水也。济断，汴唯承此始，故云汴受旃然矣。亦谓之鸿沟水。"

清《一统志》："源出荥阳县南，北流经县东，屈向东，经河阴县南。"

须水河[5]　在县东四十里，源出万山，北流入汴河。汉将与楚会战，河水沸腾。留侯

---

[1]　《河南历代方志集成》第九卷《康熙荥阳县志》，第79页。
[2]　《河南历代方志集成》第十四卷《康熙河阴县志》，第40页。
[3]　《河南历代方志集成》第十四卷《民国河阴县志》，第177页。
[4]　《河南历代方志集成》第十四卷《民国河阴县志》，第182页。
[5]　《河南历代方志集成》第九卷《康熙荥阳县志》，第79页。

曰："见险能止，大易知之，请少须。"故名。今为镇。

须水[①]　源出荥阳县之万山，经郑州西合于索水，久涸。正德八年以河患，河臣赵璜于州西凿须水河，又于荥泽西凿分水河以分河流，俱导入孙家渡，寻淤。

贾鲁河[②]　即汴水分派也。以曾经元臣贾鲁疏浚，故名。西自郑州交界灰池口入中牟，东至店李口入祥符。在牟境顺长八十里，县东西南三异等十二里之水皆归之，以下流旧与黄河通，故名小黄河。元至元二十七年，黄河决，汴河淤塞，今止存。此河发源于郑之西南隅，其源不一，有峪、有泉、有池，峪曰圣水峪，泉曰暖泉、冰泉，池曰胡家池、申家池、田家池。东北合流至高龟寨，与骆驼岭来之邓通寨河会，土人谓之合河口。自是北流至京水寨，京水西来与之合。京水即《宋史》所谓金水河，导自荥阳黄堆山，其源曰祝龙泉，宋建隆三年春凿渠引水过中牟，以来自金方，故名曰金水河，以其澄清，故又曰小清河，因其源流深远，故赐名曰天源，要皆以贾鲁河为总汇也。万历间淤塞，知县乔璧星、陈幼学屡加疏导。雍正元年黄河决，又淤，知县章兆曾改疏北门外里许，由西北环绕东南，流经祥符之朱仙镇吕家潭，至扶沟县东北，受双洎河水。又东南入西华县，绕城西北东三面，又东南经周家口流入沙河。

按，贾鲁河，道光二十三年，黄河决口，一律全淤，至二十七年，鄂中丞改浚，由中牟东环绕东南三十里，流经辛庄寨入祥符境，从毛井后改由五里堡东南大李庄迤东。二十八年，又改由十里铺以南约三里。同治七年，黄河漫溢，故道淤塞。九年，中丞李公、廉访绍公勘浚通畅，复故道焉。

第三节　鸿沟、汴水、济水、荥水等

鸿沟[③]　自是之后，荥阳下引河东南为鸿沟，以通宋、郑、陈、蔡、曹、卫，与济、汝、淮、泗会。于楚，西方则通渠汉水、云梦之野，东方则通（鸿）沟江淮之间。

鸿沟[④]　《夏书》："禹堙洪水十三年，过家不入门。陆行载车，水行乘舟，泥行乘橇，山行则梮，以别九州；随山浚川，任土作贡；通九道，陂九泽，度九山。然河灾之羡溢，害中国也尤甚。唯是为务，故道河自积石，历龙门，南到华阴，东下底柱，及盟津、雒内，至于大伾。于是禹以为河所从来者高，水湍悍，难以行平地，数为败，乃酾二渠以引其河，北载之高地，过降水，至于大陆，播为九河，同为迎河，入于勃海。九川既疏，九泽既陂，诸夏艾安，功施乎三代。"

---

① 《河南历代方志集成》第十一卷《乾隆荥泽县志》，第33页。
② 《河南历代方志集成》第五卷《同治中牟县志》，第277页。
③ 《史记》卷二十九《河渠书第七》，第1407页。
④ 《汉书》卷二十九《沟洫志第九》，第1675～1677页。

自是之后，荥阳下引河东南为鸿沟，以通宋、郑、陈、蔡、曹、卫，与济、汝、淮、泗会。于楚，西方则通渠汉川、云梦之际，东方则通沟江淮之间。于吴，则通渠三江、五湖。于齐，则通淄济之间。于蜀，则蜀守李冰凿离堆，避沫水之害，穿二江成都中。此渠皆可行舟，有余则用溉，百姓飨其利。至于它，往往引其水，用溉田，沟渠甚多，然莫足数也。

鸿沟[①] 在三峰山下，今地名曰鸿界。自三峰山而北，斜贯河阴，直达广武之上，即楚汉割界处。《索隐》应劭以为在荥阳东南引河入淮泗也。《史记》张华以为一渠东流，秦始皇所凿引河灌大梁也。今又以为在汜东界。非有三鸿沟也，汉高驻兵广武，项羽与之对垒，始皇所凿是也，因以此沟南来，直抵三峰之下，用沟之南北而限地之东西耳。若指引河入汴之渠，则一沟逼山，东走北岸，遗山尾咫尺地耳，羽肯以为界耶？南岸广袤无算，汉人敢自为领受耶？况吕蒙正、王安石题鸿沟诗皆在荥、汜之途，而《索隐》《史记》皆指一处言之，勿过汜也。

鸿沟[②] 一名广武涧，在三峰山下，今地名曰鸿界，自三峰山而北斜贯河阴直达广武之上，即楚汉割界处。《索隐》应劭以为在荥阳东南引河入淮泗也。《史记》张华以为一渠东流，秦始皇所凿引河灌大梁也。今又以为在汜界。非有三鸿沟也，汉高驻兵广武，项羽与之对垒，始皇所凿是也。因以此沟南来直抵三峰之下，用沟之南北而限地之东西耳，若指引河入汴之渠，则一沟逼山，东走北岸，遗山尾咫尺地耳，羽肯以为界耶？南岸广袤无算，汉人敢自卫领受耶？《索隐》《史记》皆指一处言之，勿过汜也。《旧志》。

按，文颖曰："于荥阳下引河，东南为鸿沟，以通宋、郑、陈、蔡、曹、卫，与济、汝、淮、泗会于楚，即今官渡水也。"应劭曰："在荥阳东南二十里。"张华云："大梁城在浚仪县北，县西北渠水东经此城南，又北屈，分为二渠，其一渠东南流，始皇凿引河水以灌大梁，谓之鸿沟。今之汴河是楚汉会此处。其一渠东经阳武县南，为官渡水。"明《一统志》云："鸿沟在开封府河阴县之东，即楚汉分界处，北接广武山，与荥泽相连。"考诸说，鸿沟俱在荥阳之东，沧桑屡易，故迹已湮，河阴系汜邑所分，因仍《旧志》，附录诸说于此。

鸿沟[③] 旧治西北二十里。即汉楚分界处。秦始皇凿引黄河水以灌大梁，谓之鸿沟。今之汴水是也，一名广武涧。今属河阴。有历代名公吟咏。《纲目》。

鸿沟[④] 在县治北三十里。八景之一。楚汉割此为界。秦始皇凿引河水以灌大梁，一名广武涧。今属河阴。

---

① 《河南历代方志集成》第十一卷《顺治汜志》，第439页。
② 《河南历代方志集成》第十二卷《乾隆汜水县志》，第193页。
③ 《嘉靖荥阳县志》卷之上，第7页。
④ 《河南历代方志集成》第九卷《康熙荥阳县志》，第80页。

鸿沟[①] 距县东北十二里,一名广武涧。其沟自南抵北,直冲广武,而山耆然处左右间,楚汉以此分东西焉。《战国策》:"苏秦说魏王曰:'大王之地,南有鸿沟。'"盖指此。

鸿沟[②] 《水经注》亦谓之鸿沟水,盖因楚汉分王,指水为断故也。《郡国志》曰"荥阳鸿沟水"是也,盖因城地而变为川流之异目。杜佑《通典》:"荥阳县有鸿沟,乃楚汉分境之所。"明《一统志》:"在开封河阴之东,即楚汉分界处,北接广武山,与荥泽相连。"《方舆纪要》:"在河阴县东北接广武山,与荥泽相连。"《河南通志》:"在河阴县东北十二里,即楚汉分界处,一曰广武涧,北接广武山,与荥泽相接。"

按,《战国策》:"苏秦说魏王曰:'大王之地,南有鸿沟。'"魏都大梁,此指汴水而言,因上流在鸿沟中经过,故名。《水经注》:"因城地而变为川流之异目。"是其明证也。县之鸿沟,乃本初之鸿沟,约在今鸿沟村之北。

鸿沟[③] 一名广武涧,即楚汉分界处,接广武山与荥泽通。

鸿沟[④] 一名广武涧,楚汉割此为界,题咏见《艺文》后。

鸿沟[⑤] 广武城中一涧横绝,名曰鸿沟。(汉高帝)四年八月羽自知少助食尽,乃与汉约中分天下,割鸿沟以西为汉,以东为楚。

蒗荡渠[⑥] 《水经》云:"河水东过荥泽,而蒗荡渠出焉。"

浪荡渠[⑦] 在邑城东北。《水经》云:"河水东过荥泽,而浪荡渠出焉。"隋大业元年,命发河南诸郡男女百余万大为开导,名曰通济渠,自西苑引穀、洛水达于河,又引河通于淮漕,自是天下利于转输。史称炀帝巡幸,出洛口,御龙舟,挽船士八万余人,轴舻相接二百里,照耀山陆,骑兵翊两岸而行,旌旗蔽野,即从此而至江都焉。近以河决不常,渠淤无迹。

鸿沟分界[⑧] 在县东北楚汉二王城之中。《纲鉴》王氏注云:"分水为二渠,其一渠东南流,始皇凿引河水以灌大梁,谓之鸿沟。今之汴口是汉楚会处。其一渠东经阳武县南,为官渡水。今查在开封府河阴县东是也。史称楚王自知少助食尽,韩信又进兵击楚,羽患之,汉遣侯公说羽请太公,羽乃与汉约分天下,割鸿沟以西为汉,以东为楚。九月楚归太公、吕后,引兵解而东归。即此地也。"

---

① 《河南历代方志集成》第十四卷《康熙河阴县志》,第41页。
② 《河南历代方志集成》第十四卷《民国河阴县志》,第197页。
③ 《河南历代方志集成》第十一卷《乾隆荥泽县志》,第34页。
④ 《河南历代方志集成》第十卷《顺治荥泽县志》,第245页。
⑤ 《河南历代方志集成》第十卷《康熙荥泽县志》,第300页。
⑥ 《河南历代方志集成》第十一卷《乾隆荥泽县志》,第34页。
⑦ 《河南历代方志集成》第十四卷《康熙河阴县志》,第45页。
⑧ 《河南历代方志集成》第十四卷《康熙河阴县志》,第43页。

汴河[1]　在旧县南二百五十步，即裴侍中耀卿立其汴渠。开元二十三年分汜水、荥泽、武陟三县地，于输场东置，以便漕运。郦元注云："大禹塞荥泽，开渠以通淮、泗。"《汉书》云："初，平帝时汴河决坏，明帝永平中，乃令王景理渠堤。"《坤元录》又云："自宋武北征之后，复皆湮塞。隋大业元年更令开导，名通济渠。"

汴河[2]　荥阳大周山下京、索、须水与密之郑水四水东北流合而成汴，由鸿沟北出，经荥泽旧县南二百五十步东流。汉平帝时黄河南奔冲汴。明帝永平中，命臣王景修汴渠，堤自荥阳东至千乘海口千余里，分疏河、汴二水，令黄河东北流入海，汴水东南流入泗。自宋武北征之后，汴复湮没。隋大业元年，开通济渠，自板渚引河历荥泽入汴，又自大梁之东引汴水入泗达于淮，渠广四十步，渠旁皆筑御道，树以柳，炀帝尝泛舟而往江都焉。宋定鼎汴梁，汴水穿都中，引江淮浙湖之粟以达京师。元以后南徙，命臣贾鲁治之，因更名贾鲁河。《旧志》。

考汴河源出荥阳大周山，合京、索、须、郑四水东南流，即《禹贡》之灉水，《春秋》谓之邲水，宣公十三年，晋楚之战，楚军邲，即是水也。秦汉曰鸿沟，《汉志》谓之蒗荡渠，明帝遣王景、王吴修筑，亦曰荥阳漕渠，又名阴沟。《元和志》："开渠以通淮泗，岁久复湮。"晋末刘裕灭秦，发长安，自洛入河，开汴渠而归，后复湮。隋大业初更开之，名通济渠，西通河济，南达江淮。唐天宝后复湮，至广德二年，乃命刘晏开汴水以通运，唐末溃坏。周显德二年谋伐唐，乃因故堤而疏导之。宋建隆三年，导索水自旃然与须水合入于汴，谓之金水河。熙宁八年，自汜水之任村河口至河阴之瓦亭子达汴口接运河，长五十一里，两岸为堤一百三里，自是汴洛通流。南迁以后，不资于汴，故汴河日就湮废。金虽都汴，而周章匆遽，亦欲经理漕渠，自泗通汴，而未遑也。洪武六年，议复汴河而中格，自是陵谷变通，中牟以东汴河不复续矣。

汴河[3]　今名贾鲁河，又名小黄河，以元臣贾鲁尝浚之，而北与黄河相表里也。受西南诸山溪之水，为中州一巨川，源发于郡之坤隅，离郡城五十余里。其源不一，有峪、有泉、有池：峪曰圣水峪，其水出黑龙庙前石窟中，深不可测，遇旱辄雩于其地，属密县。泉曰暖泉、冰泉，属荥阳王塔里，冰泉盛夏难亲，暖泉隆冬可浴，俱在皇帝岭下，相去不数武，而冷暖不同。池曰胡家池、田家池、申家池，皆涌水如翻花。其外诸岩泉，或从高崖泻下，或从深谷流出，莫可悉举。南隔骆驼岭，另一派其源有二，一出界牌砦，东北流为周家河，一出梅山西坡仙母洞，下流为李家河，二派合流，经石磴成瀑布，北流为九仙庙河。又北，为邓通砦河，亦汴源之别支也，其出自圣水峪，与泉水、池水合流者多在深谷石上。其石骨锁处如水磨河之瀑布，时家砦之瀑布，皆自石级倾下，声可远闻，而其声又能或沸或息，高下不常，可占风雨，亦一异也。东北流，至

---

[1]　《河南历代方志集成》第十卷《顺治荥泽县志》，第200页。
[2]　《河南历代方志集成》第十一卷《乾隆荥泽县志》，第31页。
[3]　《河南历代方志集成》第一卷《康熙郑州志》，第104～105页。

高龟砦与邓通砦河会，土人谓之合河口。自是北流，经冯家湾、郑家湾，至京水砦，京水西来，与之合为官路东西渡口。又东北流，至双桥，受索、须已合之水，绕州西北境流，至东北折而南渐转，贯中牟，达祥符朱仙镇，此其大略也。

按，此水在郑，河渠窄小，不能容水，且河身较两岸田地稍高，故夏秋水涨屡肆湮没。前数年，黄河大堤未筑，虽有泛滥，犹可泄入黄河。近于癸亥年修筑大河月堤，将此水开渠南徙，水无所泄，为害滋甚，遂致两岸旱田只禾不获，计惟开桶种稻，稍望有成，以供租税焉。

汴水① 源出大周山，合京、须、索、郑四水，东南至中牟县北入于黄河。自秦以下累代修之，以通漕运。大元间涸。

汴渠② 《水经注》："济水于此又兼邲目，即是水也，音下。京相潘曰：在敖北。"《元和郡县志》："在县南二百五十步，亦名蒗荡渠，禹塞荥泽，开渠以通淮泗。后汉初，河汴决坏，明帝永平中，命王景修渠筑堤，十里立一水门，更相洄注，无复溃漏之患。自宋武北征之后，复皆湮塞。隋炀帝大业元年，令更开导，名通济渠，自板渚引河入汴口。"《太平寰宇记》："在县南二百五十步，首受黄河，一名通济渠，一名蒗荡渠。"《困学纪闻·郡县志》："汴渠在河南府河阴县南二百五十步，今名通济渠。"

按，汴渠、鸿沟、荥口、石门实一水，因各代河道变迁而异名。

汴河③ 一名蔡河，自须水之荥泽，绕县北经韩庄东南入祥符界。安家口往往淹没民田。明正统六年，荥泽县知县李全永奏准闭塞，改流黄河，淤为平地，其名犹存。汴河非即蔡河。

汴河④ 即浚仪渠也，源出荥阳县大周山，合京、索、须、郑四水，东南至中牟，又合蔡河，下入于黄河。宋都大梁，诸水惟此为害。至道元年，下诏问汴水疏凿之由，张洎论云："昔禹于荥泽下，分大河为阴沟，注东南至于大梁，以通淮泗。"按此论与《水经注》阴沟本蒗荡渠，在浚仪县北，自王贲断故渠引水东南出以灌大梁，于是水出县南而不迳其北稍异。然世事沧桑，迹之在中牟者虽已淤塞，亦必详其原委，说之异同，以为将来参考云。

汴河故道⑤ 旧自荥阳东经府城内，又东合蔡河，名浪荡渠，又名通济渠，东注泗州，下入于淮。累因河决，其蔡河湮没无迹，而汴河自府西中牟县入黄河矣。《一统志》。

济河⑥ 发源于河北王屋山顶岩下，曰沇，从高注下，其流峻激，既是而伏。东出济

---

① 《嘉靖荥阳县志》卷之上，第3~4页。
② 《河南历代方志集成》第十四卷《民国河阴县志》，第198页。
③ 《河南历代方志集成》第四卷《顺治中牟县志》，第79页。
④ 《河南历代方志集成》第五卷《同治中牟县志》，第276页。
⑤ 《嘉靖荥阳县志》卷之上，第7页。
⑥ 《河南历代方志集成》第十一卷《顺治氾志》，第333~334页。

源县，有东西二源出流，至温县南而入汜境，再南十里而入于河。孔安国志注曰："济出温东南，至巩县北而入于河，与河并流过成皋。"《山海经》曰："大河至成皋与济水合。"《晋书·地道志》、戴氏《西征记》俱曰："济自大伾入河，与河水斗，其斗流处略不淆清浊，分行者数里，乃溢为荥。"文彦博之诗曰"横贯黄河自不淆"是也。东出陶丘，又东至于菏，又东北会于汶，而达于海矣。其穴地也，流注显伏不同而脉可寻，此三现之说所从来也。今汜东大里乡有济渎庙，相传最远，旧有池，冬夏不涸，盖济水之溢也。济与河，古之二渎也，而河、洛、伊，又古之三川也，汜邑者联二渎、络三州水之最盛者也。

济水与汴水[①]　《禹贡》："导沇水，东流为济，入于河，溢为荥。"济水，古四渎之一也，汴水何敢僭焉。厥后黄流南泛，浑涛奚别，济道既为河所夺，汴流亦今昔异势。于是所谓济者，实亦即汴之上流。故《水经注》曰："济水于此，又兼邲目。"京相璠曰"在敖北"，盖济汴之分在下流不在此也。晋魏来，形势屡变，清水断绝，后人惑于乱流截河南过之说，犹有指汴为济之议。如《宋史》张洎云："汴水自二城小涧中东流而出，济水至此乃绝。"是也。《方舆纪要》："汴水，即《禹贡》之灉水，所谓河出为灉也，春秋时谓之邲水，邲音汴，即汴字，后人避反字改为卞，秦汉间曰鸿沟。"《汉志》谓之狼荡渠，亦曰荥阳漕，或曰浚仪渠，隋大业初年名通济渠。

《赵氏一清水经注》释渠水："《汉志》：'河南郡荥阳县狼荡渠受沛水，东南至陈入颍，过郡四行七百八十里。'一清按：《水经》潧水下有渠水，即狼荡渠，实大水也，宜著于篇目，善乎《禹贡锥指》之言！自荥阳引河后，递加疏导，枝津交络，名称互见，使后人目眩心摇，今综其大略，以狼荡渠为主。《水经注》云：'渠水自河与济乱流，东迳荥泽北，东南分济，历中牟县之圃田泽，与阳武水分。又东南为官渡水，又东至浚仪，左则故渠出焉。秦始皇二十二年，王贲断故渠，引水东南以灌大梁，谓之渠沟。'世遂目故渠曰阴沟，而以梁沟为蒗荡渠，阴沟东南至大梁城，合蒗荡渠，其东导者为汴水，蒗荡渠自大梁城南南流为鸿沟，鸿沟又兼沙水之目，东南流，至新阳县为百尺沟，注于颍，此即班固所谓'蒗荡首受济水，东南至陈入颍'者也。以上诸渠同源于出河之济，故言鸿沟者指此为鸿沟，言蒗荡者指此为蒗荡渠，言浚仪渠者指此为浚仪渠，皆以下流之目追被上源者也。"

按，赵氏此说考订甚详，但鸿沟、汴渠在古荥阳者，《史记》《汉书》《水经注》皆详哉，其言之今不能废也。元时口塞水绝，至明又为黄河所湮没，其迹不存。

济水汴水[②]　《史记·河渠书》："荥阳下引河东南为鸿沟，以通宋、郑、陈、蔡、曹、卫，与济、汝、淮、泗会于楚。"

《水经注》、晋《地道志》："济自大伾入河与河水斗，南泆为荥泽，昔大禹遏其

---

① 《河南历代方志集成》第十四卷《民国河阴县志》，第176～177页。
② 《河南历代方志集成》第十四卷《民国河阴县志》，第179～182页。

淫水，而于荥阳下引河东南，以通淮泗。济水分河东南流，汉明帝之世，司空伏恭荐乐浪人王景字仲通，好学多艺，善能治水，显宗诏与谒者王吴始作浚仪渠，吴用景法，水乃不害，此即景作所修故渎也。渠流，东注浚仪，故复谓之浚仪渠也。汉灵帝建宁四年，于敖城西北垒石为门，以遏渠口，谓之石门，故亦谓之石门水。门广十余丈，西去河三里。济水又东迳西广武城北，济水又东，迳东广武城北，济水又东，迳敖山北，济水又东合荥渎，渎首受河水，有石门，谓之荥口石门也。"

《方舆纪要》："魏黄初中大水，是后济河泛溢，邓艾议开石门以通之，晋武帝时复坏。傅祇为荥阳太守，乃造沉莱堰，于是兖、豫无水患。晋太和中，桓温自兖伐燕，郗超曰：'道远，汴水又浅，恐漕运难通。'温使豫州刺史袁真攻谯郡梁国，开石门以通水运，真克谯梁，而不能开石门，水运路塞。义熙十三年，刘裕令刘遵考漕此渠，而山崩壅塞，乃于渠北十里更凿故渠通之。"

《元和郡县志》："宋武北征以后，复皆湮塞。"

《太平寰宇记》："隋开皇七年，使梁浚增筑汉古堰，遏河入汴，故谓之梁公堰。"

《方舆纪要》："炀帝大业初，又开通济渠，自板渚引河，历荥泽入汴。胡氏曰：'大河自板城渚口东过荥阳县，蒗荡渠出焉，是渠南出为汴水，汉之荥口石门，即其地也。唐开元二年，河南尹李杰奏河汴间有梁公埭，岁久埭破，南方漕不通，请自故渠浚之，从之。公私便利。十四年，洛阳人刘宗器请塞汜水旧汴河，于下流荥泽界开梁公堰，置斗门，通淮汴。明年，新漕填塞，行舟不通，乃命将作大匠范安及检行郑州斗口，疏决旧河，旬日而毕。广德二年，刘晏为租庸转运使，至河阴、巩、洛，见宇文恺梁公堰斯河为通济渠，视李杰新堤，尽得其利病，于是转输无壅五季。周显德五年，浚汴口，导河流达于淮，江淮舟楫始通。六年，复命王朴如河阴，按行河堤，立斗门于汴口。'胡三省曰'自汉筑荥阳石门，而济与河合流入海不入荥渎矣'。"

《宋史·河渠》："汴河，自隋大业初，疏通济渠，至唐，改名广济。宋都大梁，以孟州河阴县南为汴首受黄河之口，属于淮、泗。每岁自春及冬，常于河口均调水势，止深六尺，以通行重载为准。故于诸水，莫此为重，其浅深有度，置官以司之，都水监总察之。然大河向背不常，故河口岁易；易则度地形，相水势，为口以逆之。"

《方舆纪要》："建隆二年，诏河阴汴口均节水势，济江淮漕运。"

《宋史·河渠》："太平兴国三年，发军士千人复汴口。大中祥符二年八月，汴口涨溢，自京至郑州，浸道路。诏选使乘传减汴口水势。既而水减，阻漕运，复遣浚汴口。天圣三年，汴流浅，特遣使疏河注口。皇祐三年，命使诣中牟治堤。明年八月，河涸，舟不通，令河渠司自口浚治，岁以为常。嘉祐六年，汴水浅涩，常稽运漕。都水奏：'河自应天府抵泗州，直流湍驶无所阻。惟应天府上至汴口，或岸阔浅漫，宜限以六十步阔，于此则为木岸狭河，扼束水势令深驶。梢，伐岸木可足也。'遂下诏兴役，而众议以为未便。宰相蔡京言：'祖宗时已尝狭河矣，俗好败事，宜勿听。'役既半，岸木不足，募民出杂梢。岸成而言者始息。熙宁四年，创开訾家口，日役夫四万，饶一月而成。才三月已浅淀，乃复开旧口，役万工，四日而水稍顺。有应舜臣者，独谓口在孤柏岭下，当河流之冲，其便利可常用勿易，水大则泄以斗门，水小则为辅渠于下流以益之。王安石善其议。六年，范子奇建议：冬不闭汴口，以外纲运直入汴至京，废运船。安石以为然。诏汴口官吏相视，卒用其说。七年，盛陶谓汴河开两口非便，命同判都水监宋昌言视两口水势，檄同汴口提举官王珫。珫言訾家口水三分，辅渠七分。昌言请塞訾家口，而留辅渠。时韩绛、吕惠卿当国，许之。八年，侯叔献言：'岁开汴口作生河，侵民田，调夫役。今惟用訾家口，减人夫、物料各以万计，乞减河清一指挥使。'从之。未几，汴口大涨，至深一丈二尺，于是复请权闭汴口。元丰元年五月，西头供奉官张从惠复言：'汴口岁开闭，修堤防，通漕才二百余日。往时数有建议引洛河入汴，患黄河啮广武山，须凿山岭十数丈，以通汴渠，功大不可为。去年七月，黄河暴涨，水落而稍北，距广武山麓七里，退滩高阔，可凿为渠，引洛入汴。'范子渊知都水监丞，画十利以献。又言：'汴舟载重，入水不过四尺，今深五尺，可济漕运。起巩县神尾山，至士家堤，筑大堤四十七里，以捍大河。起沙谷至河阴县十里店，穿渠五十二里，引洛水属于汴。'疏奏，上重其事，遣使行视。二年正月，使还，以为工费浩大，不可为。上复遣内供奉宋用臣，还奏可为，请'自任村沙谷口至汴口开河五十里，引伊、洛水入汴河。引古索河为源，注房家、黄家、孟家三陂及三十六陂，高仰处潴水为塘，以备洛水不足，则决以入河。又自汜水关北开河五百五十步，属于黄河，上下置闸启闭，以通黄、汴二河船筏。仍修护黄河南堤埽，以防侵夺新河。'从之。三月庚寅，以用臣都大提举导洛通汴。四月甲子兴工，六月戊申，清汴成，凡用工四十五日。自任村沙口至河阴亭瓦子；并汜水关北通黄河，接运河，长五十一里。两岸为堤，总长一百三里，引洛水入汴。七月甲子，闭汴口，徙官吏、河清卒于新洛口。十一月辛未，诏差七千人，赴汴口开修河道。元祐四年，御史中丞梁焘言：'窃以广武山之北，即大河故道，河常往来其间，夏益涨，每抵山下。旧来洛水至此，流入于河。后欲导以趋汴渠，乃乘河未涨，就嫩滩之上，峻起东西堤，辟大河于堤北，攘其地以引洛水，中间缺为斗门，名通舟楫，实盗河以助洛之浅涸也。洛水本清，而今汴常黄流，是洛不足以行汴，而所以能行者，附大河之余波也。增广武三埽之备，竭西京所有，不足以为支费，其失无虑数百万计。从来上下习为欺罔，朝廷惑于安流之说，税屋之利，恬不为虑。而不知新沙疏弱，力不能制悍河，水势一薄，则烂漫溃败，将使怒流循洛而下，直冒京师。是甘以数百万日增之费，养异时万一之患，亦已误矣。夫岁倾重费以坐待其患，何若折其奔冲，以终除其害哉。为今之计，宜复为汴口，仍引大河一支，启闭以时，还祖宗百年以润国养民之赐，诚为得策。汴口复成，则免广武倾注。'又言：'臣闻开汴之时，大河旷岁不决，盖汴口析其三分之水，河流常行七分也。'云云。不报。五年十月乃诏导河水入汴。绍圣七年，广武埽危急。壬寅，帝语辅臣：'埽去洛河不远，须防涨溢下灌京师。'明日，乃诏都水监丞冯忱之相度筑拦水签堤。丁巳，帝谕执政曰：'河埽久不修，昨日报洛水又大溢，注于河，若广武埽坏，河、洛为一，则清汴不通矣，京都漕运殊可忧。宜亟令吴安持、王宗望同力督作，苟得不坏，过此须图久计。'丙寅，吴安持言：'广武第一埽危急，决口与清汴绝近，缘洛河之南，去广武山千余步，地形稍高。自巩县东七里店至今洛口不满十里，可以别开新河，导洛水近南行流，地里既少，用功甚微。'诏安持等再按视之。十一月，李伟复言：'自武济山以下二十里名神尾山，乃广武埽首所起，约置刺堰三里余，就武济河下尾废堤、枯河基址，增修疏导，回截河势东北行，留旧埽作遥堤，可以纾清汴水注京城之患。'诏宋用臣、陈祐甫覆按以闻。十二月甲午，户部尚书蔡京言：'本部岁计，皆藉东南漕运。今年上供物，至者十无二三，而汴口已闭。臣责问提举汴河堤岸司杨琰，乃称自元丰二年至元祐初，八年之间，未尝塞也。'诏依元丰条例。三年正月戊申，诏提举河北西路李仲罢归吏部。仲在元祐中提举汜水辇运，建言：'西京、巩县、河阳、汜水、河阴县界，乃沿黄河地分，北有太行、南有广武二山，自古河流两山之间，乃系禹迹。昨自宋用臣创置导洛清汴，于黄河沙滩上，节次创置广、雄武等堤埽，到今十余年间，屡经危急。今如弃去诸埽，开展河道，讲究兴复元丰二年以前防河事，不惟省岁费、宽民力，河流且无壅遏决溢之患。'又乞复置汴口，依旧以黄河水为节约之限，罢去清汴闸口。四年闰二月，杨琰乞依元丰例，减放洛水入京西界大白龙坑及三十六陂，充水匮以助汴河行运。诏贾种民同琰相度以闻。五月乙亥，都提举汴河堤岸贾种民言：'元丰改汴口为洛口，名汴河为清河者，凡以取水于洛也。复匮清水，以备浅涩而助行流。元祐间，却从黄河拨口，分引浑水，令自达上流入洛口，比之清洛，难以调节。乞复清汴。'从之。"

《方舆纪要》："宋时东南之漕，大都繇汴以达于畿邑，故汴河之经理为详。南迁以后，故都离黍，江淮漕运自是不资于汴，于是汴河日就湮废。"

《通鉴辑览》注："元光元年，议引汴通漕，不果。元大定初，河徙阳武，而南夺汴水入泗，以达于淮，于是汴河之故道遂不复可考。"

荥播[1] 荆河惟豫州：伊、雒、瀍、涧既入于河，荥播既都，道荷泽，被明都。其土壤，下土坟垆。田中上，赋杂上中。贡漆、丝、绨、纻，其筐纤絮，锡贡磬错。浮于雒，达于河。

荥[2] 道沇水，东为济，入于河，泆为荥，东出陶丘北，又东至于荷，又东北会于汶，又东北入于海。道淮自桐柏，东会于泗、沂，东入于海。

荥泽[3] 春秋时为荥阳之薮泽。楚伐郑，晋救之，楚潘党逐魏锜及薮泽。

荥水[4] 《禹贡》"导沇水，东流为济，入于河，溢为荥"，盖济水三伏三见，荥为一见，今则伏矣。

---

[1] 《史记》卷二《夏本纪第二》，第62页。
[2] 《史记》卷二《夏本纪第二》，第70页。
[3] 《嘉靖荥阳县志》卷之上，第6页。
[4] 《河南历代方志集成》第十卷《康熙荥泽县志》，第299页。

荥水[①] 发源怀庆府济源王屋山岩，从高注下，既见而伏，东出济源县，由温县入河，伏流溢为荥。《禹贡》"导沇水，东流为济，入于河，溢为荥"，荥泽之得名以此。今无水成平地矣。《通志》。

考《书·禹贡》"荥波既豬"，《集传》云："荥波，二水名。"济水，自今孟州温县入河潜行，绝河，南溢为荥，在今郑州荥泽县西五里敖仓东南。敖仓者，古之敖山也。今济水但入河，不复过河之南，荥渎水受河水，有石门谓之荥口石门也。郑康成谓："荥今塞为平地，荥阳民犹谓其处为荥泽。"郦道元曰："禹塞淫水于荥阳，下引河东南以通淮泗，济水分河，东南流。"汉明帝使王景即荥水故渎，东注浚仪，谓之浚仪渠。《汉志》谓荥阳县有浪荡渠首受济者是也，南曰洦荡，北曰浚仪，其实一也。波水，《周职方》："豫州，其川荥雒，其浸波溠。"《尔雅》云："水自洛出为波。"《山海经》曰："娄涿之山，波水出其阴，北流注于谷。"二说不同，未详孰是。孔氏以荥波为一水者，非也。《地理今释》曰："荥波即荥泽，在今河南开封府荥阳县南三里古城村。"案：《孔安国传》云"荥泽波水已成遏豬"，《正义》曰"郑云，今塞为平地"，荥阳民犹谓其处为荥泽，在其县东，盖济水伏流地中，绝河而南溢为巨泽，《禹贡锥指》云，案马、郑、王本，波并作播，伏生今文亦然。孔安国解作一水非二水。以为二水，自颜师古始，宋林之奇本之，引《周职方》"豫州，其川荥雒，其浸波溠"。为雅水自洛出为波，别荥波为二水，蔡氏因之。然案图究义以荥波为二水终无是处。傅氏寅曰："上文言导洛，此则专主导济，言不当，又泛言洛之支水。《职方》所记山川非治水，次第不必泥也，且《职方》豫州之波出鲁山县，郑注谓即荥播，固非。而洛南之波水则与荥泽相距五六百里，中隔大山，岂可总撮而言之曰'荥波既豬'乎？"其说极详，引之以证林氏之失。又导沇水东流为济，入于河，溢为荥，《集传》曰："溢，满也。"复出河之南溢而为荥，荥即荥波之荥。郦道元谓"济水当王莽之世，川渎枯竭，其后水流迳通，津渠势改，寻梁脉水，不与昔同"，然则荥泽济河虽枯，而济水未尝绝流也。程氏曰："荥水之为济，本无他义，济之入河，适会河满，溢出南岸，溢出者非济水，因济而溢，故禹还以元名命之。"案程氏言溢之一字固为有理，然出于河南者既非济水，则禹不应以河枝流而冒称为济，盖溢者指荥而言非指河也。且河浊而荥清，则荥之水非河之溢，明矣。陈栎曰："虚谷方氏尝亲过枯黄河，见济水出河北温县者，今经枯黄河以入汶，而后趋海而□□，济贯浊河，遂成虚论，以此观之，则济水性下□□，伏流而出为荥。"程泰之谓溢为荥，非济溢，辨之□以河浊荥清证其非，当矣。今大河徙而南流，古大河遂为枯泊，济之贯河，其迹昭然。泰之非，不辨而明也。

[①]《河南历代方志集成》第十一卷《乾隆荥泽县志》，第32～33页。

第四节 其他河流

广武涧[①] 《河南通志》："在河阴东北十二里。"《后汉书·郡国志》注："《西征记》曰：山上有二城，东者曰东广武，西者曰西广武，各在山一头，相去二百余步，其间隔深涧，汉高祖与项籍语处。"《通鉴》注："广武有二城，西城汉所筑，东城项羽所筑，夹城之间有绝涧断山，曰广武涧。"《水经注》："两城之间有绝涧断山，谓之广武涧，项羽叱楼烦于其上，楼烦精魄丧归矣。"《太平寰宇记》："荥泽广武涧，在县西二十里。"《西征记》云："三皇山上有二城，东曰东广武，西曰西广武，相去二百余步，汴水从涧中东南流，今涧无水。今城东有高坛，即项羽坐太公于上以示汉军处。一曰鸿沟。"《舆地广记》："荥泽有广武山，上有东西城，中有绝涧，高帝、项羽相与临广武之间而语，即此。"

按，《太平寰宇记》指广武涧为鸿沟，非，此涧在广武二城之中，地势南高无吐口，汴水岂非能飞流？《水经注》："广武山下有泉，北流入济。"足证此涧与汴水通，盖当日涧连鸿沟，有流水。《太平寰宇记》因传闻不详，遂误记之耳。鸿沟久沦于河，今之鸿沟村在广武涧口，因明时鸿沟保而名，其殆本之《太平寰宇记》乎？

金水河[②] 导自荥阳黄堆山，其源曰祝龙泉。宋建隆二年，凿引水过中牟二百余里抵汴都城西。架其水横绝入汴，设斗门，入浚沟，通城濠，东汇五丈河。

金水河[③] 俗名泥河，在城西关外一里，乃郑水之西派也。源出梅山北黄龙池，东北流，经黄冈寺、耿家河渐至郡西，如金带，以其来自金方，故名金水。旧渠自回回墓东北绕旧城，与祭城水合，总名郑河。后知州赵鼎臣申请自西关改入城濠，遂弃旧渠，然水性不顺，每遇泛涨，犹必溢入旧渠焉。

按，金水河，今自西关至北关，由黑朱郭村等庄抵姚家桥，入贾鲁河。《旧志》。

按，今金水河发源于郑县西南隅梅山之北，向东北流，至阎垛又折而北流，经卢村河、黄冈寺、后河、卢耿河等村，至林山寨之东，又折而东流，越京汉铁路，经回回墓之南至西关，又折而东北流，归入城濠之内，由北关东流，水势颇小，河身与平地无上下别。

石门渠[④] 在荥泽县西二十里荥渎受河处，即《禹贡》导河之道，亦曰荥口。考秦始皇二十六年王贲断故渠，引水灌大梁，谓之梁沟，亦即此水也。《水经注》

[①] 《河南历代方志集成》第十四卷《民国河阴县志》，第197页。
[②] 《嘉靖荥阳县志》卷之上，第3~4页。
[③] 《河南历代方志集成》第二卷《民国郑县志》（民国五年），第38页。
[④] 《河南历代方志集成》第十一卷《乾隆荥泽县志》，第33~34页。

"济水又东合荥渎",是也。苏代曰"决荥口,魏无大梁",亦指此。后汉永平中,河流入汴,兖、豫皆被其害,明帝使王景修治之,即其处也。又灵帝建宁四年于敖城西北垒石为门,以遏浚仪渠,渠口水门广十余丈,西去河三里,渠水盛则通于河水,耗则辍流。魏黄初中大水,河济泛溢,邓艾议开石门以通之。周齐之间,更其名曰汴口堰。隋开皇七年,使梁浚增筑汉古堰,遏河入汴,自是又更名梁公堰。大业初,又开通济渠,自板渚引河经荥泽入汴,胡氏曰"大河自板城渚口东过荥阳,蒗荡渠出焉",是渠南出为汴水,汉之荥阳石门,即其地也。唐开元二年,河南尹李杰请开梁公堰以通漕,公私便利。十四年,洛阳人刘宗器请于荥泽口开梁公堰,置斗门以通淮汴,明年,命将作大匠范安及检行郑州河口斗门疏决旧河,旬日而毕。胡三省曰"自汉筑荥阳石门,而济与河合流入海,不入荥渎矣"。

石门渠[1]　见《水经注》。《郑文公碑》:"荥阳石门东南十三里三皇山之阳。"乾隆《府厅州县志》:"石门,故县西北二十里。"

按,《方舆纪要》合两石门为一,误。详见《禹贡锥指》。

南河[2]　在县北,即今南河渡,舜避尧子于南河,即此。

小清河[3]　在县北五里,其上源从郑州而来,下流与黄河相通,凡县东西南三异等十二里之水皆归之。明万历间淤塞,贾鲁河水涨灌入,淹没民田,知县乔璧星、陈幼学屡加疏导。

按《宋史》,金水河一名天源,本京水,导自荥阳黄堆山,其源曰祝龙泉,太祖命凿渠引水,过中牟,名金水河。今县北小清河从东北环绕二十里达店重口,隔河即祥符界,再三十里达朱仙镇。

官渡[4]　在县北五里,即小清河,三国关羽拒袁绍处。有石桥,名官渡桥,亦名关家桥。

按,《史记·河渠书》,荥阳下引河东南为鸿沟,《索隐》曰:"文颖云:'即今官渡水也。盖为二流,一南经阳武为官渡水,一东经大梁,即河沟,今之汴河是也。'"

清口水[5]　《汉书》"中牟有清口水",《左传·隐公四年》"遇于清"即此,杜预注曰:"县有清阳亭。"

按晋郦道元《水经注》,蒗荡渠经曹公垒,北有高台,谓之中牟台,即官渡,今名小清河。

---

[1]　《河南历代方志集成》第十四卷《民国河阴县志》,第198页。
[2]　《河南历代方志集成》第六卷《乾隆巩县志》,第464页。
[3]　《河南历代方志集成》第四卷《顺治中牟县志》,第79~80页。
[4]　《河南历代方志集成》第四卷《顺治中牟县志》,第80页。
[5]　《河南历代方志集成》第四卷《顺治中牟县志》,第80页。

《水经注·渠水》[①]

按，《水经注》："渠出荥阳北河，东南过中牟县之北。《风俗通》曰：渠者，水所居也。渠水自河与济乱流，东迳荥泽北，东南分济，历中牟县之圃田泽，北与阳武分水。泽多麻黄草，故《述征记》曰：'践县境便睹斯卉，穷则知逾界。'今虽不能，然谅亦非谬。《诗》所谓'东有圃草'也。皇武子曰：'郑之有原圃，犹秦之有具囿。'泽在中牟县西，西限长城，东极官渡，北佩渠水，东西四十许里，南北二百许里，中有沙冈，上下二十四浦津，津流迳通，渊潭相接。各有名焉：有大渐、小渐、大灰、小灰、义鲁、练秋、大白杨、小白杨、散吓、禹中、羊圈、大鹄、龙泽、邕罢、大哀、小哀、大长、小长、大缩、小缩、伯丘、大盖、牛眠等。浦水盛则北注，渠溢则南播。故《竹书纪年》，梁惠成王十年，入河水于甫田，又为大沟而引甫水者也。又有一渎，自酸枣受河，导自濮渎，历酸枣迳阳武县南出，世谓之十字沟而属于渠，或谓是渎为渠惠之年所开，而不能详也。斯浦乃水泽之所钟，为郑隰之渊薮矣。渠又右合五池沟，上承泽水，中流渠，谓之五池口。魏嘉平二年，司马懿帅中军讨大尉王凌于寿春，自彼而还，帝使侍中韦诞劳军于五池者也。今其地为五池乡矣。渠又东，不家沟水注之，水出京县东南梅山北溪，《春秋·襄公十八年》，芮子冯、公子格率锐师侵费，右回梅山。杜预曰：'在密东北。'即是山也。其水自溪东北流迳管城西，故管国也，周武以封管叔矣。成王幼弱，周公摄政。管叔流言曰：'公将不利于孺子。'公赋《鸱鸮》以伐之，即东山之诗是也。《左传·宣公十二年》，晋师救郑，楚次管以待之。杜预曰：'京县东北有管城者是也。'俗又谓之为管水。东北，分为二水，一水东北流注黄雀沟，谓之黄渊，渊周一百步。其一水东越长城，东北流，水积为渊，南北二里，东西百步，谓之百尺水，北入圃田泽，分为二水，一水东北迳武强城北。《汉书·曹参传》：'靳击羽婴于昆阳，追至叶，还攻武强，因至荥阳。'费瓒云：'按武强城在阳武县，即斯城也。'汉高帝六年，封骑将庄不识为侯国。又东北流，左注于渠，为不家水口也。一水东流，又屈而南，转东南注白沟也。渠又东，清池水注之，水出清扬亭西南平地，东北流迳清扬亭南，东流，即故清人城也。《诗》所谓'清人在彭'。彭为高克邑也。故杜预《春秋释地》云：'中牟县西有清扬亭是也。'清水又屈而北流至清口泽，七虎涧水注之，水出华城南冈，一源两派，津川趣别，西入黄崖沟，东为七虎溪，亦谓之为华水也。又东北流，紫光沟水注之，水出华阳城东北而东流，俗名曰紫光涧，又东北注华水。华水又东迳棐城北，即北林亭也。《春秋》：'文公与郑伯宴于棐林，子家赋《鸿雁》者也。'《春秋·宣公元年》，诸侯会于棐林以伐郑，楚救郑，遇于伯林。服虔曰：'北林，郑南地也。'京相璠曰：'今荥阳苑陵县有故乡，在新郑北，故曰伯林也。'余按林乡故城在新郑北东如北七十许里，苑陵故城在东南五十许里，不得在新郑北也。考京、服之说，并为疏矣。杜预云：'荥阳中牟县西南有林亭，在郑北'，今是亭南去新

[①] 《河南历代方志集成》第四卷《康熙中牟县志》，第207~210页。

郑故城四十许里，盖以南有林乡亭，故杜预据是为北林，最为密矣。又以林乡为棐，亦或疑焉。诸侯会棐，楚遇于此，宁得知不在是而更指他处也。积古之传，事或不谬矣。又东北迳鹿台南冈北，出为七虎涧，东流，期水注之。水出期城西北平地，世号龙渊水。东北流，又北迳期地西，又北与七虎涧合，谓之虎溪水，乱流不注。迳期城北，东会清口水。司马彪《郡国志》曰：'中牟有清口水。'即是水也。清水又东北，白沟水注之，水有二源，北水出密之梅山东南，而东迳靖城南，与南水合。南出合太山，西北流至靖城南，左注北水，即承水也。《山海经》曰：'承水出太山之阴，东北流注于没水者也。'世所谓之靖涧水也。又东北流，太水注之，水出太山东平地，《山海经》曰：'太水出于太山之阳，而东南流注于没水。'世谓之澧水也。东北迳武陵城西，东北流注于承水。又东北入黄瓮涧，北迳中阳城西，城内有旧台甚秀，台侧有陂池，池水清深。涧水又东屈迳其城北，《竹书纪年》：'梁惠成王十七年，郑釐侯来朝中阳者也。'其水东北流为白沟，又东北迳伯禽城北，盖伯禽之鲁，往迳所由也。屈而南流，东注于清水，即潘岳《都碑》所谓'自中牟故县以西，西至于清沟'。指是水也。乱流东迳中牟宰鲁恭祠南，汉和帝时，右扶风鲁恭，字仲康，以太尉掾迁中牟令，政专德化，不任刑罚，吏民敬信，蝗不入境。河南尹袁安疑不实，使部掾肥亲按行之，恭随亲行阡陌，坐桑树下，雉止其旁，有小儿，亲曰：'儿何不击雉？'曰：'将雏。'亲起曰：'虫不入境，一异；化及鸟兽，二异；竖子怀仁，三异。久留非优贤，请还。'是年嘉禾生县庭，安美其治，以状上之，征博士侍中。车驾每出，恭常陪乘，上顾问民政，无所隐讳，故能遗爱，自古祠享来今矣。清沟水又东北迳沉清，疑即博浪亭也。服虔曰：'博浪、阳武二水沙名也，今有亭。'所未详也，历博浪泽，昔张良为韩报仇于秦，以金椎击秦始皇不中，中其副车于此。又北分于二水，枝津东注没水。清水自枝流北注渠，谓之清沟口。渠又左迳阳武县故城南，东为官渡水，又迳曹太祖垒北，有高台，谓之官渡台，渡在中牟，故世又谓中牟台。建安五年，太祖营官渡，袁绍保阳武，绍连营稍前，依沙堆为屯，东西数十里，公亦分营相遇，合战不利，绍进临官渡，起土山地道以逼垒，公亦起高台以捍之，即中牟台也。今台北土山犹在，山之东悉绍旧营，遗台并存。水又东迳田丰祠北，袁本初惭不纳其言，害之。时人嘉其诚谋，无辜见戮，故立祠于是，用表袁氏覆灭之宜矣。又东，没水注之，水出苑陵县西隙侯亭东，世谓此亭为却城，非也，盖隙、却声相近耳。中平陂，世名之泥泉也，即古役水矣。《山海经》曰：'役山，役水所出，北流注于河。'疑是水也。东北流迳苑陵县故城北，东流北迳焦城东、阳丘亭西也，世谓之焦沟水。《竹书纪年》：梁惠成王十六年，秦公孙壮伐郑，围焦城不克，即此城也。俗谓之驿城，非也。役水自阳丘亭东流，迳山氏城北，为高榆渊。《竹书纪年》：'梁惠成王十六年，秦公孙壮率师城上枳、安陵、山氏者也。'又东北为酢沟，又东北，鲁沟水出焉，役水又东北，泥沟水出焉。又东北为八丈沟。又东，清水枝津注之，水自沈城东派，注于役水。又东迳曹公垒南，东与沫水合。《山海经》云：'沫水所出，北流注于役。'今是水出中牟城西南，疑即沫水也。东北流迳中牟县故城，昔赵献侯自耿都此。班固云：'赵自邯郸徙焉。赵襄子时，佛肸以中牟叛，置鼎于庭，不与己者烹之，田英将褰裳赴鼎处也。'薛瓒注《汉书》云：'中牟在春秋之时为郑之堰也，及三卿分晋，则在魏之邦土。赵自漳北不及此也。'《春秋传》曰：'卫侯如晋过中牟。非魏适晋之次也。'《汲郡古文》曰：'齐师伐赵东鄙，围中牟。'此中牟不在赵之东也。按中牟当在湿水之上矣。按《春秋》：'齐伐晋夷仪，晋车千乘在中牟，卫侯过中牟，中牟人欲伐之，卫褚师固亡在中牟，曰：卫虽小，其君在，未可胜也。齐师克城而骄，遇之必败。乃败齐师。'服虔不列中牟所在。杜预曰：'今荥阳有中牟。'回远，疑为非也。然地理参差，土无常域，随其强弱，自相吞并，疆理留移，宁可一也。兵车所指，迳纡难知，自魏徙大梁，赵以中牟易魏，故赵之南界，极于浮水，匪直专张也。赵自西取后正中牟，齐师伐其东鄙，于宜无嫌。而瓒径湿水，空言中牟所在，非论证也。汉高帝十一年，封单父圣为侯国。沫水又东北注于役水。昔魏太祖之背董卓也，间行出中牟，为亭长所录。郭长公《世语》：'为县所拘，功曹请释焉。'役水又东北迳中牟泽，即郑太叔攻萑蒲之盗于是泽也。其水东流北屈注渠水。《征续记》所谓'自酱魁城到酢沟十里'者也。渠水又东流而左会渊流，其水上承圣女陂，陂周二百余步，水无耗竭，湛然清满，而南流注于渠。渠水又东南而注大梁也。"

圃田泽[①]　西临郑州。《尔雅·十薮》："郑有圃田。"《左传》曰"原圃"。原自郑州，入八里河，流入中牟境为大泽。梁惠王开大沟以行圃田之水，由浚仪分渠。秦汉唐宋累加疏通，高者出而可耕，下者散而成汇。今为泽者八，为陂者三十六，实圃田一泽之所分也。互详《渠水注》。

郑水[②]　《隋书》："中牟有郑水。"《金史》："有郑河源出郑州城东二十五里，东北至中牟县，溉田千余顷，其水下入于汴。"

汜水[③]　在县南，今涸。按，《左传》，僖公三十年，晋及秦围郑，秦军汜南。又囗九年，晋会诸侯，伐郑师于汜。杜佑曰："此为东汜。"

刁马河[④]　在县东南，旧通汊河。按，宋元丰五年，汊水增涨，提举司请于万胜镇旧城减水河、汊河北岸修立斗门，淘旧河，开创生河一道，下合入刁马河是也。今堙。

惠济河[⑤]　源出贾鲁，因贾鲁河每逢伏秋大雨，山泉偶或并盛宣泄不及，恒有泛滥旁溢之患。乾隆六年邑令姚孔钺奉巡抚雅公奏准，动帑开河分泄，水势自县西十五里堡起，至县东老湾嘴入祥符界，钦赐名曰惠济。长六千三百二十二丈零，阔二丈至三四丈，深四尺至八九尺不等。二十二年重浚。

---

① 《河南历代方志集成》第五卷《同治中牟县志》，第276页。
② 《河南历代方志集成》第五卷《同治中牟县志》，第276~277页。
③ 《河南历代方志集成》第五卷《同治中牟县志》，第277页。
④ 《河南历代方志集成》第五卷《同治中牟县志》，第277页。
⑤ 《河南历代方志集成》第五卷《同治中牟县志》，第277页。

广惠河[①]　源出贾鲁，因贾鲁河上游水高每至冲决沿河村落，岁岁抱忧。乾隆十六年知县孙和相督率里民于龙王庙村前开河分泄异涨，复请动帑建闸以司启闭，龙王庙前起，下至十五里堡闸口，入惠济河，长二千三百九十八丈，面宽四五丈，深六七尺不等。

海子河[②]　县治东城内上有海子桥，桥南北各有河，俗称海子河。旧有南北二水门，栏以铁窗，引水出城壕归小清河。成化间黄河水溢灌入城内，故道淤塞，旋开鱼津以泄其势，岁久复湮。万历初知县乔璧星重疏。万历十八年城内积水，知县吴道传又于西城开一水门。因地势外高不能泄，知县陈幼学令疏去桥下淤土，南北两海子相同，仍于南海子筑堤修桥以便往来，今废。

滩头河[③]　在县北，系黄河支派，自荥泽惠济桥等处来，经县北，东南流入尉氏界，达南顿。

明神堤渠[④]　《方舆纪要》："神堤在巩县北三里，中低而四围高，常横流为患。永乐十六年县丞华胥开此渠，而水患息。"

《施府志》："神堤在今县北神尾山之下。"

---

① 《河南历代方志集成》第六卷《民国中牟县志》，第21页。
② 《河南历代方志集成》第六卷《民国中牟县志》，第21页。
③ 《河南历代方志集成》第四卷《顺治中牟县志》，第80页。
④ 《河南历代方志集成》第七卷《乾隆巩县志》（乾隆五十四年刻本），第349页。

第二章

漕运、治水、堤防

魏国开凿鸿沟，本为战争之需要，却促进了漕运的诞生。魏国本身国土面积狭小，无需漕运粮食，秦始皇统一六国之后，国土南极百越，北至长城，于是充分利用鸿沟把南方征集的粮食运往关中，并在鸿沟由黄河中分流出来的地方兴建敖仓。敖仓之所以要建在这个水口，原因有两点：一是因为这里地处天下之中，又是水运之枢纽，便于转运；二是因为鸿沟中行驶的船只不适合在黄河中航行，需要在这里改换船只，敖仓正是漕运改换船只时贮存粮食的所在。敖仓中贮存的粮食数量相当可观，秦亡后刘项争夺天下时，郦食其劝刘邦收取荥阳，为的就是能够占据敖仓的粟米，刘邦接受了他的意见，利用敖仓扭转了战局。为何敖仓中的粮食直到秦亡还没用完？或因黄河运力有限，无法与鸿沟相比，大量的粮食不得不囤积在这里。总之，鸿沟的开凿，敖仓的建设，可视为黄河郑州段漕运之开端。

漕运与治水密不可分。汉武帝元光三年（前132年），黄河决口于濮阳，泥沙淤塞了汴水河道，鸿沟水系遭到破坏。汉平帝时，河水冲入鸿沟，淤塞更为严重，鸿沟已经完全不能使用。汉明帝永平十二年（69年），王景和王吴共同治理黄河、汴渠。东汉建都洛阳，对汴渠的治理非常重视，灵帝建宁中，在汴口增修石门，限制河水大量流入汴渠，汴渠的水运能力有所恢复，但鸿沟水系其他支流没有得到有效整治，漕运始终没有恢复到以前的规模。魏晋南北朝时期，南北分治，对漕运的需求没有大一统时代旺盛，加之战事频仍，统治者没有心思治理运河，黄河郑州段漕运陷入低谷。两汉至魏晋南北朝时期，黄河郑州段的漕运发展缓慢。

黄河郑州段的漕运兴盛于隋唐至北宋。隋炀帝开通济渠，沟通黄淮，水面阔四十步，通龙舟，两岸为大道，种榆柳。自东都至扬州两千余里，树荫相交，每两驿置一宫，为停顿之所，自京师至江都，离宫四十余所。炀帝开通济渠的目的并不全是为了自己享乐，漕运才是其主要目的。同时，炀帝于洛水入河处置洛口仓，以转运南方运来的粮食到两京，黄河郑州段的漕运盛况即将到来。到了唐开元间，长安城人口已达百万，漕运量数倍于前，但因南来的漕船船体较小，且南方水手不熟悉黄河水文，入黄后漕船多有倾覆，致使两京粮食供应不及。唐玄宗接受裴耀卿的建议，在荥阳北置河阴仓、输场，设河阴县，实行"节级转运"。南来漕船将粮食等物资卸到河阴仓中，不再入黄，河阴仓的物资再经黄河大船转运，一部分到洛口仓，由洛水到东都，一部分由渭水达长安。隋唐两代，南方经济较之秦汉更为繁荣，有超越北方之势，裴耀卿的"节级转运"提高了黄河的运力。可以想见，隋唐两代漕运的规模绝非秦汉所能比拟。

北宋之所以定都无险可守的开封，乃因其四通八达之交通，尤其是汴河这条生命线。北宋王朝对汴河的管理特别重视，目标有二：一是防止进入汴河的水量过大，避免达到失控状态，不然，河水顺汴河河道东下，就会来灌京城。二是保障进入汴河之水能够行船，不致搁浅。所以，北宋政府派出专门官员于汴口调节水势，控制水量。但汴水所引黄河之水多沙善淤，每年汴河河道清淤所用役夫动辄以万人计，耗费了大量人力、物力、财力。因汴河是否畅通，关系到国都安危和漕粮运输，但清淤工程耗费财力，于是有心的大臣们开始探索替代黄河泥沙之水的可行性，这便有了引清澈的洛水济汴的论证。当时黄河大溜一直靠大伾、广武山东下，若要引洛入汴，需凿开山体，蓝图虽好，但工程浩大，只好作罢。宋神宗熙宁十年（1077年）七月，黄河大水，水落，大量泥沙在大伾山、广武山北淤积形成滩地，且有七里之阔，导洛入汴的时机到来。导洛入汴，就是在黄河滩上开挖渠道，导引清澈的洛水进入汴河以便漕运，汴河没了淤积，不需清淤，节省甚巨。隋唐至北宋，作为枢纽的郑州逐步走入漕运的兴盛期。

金灭宋，占据淮河以北，无需漕运，是以汴河逐渐淤塞。元将大运河取直，不再经由郑州，郑州的漕运至此一蹶不振。明清两代，由于运河移至江苏和山东，统治者们常以牺牲上游的利益来保障漕运，造成河南、安徽境内河患频繁（图一）。是以明清两代，关于郑州漕运之记载几乎绝于史书，而治水之事则日渐居多，筑堤之举频仍，尤以地势低洼、容易发生决堤的中牟县最多。

图一　明清时期黄河郑州段

（引自史念海：《中国的运河》，山东人民出版社，2022年）

第一节　秦汉至隋唐漕运

敖仓[①]　惠帝六年夏六月，舞阳侯哙薨。起长安西市，修敖仓。七年冬十月，发车骑、材官诣荥阳，太尉灌婴将。

敖仓[②]　秦置，为天下转输之区。《左传》曰"敖鄗之间"是也。

敖仓[③]　永初七年九月，调零陵、桂阳、丹阳、豫章、会稽租米，赈给南阳、广陵、下邳、彭城、山阳、庐江、九江饥民；又调滨水县谷输敖仓。

敖仓[④]　在县东五十里，本山名。秦筑太仓于上，郦生劝高祖据敖仓之粟即此。

敖仓[⑤]　去邑城西北二十里。山本名敖，秦置仓其上，会天下粟转输于此，故名敖仓。《纲鉴》曰："在河阴县，今东西仓头即仓东西城也。史称楚与汉战荥阳南京、索间。汉王击楚骑于荥阳东，大破之，楚以故不能过荥阳而西。汉军遂筑甬道，以取敖仓粟，楚亦数侵夺汉甬道。后汉王欲捐成皋以东，屯巩洛以距楚，郦生说汉王曰：'知天之天者事可成，王者以民为天，民以食为天。夫敖仓，天下转输久矣，藏粟甚多，楚拔荥阳，不坚守敖仓，乃引而东，此天所以资汉也。愿急进兵，收取荥阳，据敖仓之粟，塞成皋之险，以示诸侯形制之势，则天下知所归矣。'王从之。乃复谋取敖仓，后竟破楚军，引兵渡河，复取成皋，军广武，就敖仓食。时郦食其说齐王曰：'今又已据敖仓矣。'故楚令尹薛公对高帝曰：'使布出于中计，据敖仓之粟，塞成皋之险，胜负之数未可知也。'陈琳代袁绍讨操，檄曰：'屯据敖仓，阻河为固。'盖豫省险要之区，自古云然也。"

敖仓[⑥]　《前汉书·高帝纪》："筑甬道属河，以取敖仓粟。注孟康曰：'敖，地名，在荥阳西山上，临河有太仓。'"《水经注》："山上有城，秦置仓其中，故曰敖仓。"《太康地记》："秦建敖仓于成皋。"《括地志》："敖仓在荥阳西北十五里石门之东，北临汴水，南戴三皇山。"《宋武北征记》："秦时筑仓于山上。"余详"隩都"条下。

敖仓[⑦]　在县西广武山头，秦初敖氏筑仓于此，郦生劝汉高据敖仓之粟是也。

---

① 《汉书》卷二《惠帝纪第二》，第91页。
② 《河南历代方志集成》第十三卷《民国汜水县志》，第399页。
③ 《后汉书》卷五《孝安帝纪第五》，第220页。
④ 《嘉靖荥阳县志》卷之上，第8页。
⑤ 《河南历代方志集成》第十四卷《康熙河阴县志》，第42页。
⑥ 《河南历代方志集成》第十四卷《民国河阴县志》，第193页。
⑦ 《河南历代方志集成》第十卷《顺治荥泽县志》，第245页。

敖仓① 敖山者，山东之上游，潼关之要路，又有京、索、汴水映带左右，可资以转运，固天下形胜之地也。秦并六国，置仓于上，贮东方所运之粟，因名敖仓。汉高帝于二年五月军荥阳，筑甬道，属之河，以取敖仓粟。三年九月，汉王欲捐荥阳以东，屯巩洛以距楚，郦生说之，乃引兵渡河，复军广武，就敖仓食。

汴口堰② 在县东北。堰传自隋开皇间宇文恺增筑，遏河水入汴，故又名梁公堰。唐开元，河南尹李杰浚以便漕运。广德二年，使刘晏主漕事，晏乃按行，浮淮泗，达于汴，入于河，观三门遗迹，至河阴，见宇文恺、梁公堰，斯河为通济渠，视李杰新堤，尽得其利病。然畏为人牵制，乃遗书宰相元载。载方内擅朝权，既得书，即尽以漕事委晏，故晏得尽其才，疏浚汴水，运米以给关中。后又以为江、汴、河、渭水力不同，各随便宜造运船，江舡达扬州，汴舡达河阴，河船达渭口，渭舡达太仓，缘水置仓，转相授受。自是每岁运米或至百余万斛，无沉覆之患，赖此堰也。宋金河决，堤堰始废焉。

大业二年十月，置洛口仓于巩东南原上③ 《资治通鉴》。筑仓城，周回二十余里，穿三千窖，窖容八千石以还，置监官并镇兵千人。按，洛口仓一名兴洛仓。《河南府志》：”兴洛仓即洛口也，隋置仓于巩者，以巩东南原土地高燥，可穿窖久藏，且下通河洛漕运也。"《方舆纪要》：”自隋以前，县与成皋中分洛水为界，西则巩，东则成皋。隋置洛口仓，而巩与成皋之界相错矣。"《景氏说嵩》谓"洛口仓即秦敖仓旧址"，理或然也，今犹名窖粮坑。

大业七年七月，运洛口仓米之涿郡④ 《资治通鉴》。帝发江淮以南民夫及船，运黎阳及洛口诸仓米至涿郡。舳舻相次千余里，载兵甲及攻取之具，往还在道常数十万人。填咽于道，昼夜不绝，死者相枕，臭秽盈路，天下骚动。

（开元）十五年正月，令将作大匠范安及检行郑州河口斗门。先是，洛阳人刘宗器上言，请塞汜水旧汴河口，于下流荥泽界开梁公堰，置斗门，以通淮、汴，擢拜左卫率府胄曹。至是，新漕塞，行舟不通，贬宗器焉。安及遂发河南府、怀、郑、汴、滑三万人疏决开旧河口，旬日而毕。

十八年，宣州刺史裴耀卿上便宜事条曰："江南户口稍广，仓库所资，惟出租庸，更无征防。缘水陆遥远，转运艰辛，功力虽劳，仓储不益。窃见每州所送租及庸调等，本州正二月上道，至扬州入斗门，即逢水浅，已有阻碍，须留一月已上。至四月已后，始渡淮入汴，多属汴河干浅，又般运停留，至六七月始至河口，即逢黄河水涨，不得入河。又须停一两月，待河水小，始得上河。入洛即漕路干浅，船舻隘闹，般载停滞，备

---

① 《河南历代方志集成》第十卷《康熙荥泽县志》，第300页。
② 《河南历代方志集成》第十四卷《康熙河阴县志》，第45页。
③ 《河南历代方志集成》第八卷《民国巩县志》，第72页。
④ 《河南历代方志集成》第八卷《民国巩县志》，第72页。

极艰辛。计从江南至东都,停滞日多,得行日少,粮食既皆不足,欠折因此而生。又江南百姓不习河水,皆转顾河师水手,更为损费。伏见国家旧法,往代成规,择制便宜,以垂长久。河口元置武牢仓,江南船不入黄河,即于仓内便贮。巩县置洛口仓,从黄河不入漕洛,即于仓内安置。爰及河阳仓、柏崖仓、太原仓、永丰仓、渭南仓,节级取便,例皆如此。水通则随近运转,不通即且纳在仓,不滞远船,不忧久耗,比于旷年长运,利便一倍有余。今若且置武牢、洛口等仓,江南船至河口,即却还本州,更得其船充运。并取所减脚钱,更运江淮变造义仓,每年剩得一二百万石。即望数年之外,仓廪转加。其江淮义仓,下湿不堪久贮,若无船可运,三两年色变,即给贷费散,公私无益。"疏奏不省。①

唐洛口仓② 《唐书·地理志》:"巩县有洛口仓。"《六典注》:"隋初漕关东之粟以实京邑,有洛口仓,唐因之。"《唐书·食货志》:"宣州刺史裴耀卿条上便宜曰:'今汉隋漕路濒河仓廪遗迹可寻,可于河口置武牢仓,巩县置洛口仓,使江南之舟不入黄河,黄河之舟不入洛口,而河阳、柏崖、太原、永丰、渭南诸仓节级转运,水通则舟行,水浅则寓于仓,舟无停留而物不耗失,此甚利也。'"《己酉志》。

按,《己酉志》所引为《唐书·食货志》,又截去"玄宗初不省"一句,似因裴耀卿所请始置洛口仓。《旧唐书·食货志》载耀卿上便宜事条曰:"伏见国家旧法,往代成规,择制便宜,以垂长久。河口元置武牢仓,江南船不入黄河,即于舱内便贮。巩县置洛口仓,从黄河不入漕洛,即于仓内安置。今若且置武牢、洛口等仓,江南船至河口,即欲还本州"云云。"寻元置""且置"之语,是唐初有洛口仓,即隋之兴洛仓而易其名,至开元时已废。耀卿虽有此请而未尝允行,故两书后皆书置河阴仓而不复及洛口。《唐书》过截字句,不逮旧书之详明,《六典注》谓唐因隋,最为得之。

武牢仓③ 《方舆纪要》:"在石门西,开元二十年用裴耀卿议,置仓于汜水达河之口。"

按,石门当作荥口,详见后。《元和郡县志》:"裴耀卿曰:'伏见国家旧法,河口元置武牢仓。'"则已废故仓也,非裴置,其名武牢者,因避讳故谓虎为武,且地在汜水,时犹未置河阴也。

开元十八年,宣州刺史裴耀卿朝集京师,玄宗访以漕事,耀卿条上便宜曰:"江南户口多,而无征防之役。然送租、庸、调物,以岁二月至扬州入斗门,四月已后,始渡淮入汴,常苦水浅。六七月乃至河口,而河水方涨,须八九月水落始得上河入洛,而漕路多梗,船樯阻隘。江南之人,不习河事,转雇河师水手,重为劳费。其得行日少,

---

① 《旧唐书》卷四十九《志第二十九》,第2114~2115页。
② 《河南历代方志集成》第八卷《民国巩县志》,第44~45页。
③ 《河南历代方志集成》第十四卷《民国河阴县志》,第193页。

阻滞日多。今汉、隋漕路，濒河仓廪，遗迹可寻。可于河口置武牢仓，巩县置洛口仓，使江南之舟不入黄河，黄河之舟不入洛口。而河阳、柏崖、太原、永丰、渭南诸仓，节级转运，水通则舟行，水浅则寓于仓以待，则舟无停留，而物不耗失。此甚利也。"玄宗初不省。二十一年，耀卿为京兆尹，京师雨水，谷踊贵，玄宗将幸东都，复问耀卿漕事，耀卿因请"罢陕陆运，而置仓河口，使江南漕舟至河口者，输粟于仓而去，县官雇舟以分入河、洛。置仓三门东西，漕舟输其东仓，而陆运以输西仓，复以舟漕，以避三门之水险"。玄宗以为然。乃于河阴置河阴仓，河清置柏崖仓，三门东置集津仓，西置盐仓；凿山十八里以陆运。自江、淮漕者，皆输河阴仓，自河阴西至太原仓，谓之北运，自太原仓浮渭以实关中。玄宗大悦，拜耀卿为黄门侍郎、同中书门下平章事，兼江淮都转运使，以郑州刺史崔希逸、河南少尹萧炅为副使，益漕晋、绛、魏、濮、邢、贝、济、博之租输诸仓，转而入渭。凡三岁，漕七百万石，省陆运佣钱三十万缗。①

河阴仓② 在县东北濒河之地。初，唐开元十八年，宣州刺史裴耀卿朝集京师，玄宗访以漕事，耀卿条上便宜甚详，玄宗初不省。二十一年，京师雨水，谷价踊贵，玄宗复以漕事访耀卿。耀卿乃请罢陕陆运而置仓河口，使江南漕舟至河口者输粟于仓而去，县官雇舟以分入河洛，置仓三门东西，漕舟输其东仓，而陆运以输西仓。玄宗以为然，乃于河阴置河阴仓，自江淮漕者皆输河阴仓，西至太原仓，自太原仓浮渭，以实关中。玄宗大悦，拜耀卿为黄门侍郎同中书门下平章事。至德宗贞元八年，以陆贽言减江淮运米，令京兆边镇和籴，贽言："臣切见每年江淮运米百一十万斛至河阴，太原留七十万斛，而以四十万斛输东渭桥。今二仓见米犹有三百二十余万斛，京兆诸县斗米值钱七十，请令来年江淮止运三十万斛至河阴，而河阴、太原以次运至京师。其所停八十万斛，委转运使每斗取八十钱于水灾州县粜之，以救贫乏。"诏从之。

（开元二十二年）八月，先是驾至东都，遣侍中裴耀卿充江淮、河南转运使，河口置输场。壬寅，于输场东置河阴县。又遣张九龄于许、豫、陈、亳等州置水屯。③

河阴仓④ 《通鉴》："裴耀卿置。"《困学纪闻·地理志》："河南府河阴县领河阴仓。"《方舆纪要》："输场东置河阴仓。"《明史稿》："有河口唐置仓。"《申志》："河阴仓在县东北滨河之地。"

至（开元）二十二年八月，置河阴县及河阴仓、河西柏崖仓、三门东集津仓、三门西盐仓。开三门山十八里，以避湍险。自江淮而溯鸿沟，悉纳河阴仓。自河阴送纳含

---

① 《新唐书》卷五十三《志第四十三》，第1366页。
② 《河南历代方志集成》第十四卷《康熙河阴县志》，第45~46页。
③ 《旧唐书》卷八《本纪第八》，第201页。
④ 《河南历代方志集成》第十四卷《民国河阴县志》，第193页。

嘉仓，又送纳太原仓，谓之北运。自太原仓浮于渭，以实关中。上大悦。寻以耀卿为黄门侍郎、同中书门下平章事，充江淮、河南转运都使；以郑州刺史崔希逸、河南少尹萧炅为副。凡三年，运七百万石，省陆运之佣四十万贯。旧制，东都含嘉仓积江淮之米，载以大舆而西，至于陕三百里，率两斛计佣钱千，此耀卿所省之数也。明年，耀卿拜侍中，而萧炅代焉。二十五年，运米一百万石。①

明年秋，雨害稼，京师饥。帝将幸东都，召问所以救人者。（裴）耀卿曰："陛下既东巡，百司毕从，则太仓、三辅可遣重臣分道赈给，自东都益广漕运，以实关辅，关辅既实，则乘舆西还，事蔑不济。且国家大本在京师，但秦地狭，水旱易匮。往贞观、永徽时，禄禀者少，岁漕粟二十万略足；今用度浸广，运数倍且不支，故数东幸，以就敖粟。为国大计，臣愿广陕运道，使京师常有三年食，虽水旱不足忧。今天下输丁约四百万，使丁出百钱为陕、洛运费，又益半为营窖用，分纳司农，河南、陕州。又令租米悉输东都。从都至陕，河益湍沮，若广漕路，变陆为水，所支尚赢万计。且江南租船候水始进，吴工不便河漕，处处停留，易生隐盗。请置仓河口，以纳东租，然后官自顾载，分入河、洛。度三门东西各筑敖仓，自东至者，东仓受之；三门迫险，则旁河凿山，以开车道，运十数里，西仓受之。度宜徐运抵太原仓，趋河入渭，更无留阻，可减费钜万。"天子然其计，拜黄门侍郎、同中书门下平章事，充转运使。

于是置河阴、集津、三门仓，引天下租籴盟津溯河而西。三年积七百万石，省运费三十万缗。或曰："以此缗纳于上，足以明功。"答曰："是谓以国财求宠，其可乎？"敕吏为和市费。迁侍中。②

时新承兵戈之后，中外艰食，京师米价斗至一千，官厨无兼时之积，禁军乏食，畿县百姓乃捋穗以供之。（刘）晏受命后，以转运为己任，凡所经历，必究利病之由。至江淮，以书遗元载曰：

"浮于淮、泗，达于汴，入于河，西循底柱、硖石、少华，楚帆越客，直抵建章、长乐，此安社稷之奇策也。晏宾于东朝，犹有官谤，相公终始故旧，不信流言，贾谊复召宣室，弘羊重兴功利，敢不悉力以答所知。驱马陕郊，见三门渠津遗迹。到河阴、巩、洛，见宇文恺置梁公堰，分黄河水入通济渠；大夫李傑新堤故事，饰像河庙，凛然如生。涉荥郊、浚泽，遥瞻淮甸，步步探讨，知昔人用心，则潭、衡、桂阳必多积谷，关辅汲汲，只缘兵粮。漕引潇、湘、洞庭，万里几日，沧波挂席，西指长安。三秦之人，待此而饱；六军之众，待此而强。天子无侧席之忧，都人见泛舟之役；四方旅拒者可以破胆，三河流离者于兹请命。相公匡戴明主，为富人侯，此今之切务，不可失也。

---

① 《旧唐书》卷四十九《志第二十九》，第2115~2116页。
② 《新唐书》卷一百二十七《列传第五十二》，第4453页。

使仆湔洗瑕秽,率罄愚懦,尝凭经义,请护河堤,冥勤在官,不辞水死。

然运之利病,各有四五焉。晏自尹京入为计相,共五年矣。京师三辅百姓,唯苦税亩伤多,若使江、湖米来每年三二十万,即顿减徭赋,歌舞皇泽,其利一也。东都残毁,百无一存。若米运流通,则饥人皆附,村落邑廛,从此滋多。受命之日,引海陵之仓以食巩、洛,是计之得者,其利二也。诸将有在边者,诸戎有侵败王略者,或闻三江、五湖,贡输红粒,云帆桂楫,输纳帝乡,军志曰:'先声后实,可以震耀夷夏。'其利三也。自古帝王之盛,皆云书同文,车同轨,日月所照,莫不率俾。今舟车既通,商贾往来,百货杂集,航海梯山,圣神辉光,渐近贞观、永徽之盛,其利四也。

所可疑者,函、陕凋残,东周尤甚。过宜阳、熊耳,至武牢、成皋,五百里中,编户千余而已。居无尺椽,人无烟爨,萧条凄惨,兽游鬼哭。牛必赢角,舆必说鞍,栈车辁漕,亦不易求。今于无人之境,兴此劳人之运,固难就矣,其病一也。河、汴有初,不修则毁淀,故每年正月发近县丁男,塞长茭,决沮淤,清明桃花已后,远水自然安流,阳侯、宓妃,不复太息。顷因寇难,总不掏拓,泽灭水,岸石崩,役夫需于沙,津吏旋于汻,千里洄上,罔水舟行,其病二也。东垣、底柱,渑池、二陵,北河运处五六百里,戍卒久绝,县吏空拳。夺攘奸宄,窟穴囊囊。夹河为薮,豺狼猖猖,舟行所经,寇亦能往,其病三也。东自淮阴,西临蒲坂,亘三千里,屯戍相望。中军皆鼎司元侯,贱卒仪同青紫,每云食半菽,又云无挟纩,輓漕所至,船到便留,即非单车使折简书所能制矣,其病四也。惟小子毕其虑奔走之,惟中书详其利病裁成之。"①

及代宗出陕州,关中空窘,于是盛转输以给用。广德二年,废句当度支使,以刘晏颛领东都、河南、淮西、江南东西转运、租庸、铸钱、盐铁,转输至上都,度支所领诸道租庸观察使,凡漕事亦皆决于晏。晏即盐利顾佣分吏督之,随江、汴、河、渭所宜。故时转运船繇润州陆运至扬子,斗米费钱十九,晏命囊米而载以舟,减钱十五;繇扬州距河阴,斗米费钱百二十,晏为歇艎支江船二千艘,每船受千斛,十船为纲,每纲三百人,篙工五十,自扬州遣将部送至河阴,上三门,号"上门填阙船",米斗减钱九十。调巴、蜀、襄、汉麻枲竹筿为綯挽舟,以朽索腐材代薪,物无弃者。未十年,人人习河险。江船不入汴,汴船不入河,河船不入渭;江南之运积扬州,汴河之运积河阴,河船之运积渭口,渭船之运入太仓。岁转粟百一十万石,无升斗溺者。轻货自扬子至汴州,每驮费钱二千二百,减九百,岁省十余万缗。又分官吏主丹杨湖,禁引溉,自是河漕不涸。大历八年,以关内丰穰,减漕十万石,度支和籴以优农。晏自天宝末掌出纳,监岁运,知左右藏,主财谷三十余年矣。及杨炎为相,以旧恶罢晏,转运使复归度支,凡江淮漕米,以库部郎中崔河图主之。②

---

① 《旧唐书》卷一百二十三《列传第七十三》,第3511~3513页。
② 《新唐书》卷五十三《志第四十三》,第1368~1369页。

代宗立，（刘晏）复为京兆尹、户部侍郎，领度支、盐铁、转运、铸钱、租庸使。晏以户部让颜真卿，改国子祭酒。又以京兆让严武，即拜吏部尚书、同中书门下平章事，使如故。坐与程元振善，罢为太子宾客。俄进御史大夫，领东都、河南、江淮转运、租庸、盐铁、常平使。时大兵后，京师米斗千钱，禁膳不兼时，甸农捋穗以输。晏乃自桉行，浮淮、泗，达于汴，入于河。右循底柱、硖石，观三门遗迹；至河阴、巩、洛，见宇文恺梁公堰，厮河为通济渠，视李杰新堤，尽得其病利。然畏为人牵制，乃移书于宰相元载，以为："大抵运之利与害各有四：京师三辅，苦税入之重，淮、湖粟至，可减徭赋半，为一利；东都雕破，百户无一存，若漕路流通，则聚落邑廛渐可还定，为二利；诸将有不廷，戎虏有侵盗，闻我贡输错入，军食丰衍，可以震耀夷夏，为三利；若舟车既通，百货杂集，航海梯崎，可追贞观、永徽之盛，为四利。起宜阳、熊耳，虎牢、成皋五百里，见户才千余，居无尺椽，爨无盛烟，兽游鬼哭，而使转车輓漕，功且难就，为一病；河、汴自寇难以来，不复穿治，崩岸灭木，所在廞淤，涉泗千里，如冈水行舟，为二病；东垣、底柱、渑池、北河之间六百里，戍逻久绝，夺攘奸宄，夹河为薮，为三病；淮阴去蒲坂，亘三千里，屯壁相望，中军皆鼎司元侯，每言衣无纩，食半菽，輓漕所至，辄留以馈军，非单车使者折简书所能制，为四病。"载方内擅朝权，既得书，即尽以漕事委晏，故晏得尽其才。岁输始至，天子大悦，遣卫士以鼓吹迓东渭桥，驰使劳曰："卿，朕鄡侯也。"凡岁致四十万斛，自是关中虽水旱，物不翔贵矣。[1]

贞元初，吐蕃劫盟，召诸道兵十七万戍边。关中为吐蕃蹂躏者二十年矣，北至河曲，人户无几，诸道戍兵月给粟十七万斛，皆籴于关中。宰相陆贽以"关中谷贱，请和籴，可至百余万斛。计诸县船车至太仓，谷价四十有余，米价七十，则一年和籴之数当转运之二年，一斗转运之资当和籴之五斗。减转运以实边，存转运以备时要。江淮米至河阴者罢八十万斛，河阴米至太原仓者罢五十万，太原米至东渭桥者罢二十万。以所减米粜江淮水菑州县，斗减时五十以救乏。京城东渭桥之籴，斗增时三十以利农。以江淮粜米及减运直市绢帛送上都"。帝乃命度支增估籴粟三十三万斛，然不能尽用贽议。宪宗即位之初，有司以岁丰熟，请畿内和籴。当时府、县配户督限，有稽违则迫蹙鞭挞，甚于税赋，号为和籴，其实害民。[2]

顺宗即位，有司重奏盐法，以杜佑判盐铁转运使，理于扬州。元和二年三月，以李巽代之。先是，李锜判使，天下榷酤漕运，由其操割，专事贡献，牢其宠渥。中朝柄事者悉以利积于私室，而国用日耗。巽既为盐铁使，大正其事。其堰埭先隶浙西观察使者，悉归之；因循权置者，尽罢之；增置河阴敖仓；置桂阳监，铸平阳铜山为钱。又

---

[1] 《新唐书》卷一百四十九《列传第七十四》，第4794~4795页。
[2] 《新唐书》卷五十三《志第四十三》，第1374页。

奏："江淮、河南、峡内、兖郓、岭南盐法监院，去年收盐价缗钱七百二十七万，比旧法张其估一千七百八十余万，非实数也。今请以其数，除煮之外，付度支收其数。"盐铁使煮盐利系度支，自此始也。又以程异为扬子留后。四月五日，巽卒。自榷管之兴，惟刘晏得其术，而巽次之。然初年之利，类晏之季年，季年之利，则三倍于晏矣。旧制，每岁运江淮米五十万斛，至河阴留十万，四十万送渭仓。晏殁，久不登其数，惟巽秉使三载，无升斗之阙焉。六月，以河东节度使李鄘代之。①

秦、汉时故漕兴成堰，东达永丰仓，咸阳县令韩辽请疏之，自咸阳抵潼关三百里，可以罢车挽之劳。宰相李固言以为非时，文宗曰："苟利于人，阴阳拘忌，非朕所顾也。"议遂决。堰成，罢挽车之牛以供农耕，关中赖其利。

故事，州县官充纲，送轻货四万，书上考。开成初，为长定纲，州择清强官送两税，至十万迁一官，往来十年者授县令。江淮钱积河阴，转输岁费十七万余缗，行纲多以盗抵死。判度支王彦威置县递群畜万三千三百乘，使路傍民养以取佣，日役一驿，省费甚博。而宰相亦以长定纲命官不以材，江淮大州，岁授官者十余人，乃罢长定纲，送五万者书上考，七万者减一选，五十万减三选而已。及户部侍郎裴休为使，以河濒县令董漕事，自江达渭，运米四十万石。居三岁，米至渭桥百二十万石。②

输场③　在嚣城西北滨河之处，唐徙平阴于东，置此。天福十二年刘智远立，契丹以舟载晋铠仗，溯河归国，命宁国都虞侯武行德部送至河阴。《旧志》。

按，《唐书》开元二十二年，裴耀卿为江淮河南转运使，于河口置输场，场东置河阴仓，西置柏崖仓，是年始分汜水、荥泽设河阴县。

输场④　《方舆纪要》："开元二十二年，又于河口置输场。"

转运院⑤　与河阴仓相左右。唐广德间，建以贮江淮财货者，后被盗焚。先是，强藩李师道数上表，请赦吴元济，上不从。师道使大将将二千人趋寿春，声言助官军，实以援元济也。师道数养刺客、奸人数十人，说师道曰："用兵所急，莫先粮储，今河阴院积江淮租赋，请前往焚之。因劫东都，焚宫阙，亦救蔡一奇也。"师道从之，遣攻河阴转运院，烧钱帛三十余万缗，匹谷二万余斛。人情恇怯，多请罢兵，上不许。

转运院⑥　《方舆纪要》："元和十年，淄青叛帅李思道遣盗攻河阴转运院，焚谷帛以救淮西，盖当时以河口仓为转输中顿之处。"《申志》："转运院与河阴仓相左右。"

按，其地当在河口。

---

①　《旧唐书》卷四十九《志第二十九》，第2119~2120页。
②　《新唐书》卷五十三《志第四十三》，第1371页。
③　《河南历代方志集成》第十二卷《乾隆汜水县志》，第196页。
④　《河南历代方志集成》第十四卷《民国河阴县志》，第193页。
⑤　《河南历代方志集成》第十四卷《康熙河阴县志》，第46页。
⑥　《河南历代方志集成》第十四卷《民国河阴县志》，第193页。

第二节 宋代漕运

汴河 自隋大业初，疏通济渠，引黄河通淮，至唐，改名广济。宋都大梁，以孟州河阴县南为汴首受黄河之口，属于淮、泗。每岁自春及冬，常于河口均调水势，止深六尺，以通行重载为准。岁漕江、淮、湖、浙米数百万，及至东南之产，百物众宝，不可胜计。又下西山之薪炭，以输京师之粟，以赈河北之急，内外仰给焉。故于诸水，莫此为重。其浅深有度，置官以司之，都水监总察之。然大河向背不常，故河口岁易；易则度地形，相水势，为口以逆之。遇春首辄调数州之民，劳费不赀，役者多溺死。吏又并缘侵渔，而京师常有决溢之虞。

太祖建隆二年春，导索水自荥然，与须水合于汴。三年十月，诏："缘汴河州县长吏，常以春首课民夹岸植榆柳，以固堤防。"

太宗太平兴国二年七月，开封府言："汴水溢坏开封大宁堤，浸民田，害稼。"诏发淮、孟丁夫三千五百人塞之。三年正月，发军士千人复汴口。六月，宋州言："宁陵县河溢，堤决。"诏发宋、亳丁夫四千五百人，分遣使臣护役。四年八月，又决于宋城县，以本州诸县人夫三千五百人塞之。[①]

至道元年九月，帝以汴河岁运江、淮米五七百万斛，以济京师，问侍臣汴水疏凿之由，令参知政事张洎讲求其事以闻。其言曰：

"禹导河自积石至龙门，南至华阴，东至砥柱；又东至于孟津，东过洛汭，至于大伾，即今成皋是也，或云黎阳山也。禹以大河流泛中国，为害最甚，乃于贝丘疏二渠，以分水势：一渠自舞阳县东，引入漯水，其水东北流，至千乘县入海，即今黄河是也；一渠疏畎引傍西山，以东北形高敝坏堤，水势不便流溢，夹右碣石入于渤海。《书》所谓'北过降水，至于大陆'，降水即浊漳，大陆则邢州钜鹿泽。'播为九河，同为逆河，入于海。'河自魏郡贵乡县界分为九道，下至沧州，今为一河。言逆河者，谓与河水往复相承受也。齐桓公塞以广田居，唯一河存焉，今其东界至莽梧河是也。禹又于荥泽下分大河为阴沟，引注东南，以通淮、泗。至大梁浚仪县西北，复分为二渠：一渠元经阳武县中牟台下为官渡水；一渠始皇疏凿以灌魏郡，谓之鸿沟，蒗荡渠自荥阳五出池口来注之。其鸿沟即出河之沟，亦曰蒗荡渠。

汉明帝时，乐浪人王景、谒者王吴始作浚仪渠，盖循河沟故渎也。渠成流注浚仪，故以浚仪县为名。灵帝建宁四年，于敖城西北垒石为门，以遏渠口，故世谓之石

[①]《宋史》卷九十三《志第四十六》，第2316~2317页。

门。渠外东合济水,济与河、渠浑涛东注,至敖山北,渠水至此又兼邲之水,即《春秋》晋、楚战于邲。邲又音汳,即'汴'字,古人避'反'字,改从'汴'字。渠水又东经荥阳北,旃然水自县东流入汴水。郑州荥阳县西二十里三皇山上,有二广武城,二城相去百余步,汴水自两城间小涧中东流而出,而济流自兹乃绝。唯汴渠首受旃然水,谓之鸿渠。东晋太和中,桓温北伐前燕,将通之,不果。义熙十三年,刘裕西征姚秦,复浚此渠,始有湍流奔注,而岸善溃塞,裕更疏凿而漕运焉。隋炀帝大业三年,诏尚书左丞皇甫谊发河南男女百万开汴水,起荥泽入淮千余里,乃为通济渠。又发淮南兵夫十余万开邗沟,自山阳淮至于扬子江三百余里,水面阔四十步,而后行幸焉。自后天下利于转输。昔孝文时,贾谊言'汉以江、淮为奉地',谓鱼、盐、谷、帛,多出东南。至五凤中,耿寿昌奏:'故事,岁增关东谷四百万斛以给京师。'亦多自此渠漕运。

唐初,改通济渠为广济渠。开元中,黄门侍郎、平章事裴耀卿言:'江、淮租船,自长淮西北溯鸿沟,转相输纳于河阴、含嘉、太原等仓。'凡三年,运米七百万石,实利涉于此。开元末,河南采访使、汴州刺使齐浣,以江、淮漕运经淮水波涛有沉损,遂浚广济渠下流,自泗州虹县至楚州淮阴县北八十里合于淮,逾时毕功。既而水流迅急,行旅艰险,寻乃废停,却由旧河。"①

大中祥符二年八月,汴水涨溢,自京至郑州,浸道路。诏选使乘传减汴口水势。既而水减,阻滞漕运,复遣浚汴口。八年六月,诏:"自今后汴水添涨及七尺五寸,即遣禁兵三千,沿河防护。"八月,太常少卿马元方请浚汴河中流,阔五丈,深五尺,可省修堤之费。即诏遣使计度修浚。使还,上言:"泗州西至开封府界,岸阔底平,水势薄,不假开浚。请止自泗州夹冈,用功八十六万五千四百三十八,以宿、亳丁夫充,计减功七百三十一万,仍请于沿河作头踏道擗岸,其浅处为锯牙,以束水势,使其浚成河道,止用河清、下卸卒,就未放春水前,令逐州长吏、令佐督役。自今汴河淤淀,可三五年一浚。又于中牟、荥泽县各置开减水河。"并从之。

天禧三年十二月,都官员外郎郑希甫言:"汴河两岸皆是陂水,广浸民田,堤脚并无流泄之处。今汴河南省自明河接澳入淮,望诏转运使规度以闻。"

仁宗天圣三年,汴流浅,特遣使疏河注口。四年,大涨堤危,众情汹汹忧京城,诏度京城西贾陂冈地,泄之于护龙河。六年,勾当汴口康德舆言:"行视阳武桥万胜镇,宜存斗门。其梁固斗门三宜废去,祥符界北岸请为别窦,分减溢流。"而勾当汴口王中庸欲增置孙村之石限,悉从其请。七年,德舆言,修河芟地为并滩农户所侵。诏限一月使自实,检括以还县官。

皇祐二年,命使诣中牟治堤。明年八月,河涸,舟不通,令河渠司自口浚治,岁以

---

① 《宋史》卷九十三《志第四十六》,第2318~2320页。

为常。旧制，水增七尺五寸，则京师集楚兵、八作、排岸兵，负土列河上以防河。满五日，赐钱以劳之，曰"特支"；而或数涨数防，又不及五日而罢，则军士屡疲，而赐予不及。是岁七月，始制防河兵日给钱，薄其数，才比特支十分之一，军士便之。明年，遣使行河相利害。

嘉祐六年，汴水浅涩，常稽运漕。都水奏："河自应天府抵泗州，直流湍驶无所阻。惟应天府上至汴口，或岸阔浅漫，宜限以六十步阔，于此则为木岸狭河，扼束水势令深驶。梢，伐岸木可足民。"遂下诏兴役，而众议以为未便。宰相蔡京奏："祖宗时已尝狭河矣，俗好沮败事，宜勿听。"役既半，岸木不足，募民出杂梢。岸成而言者始息。旧曲滩漫流，多稽留覆溺处，悉为驶直平夷，操舟往来便之。

神宗熙宁四年，创开訾家口，日役夫四万，饶一月而成。才三月已浅淀，乃复开旧口，役万工，四日而水稍顺。有应舜臣者，独谓新口在孤柏岭下，当河流之冲，其便利可常用勿易，水大则泄以斗门，水小则为辅渠于下流以益之。安石善其议。

五年，先是宣徽北院使、中太一宫使张方平尝论汴河曰："国家漕运，以河渠为主。国初浚河渠三道，通京城漕运，自后定立上供年额：汴河斛斗六百万石，广济河六十二万石，惠民河六十万石。广济河所运，只给太康、咸平、尉氏等县军粮而已。惟汴河专运粳米，兼以小麦，此乃太仓蓄积之实。今仰食于官廪者，不惟三军，至于京师士庶以亿万计，太半待饱于军稍之余，故国家于漕事，至急至重。然则汴河乃建国之本，非可与区区沟洫水利同言也。近岁已罢广济河，而惠民河斛斗不入太仓，大众之命，惟汴河是赖。今陈说利害，以汴河为议者多矣。臣恐议者不已，屡作改更，必致汴河日失其旧。国家大计，殊非小事。愿陛下特回圣鉴，深赐省察，留神远虑，以固基本。"方平之言，为王安石发也。

六年夏，都水监丞侯叔献乞引汴水淤府界闲田，安石力主之。水既数放，或至绝流，公私重舟不可荡，有阁折者。帝以人情不安，尝下都水分析，并诏三司同府界提点官往视。十一月，范子奇建议："冬不闭汴口，以外江纲运直入汴至京，废运般。"安石以为然。诏汴口官吏相视，卒用其说。是后高丽入贡，令溯汴赴阙。

七年春，河水壅溢，积潦败堤。八月，御史盛陶渭汴河开两口非便，命同判都水监宋昌言视两口水势，檄同提举汴口官王玠。玠言訾家口水三分，辅渠七分。昌言请塞訾家口，而留辅渠。时韩绛、吕惠卿当国，许之。

八年春，安石再相，叔献言："昨疏浚汴河，自南京至泗州，概深三尺至五尺。惟虹县以东，有礓石三十里余，不可疏浚，乞募民开修。"诏检计工粮以闻。七月，叔献又言："岁开汴口作生河，侵民田，调夫役。今惟用訾家口，减人夫、物料各以万计，乞减河清一指挥。"从之。未几，汴水大涨，至深一丈二尺，于是复请权闭汴口。

九年十月，诏都水度量疏浚汴河浅深，仍记其地分。十年，范子渊请用浚川杷，以六月兴工，自谓功利灼然，请"候今冬疏浚毕，将杷具、舟船等分给逐地分。使臣于闭口之后，检量河道淤淀去处，至春水接续疏导"。大抵皆无甚利。已而清汴之役兴。①

宣徽南院使张方平言："今之京师，古所谓陈留，天下四冲八达之地，利漕运而赡师旅。国初，浚河渠三道以通漕运，立上供年额，汴河六百万石，广济河六十二万石，惠民河六十万石。广济河所运，止给太康、咸平、尉氏等县军粮，唯汴河运米麦，乃太仓蓄积之实。近罢广济河，而惠民河斛斗不入太仓，大众所赖者汴河。议者屡作改更，必致汴河日失其旧。"十二月，诏浚广济河，增置漕舟。其后河成，岁漕京东谷六十万石。东南诸路上供杂物旧陆运者，增舟水运。押汴河江南、荆湖纲运，七分差三班使臣，三分军大将、殿侍。又令真、楚、泗州各造浅底舟百艘，分为十纲入汴。

元丰五年，罢广济河辇运司及京北排岸司，移上供物于淮阳计置入汴，以清河辇运司为名。御史言广济安流而上，与清河溯流入汴，远近险易不同。诏转运、提点刑狱比较利害以闻。江、淮等路发运副使蒋之奇、都水监丞陈祐甫开龟山运河，漕运往来，免风涛百年沉溺之患。诏各迁两官，余官减年循资有差。八年，罢岁运百万石赴西京。先是，导洛入汴，运东南粟实洛下，至是，户部奏罢之。是年，立汴河粮纲赏罚，岁终检察。绍圣二年，置汴纲，通作二百纲。在部进纳官铨试不中者，注押上供粮斛，不用衙前、土人、军将。未几，复募土人押诸路纲如故。②

大观二年，京畿都转运使吴择仁言："西辅军粮，发运司岁拨八万石贴助，于荥泽下卸，至州尚四五十里，摆置车三铺，每铺七十人，月可运八千四百石。所运渐多，据数增添铺兵。"靖康元年十月，诏曰："一方用师，数路调发，军功未成，民力先困。京西运粮，每名六斗，用钱四十贯；陕西运粮，民间倍费百余万缗，闻之骇异。今岁四方丰稔，粒米狼戾，但可逐处增价收籴，不得轻议般运，以称恤民之意。若般纲水运及诸州支移之类仍旧。"三路陆运以给兵费，大略如此，其他州县运送或军兴调发以给一时之用，此皆不著。③

十里店瓦亭子④　见《宋史·河渠》。按，久圮于河。

宋神堤引洛入汴渠⑤　《方舆纪要》："元丰初，张从惠言汴洛水岁闭塞，修堤防劳费往有，建议导洛入汴。患黄河啮广武山，须凿山岭十数丈，以通汴渠，功大不可为。去年七月，水退河稍，北距广武山麓七里，退滩高阔，宜凿渠。导洛为万世利，都水丞范子渊请于汜水镇北门导洛，为请汴通漕。既又言河阴十里店以西至洛口地形西高东下，可行水。请

---

① 《宋史》卷九十三《志第四十六》，第2321~2324页。
② 《宋史》卷一百七十五《志第一百二十八》，第4254~4255页。
③ 《宋史》卷一百七十五《志第一百二十八》，第4257页。
④ 《河南历代方志集成》第十四卷《民国河阴县志》，第194页。
⑤ 《河南历代方志集成》第七卷《乾隆巩县志》（乾隆五十四年刻本），第348~349页。

起自巩县神尾山至土家堤筑丈堤四十七里，以捍大河，起沙口至河阴十里店穿渠五十二里，以引洛属汴。于是遣内侍宋用臣等相视兴役，自任村沙口以至河阴瓦亭子，达汴口，接运河，长五十里，两岸为堤，长一百三里。自是汴洛通流。六年，范子渊请筑新堤及开展直河。元祐五年，复导入汴。绍圣初，绍述议起，因复闭汴口，引洛水。"

《施府志》："隋唐运道，漕转江淮，不过由汴入河，由河入洛耳，未有直通于汴者也。范子渊议通洛汴，其洛水北岸堤当起神尾山，西至氾水河阴入汴口，南过广武二城间，亦曰鸿沟。所谓神尾山者，北邙尽处谓神都邙山之尾也。时又引古索河注三陂潴水为塘，以备洛水不足，则决以济之。又自氾水关北开河五百五十步属于黄河，上下置闸启开，以通黄汴二河船筏。又即洛河口置水㳭，以泄伊洛涨水入大河，仍修黄河南岸堤埽以防侵夺新河之渐。于是徙汴口官吏于新洛口，其法密矣。然广武山北即大河故道，洛水在巩县东北已入河，时虽大河北徙，攘其地以引洛水入汴，而增筑新堤不能久支。故元祐四年梁焘上言，复为汴口导引大河。又考《宋史》，自引洛后洛水涨溢入河，广武埽危急，朝议以埽去洛河不远，恐涨漫不灌京师，既而洛水大溢注于河。帝曰：'若广武埽坏，河、洛为一，则清汴不通，京师漕运可忧。'诏吴安持等规度，安持言：'广武第一埽危急，决口于清汴口绝近，缘河洛之南，广武山千余步，地形稍高。自巩县东七里店至今洛口不满十里，可别开新河，导洛水近南行。'诏再案视。卒以元丰旧制，但元丰每事更张，旧制未必尽善也。"

元丰二年三月庚寅，诏："入内东头供奉官宋用臣都大提举导洛通汴，前差卢秉罢勿遣。"

初，去年五月，西头供奉官张从惠言："汴河口岁岁闭塞，又修堤防劳费，一岁通漕才二百余日，往时数有人建议引洛水入汴，患黄河啮广武山，须凿山岭十数丈以通汴渠，功大不可为。自去年七月黄河暴涨，水落而河稍北，距广武山麓七里，退滩高阔，可凿为渠，引洛入汴，为万世之利。"知孟州河阴县郑佶亦以为言。时范子渊知都水监丞，画十利以献：岁省开塞汴口工费，一也；黄河不注京城，省防河劳费，二也；汴堤无冲决之虞，三也；舟无激射覆溺之忧，四也；人命无非横损失，五也；四时通漕，六也；京洛与东南百货交通，七也；岁免河水，不应妨阻漕运，八也；江淮漕船，免为舟卒镌沉，溺以盗取官物，又可减溯流、牵挽人夫，九也；沿汴巡河使臣、兵卒、薪楗皆可裁省，十也。

又言："氾水出玉仙山，索水出嵩渚山，亦可引以入汴，合三水积其广深，得二千一百三十六尺，视今汴流尚赢九百七十四尺。以河、洛湍缓不同，得其赢余，可以相补。惧不足，则旁堤为塘，渗取河水，每百里置水闸，一以限水势。堤两旁沟、湖、陂、泺，皆可引以为助，禁伊、洛上源私取水者。大约汴舟重载，入水不过四尺，今深五尺，可济漕运。起巩县神尾山，至士家堤，筑大堤四十七里，以捍大河。起沙谷至河阴县十里店，穿渠五十二里，引洛水属于汴渠。总计用工三百五十七万有奇。"

奏疏，上重其事。是年冬，遣左谏议大夫直学士安焘入内都知，张茂则行视。二年正月，焘等还奏："索水在汴口下四十里，不可引，洛、汜二水积其广深才二百六十余尺，不足用。渗水塘，引凿大河，缓则填淤，急则冲决。洛水惟西京分引入城，下流还归。洛河禁之无益置闸，恐地势高下不齐，不能限节水势。黄河距广武山有才一二里者，又南岸退滩坚土不及二分，沙居十之八，若凿河筑堤，至夏洛水内溢，大河外涨，有腹背之患。新堤一决，新河势必填淤，则三百七十万工皆为无用。又子渊建此，本欲省汴口岁岁劳费，今置堤埽水溠之类，岁计恐不啻一汴口之费，而又有不可保之虞。虽然财力在人犹可为之，惟是水源不足则人力不可强致。盖伊洛山河，盛夏虽患有余，过此常若不足，疑谋无成，惟陛下裁之。"

上以子渊计画有未善者，乃命用臣经度，以杨琰往。至是用臣还奏可为："请自任村沙谷口之汴口开河五十里，引伊、洛水入汴，每二十里置束水一，以刍楗为之，以节湍急之势。取水深一丈，以通漕运，引古索河为源，注房家、黄家、孟家三陂及三十六陂，高仰处潴水为塘，以备洛水不足，则决以入河。又自汜水关北开河五百步，属于黄河，上可置闸启闭，以通黄、汴二河船筏。即洛河旧口置水溠，通黄河，以泄伊、洛暴涨之水。古索河等暴涨，即以魏楼、荥泽、孔固三斗门泄之。计用工九十万七千有余。仍乞修护黄河南堤埽，以防侵夺新河。"诏如用臣策，故有是命。始营清汴，主议者以为不假河水而足用。后岁旱，洛水不足，遂于汜水斗门以通木筏为名，阴取河水益之，朝廷不知也。①

元丰八年，诏提举汴河堤岸司隶本监。先是，导洛入汴，专置堤岸司；至是，亦归之有司。元祐四年，复置外都水使者。五年，诏南、北外都水丞并以三年为任。七年，方议回河东流，乃诏河北、东西漕臣及开封府界提点，各兼南、北外都水事；绍圣元年罢。元符三年，诏罢北外都水丞，以河事委之漕臣；三年，复置。重和元年，工部尚书王诏言，乞选差曾任水官谙练者为南、北两外丞，从之。宣和三年，诏罢南、北外都水丞司，依元丰法，通差文武官一员。②

第三节 明代漕运

明初，黄河自荥泽趋陈、颍，径入于淮，不与沁合。乃凿渠引之，令河仍入沁。久之，沁水尽入黄河，而入卫之故道堙矣。武陟者，沁、黄交会处也。永乐间，再决再筑。宣德九年，沁水决马曲湾，经获嘉至新乡，水深成河，城北又汇为泽。筑堤以防，犹不能遏。新乡知县许宣请坚筑决口，俾由故道。遣官相度，从之。沁水稍定，而其支

---

① 《河南历代方志集成》第八卷《民国巩县志》，第460～461页。
② 《宋史》卷一百六十五《志第一百十八》，第3922页。

流复入于卫。正统三、四年间，武陟沁堤复再决再筑。十三年，黄河决荥泽，背沁而去。乃从武陟东宝家湾开渠三十里，引河入沁，以达淮。自后，沁、河益大合，而沁之入卫者渐淤。

景泰三年，佥事刘清言："自沁决马曲湾入卫，沁、黄、卫三水相通，转输颇利。今决口已塞，卫河胶浅。运舟悉从黄河，尝遇险阻。宜遣官浚沁资卫，军民运船视远近之便而转输之。"诏下巡抚集议。明年，清复言："东南漕舟，水浅弗能进。请自荥泽入沁河，浚冈头百二十里以通卫河。且张秋之决，由沁合黄，势遂奔急。若引沁入卫，则张秋无患。"行人王晏亦言："开冈头置闸，分沁水，使南入黄，北达卫。遇涨则闭闸，漕可永无患。"并下督漕都御史王竑等核实以闻。[①]

景泰四年，运艘阻张秋之决。河南参议丰庆请自卫辉、胙城泊于沙门，陆輓三十里入卫，舟运抵京师。命漕运都督徐恭覆报，如其策。山东佥事江良材尝言："通河于卫有三便。古黄河自孟津至怀庆东北入海。今卫河自汲县至临清、天津入海，则犹古黄河道也，便一。三代前，黄河东北入海，宇宙全气所钟。河南徙，气遂迁转。今于河阴、原武、怀、孟间导河入卫，以达天津，不独徐、沛患息，而京师形胜百倍，便二。元漕舟至封丘，陆运抵淇门入卫。今导河注卫，冬春水平，漕舟至河阴，顺流达卫。夏秋水迅，仍从徐、沛达临清，以北抵京师。且修其沟洫，择良有司任之，可以备旱涝，捍戎马，益起直隶、河南富强之势，便三。"詹事霍韬大然其画，具奏以闻。不行。[②]

第四节　北宋及以前的治水

沉莱堰[③]　晋傅祗造，见《河渠》。

按，《方舆纪要》附石门下，盖以近石门故。

荥口石门[④]　《水经注》："济水又东，迳敖山北。又东合荥渎，首受河水，有石门，谓之荥口石门，今无水。"《困学纪闻》同。《方舆纪要》《禹贡》："导荥水之道，亦曰荥口。"苏代曰："决荥口，魏无大梁。"魏公子无忌所云"决荥泽而水大梁"者。

汴口堰[⑤]　《元和郡县志》："汴口堰在县西二十里，又名梁公堰。隋文帝开皇七年，使梁睿增筑汉古堰，遏河入汴也。"清《一统志》："梁公堰在河阴县西，即汴口堰也。"乾隆《府厅州县志》："在故县西。"

---

① 《明史》卷八十七《志第六十三》，第2132~2133页。
② 《明史》卷八十七《志第六十三》，第2129页。
③ 《河南历代方志集成》第十四卷《民国河阴县志》，第199页。
④ 《河南历代方志集成》第十四卷《民国河阴县志》，第199页。
⑤ 《河南历代方志集成》第十四卷《民国河阴县志》，第199页。

按，此故县系误取唐城，若谓今治，当云西北。

（天禧二年八月）乙卯，诏畎索河水入金水河。①

（熙宁）十年五月，荥泽河堤急，诏判都水监俞光往治之。是岁七月，河复溢卫州王供及汲县上下埽、怀州黄沁、滑州韩村；己丑，遂大决于澶州曹村，澶渊北流断绝，河道南徙，东汇于梁山、张泽泺，分为二派，一合南清河入于淮，一合北清河入于海，凡灌郡县四十五，而濮、齐、郓、徐尤甚，坏田逾三十万顷。遣使修闭。

八月，又决郑州荥泽。于是文彦博言："臣正月尝奏：'德州河底淤淀，泄水稽滞，上流必至壅遏。又河势变移，四散漫流，两岸俱被水患，若不预为经制，必溢魏、博、恩、澶等州之境。而都水略无施设，止固护东流北岸而已。适累年河流低下，官吏希省费之赏，未尝增修堤岸，大名诸埽，皆可忧虞。谓如曹村一埽，自熙宁八年至今三年，虽每计春料当培低怯，而有司未尝如约，其埽兵又皆给他役，实在者十有七八。'今者果大决溢，此非天灾，实人力不至也。臣前论此，并乞审择水官。今河朔、京东州县，人被患者莫知其数，嗷嗷吁天，上轸圣念，而水官不能自讼，犹汲汲希赏。臣前论所陈，出于至诚，本图补报，非敢激讦也。"②

元丰元年五月，西头供奉官张从惠复言："汴口岁开闭，修堤防，通漕才二百余日。往时数有建议引洛水入汴，患黄河啮广武山，须凿山岭十数丈，以通汴渠，功大不可为。去年七月，黄河暴涨，水落而稍北，距广武山麓七里，退滩高阔，可凿为渠，引洛入汴。"范子渊知都水监丞，画十利以献。又言："汜水出玉仙山，索水出嵩渚山，合洛水，积其广深，得二千一百三十六尺，视今汴流尚赢九百七十四尺。以河、洛湍缓不同，得其赢余，可以相补。犹虑不足，则旁堤为塘，渗取河水，每百里置木闸一，以限水势。两旁沟、湖、陂、泺，皆可引以为助，禁伊、洛上源私引水者。大约汴舟重载，入水不过四尺，今深五尺，可济漕运。起巩县神尾山，至士家堤，筑大堤四十七里，以捍大河。起沙谷至河阴县十里店，穿渠五十二里，引洛水属于汴渠。"疏奏，上重其事，遣使行视。

二年正月，使还，以为工费浩大，不可为。上复遣入内供奉宋用臣，还奏可为，请"自任村沙谷口至汴口开河五十里，引伊、洛水入汴河，每二十里置束水一，以刍楗为之，以节湍急之势，取水深一丈，以通漕运。引古索河为源，注房家、黄家、孟家三陂及三十六陂，高仰处潴水为塘，以备洛水不足，则决以入河。又自汜水关北开河五百五十步，属于黄河，上下置闸启闭，以通黄、汴二河船筏。即洛河旧口置水泼，

---

① 《宋史》卷八《本纪第八》，第166页。
② 《宋史》卷九十二《志第四十五》，第2284页。

通黄河，以泄伊、洛暴涨。古索河等暴涨，即以魏楼、荥泽、孔固三斗门泄之。计工九十万七千有余。仍乞修护黄河南堤埽，以防侵夺新河"。从之。

三月庚寅，以用臣都大提举导洛通汴。四月甲子兴工，遣礼官祭告。河道侵民家墓，给钱徙之，无主者，官为瘗藏。六月戊申，清汴成，凡用民用工四十五日。自任村沙口至河阴县瓦亭子；并汜水关北通黄河；接运河，长五十一里。两岸为堤，总长一百三里，引洛水入汴。七月甲子，闭汴口，徙官吏、河清卒于新洛口。戊辰，遣礼官致祭。十一月辛未，诏差七千人，赴汴口开修河道。

六年八月，范子渊又请："于武济山麓至河岸并嫩滩上修堤及压埽堤，又新河南岸筑新堤，计役兵六千人，二百日成。开展直河，长六十三里，广一百尺，深一丈，役兵四万七千有奇，一月成。"从之。十月，都提举司言："汴水增涨，京西四斗门不能分减，致开决堤岸。今近京惟孔固斗门可以泄水下入黄河；若孙贾斗门虽可泄入广济，然下尾窄狭，不能尽吞。宜于万胜镇旧减水河、汴河北岸修立斗门，开淘旧河，创开生河一道，下合入刁马河，役夫一万三千六百四十三人，一月毕工。"诏从其请，仍作二年开修。七年四月，武济河溃。八月，诏罢营闭，纵其分流，止护广武三埽。

哲宗元祐元年闰二月辛亥，右司谏苏辙言："近岁京城外创置水磨，因此汴水浅涩，阻隔官私舟船。其东门外水磨，下流汗漫无归，浸损民田一二百里，几败汉高祖坟。赖陛下仁圣恻怛，亲发德音，令执政共议营救。寻诏畿县于黄河春夫外，更调夫四万，开自盟河，以疏泄水患，计一月毕工。然以水磨供给京城内外食茶等，其水止得五日闭断，以此工役重大，民间每夫日顾二百钱，一月之费，计二百四十万贯。而汴水浑浊，易至填淤，明年又须开淘，民间岁岁不免此费。闻水磨岁入不过四十万贯，前户部侍郎李定以此课利，惑误朝听，依旧存留。且水磨兴置未久，自前未有此钱，国计何阙？而小人浅陋，妄有靳惜，伤民辱国，不以为愧。况今水患近在国门，而恬不为怪，甚非陛下勤恤民物之意。而又减耗汴水，行船不便。乞废罢官磨，任民磨茶。"

三月，辙又乞："令汴口以东州县，各具水匦所占顷亩，每岁有无除放二税，仍具水匦可与不可废罢，如决不可废，当如何给还民田，以免怨望。"八月辛亥，辙又言："昨朝旨令都水监差官，具括中牟、管城等县水匦，元浸压者几何，见今积水所占几何，退出顷亩几何。凡退出之地，皆还本主；水占者，以官地还之；无田可还，即给元直。圣恩深厚，弃利与民，所存甚远。然臣闻水所占地，至今无可对还，而退出之田，亦以迫近水匦，为雨水浸淫，未得耕凿。知郑州岑象求近奏称：'自宋用臣兴置水匦以来，元未曾取以灌注，清汴水流自足，不废漕运。'乞尽废水匦，以便失业之民。"十月，遂罢水匦。

四年冬，御史中丞汪梁焘言：

"尝求世务之急，得导洛通汴之实，始闻其说则可喜，及考其事则可惧。窃以广武山之北，即大河故道，河常往来其间，夏秋涨溢，每抵山下。旧来洛水至此，流入于河。后欲导以趋汴渠，乃乘河未涨，就嫩滩之上，峻起东西堤，辟大河于堤北，攘其地以引洛水，中间缺为斗门，名通舟楫，其实盗河以助洛之浅涸也。洛水本清，而今汴常黄流，是洛不足以行汴，而所以能行者，附大河之余波也。增广武三埽之备，竭京西所有，不足以为支费，其失无虑数百万计。从来上下习为欺罔，朝廷惑于安流之说，税屋之利，恬不为虑。而不知新沙疏弱，力不能制悍河，水势一薄，则烂漫溃散，将使怒流循洛而下，直冒京师。是甘以数百万日增之费，养异时万一之患，亦已误矣。夫岁倾重费以坐待其患，何若折其奔冲，以终除其害哉。

为今之计，宜复为汴口，仍引大河一支，启闭以时，还祖宗百年以来润国养民之赐，诚为得策。汴口复成：则免广武倾注，以长为京师之安；省数百万之费，以纾京西生灵之困；牵大河水势，以解河北决溢之灾；便东南漕运，以蠲重载留滞之弊；时节启闭，以除蹙凌打凌之苦；通江、淮八路商贾大舶，以供京师之饶。为甚大之利者六，此不可忽也。惟拆去两岸舍屋，尽废僦钱，为害者一而甚小，所谓损小费以成大利也。臣之所言，特其大略尔。至于考究本末，措置纤悉，在朝廷择通习之臣付之，无牵浮议，责其成功。"

又言：

"臣闻开汴之时，大河旷岁不决，盖汴口析其三分之水，河流常行七分也。自导洛而后，频年屡决，虽洛口窃取其水，率不过一分上下，是河流常九分也。犹幸流势卧北，故溃溢北出。自去岁以来，稍稍卧南，此其可忧，而洛口之作，理须早计。窃以开洛之役，其功甚小，不比大河之上，但辟百余步，即可以通水三分，既永为京师之福，又减河北屡决之害；兼水势既已牵动，在于回河尤为顺便，非独孙村之功可成，澶州故道，亦有自然可复之理。望出臣前章，面诏大臣，与本监及知水事者，按地形水势，具图以闻。"

不报。至五年十月癸巳，乃诏导河水入汴。

绍圣元年，帝亲政，复召宋用臣赴阙。七月辛丑，广武埽危急。壬寅，帝语辅臣："埽去洛河不远，须防涨溢下灌京师。"明日，乃诏都水监丞冯忱之相度筑栏水签堤。丁巳，帝谕执政曰："河埽久不修，昨日报洛水又大溢，注于河，若广武埽坏，河、洛为一，则清汴不通矣，京都漕运殊可忧。宜亟命吴安持、王宗望同力督作，苟得不坏，过此须图久计。"丙寅，吴安持言："广武第一埽危急，决口与清汴绝近，缘洛河之南，去广武山千余步，地形稍高。自巩县东七里店至今洛口不满十里，可以别开新河，导洛水近南行流，地里至少，用功甚微。"诏安持等再按视之。

十一月，李伟言："清汴导温洛贯京都，下通淮、泗，为万世利。自元祐以来屡危急，而今岁特甚。臣相视武济山以下二十里名神尾山，乃广武埽首所起，约置刺堰三里余，就武济河下尾废堤、枯河基址，增修疏导，回截河势东北行，留旧埽作遥堤，可以纾清汴下注京城之患。"诏宋用臣、陈祐甫覆按以闻。

十二月甲午，户部尚书蔡京言："本部岁计，皆藉东南漕运。今年上供物，至者十无二三，而汴口已闭。臣责问提举汴河堤岸司杨琰，乃称自元丰二年至元祐初，八年之间，未尝塞也。"诏依元丰条例。明年正月庚戌，用臣亦言："元丰间，四月导洛通汴，六月放水，四时行流不绝。遇冬有冻，即督沿河官吏，伐冰通流。自元祐二年，冬深辄闭塞，致河流涸竭，殊失开道清汴本意。今欲卜日伐冰，放水归河，永不闭塞。及冻解，止将京西五斗门减放，以节水势，如惠民河行流，自无壅遏之患。"从之。

三年正月戊申，诏提举河北西路常平李仲罢归吏部。仲在元祐中提举氾水辇运，建言："西京、巩县、河阳、氾水、河阴县界，乃沿黄河地分，北有太行、南有广武二山，自古河流两山之间，乃缘禹迹。昨自宋用臣创置导洛清汴，于黄河沙滩上，节次创置广、雄武等堤埽，到今十余年间，屡经危急。况诸埽在京城之上，若不别为之计，患起不测，思之寒心。今如弃去诸埽，开展河道，讲究兴复元丰二年以前防河事，不惟省岁费、宽民力，河流且无壅遏决溢之患。望遣谙河事官相视施行。"又乞复置汴口，依旧以黄河水为节约之限，罢去清汴闸口。

四年闰二月，杨琰乞依元丰例，减放洛水入京西界大白龙坑及三十六陂，充水匮以助汴河行运。诏贾种民同琰相度合占顷亩，及所用功力以闻。五月乙亥，都提举汴河堤岸贾种民言："元丰改汴口为洛口，名汴河为清汴者，凡以取水于洛也。复匮清水，以备浅涩而助行流。元祐间，却于黄河拨口，分引浑水，令自氾上流入洛口，比之清洛，难以调节。乞依元丰已修狭河身丈尺深浅，检计物力，以复清汴，立限修浚，通放洛水。及依旧置洛斗门，通放西河官私舟船。"从之。帝尝谓知枢密院事曾布曰："先帝作清汴，又为天源河，盖有深意。元祐中，几废。近贾种民奏：'若尽复清汴，不用浊流，乃当世灵长之庆。'"布对曰："先帝以天源河为国姓福地，此众人所知，何可废也。"十二月，诏："京城内汴河两岸，各留堤面丈有五尺，禁公私侵牟。"

元符三年，徽宗即位，无大改作，汴渠稍湮则浚之。大观中，言者论："胡师文昨为发运使，创开泗州直河，及筑签堤阻遏汴水，寻复淤淀，遂行废拆。然后并役数郡兵夫，其间疾苦窜殁，无虑数千，费钱谷累百万计。狂妄生事，诬奏罔功，官员冒赏至四十五人。"师文由是自知州降充宫观。

宣和元年五月，都城无故大水，浸城外官寺、民居，遂破汴堤，汴渠将溢，诸门皆城守。起居郎李纲奏："国家都汴，百有六十余载，未尝少有变故。今事起仓猝，遐迩惊骇，诚大异也。臣尝躬诣郊外，窃见积水之来，自都城以西，漫为巨浸。东拒汴堤，停蓄深广，湍悍浚激，东南而流，其势未艾。然或淹浸旬时，因以风雨，不可不虑。夫变不虚发，必有感召之因。愿诏廷臣各具所见，择其可采者施行之。"诏："都城外积水，缘有司失职，堤防不修，非灾异也。"罢纲送吏部，而募人决水下流，由城北注五丈河，下通梁山泺，乃已。

七月壬子，都提举司言："近因野水冲荡沿汴堤岸，及河道淤浅，若止役河清，功力不胜，望俟农隙顾夫开修。"从之。五年十二月庚寅，诏："沿汴州县创添拦河锁栅岁额。公私不以为便，其遵元丰旧制。"

靖康而后，汴河上流为盗所决者数处，决口有至百步者，塞久不合，干涸月余，纲运不通，南京及京师皆乏粮。责都水使者措置，凡二十余日而水复旧，纲运沓来，两京粮始足。又择使臣八员为沿汴巡检，每两员各将兵五百人，自洛口至西水门，分地防察决溢云。

洛水贯西京，多暴涨，漂坏桥梁。建隆二年，留守向拱重修天津桥成。甃巨石为脚，高数丈，锐其前以疏水势，石纵缝以铁鼓络之，其制甚固。四月，具图来上，降诏褒美。开宝九年，郊祀西京，诏发卒五千，自洛城菜市桥凿渠抵漕口三十五里，馈运便之。其后导以通汴。

蔡河贯京师，为都人所仰，兼闵水、洧水、潩水以通舟。闵水自尉氏历祥符、开封合于蔡，是为惠民河。洧水自许田注鄢陵东南，历扶沟合于蔡。潩水出郑之大隗山，注临颍，历鄢陵、扶沟合于蔡。凡许、郑诸水合坚白雁、丈八沟，京、索合西河、褚河、湖河、双河、栾霸河皆会焉。犹以其浅涸，故植木横栈；栈为水之节，启闭以时。

太祖建隆元年四月，命中使浚蔡河，设斗门节水，自京距通许镇。二年，诏发畿甸、陈、许丁夫数万浚蔡水，南入颍川。乾德二年二月，令陈承昭率丁夫数千凿渠，自长社引潩水至京师，合闵水。潩水本出密县大隗山，历许田。会春夏霖雨，则泛溢民田。至是渠成，无水患，闵河益通漕焉。

太宗淳化二年，以潩水泛溢，浸许州民田，诏自长葛县开小河，导潩水，分流二十里，合于惠民河。

真宗咸平五年七月，京师霖雨，沟洫壅，惠也河溢，泛道路，坏庐舍，知开封府寇准治丁冈古河泄导之。大中祥符元年六月，开封府言："尉氏县惠民河决。"遣使督视完塞。二年四月，陈州言："州地洿下，苦积潦，岁有水患，请自许州长葛县浚减水河及补枣村旧河，以入蔡河。"从之。九年，知许州石普请于大流堰穿渠，置二斗门，引沙河以漕京师。遣使按视。四月，诏遣中使至惠民河，规画置坝子，以通舟运。

仁宗天圣二年二月，崇仪副使、巡护惠民河田承说献议："重修许州合流镇大河堰斗门，创开减水河通漕，省迂路五百里。"诏遣使按视以闻。五年八月，都大巡护惠民河王克基言："先准宣惠民、京、索河水浅小，缘出源西京、郑许州界，惠民河下合横沟、白雁沟，京、索河下合西河、湖河、双河、栾霸河、丈八沟，各为民间截水莳稻灌园，宜令州县巡察。"七年，王克基言："按旧制，蔡河斗门栈板须依时启闭，调停水势。"嘉佑三年正月，开京城西葛家冈新河，以有司言："至和中，大水入京城，请自祥符县界葛家冈开生河，直城南好草陂，北入惠民河，分注鲁沟，以纾京城之患。"

神宗熙宁四年七月，程昉请开宋家等堤，畎水以助漕运。八月，三班借职杨琰请增置上下坝闸，蓄水以备浅涸。诏琰掌其事。六年九月戊辰，将作监尚宗儒言："议者请置蔡河木岸，计功颇大。"诏修固土岸。八年，诏京西运米于河北，于是侯叔献请因丁字河故道凿堤置闸，引汴水入于蔡，以通舟运。河成，舟不可行，寻废。十月，诏都水监展惠民河，欲便修城也。九年七月，提辖修京城所请引雾泽陂水至咸丰门，合京、索河，由京、索签入副堤河，下合惠民。都水监谓："不若于顺天门外签直河身，及于染院后签入护龙河。至咸丰门南复入京、索河，实为长利。"从之。

徽宗崇宁元年二月，都水监言："惠民河修签河次下硬堰毕工。"诏立捕获盗泄赏。大观元年十二月，开溧河入蔡河，从京畿都转运使吴择仁之请也。政和元年十月己酉，诏差水官同京畿监司视蔡河堤防及淤浅者，来春并工治之。

广济河导菏水，自开封历陈留、曹、济、郓，其广五丈，岁漕上供米六十二万石。

太祖建隆二年正月，遣使往定陶规度，发曹、单丁夫数万浚之。三月，幸新水门观放水入河。先是，五丈河泥淤，不利行舟。遂诏左监门卫将军陈承昭于京城之西，夹汴水造斗门，引京、索、蔡河水通城濠入斗门，俾架流汴水之上，东进于五丈河，以便东北漕运。公私咸利。三年正月，遣右龙武统军陈承昭护修五丈河役，车驾临视，赐承昭钱二十万。乾德三年，京师引五丈河造西水硙。

太宗太平兴国三年正月，命发近县丁夫浚广济河。

真宗景德二年六月，开封府言："西京沿汴万胜镇，先置斗门，以减河水，今汴河分注浊水入广济河，堙塞不利。"帝曰："此斗门本李继源所造，屡询利害，以为始因京、索河遇雨即泛流入汴，遂置斗门，以便通泄。若遽壅塞，复虑决溢。"因令多用巨石，高置斗门，水虽甚大，而余波亦可减去。三年，内侍赵守伦建议："自京东分广济河由定陶至徐州入清河，以达江、湖漕路。"役既成，遣使复视，绘图来上。帝以地有隆阜，而水势极浅，虽置堰埭，又历吕梁滩碛之险，非可漕运，罢之。

仁宗天圣六年七月，尚书驾部员外郎阎贻庆言："五丈河下接济州之合蔡镇，通利梁山泺。近者天河决荡，溺民田，坏道路，合蔡而下，漫散不通舟，请治五丈河入夹黄河。"因诏贻庆与水官李守忠规度，计功料以闻。

神宗熙宁七年，赵济言："河浅废运，自此物贱伤农，宜议兴复，以便公私。"诏张士澄、杨琰修治。八月，都提举汴河堤岸司言："欲于通津门汴河岸东城里三十步内开河，下通广济，以便行运。"从之。八年，又遣琰同陈佑甫因汴河置渗水塘，又自孙贾斗门置虚堤八，渗水入西贾陂，由减水河注雾泽陂，皆为河之上源。九年，诏依元额漕粟京东，仍修坝闸，为启闭之节。九年三月，诏遣官修广济河坝闸。元丰五年三月癸亥，罢广济辇运司，移上供物自淮阳军界入汴，以清河辇运司为名，命张士澄都大提举。七月，御史王植言："广济安流而上，与清河溯流入汴，远近险易较然，废之非是。"诏监司详议。七年八月，都大提举汴河堤岸司言："京东地富，谷粟可漕，独患河涩。若因修京城，令役兵近汴穴土，使之成渠，就引河水注之广济，则漕舟可通，是一举而两利也。"从之。

哲宗元祐元年，诏斥祥符雾泽陂募民承佃，增置水匮。又即宣泽门外仍旧引京、索源河，置槽架水，流入咸丰门。皆以为广济浅涩之备。三月，三省言："广济河辇运，近因言者废罢，改置清河辇运，迂远不便。"诏知棣州王谔措置兴复。都水监亦言："广济河以京、索河为源，转漕京东岁计。今欲依旧，即令于宣泽门外置槽架水，流入咸丰门里，由旧河道复广泽河源，以通漕运。"从之。

金水河一名天源，本京水，导自荥阳黄堆山，其源曰祝龙泉。

太祖建隆二年春，命左领军卫上将军陈承昭率水工凿渠，引水过中牟，名曰金水河，凡百余里，抵都城西，架其水横绝于汴，设斗门，入浚沟，通城濠，东汇于五丈河。公私利焉。乾德三年，又引贯皇城，历后苑，内庭池沼，水皆至焉。开宝九年，帝步自左掖，按地势，命水工引金水由承天门凿渠，为大轮激之，南注晋王第。真宗大中祥符二年九月，诏供备库使谢德权决金水，自天波门并皇城至乾元门，历天街东转，缭太庙入后庙，皆甃以礲甓，植以芳木，车马所经，又累石为间梁。作方井，官寺、民舍皆得汲用。复引东，由城下水窦入于濠。京师便之。

神宗元丰五年，金水河透水槽阻碍上下汴舟，遣宋用臣按视。请自板桥别为一河，引水北入于汴，后卒不行，乃由副堤河入于蔡。以源流深远，与永安青龙河相合，故赐名曰天源。先是，舟至启槽，颇滞舟行。既导洛通汴，遂自城西超字坊引洛水，由咸丰门立堤，凡三千三十步，水遂入禁中，而槽废。然旧惟供洒扫，至徽宗政和间，容佐请于七里河开月河一道，分减此水，灌溉内中花竹。命宋升措置导引，四年十一月，毕工。重和元年六月，复命蓝从熙、孟揆等增堤岸，置桥、槽、坝、闸，浚澄水，道水入内，内庭池籞既多，患水不给，又于西南水磨引索河一派，架以石渠绝汴，南北筑堤，导入天源河以助之。

白沟无山源，每岁水潦甚则通流，才胜百斛船，逾月不雨即竭。

至道二年三月，内殿崇班阎光泽、国子博士邢用之上言："请开白沟，自京师抵彭城吕梁口，凡六百里，以通长淮之漕。"诏发诸州丁夫数万治之，以光泽护其役。议者非之。会宋州通判王矩上表，极陈其不可，且言："用之田园在襄邑，岁苦水潦，私幸渠成。"遂罢其役。咸平六年，用之为度支员外郎，又令自襄邑下流治白沟河，导京师积水，而民田无害。

神宗熙宁六年，都水监丞侯叔献请储三十六陂及京、索二水为源，仿真、楚州开平河置闸，则四时可行舟，因废汴渠。帝曰："白沟功料易耳，第汴渠岁运甚广，河北、陕西资焉。又京畿公私所用良材，皆自汴口而至，何可遽废。"王安石曰："此役苟成，亦无穷之利也。当别为漕河，引黄河一支，乃为经久。"冯京曰："若白沟成，与汴、蔡皆通漕，为利诚大，恐汴终不可废。"帝然之，诏刘瑾同叔献覆视。八月，都水监言："白沟自潩河至于淮八百里，乞分三年兴修。其废汴河，俟白沟毕功，别相视。仍请发谷熟淤田司并京东汴河所隶河清兵赴役。"从之。七年正月，都水监言："自盟河畎导汴南诸水，近者失于疏浚，为害甚大。"于是辍夫修治，而白沟之役废。①

秘书丞侯叔献言："汴岸沃壤千里，而夹河公私废田，略计二万余顷，多用牧马。计马而牧，不过用地之半，则是万有余顷常为不耕之地。观其地势，利于行水。欲于汴河两岸置斗门，泄其余水，分为支渠，及引京、索河并三十六陂，以灌溉田。"诏叔献

---

① 《宋史》卷九十四《志第四十七》，第2327~2342页。

提举开封府界常平，使行之，而以著作佐郎杨汲同提举。叔献又引汴水淤田，而祥符、中牟之民大被水患，都水监或以为非。①

（元丰二年六月）甲寅，清汴成。②

清汴渠③　在广武山北。西自汜水入境，东入荥泽，宋元丰二年开，见《宋史·河渠》。

（元丰）二年七月戊子，范子渊言："因护黄河岸毕工，乞中分为两埽。"诏以广武上、下埽为名。④

广武埽⑤　在山北。宋开清汴渠时筑，见《宋史·河渠》。

（元丰）五年正月己丑，诏立之："凡为小吴决口所立堤防，可按视河势向背应置埽处，毋虚设巡河官，毋横费工料。"六月，河溢北京内黄埽。七月，决大吴埽堤，以纾灵平下埽危急。八月，河决郑州原武埽，溢入利津、阳武沟、刀马河，归纳梁山泺。诏曰："原武决口已引夺大河四分以上，不大治之，将贻朝廷巨忧。其辍修汴河堤岸司兵五千，并力筑堤修闭。"都水复言："两马头垫落，水面阔二十五步，天寒，乞候来春施工。"至腊月竟塞云。九月，河溢沧州南皮上、下埽，又溢清池埽，又溢永静军阜城下埽。十月辛亥，提举汴河堤岸司言："洛口广武埽大河水涨，塌岸，坏下闸斗门，万一入汴，人力无以枝梧。密迩都城，可不深虑。"诏都水监官速往护之。丙辰，广武上、下埽危急，诏救护，寻获安定。⑥

（元祐八年）会七月辛丑，广武埽危急，诏王宗望亟往救护。壬寅，帝谓辅臣曰："广武去洛河不远，须防涨溢下灌京师，已遣中使视之。"辅臣出图、状以奏曰："此由黄河北岸生滩，水趋南岸。今雨止，河必减落，已下水官，与洛口官同行按视，为签堤及去北岸嫩滩，令河顺直，则无患矣。"

八月丙子，权工部侍郎吴安持等言："广武埽危急，刷塌堤身二千余步处，地形稍高。自巩县东七里店至见今洛口，约不满十里，可以别开河，引导河水近南行流，地步至少，用功甚微。王宗望行视并开井筒，各称利便外，其南筑大堤，工力浩大，乞下合属官司，躬往相度保明。"从之。⑦

---

① 《宋史》卷九十五《志第四十八》，第2367～2368页。
② 《宋史》卷十五《本纪第十五》，第297页。
③ 《河南历代方志集成》第十四卷《民国河阴县志》，第198页。
④ 《宋史》卷九十二《志第四十五》，第2285页。
⑤ 《河南历代方志集成》第十四卷《民国河阴县志》，第199页。
⑥ 《宋史》卷九十二《志第四十五》，第2287页。
⑦ 《宋史》卷九十三《志第四十六》，第2306～2307页。

重和元年三月己亥，诏："滑州、浚州界万年堤，全藉林木固护堤岸，其广行种植，以壮地势。"五月甲辰，诏："孟州河阳县第一埽，自春以来，河势湍猛，侵啮民田，迫近州城止二三里。其令都水使者同漕臣、河阳守臣措置固护。"是秋雨，广武埽危急，诏内侍王仍相度措置。①

第五节　金元两代的治水

黄汴都巡河官② 下六处河阴、雄武、荥泽、原武、阳武、延津各设散巡河官一员。

右属都水监③ 皇统三年四月，怀州置黄沁河堤大管勾司，未详何年罢。正大二年，外监东置于归德，西置于河阴。

金始克宋，两河悉界刘豫。豫亡，河遂尽入金境。数十年间，或决或塞，迁徙无定。金人设官置属，以主其事。沿河上下凡二十五埽，六在河南，十九在河北，埽设散巡河官一员。雄武、荥泽、原武、阳武、延津五埽则兼汴河事，设黄汴都巡河官一员于河阴以莅之。怀州、孟津、孟州及城北之四埽则兼沁水事，设黄沁都巡河官一员于怀州以临之。崇福上下、卫南、淇上四埽属卫南都巡河官，则居新乡。武城、白马、书城、教城四埽属浚滑都巡河官，则处教城。曹甸都巡河官则总东明、西佳、孟华、凌城四埽。曹济都巡河官则司定陶、济北、寒山、金山四埽者也。故都巡河官凡六员。后又特设崇福上下埽都巡河官兼石桥使。凡巡河官，皆从都水监廉举，总统埽兵万二千人，岁用薪百一十一万三千余束，草百八十三万七百余束，椿杙之木不与，此备河之恒制也。④

（大定）十二年正月，尚书省奏："检视官言，水东南行，其势甚大。可自河阴广武山循河而东，至原武、阳武、东明等县孟、卫等州增筑堤岸，日役夫万一千，期以六十日毕。"诏遣太府少监张九思、同知南京留守事纥石烈邈小字阿补孙监护工作。

十三年三月，以尚书省请修孟津、荥泽、崇福埽堤以备水患，上乃命雄武以下八埽并以类从事。

十七年秋七月，大雨，河决白沟。十二月，尚书省奏："修筑河堤，日役夫一万一千五百，以六十日毕工。"诏以十八年二月一日发六百里内军夫，并取职官人力之半，余听发民夫，以尚书工部郎中张大节、同知南京留守事高苏董役。

---

① 《宋史》卷九十三《志第四十六》，第2315页。
② 《金史》卷五十六《志第三十七》，第1277页。
③ 《金史》卷五十六《志第三十七》，第1278页。
④ 《金史》卷二十七《志第八》，第669～670页。

先是，祥符县陈桥镇之东至陈留潘岗，黄河堤道四十余里以县官摄其事，南京有司言，乞专设埽官，十九年九月，乃设京埽巡河官一员。

二十年，河决卫州及延津京东埽，弥漫至于归德府。检视官南京副留守石抹辉者言："河水因今秋霖潦暴涨，遂失故道，势益南行。"宰臣以闻。乃自卫州埽下接归德府南北两岸增筑堤以捍湍怒，计工一百七十九万六千余，日役夫二万四千余，期以七十日毕工。遂于归德府创设巡河官一员，埽兵二百人，且诏频役夫之地与免今年税赋。

二十一年十月，以河移故道，命筑堤以备。

二十六年八月，河决卫州堤，坏其城。上命户部侍郎王寂、都水少监王汝嘉驰传措画备御。而寂视被灾之民不为拯救，乃专集众以网鱼取官物为事，民甚怨嫉。上闻而恶之。既而，河势泛滥及大名。上于是遣户部尚书刘玮往行工部事，从宜规画，黜寂为蔡州防御使。

冬十月，上谓宰臣曰："朕闻亡宋河防一步置一人，可添设河防军数。"它日，又曰："比闻河水泛溢，民罹其害者，赀产皆空。今复遣官于被灾路分推排，何耶？"右丞张汝霖曰："今推排者皆非被灾之处。"上曰："虽然，必其邻道也。既邻水而居，岂无惊扰迁避者乎，计其赀产，岂有余哉，尚何推排为。"十一月，又谓宰臣曰："河未决卫州时尝有言者，既决之后，有司何故不令朕知。"命询其故。

二十七年春正月，尚书省言："郑州河阴县圣后庙，前代河水为患，屡祷有应，尝加封号庙额。今因祷祈，河遂安流，乞加褒赠。"上从其请，特加号曰昭应顺济圣后，庙曰灵德善利之庙。

二月，以卫州新乡县令张簹、丞唐括唐古出、主簿温敦偎喝，以河水入城闭塞救护有功，皆迁赏有差。御史台言："自来沿河京、府、州、县官坐视管内河防缺坏，特不介意。若令沿河京、府、州、县长贰官皆于名衔管勾河防事，如任内规措有方能御大患，或守护不谨以致疏虞，临时闻奏，以议赏罚。"上从之，仍命每岁将泛之时，令工部官一员沿河检视。于是以南京府及所属延津、封丘、祥符、开封、陈留、胙城、杞县、长垣，归德府及所属宋城、宁陵、虞城，河南府及孟津，河中府及河东，怀州河内、武陟，同州朝邑，卫州汲、新乡、获嘉，徐州彭城、萧、丰，孟州河阳、温，郑州河阴、荥泽、原武、汜水，浚州卫，陕州阌乡、湖城、灵宝，曹州济阴，滑州白马，睢州襄邑，滕州沛，单州单父，解州平陆，开州濮阳，济州嘉祥、金乡、郓城，四府、十六州之长贰皆提举河防事，四十四县之令佐皆管勾河防事。[①]

（至大）七年七月，汴梁路言："荥泽县六月十一日河决塔海庄东堤十步余，横堤两重，又缺数处。二十三日夜，开封县苏村及七里寺复决二处。"本省平章站马赤亲率本路及都水监官，并工修筑，于至治元年正月兴工，修堤岸四十六处，该役

---

① 《金史》卷二十七《志第八》，第671~673页。

一百二十五万六千四百九十四工，凡用夫三万一千四百一十三人。①

仁宗延祐元年八月，河南等处行中书省言："黄河涸露旧水泊汙池，多为势家所据，忽遇泛溢，水无所归，遂致为害。由此观之，非河犯人，人自犯之。拟差知水利都水监官，与行省廉访司同相视，可以疏辟堤障，比至泛溢，先加修治，用力少而成功多。又汴梁路睢州诸处，决破河口数十，内开封县小黄村计会月堤一道，都水分监修筑障水堤堰，所拟不一，宜委请行省官与本道宪司、汴梁路都水分监官及州县正官，亲历按验，从长讲议。"由是委太常丞郭奉政、前都水监丞边承务、都水监卿朵儿只、河南行省石右丞、本道廉访副使站木赤、汴梁判官张承直，上自河阴，下至陈州，与拘该州县官一同沿河相视。开封县小黄村河口，测量比旧浅减六尺。陈留、通许、太康旧有蒲苇之地，后因闭塞西河、塔河诸水口，以便种莳，故他处连年溃决。

各官公议："治水之道，惟当顺其性之自然。尝闻大河自阳武、胙城，由白马河间，东北入海。历年既久，迁徙不常。每岁泛溢两岸，时有冲决，强为闭塞，正及农忙，科椿梢，发丁夫，动至数万，所费不可胜纪，其弊多端，郡县嗷嗷，民不聊生。盖黄河善迁徙，惟宜顺下疏泄。今相视上自河阴，下抵归德，经夏水涨，甚于常年，以小黄口分泄之故，并无冲决，此其明验也。详视陈州，最为低洼，濒河之地，今岁麦禾不收，民饥特甚。欲为拯救，奈下流无可疏之处。若将小黄村河口闭塞，必移患邻郡。决上流南岸，则汴梁被害；决下流北岸，则山东可忧。事难两全，当遗小就大。如免陈村差税，赈其饥民，陈留、通许、太康县被灾之家，依例取勘赈恤，其小黄村河口仍旧通流外，据修筑月堤，并障水堤，闭河口，别难拟议。"于是凡汴梁所辖州县河堤，或已修治，及当疏通与补筑者，条列具备。②

第六节 明清两代的治水

黄河③ 自唐以前，皆北入海。宋熙宁中，始分趋东南，一合泗入淮，一合济入海。金明昌中，北流绝，全河皆入淮。元溃溢不时，至正中受害尤甚，济宁、曹、郓间，漂没千余里。贾鲁为总制，导使南，汇淮入海。

明洪武元年决曹州双河口，入鱼台。徐达方北征，乃开塌场口，引河入泗以济运，而徙曹州治于安陵。塌场者，济宁以西、耐牢坡以南直抵鱼台南阳道也。八年，河决开封太黄寺堤。诏河南参政安然发民夫三万人塞之。十四年决原武、祥符、中牟，有司请

---

① 《元史》卷六十五《志第十七上》，第1624页。
② 《元史》卷六十五《志第十七上》，第1622~1623页。
③ 《明史》卷八十三《志第五十九》，第2013~2015页。

兴筑。帝以为天灾，令护旧堤而已。十五年春，决朝邑。七月决荥泽、阳武。十七年决开封东月堤，自陈桥至陈留横流数十里。又决杞县，入巴河。遣官塞河，蠲被灾租税。二十二年，河没仪封，徙其治于白楼村。二十三年春，决归德州东南凤池口，径夏邑、永城。发兴武等十卫士卒，与归德民并力筑之。罪有司不以闻者。其秋，决开封西华诸县，漂没民舍。遣使振万五千七百余户。二十四年四月，河水暴溢，决原武黑洋山，东经开封城北五里，又东南由陈州、项城、太和、颍州、颍上，东至寿州正阳镇，全入于淮。而贾鲁河故道遂淤。又由旧曹州、郓城两河口漫东平之安山，元会通河亦淤。明年复决阳武，汜陈州、中牟、原武、封丘、祥符、兰阳、陈留、通许、太康、扶沟、杞十一州县，有司具图以闻。发民丁及安吉等十七卫军士修筑。其冬，大寒，役遂罢。三十年八月决开封，城三面受水。诏改作仓库于荥阳高阜，以备不虞。冬，蔡河徙陈州。先是，河决，由开封北东行，至是下流淤，又决而之南。

永乐三年，河决温县堤四十丈，济、涝二水交溢，淹民田四十余里，命修堤防。四年修阳武黄河决岸。八年秋，河决开封，坏城二百余丈。民被患者万四千余户，没田七千五百余顷。帝以国家藩屏地，特遣侍郎张信往视。信言："祥符鱼王口至中滦下二十余里，有旧黄河岸，与今河面平。浚而通之，使循故道，则水势可杀。"因绘图以进。时尚书宋礼、侍郎金纯方开会通河。帝乃发民丁十万，命兴安伯徐亨、侍郎蒋廷瓒偕纯相治，并令礼总其役。九年七月，河复故道，自封丘金龙口，下鱼台塌场，会汶水，经徐、吕二洪南入于淮。是时，会通河已开，黄河与之合，漕道大通，遂议罢海运，而河南水患亦稍息。已而决阳武中盐堤，漫中牟、祥符、尉氏。

宣德元年霪雨，溢开封州县十。三年，以河患，徙灵州千户所于城东。六年从河南布政使言，浚祥符抵仪封黄陵冈淤道四百五十里。是时，金龙口渐淤，而河复屡溢开封。十年从御史李懋言，浚金龙口。

正统二年筑阳武、原武、荥泽决岸。又决濮州、范县。三年，河复决阳武及邳州，灌鱼台、金乡、嘉祥。越数年，又决金龙口、阳谷堤及张家黑龙庙口，而徐、吕二洪亦渐浅，太黄寺巴河分水处，水脉微细。十三年方从都督同知武兴言，发卒疏浚。而陈留水夏涨，决金村堤及黑潭南岸。筑垂竣，复决。

宣德六年用御史白圭言，浚金龙口，引河水达徐州以便漕。末年至英宗初，再浚，并及凤池口水，徐、吕二洪，西小河，而会通安流，自永、宣至正统间凡数十载。至（正统）十三年，河决荥阳，东冲张秋，溃沙湾，运道始坏。命廷臣塞之。[1]

时河南水患方甚，原武、西华皆迁县治以避水。巡抚（王）暹言："黄河旧从开封北转流东南入淮，不为害。自正统十三年改流为二。一自新乡八柳树，由故道东经延

---

[1] 《明史》卷八十五《志第六十一》，第2082页。

津、封丘入沙湾。一决荥泽,漫流原武,抵开封、祥符、扶沟、通许、洧川、尉氏、临颍、郾城、陈州、商水、西华、项城、太康。没田数十万顷,而开封患特甚。虽尝筑大小堤于城西,皆三十余里,然沙土易坏,随筑随决,小堤已没,大堤复坏其半。请起军民夫协筑,以防后患。"帝可其奏。太仆少卿黄仕俊亦言:"河分两派,一自荥泽南流入项城,一自新乡八柳树北流,入张秋会通河,并经六七州县,约二千余里。民皆荡析离居,而有司犹征其税。乞敕所司覆视免征。"帝亦可其奏。巡抚河南御史张澜又言:"原武黄河东岸尝开二河,合黑洋山旧河道引水济徐、吕。今河改决而北,二河淤塞不通,恐徐、吕乏水,必妨漕运,黑洋山北,河流稍纡回,请因决口改挑一河以接旧道,灌徐、吕。"帝亦从之。①

（天顺）七年春,河南布政司照磨金景辉考满至京,上言:"国初,黄河在封丘,后徙康王马头,去城北三十里,复有二支河:一由沙门注运河,一由金龙口达徐、吕入海。正统戊辰,决荥泽,转趋城南,并流入淮,旧河、支河俱堙,漕河因而浅涩。景泰癸酉,因水迫城,筑堤四十里,劳费过甚,而水发辄溃,然尚未至决城壕为人害也。至天顺辛巳,水暴至,土城砖城并圮,七郡财力所筑之堤,俱委诸无用,人心惶惶,未知所底。夫河不循故道,并流入淮,是为妄行。今急宜疏导以杀其势。若止委之一淮,而以堤防为长策,恐开封终为鱼鳖之区。乞敕部檄所司,先疏金龙口宽阔以接漕河,然后相度旧河或别求泄水之地,挑浚以平水患,为经久计。"命如其说行之。

成化七年命王恕为工部侍郎,奉敕总理河道。总河侍郎之设,自恕始也。时黄河不为患,恕专力漕河而已。

十四年,河决开封,坏护城堤五十丈。巡抚河南都御史李衍言:"河南累有河患,皆下流壅塞所致。宜疏开封西南新城地,下抵梁家浅旧河口七里壅塞,以泄杏花营上流。又自八角河口直抵南顿,分导散漫,以免祥符、鄢陵、睢、陈、归德之灾。"乃敕衍酌行之。明年正月迁荥泽县治以避水,而开封堤不久即塞。

弘治二年五月,河决开封及金龙口,入张秋运河,又决埽头五所入沁。郡邑多被害,汴梁尤甚,议者至请迁开封城以避其患。布政司徐恪持不可,乃止。命所司大发卒筑之。九月命白昂为户部侍郎,修治河道,赐以特敕,令会山东、河南、北直隶三巡抚,自上源决口至运河,相机修筑。

三年正月,昂上言:"臣自淮河相度水势,抵河南中牟等县,见上源决口,水入南岸者十三,入北岸者十七。南决者,自中牟杨桥至祥符界析为二支:一经尉氏等县,合颍水,下涂山,入于淮;一经通许等县,入涡河,下荆山,入于淮。又一支自归德州通凤阳之亳县,亦合涡河入于淮。北决者,自原武经阳武、祥符、封丘、兰阳、仪封、考城,其一支决入金龙等口,至山东曹州,冲入张秋漕河。去冬,水消沙积,决口已淤,

---

① 《明史》卷八十三《志第五十九》,第2017~2018页。

因并为一大支，由祥符翟家口合沁河，出丁家道口，下徐州。此河流南北分行大势也。合颍、涡二水入淮者，各有滩碛，水脉颇微，宜疏浚以杀河势。合沁水入徐者，则以河道浅隘不能受，方有漂没之虞。况上流金龙诸口虽暂淤，久将复决，宜于北流所经七县，筑为堤岸，以卫张秋。但原敕治山东、河南、北直隶，而南直隶淮、徐境，实河所经行要地，尚无所统。"于是，并以命昂。

昂举郎中娄性协治，乃役夫二十五万，筑阳武长堤，以防张秋。引中牟决河出荥泽阳桥以达淮，浚宿州古汴河以入泗，又浚睢河自归德饮马池，经符离桥至宿迁以会漕河，上筑长堤，下修减水闸。又疏月河十余以泄水，塞决口三十六，使河流入汴，汴入睢，睢入泗，泗入淮，以达海。水患稍宁。昂又以河南入淮非正道，恐卒不能容，复于鱼台、德州、吴桥修古长堤；又自东平北至兴济凿小河十二道，入大清河及古黄河以入海。河口各建石堰，以时启闭。盖南北分治，而东南则以疏为主云。

六年二月以刘大夏为副都御史，治张秋决河。先是，河决张秋戴家庙，掣漕河与汶水合而北行，遣工部侍郎陈政督治。政言："河之故道有二：一在荥泽孙家渡口，经朱仙镇直抵陈州；一在归德州饮马池，与亳州地相属。旧俱入淮，今已淤塞，因致上流冲激，势尽北趋。自祥符孙家口、杨家口、车船口，兰阳铜瓦厢决为数道，俱入运河。于是张秋上下势甚危急，自堂邑至济宁堤岸多崩圮，而戴家庙减水闸浅隘不能泄水，亦有冲决。请浚旧河以杀上流之势，塞决河以防下流之患。"政方渐次修举，未几卒官。帝深以为忧，命廷臣会荐才识堪任者。命举大夏，遂赐敕以往。

十二月，巡按河南御史涂升言："黄河为患，南决病河南，北决病山东。昔汉决酸枣，复决瓠子；宋决馆陶，复决澶州；元决汴梁，复决蒲口。然汉都关中，宋都大梁，河决为患，不过濒河数郡而已。今京师专藉会通河岁漕粟数百万石，河决而北，则大为漕忧。臣博采舆论，治河之策有四：

'一曰疏浚。荥、郑之东，五河之西，饮马、白露等河皆黄河由涡入淮之故道。其后南流日久，或河口以淤高不泄，或河身狭隘难容，水势无所分杀，遂泛滥北决。今惟躅上流东南之故道，相度疏浚，则正流归道，余波就壑，下流无奔溃之害，北岸无冲决之患矣。二曰扼塞。既杀水势于东南，必须筑堤岸于西北。黄陵冈上下旧堤缺坏，当度下流东北形势，去水远近，补筑无遗，排障百川悉归东南，由淮入海，则张秋无患，而漕河可保矣。三曰用人，荐河南佥事张鼐。四曰久任，则请专信大夏，且于归德或东昌建公廨，令居中裁决也。'"帝以为然。

七月五月命太监李兴、平江伯陈锐往同大夏共治张秋。十二月筑塞张秋决口工成。初，河流湍悍，决口阔九十余丈，大夏行视之，曰："是下流未可治，当治上流。"于是即决口西南开越河三里许，使粮运可济，乃浚仪封黄陵冈南贾鲁旧河四十余里，由曹出徐，以杀水势。又浚孙家渡口，别凿新河七十余里，导使南行，由中牟、颍川东入淮。又浚祥符四府营淤河，由陈留至归德分为二。一由宿迁小河口，一由亳涡河，俱会于淮。然后沿张秋两岸，东西筑台，立表贯索，联巨舰穴而室之，实以土。至决口，去窒沉舰，压以大埽，且合且决，随决随筑，连昼夜不息。决既塞，缭以石堤，隐若长虹。功乃成。帝遣行人赍羊酒往劳之，改张秋名为安平镇。①

初，黄河自原武、荥阳分而为三：一自亳州、凤阳至清河口，通淮入海；一自归德州过丁家道口，抵徐州小浮桥；一自洼泥河过黄陵冈，亦抵徐州小浮桥，即贾鲁河也。迨河决黄陵冈，犯张秋，北流夺漕，刘大夏往塞之，仍出清河口。十八年，河忽北徙三百里，至宿迁小河口。正德三年又北徙三百里，至徐州小浮桥。四年六月又北徙一百二十里，至沛县飞云桥，俱入漕河。

是时，南河故道淤塞，水惟北趋，单、丰之间河窄水溢，决黄陵冈、尚家等口，曹、单田庐多没，至围丰县城郭，两岸阔百余里。督漕及山东镇巡官恐经巨野、阳谷故道，则夺济宁、安平运河，各陈所见以请。议未定。明年九月，河复冲黄陵冈，入贾鲁河，泛溢横流，直抵丰、沛。御史林茂达亦以北决安平镇为虞，而请浚仪封、考城上流故道，引河南流以分其势，然后塞决口，筑故堤。

工部侍郎崔岩奉命修理黄河，浚祥符董盆口、荥泽孙家渡，又浚贾鲁河及亳州故河各数十里，且筑长垣诸县决口及曹县外堤、梁靖决口。功未就而骤雨，堤溃。岩上疏言："河势冲荡益甚，且流入王子河，亦河故道，若非上流多杀水势，决口恐难卒塞。莫若于曹、单、丰、沛增筑堤防，毋令北徙，庶可护漕。"且请别命大臣知水利者共议。②

嘉靖五年，督漕都御史高友玑请浚山东贾鲁河、河南鸳鸯口，分泄水势，毋偏害一方。部议恐害山东、河南，不允。其冬，以章拯为工部侍郎兼佥都御史治河。

先是，大学士费宏言："河入汴梁以东分为三支，虽有冲决，可无大害。正德末，涡河等河日就淤浅，黄河大股南趋之势既无所杀，乃从兰阳、考城、曹、濮奔赴沛县飞云桥及徐州之溜沟，悉入漕河，泛溢弥漫，此前数年河患也。近者，沙河至沛县浮沙涌塞，官民舟楫悉取道昭阳湖。春夏之交，湖面浅涸，运道必阻，涡河等河必宜亟浚。"御史戴金言："黄河入淮之道有三：自中牟至荆山合长淮曰涡河；自开封经葛冈小坝、丁家道口、马牧集鸳鸯口至徐州小浮桥口曰汴河；自小坝经归德城南饮马池抵文家集，经夏邑至宿迁曰白河。弘治间，涡、白上源埋塞，而徐州独受其害。宜自小坝至宿迁小河并贾鲁河、鸳鸯口、文家集壅塞之处，尽行疏通，则趋淮之水不止一道，而徐州水患杀矣。"御史刘栾言："曹县梁靖口南岸，旧有贾鲁河，南至武家口十三里，黄沙淤平，必宜开浚。武家口下至马牧集鸳鸯口百十七里，即小黄河旧通徐州故道，水尚不涸，亦宜疏通。"督漕总兵官杨宏亦请疏归德小坝、丁家道口、亳州涡河、宿迁小河。友玑及拯亦屡以为言。俱下工部议，以为浚贾鲁故道，开涡河上源，功大难成，未可轻

---

① 《明史》卷八十三《志第五十九》，第2020~2024页。
② 《明史》卷八十三《志第五十九》，第2025~2026页。

举，但议筑堤障水，俾入正河而已。

是年，黄河上流骤溢，东北至沛县庙道口，截运河，注鸡鸣台口，入昭阳湖。汶、泗南下之水从而东，而河之出飞云桥者漫而北，淤数十里，河水没丰县，徙治避之。

明年，拯言："荥泽北孙家渡、兰阳北赵皮寨，皆可引水南流，但二河通涡，东入淮，又东至凤阳长淮卫，经寿春王诸园寝，为患巨测。惟宁陵北垄河一道，通饮马池，抵文家集，又经夏邑至宿州符离桥，出宿迁小河口，自赵皮寨至文家集，凡二百余里，浚而通之，水势易杀，而图寝无患。"乃为图说以闻。命刻期举工。而河决曹、单，城武杨家、梁靖二口、吴士举庄，冲入鸡鸣台，夺运河，沛地淤填七八里，粮艘阻不进。御史吴仲以闻，因劾拯不能办河事，乞择能者往代。其冬，以盛应期为总督河道右都御史。

是时，光禄少卿黄绾、詹事霍韬、左都御史胡世宁、兵部尚书李承勋各献治河之议。绾言：

"漕可资山东泉水，不必资黄河，莫若浚兖、冀间两高中低之地，道河使北，至直沽入海。"

韬曰：

"议者欲引河自兰阳注宿迁。夫水溢徐、沛，犹有二洪为之束捍，东北诸山互列如垣，有所底极，若道兰阳，则归德、凤阳平地千里，河势奔放，数郡皆壑，患不独徐、沛矣。按卫河自卫辉汲县至天津入海，犹古黄河也。今宜于河阴、原武、怀、孟间，审视地形，引河水注于卫河，至临清、天津，则徐、沛水势可杀其半。且元人漕舟涉江入淮，至封丘北，陆运百八十里至淇门，入御河达京师。御河即卫河也。令导河注卫，冬春溯卫河沿临清至天津，夏秋则由徐、沛，此一举而运道两得也。"

世宁言：

"河自汴以来，南分二道：一出汴城西荥泽，经中牟、陈、颍，至寿州入淮；一出汴城东祥符，经陈留、亳州，至怀远入淮。其东南一道自归德、宿州，经虹县、睢宁，至宿迁出。其东分五道：一自长垣、曹、郓至阳谷出；一自曹州双河口至鱼台塌场口出；一自仪封、归德至徐州小浮桥出；一自沛县南飞云桥出；一自徐、沛之中境山、北溜沟出。六道皆入漕河，而南会于淮。今诸道皆塞，惟沛县一道仅存。合流则水势既大，河身亦狭不能容，故溢出为患。近又漫入昭阳湖，以致流缓沙壅。宜因故道而分其势，汴西则浚孙家渡抵寿州以杀上流，汴东南出怀远、宿迁及正东小浮桥、溜沟诸道，各宜择其利便者，开浚一道，以泄下流。或修武城南废堤，抵丰、单接沛北庙道口，以防北流。此皆治河急务也。至为运道计，则当于湖东滕、沛、鱼台、邹县间独山、新安社地别凿一渠，南接留城，北接沙河，不过百余里。厚筑西岸以为湖障，令水不得漫，而以一湖为河流散漫之区，乃上策也。"[1]

---

[1] 《明史》卷八十三《志第五十九》，第2027~2030页。

是时，徐、邳复见清、泗运道不利，铁终以为忧。（万历）二十五年正月，复极言黄堌口不塞，则全河南徙，害且立见。议者亦多恐下啮归仁，为二陵患。三月，小浮桥等口工垂竣，（杨）一魁言：

"运道通利，河徙不相妨，已有明验。惟议者以祖陵为虑，请征往事折之。洪武二十四年，河决原武，东南至寿州入淮。永乐九年，河北入鱼台。未几，复南决，由涡河经怀远入淮。时两河合流，历凤、泗以出清口，未闻为祖陵患。正统十三年，河北冲张秋。景泰中，徐有贞塞之，复由涡河入淮。弘治二年，河又北冲，白昂、刘大夏塞之，复南流，一由中牟至颍、寿，一由亳州至涡河入淮，一由宿迁小河口会泗。全河大势纵横颍、亳、凤、泗间，下溢符离、睢、宿，未闻为祖陵虑，亦不闻堤及归仁也。

正德三年后，河渐北徙，由小浮桥、飞云桥、谷亭三道入漕，尽趋徐、邳，出二洪，运道虽济，而泛溢实甚。嘉靖十一年，朱裳始有涡河一支中经凤阳祖陵未敢轻举之说。然当时，犹时浚祥符之董盆口、宁陵之五里铺、荥泽之孙家渡、兰阳之赵皮寨，又或决睢州之地丘店、界牌口、野鸡冈，宁陵之杨村铺，俱入旧河，从亳、凤入淮，南流未绝，亦何尝为祖陵患。"①

（康熙）十六年，如锡等复陈河工坏溃情形，光裕解任勘问。以安徽巡抚靳辅为河督。辅言："治河当审全局，必合河道、运道为一体，而后治可无弊。河道之变迁，总由议治河者多尽力于漕艘经行之处，其他决口，则以为无关运道而缓视之，以致河道日坏，运道因之日梗。河水裹沙而行，全赖各处清水并力助刷，始能奔趋归海。今河身所以日浅，皆由从前归仁堤等决口不即堵塞之所致。查自清江浦至海口，约长三百里，向日河面在清江浦石工之下，今则石工与地平矣。向日河身深二三四丈不等，今则深者不过八九尺，浅者仅二三尺矣。河淤运亦淤，今淮安城堞卑于河底矣。运淤，清江与烂泥浅尽淤，今洪泽湖底渐成平陆矣。河身既垫高若此，而黄流裹沙之水自西北来，昼夜不息，一至徐、邳、宿、桃，即缓弱散漫。臣目见河沙无日不积，河身无日不加高，若不大修治，不特洪泽湖渐成陆地，将南而运河，东而清江浦以下，淤沙日甚，行见三面壅遏，而河无去路，势必冲突内溃，河南、山东俱有沦胥沈溺之忧，彼时虽费千万金钱，亦难克期补救。"因分列大修事宜八：曰取土筑堤，使河宽深；曰开清口及烂泥浅引河，使得引淮刷黄；曰加筑高家堰堤岸；曰周桥闸至翟家坝决口三十四，须次第堵塞；曰深挑清口至清水潭运道，增培东西两堤；曰淮扬田及商船货物，酌纳修河银；曰裁并河员以专责成；曰按里设兵，画堤分守。廷议以军务未竣，大修募夫多，宜暂停。疏再上，惟改运土用夫为车运，余悉如所请。

于是各工并举。大挑清口、烂泥浅引河四，及清口至云梯关河道，创筑关外束水堤万八千余丈，塞于家冈、武家墩大决口十六，又筑兰阳、中牟、仪封、商丘月堤及虞城

---

① 《明史》卷八十四《志第六十》，第2063~2064页。

周家堤。明年，创建王家营、张家庄减水坝二，筑周桥翟坝堤二十五里，加培高家堰长堤，山、清、安三县黄河两岸及湖堰，大小决口尽塞。优诏褒美。十八年，建南岸砀山毛城铺、北岸大谷山减水石坝各一，以杀上流水势。二十年，塞杨家庄，盖决五年矣。是岁增建高邮南北滚水坝八，徐州长樊大坝外月堤千六百八十九丈。

大修至是已三年，河未尽复故道，辅自劾。部议褫职，上命留任。二十一年，决宿迁徐家湾，随塞。又决萧家渡。先是河身仅一线，辅尽堵杨家庄，欲束水刷之，而引河浅窄，淤刷鼎沸，遇徐家湾堤卑则决，萧家渡土松则又决。会候补布政使崔维雅上河防刍议，条列二十四事，请尽变辅前法。上遣尚书伊桑阿、侍郎宋文运履勘，命维雅随往。维雅欲尽毁减水坝，别图挑筑。伊桑阿等言辅所建工程固多不坚，改筑亦未必成功。辅亦申辩"工将次第告竣，不宜有所更张"。并下廷议。因召辅至京，辅言"萧家口明正可塞，维雅议不可行"，上是之，命还工。二十二年春，萧家渡塞，河归故道。明年，上南巡阅河，赐诗褒美。

二十四年秋，辅以河南地在上游，河南有失，则江南河道淤淀不旋踵。乃筑考城、仪封堤七千九百八十九丈，封丘荆隆口大月堤三百三十丈，荥阳埽工三百十丈，又凿睢宁南岸龙虎山减水闸四。上念高邮诸州湖溢淹民田，命安徽按察使于成龙修治海口及下河，听辅节制。旋召辅、成龙至京集议。成龙力主开浚海口；辅言下河海口高内地五尺，应筑长堤高丈六尺，束水趋海。所见不合，下廷臣议，亦各持一说。上以讲官乔莱江北人，召问，莱言辅议非是。因遣尚书萨穆哈等勘议，还言开海口无益。会江宁巡抚汤斌入为尚书，询之，斌言海口开则积水可泄，惟高邮、兴化民虑毁庐墓为不便耳。乃黜萨穆哈，颁内帑二十万，命侍郎孙在丰董其役。时又有督修下河宜先塞减水坝之议，上不许。召辅入对，辅言南坝永塞，恐淮弱不敌黄强，宜于高家堰外增筑重堤，截水出清口不入下河，停丁溪等处工程。成龙时任直抚，示以辅疏，仍言下河宜浚，修重堤劳费无益。议不决。复遣尚书佛伦等勘议，佛伦主辅议。二十七年，御史郭琇劾辅治河无绩，内外臣工亦交章论之，乃停筑重堤，免辅官，以闽浙总督王新命代之，仍督修下河，镌在丰级，以学士凯音布代之。

明年，上南巡，阅高家堰，谓诸臣曰："此堤颇坚固，然亦不可无减水坝以防水大冲决。但靳辅欲于旧堤外更筑重堤，实属无益。"并以辅于险工修挑水坝，令水势回缓，甚善。车驾还京，复其官。三十一年，新命罢，仍令辅为河督。辅以衰疾辞，命顺天府丞徐廷玺副之。辅请于黄河两岸值柳种草，多设涵洞，俱报可。是冬，辅卒，上闻，叹悼，予骑都尉世职。以于成龙为河督。

越二年，召询成龙曰："减水坝果可塞否？"对曰："不宜塞，仍照辅所修而行。"上曰："如此，何不早陈？尔排陷他人则易，身任总河则难，非明验耶？"三十四年，成龙遭父忧，以漕督董安国代之。明年，大水，决张家庄，河会丹、沁逼荥泽，徙治高埠。又决安东童家营，水入射阳湖。是岁筑拦黄大坝，于云梯关挑引河千二百余丈，于关外马家港导黄由南潮河东注入海。去路不畅，上游易溃，而河患日亟。三十六年，决时家码头。明年，仍以成龙为河督。三十八年春，上南巡，临视高家堰等堤，谓诸臣曰："治河上策，惟以深浚河身为要。河底浚深，则洪泽湖水直达黄河，兴化、盐城等七州县无泛滥之患，田产自然涸出。若不治源，治流终无裨益。今黄、淮交会之口过于径直，应将河、淮之堤各迤东湾曲拓筑，使之斜行会流，则黄不致倒灌矣。"

明年，成龙卒，以两江总督张鹏翮为河督。是岁塞时家码头，从鹏翮先疏海口之请，尽拆云梯关外拦黄坝，赐名大清口；建宿迁北岸临黄外口石闸，徐州南岸杨家楼至段家庄月堤。四十一年，上谓永定河石堤甚有益，欲推行黄河两岸，自徐州至清口皆修石堤。鹏翮言："建筑石工，必地基坚实。惟河性靡常，沙土松浮，石堤工繁费钜，告成难以预料。"遂作罢。四十二年，上南巡，阅视河工，制《河臣箴》以赐鹏翮。秋，移建中河出水口于杨家楼，逼溜南趋，清水畅流敌黄，海口大通，河底日深，黄水不虞倒灌。上嘉鹏翮绩，加太子太保。四十六年八月，决丰县吴家庄，随塞。明年，鹏翮入为刑部尚书，以赵世显代之。四十八年六月，决兰阳雷家集、仪封洪邵湾及水驿张家庄各堤。

六十年八月，决武陟詹家店、马营口、魏家口，大溜北趋，注滑县、长垣、东明，夺运河，至张秋，由五空桥入盐河归海。自河工告成，黄流顺轨，安澜十余年矣，至是遣鹏翮等往勘。九月，塞詹家店、魏家口；十一月，塞马营口。世显罢，以陈鹏年署河道总督。六十一年正月，马营口复决，灌张秋，奔注大清河。六月，沁水暴涨，冲塌秦家厂南北坝台及钉船帮大坝。时王家沟引河成，引溜由东南会荥泽入正河，马营堤因无恙。鹏年复于广武山官庄峪挑引河百四十余丈以分水势。九月，秦家厂南坝甫塞，北坝又决，马营亦漫开；十二月，塞之。

雍正元年六月，决中牟十里店、娄家庄，由刘家寨南入贾鲁河。会鹏年卒，齐苏勒为总河，虑贾鲁河下注之水，山盱、高堰临湖堤工不能容纳，亟宜相机堵闭，上命兵部侍郎嵇曾筠驰往协议。七月，决梁家营、詹家店，复遣大学士张鹏翮往协修，是月塞。九月，决郑州来童寨民堤，郑民挖阳武故堤泄水，并冲决中牟杨桥官堤，寻塞。是岁建清口东西束水坝以御黄蓄清。[①]

（乾隆）六年春，雅尔图言："前奉谕旨，开浚省城乾涯河，复于中牟创开新河一，分贾鲁河水势，由沙河会乾涯河，以达江南之涡河而汇于淮，长六万五千余丈，今已竣工。"赐名惠济。[②]

（乾隆）二十六年七月，沁、黄并涨，武陟、荥泽、阳武、祥符、兰阳同时决十五口，中牟之杨桥决数百丈，大溜直趋贾鲁河。遣大学士刘统勋、公兆惠驰勘，巡抚常钧请先筑南岸。上谓河流夺溜，宜亟堵杨桥，钧言大谬，调抚江西，以胡宝瑔为河南巡

---

① 《清史稿》卷一百二十六《志第一百一》，第3720~3725页。
② 《清史稿》卷一百二十九《志第一百四》，第3828页。

抚，并令高晋赴豫协理。十一月塞，上闻大喜，命于工所立河神庙。①

先是上念豫工连岁漫溢，堤防外无宣泄之路，欲就势建减水坝，俾大汛时有所分泄，下阿桂及河、抚诸臣勘议。至是，阿桂等言："豫省堤工，荥泽、郑州土性高坚，距广武山近，毋庸设减坝。中牟以下，沙土夹杂，或系纯沙，建坝不能保固。至堤南泄水各河，惟贾鲁河系泄水要路，经郑州、中牟、祥符、尉氏、扶沟、西华至周家口入沙河。又惠济系贾鲁支河，二河窄狭淤垫，如须减黄，应大加挑浚，需费浩繁，非一时所能集事。惟兰、仪、高家寨河势坐湾，若挑浚取直，引溜北注，河道可以畅行。"上然之。五十一年秋，决桃源司家庄、烟墩，十月塞。明年夏，复决睢州，十月塞。十二月，山西河清二旬，自永宁以下长千三百里。五十四年夏，决睢宁周家楼，十月塞。五十九年，决丰北曲家庄，寻塞。②

（嘉庆）二十四年七月，溢仪封及兰阳，再溢祥符、陈留、中牟，夺叶观潮职，以李鸿宾督东河。璥时为刑部尚书，偕往会筹。未几，陈留、祥符、中牟俱塞，而武陟缕堤决，观潮连堵沟槽五。③

（道光）十五年，以栗毓美为东河总督。时原武汛串沟受水宽三百余丈，行四十余里，至阳武汛沟尾复入大河，又合沁河及武陟、荥泽诸滩水毕注堤下。两汛素无工，故无秸料，堤南北皆水，不能取土筑堤。毓美试用抛砖法，于受冲处抛砖成坝。六十余坝甫成，风雨大至，支河首尾决，而坝如故。屡试皆效。遂请减秸石银兼备砖价，令沿河民设窑烧砖，每方石可购二方砖。行之数年，省帑百三十余万，而工益坚。会有不便其事者，持异议。于是御史李莼请停烧砖。上遣莼随尚书敬征履勘，卒以溜深急则砖不可恃，停之。十九年，毓美复以砖工得力省费为言，乃允于北岸之马营、荥原两堤，南岸之祥符下汛、陈留汛，各购砖五千方备用。

（二十三年）六月，决中牟，水趋朱仙镇，历通许、扶沟、太康入涡会淮。复遣敬征等赴勘，以钟祥为东河总督，鸿荃督工。旋以尚书麟魁代敬征。二十四年正月，大风，坝工蛰动，旋东坝连失五占，麟魁等降黜有差，仍留工督办。七月，上以频年军饷河工一时并集，经费支绌，意欲缓至明秋兴筑。钟祥等力陈不可。十二月塞，用帑千一百九十余万。二十九年六月，决吴城。十月，命侍郎福济履勘，会同堵合。④

---

① 《清史稿》卷一百二十六《志第一百一》，第3729页。
② 《清史稿》卷一百二十六《志第一百一》，第3731~3732页。
③ 《清史稿》卷一百二十六《志第一百一》，第3736页。
④ 《清史稿》卷一百二十六《志第一百一》，第3739~3740页。

（道光）二十三年，河决中牟，全溜下注洪泽湖，高堰石工掣卸四千余丈，先后拆展束清、御黄、智、信各坝，并启放顺清、礼、义等河，金湾旧坝及东西湾坝同时并启，减水入江。①

（道光）二十五年春正月乙丑，河南中牟河工合龙。②

（同治）七年六月，决荥泽十堡，又漫武陟赵樊村，水势下注颍、寿入洪泽湖。侍郎胡家玉言："不宜专塞荥泽新口、疏兰阳旧口，宜仿古人发卒治河成法，饬各将领督率分段挑浚旧河，一律深通，然后决上游之水，掣溜东行，庶河南之患不移于河北，治河即所以治漕。"下直督曾国藩、鄂督李瀚章、江督马新贻、漕督张之万，及河督，江苏、河南、山东、安徽各巡抚妥议。国藩等言："以今日时势计之，河有不能骤行规复者三。兰阳漫决已十四年，自铜瓦厢至云梯关以下，两岸堤长千余里，岁久停修，堤塌河淤，今欲照旧时挑深培高，恐非数千万金不能蒇事。且厅营久裁，兵夫星散，一一复设，仍应分储料物，厢办埽坝，并预筹防险之费，又岁须数百万金。当此军务初平，库藏空虚，安从筹此钜款？一也。荥泽地处上游，论形势自应先堵荥泽，兰工势难并举。使荥口掣动全黄，则兰工可以乾涸。今荥口分溜无多，大溜仍由兰口直注利津入海，其水面之宽，跌塘之深，施工之难，较之荥工自增数倍。荥工堵合无期，兰工更无把握。原奏决放旧河，掣溜东行，似言之太易。且瞬交春令，兴工已难。二也。汉决酸枣，再决瓠子，为发卒治河之始。元、明发丁夫供役，亦以十数万计。现在直、东、江、豫捻氛甫靖，而土匪游勇在在须防。所留勇营，断难尽赴河干，亦断不敷分挑之用。若再添募数十万丁夫，聚集沿黄数千里间，驾驭失宜，滋生事端，尤为可虑。三也。应俟国库充盈，再议大举。因时制宜，惟有赶堵荥工，为保全豫、皖、淮扬下游之计。"上然之。八年正月，荥泽塞。③

（同治）八年己巳春正月甲午，荥工合龙。④

（光绪十三年）九月乙卯朔，免陕西各府厅州县前岁逋赋。辛酉，以郑州河决，豫留明年江北、江苏河运米粮并运费充赈。辛未，准呼征胡图克图入贡。乙亥，命薛允升赴河南察郑工。丁丑，李鸿藻往河南会察河工。是月，赈武陟、安县、云阳、皖北水

---

① 《清史稿》卷一百二十八《志第一百三》，第3803页。
② 《清史稿》卷十九《本纪第十九》，第694页。
③ 《清史稿》卷一百二十六《志第一百一》，第3744～3745页。
④ 《清史稿》卷二十二《本纪第二十二》，第829页。

灾，汉口、龙州火灾，建水、通海雹灾。①

（光绪）十三年，河南武陟，郑州沁、黄两河漫决。御史周天霖、李士锟先后请开郑工例，以济要工。部议停海防捐，开郑工捐。十五年，筹办海军，复罢郑工，开海防新捐。新捐屡展限，行之十余年。②

（光绪）十三年，郑工新例增遇缺先班捐例等，大八成班次亦相埒，海防新例因之。至二十七年，各项花样随实官捐并停。③

上韪之，并遣前山西布政使绍諴、降调浙江按察使陈宝箴、前山东按察使潘骏文迅赴郑工，随同河督成孚、豫抚倪文蔚襄理河务。时工赈需款钜且急，户部条上筹款六事：一，裁防营长夫；一，停购军械船只械器；一，停止京员兵丁米折银；一，酌调附近防军协同工作；一，令盐商捐输给奖；一，预徵当商汇号税银。议上，诏裁长夫、捐盐商及预征税银，余不允。九月，命礼部尚书李鸿藻偕刑部侍郎薛允升驰勘，鸿藻留督工。时黄流漫溢，河南州县如中牟、尉氏、扶沟、鄢陵、通许、太康、西华、淮宁、祥符、沈丘、鹿邑多被淹浸，水深四五尺至一二丈，特颁内帑十万，并截留京饷三十万赈抚。而河工需款急，允御史周天霖、李世琨请，特开郑工新捐例，夺成孚职，以李鹤年署河督。④

（光绪十四年）六月，小杨庄塞。是月，鸿藻言郑工两坝，共进占六百一十四丈，尚余口门三十余丈，因伏秋暴涨，人力难施，请缓俟秋汛稍平，接续举办。上严旨切责，褫鹤年职，与成孚并戍军台。鸿藻、文蔚均降三级留任。以广东巡抚吴大澂署河道总督。大澂言："医者治病，必考其致病之由，病者服药，必求其对症之方。臣日在河干，与乡村父老咨询旧事，证以前人纪载，知豫省河患非不能治，病在不治。筑堤无善策，镶埽非久计，要在建坝以挑溜，逼溜以攻沙。溜入中洪，河不著堤，则堤身自固，河患自轻。厅员中年久者，佥言咸丰初荥泽尚有砖石坝二十余道，堤外皆滩，河溜离堤甚远，就坝筑埽以防险，而堤根之埽工甚少。自旧坝失修，不数年废弃殆尽，河势愈逼愈近，埽数愈添愈多，厅员救过不遑，顾此失彼，每遇险工，辄成大患。河员以镶埽为能事，至大溜圈注不移，旋镶旋蛰，几至束手。臣亲督道厅赶抛石垛，三四丈深之大溜，投石不过一二尺，溜即外移，始知水深溜激，惟抛石足以救急，其效十倍埽工，以石护溜，溜缓而埽稳。历朝河臣如潘季驯、靳辅、栗毓美，皆主建坝朱溜，良不诬也。现以数十年久废之

---

① 《清史稿》卷二十三《本纪第二十三》，第890页。
② 《清史稿》卷一百十二《志第八十七》，第3237~3238页。
③ 《清史稿》卷一百十二《志第八十七》，第3242页。
④ 《清史稿》卷一百二十六《志第一百一》，第3756页。

要工，数十道应修之大坝，非一旦所能补筑竣工。惟有于郑工款内核实撙节，省得一万，即多购一万之石垛，省得十万，即多做十万之坝工，虽系善后事宜，趁此干河修筑，人力易施，否则郑工合龙后，明年春夏出险，必至措手不及。虽不敢谓一治而病即愈，特愈于不治而病日增。果能对症发药，一年而小效，三五年后必有大效。"上嘉勉之。

大澂又言："向来修筑坝垛，皆用条砖碎石，每遇大汛急溜，坝根淘刷日深，不但砖易冲散，重大石块亦即随流坍塌。闻西洋有塞门德土，拌沙黏合，不患水侵。趁此引河未放，各处须筑挑坝，正在河身干涸之时，拟于砖面石缝，试用塞门德土涂灌，敛散为整，可使坝基做成一片，足以抵当河溜，用石少而工必坚，似亦一劳永逸之法。"报闻。十二月，郑工塞，用帑千二百万，实授大澂河督，诏于工次立河神庙，并建黄大王祠，赐匾额，与党将军俱加封号。是年七月，决长垣范庄。未几塞。十五年六月，决章邱大寨庄、金王庄，分溜由小清河入海。又决长清张村、齐河西纸坊，山东滨河州县多被淹浸。是冬塞。[①]

（许）振祎言："河工大险，恃法不如用人。如以恃法论，则从来报销例案，工部知之，河工亦知之，故自每年添款及郑工报销之千数百万，未闻其不合例也。如以用人论，则臣近此改章从事，比年大险横生，亦增次第抢补，幸奏安澜，至添料添石，固有不尽合例者矣。原臣立河防局，意有二端。一则恐应员遇险推诿，藉口无钱无料，故提此钜款先事预防之资。一则恐厅员不实不尽，故添委官绅临时匡救之用，而限十二万纤悉到工，不准丝毫入局，并不准开支薪水。河南官绅吏民罔不知之。即如今岁之得保钜险，就买石一款，已用过十一万数千两，余则补郑工金门沈裂之堤，此不能分案题销者也。又多方买石，随处抢堵，险未平必加抛，险已过即停止，此不能绘图贴说者也。"上如所请行。是年白茅坟各口塞。[②]

第七节 堤　　防

神堤[③]　在县北五里，上建金龙四太王庙以障黄流。

金堤[④]　自荥阳县东至千乘海口。历代筑之以御河患，通谓之金堤。汉孝文时，河决酸枣东，溃金堤即此。《一统志》。

金堤[⑤]　自荥阳东至千乘海口千余里，历代筑之以御河患。汉文帝时，河决酸枣，东

---

① 《清史稿》卷一百二十六《志第一百一》，第3759~3760页。
② 《清史稿》卷一百二十六《志第一百一》，第3761~3762页。
③ 《河南历代方志集成》第七卷《乾隆巩县志》（乾隆五十四年刻本），第233页。
④ 《嘉靖荥阳县志》卷之上，第9页。
⑤ 《河南历代方志集成》第九卷《康熙荥阳县志》，第80页。

溃金堤是也。今属荥泽。

金堤[①]　自古城东至千乘海口千余里，历代筑之以御河患，汉文帝时河决酸枣，东溃金堤者是。

金堤[②]　《方舆纪要》："章怀太子曰：'汴自荥阳首受河，所谓石门，在荥阳山北一里，遏汴而东，积石为堤，谓之金堤。'胡氏曰：'河堤自汴河以东积石为堰，通河古口，咸曰金堤。'"

按，荥阳乃古城，《方舆纪要》入今荥阳，误。

八激堤[③]　《方舆纪要》："在河阴县西。"《水经注》："汉安帝永初七年，令谒者于岑于石门东积石八所，以捍冲波，谓之八激堤。"

按，西当作东北。

南岸沿河大堤[④]　自旧县南堤头至郑州堤界止，顺长十一里一百七十丈五尺，堡房六座。

北岸沿河大堤[⑤]　自武陟堤界起至原武堤界止，顺长八里，堡房四座。

大河南岸旧堤[⑥]　在州北四十里，年久倾圮。

新堤[⑦]　在大河南三里许，系康熙癸亥年筑，西自荥泽县界起，东接原武县界。长数十里，高四丈，址宽十丈，望之屹然。

新筑月堤[⑧]　在黄冈庙后，长五百丈，乾隆四年八月知州张钺兴修。

新筑帮护戗堤[⑨]　在黄冈庙后，长二百七十八丈，乾隆四年九月知州张钺兴修。

新筑胡家屯月堤[⑩]　长一百五十二丈，乾隆九年七月知州张钺兴修。

堤坊[⑪]　宣统三年，知州叶济挑挖，工未告竣。民国四年，知事周秉彝挑挖，官督民办，河身加宽，河堤加高，经过地面约六十余里，夏月水发，不能出堤，民利赖之。事详《艺文志》。

黄河堤[⑫]　小潭溪堤一道，在县西北，自杨乔镇由郝家寨至黄练集止，长十二里，计二千一百六十丈。

---

① 《河南历代方志集成》第十卷《顺治荥泽县志》，第246页。
② 《河南历代方志集成》第十四卷《民国河阴县志》，第199页。
③ 《河南历代方志集成》第十四卷《民国河阴县志》，第199页。
④ 《河南历代方志集成》第十一卷《乾隆荥泽县志》，第42页。
⑤ 《河南历代方志集成》第十一卷《乾隆荥泽县志》，第42页。
⑥ 《河南历代方志集成》第一卷《康熙郑州志》，第107页。
⑦ 《河南历代方志集成》第一卷《康熙郑州志》，第107页。
⑧ 《河南历代方志集成》第一卷《乾隆郑州志》，第280页。
⑨ 《河南历代方志集成》第一卷《乾隆郑州志》，第280页。
⑩ 《河南历代方志集成》第一卷《乾隆郑州志》，第280页。
⑪ 《河南历代方志集成》第三卷《民国郑县志》（民国二十年），第46页。
⑫ 《河南历代方志集成》第四卷《康熙中牟县志》，第236~237页。

辛庄街堤一道，在县北，自辛庄街由关家楼拉牌寨至万家庄止，长十里，计一千八百丈。

原墩寺堤一道，在县北，自原墩寺至司家口，长六里，计一千零八十丈。

朱姑村堤一道，在县北，自朱姑村由东张村至杏树镇，长十里，计一千八百丈。

中牟县所管黄河，西自杨乔镇，东至朱姑村，共三十八里，筑堤四道。

黄练集大月堤一道，顺长一千一百丈，西自四堡房起，东至慕家庄前止，康熙元年知县朱之翼创筑。

中牟阳武会估大月堤一道，顺长一千七百丈，西自中牟黄练集毛家庄迤西起，往东北至阳武赵家寨后止，康熙二年知县朱之翼创筑。

王家庄后格堤一道，顺长五百丈，西自谷顶王家庄东头起，往东至阳武交界止，康熙三年知县朱之翼创筑。

小潭溪龙门工外缕水月堤一道，顺长五百丈，西自旧堤头起，至五堡房止，康熙六年知县朱之翼创筑。

中阳会估大月堤一道，顺长一千八百丈，西自中牟郭家庄东头起，往东北至阳武小辛庄后止，康熙十二年知县韩荩光创筑。

河防[①]　清初有上南河厅在杨桥镇，咸丰间毁于捻。中河厅在东漳，堤岸有上下泛，县丞分设杨桥、东漳，后皆废。民国元年设河务分局，旋改郑中河防支局，又改河防分局、河务分局。十七年改称第四工务队，十九年改为上南河务分局，有局长、技术员、督工员，另有水利分局，旋经裁并。

黄河南岸大堤[②]　西自郑州堤界起，除中隔阳武堤八百九十五丈外，东至祥符堤界止，顺长九千三百二十二丈，堡房二十六座。

黄河南岸大堤[③]　西自郑州堤界，除中隔阳武堤八百九十五丈外，东至祥符堤界止，顺长九千三百二十二丈，堡房二十六座。《吴志》云，旧载南岸大堤，中隔阳武，其时河尚迤北也，后水势南迁，全在中牟境矣。现计西自郑州界起，东至祥符界止，大堤共长五十八里一百六十四丈五尺。上汛堤长二十里一百四十三丈五尺，堡房十一座，下汛堤长三十八里二十一丈，堡房二十座。

杨桥大堤南月堤[④]　长二百丈，清雍正元年筑。

杨桥大堤北断堤[⑤]　长一百六十丈，清康熙元年筑。

杨桥大堤北月堤[⑥]　长三十二丈五尺，清乾隆十一年筑。

---

① 《河南历代方志集成》第六卷《民国中牟县志》，第59页。
② 《河南历代方志集成》第五卷《乾隆中牟县志》，第35页。
③ 《河南历代方志集成》第六卷《民国中牟县志》，第46页。
④ 《河南历代方志集成》第六卷《民国中牟县志》，第46页。
⑤ 《河南历代方志集成》第六卷《民国中牟县志》，第46页。
⑥ 《河南历代方志集成》第六卷《民国中牟县志》，第46页。

杨桥大坝[①]　长一百六十丈,清雍正元年筑。
杨桥大坝格堤[②]　长六十七丈五尺,清乾隆十年筑。
小潭溪大堤南月堤[③]　长九十三丈,清雍正元年筑。
十里店大堤南月堤[④]　长一百三十丈,清雍正元年筑。
九堡大堤东月堤[⑤]　长三百三十丈,清乾隆十二年筑。
九堡大堤西坝台[⑥]　长二百二十丈,清乾隆三年筑。
十二堡大堤南月堤[⑦]　长二百四十五丈,清乾隆八年筑。
司家口大堤南月堤[⑧]　长七百六十八丈,清雍正四年筑。
九堡月堤[⑨]　清乾隆二十年筑。
杨桥大堤[⑩]　长二百七十七丈,清乾隆二十七年决后重筑。
十堡月堤[⑪]　清乾隆二十二年筑。
小潭溪堤[⑫]　长二千二十一丈五尺,清康熙十年筑。
小潭溪月堤[⑬]　长九十三丈,清康熙十六年筑。
辛庄月堤[⑭]　自三刘寨起至闹市口止,长九里十三步,名圈堤湾,清嘉庆二十五年筑,道光二十三年补修。
十里店北月堤[⑮]　长三百余丈,清嘉庆二十五年决后重筑。
隋堤[⑯]　在汴河故道。隋炀帝筑之以幸扬州。《一统志》。
隋堤[⑰]　隋炀帝所筑,自板渚历荥阳溅荡渠,东达汴河。堤傍树柳,谓之隋堤柳。

---

① 《河南历代方志集成》第六卷《民国中牟县志》,第46页。
② 《河南历代方志集成》第六卷《民国中牟县志》,第46页。
③ 《河南历代方志集成》第六卷《民国中牟县志》,第46页。
④ 《河南历代方志集成》第六卷《民国中牟县志》,第46页。
⑤ 《河南历代方志集成》第六卷《民国中牟县志》,第46页。
⑥ 《河南历代方志集成》第六卷《民国中牟县志》,第46页。
⑦ 《河南历代方志集成》第六卷《民国中牟县志》,第46页。
⑧ 《河南历代方志集成》第六卷《民国中牟县志》,第46页。
⑨ 《河南历代方志集成》第六卷《民国中牟县志》,第46页。
⑩ 《河南历代方志集成》第六卷《民国中牟县志》,第46页。
⑪ 《河南历代方志集成》第六卷《民国中牟县志》,第46页。
⑫ 《河南历代方志集成》第六卷《民国中牟县志》,第46页。
⑬ 《河南历代方志集成》第六卷《民国中牟县志》,第46页。
⑭ 《河南历代方志集成》第六卷《民国中牟县志》,第46页。
⑮ 《河南历代方志集成》第六卷《民国中牟县志》,第46页。
⑯ 《嘉靖荥阳县志》卷之上,第9页。
⑰ 《河南历代方志集成》第九卷《康熙荥阳县志》,第80页。

贾鲁河堤[①]　自张家桥起，直达中牟境，长四千二百六十丈，乾隆元年知州陈廷谟动帑兴筑。

贾鲁河堤[②]　西自郑州界灰池口起，东至祥符界店李口止，顺长八十里，内自十五里堡至胡家寨，顺长三十里，两岸顶宽一丈，底宽三丈，高五尺。清雍正五年知县章兆曾筑，其余上下旧堤均系明知县陈幼学筑，年久单薄，岁岁补修。

《吴志》云，贾鲁河东有埠，俗名别圪垱，嘉庆二十四年祥符、中牟连壤，附近庄村多罹水患，因此埠筑堤防一道，东西约长三里许，至寺后董庄西止。道光二十四年鄂中丞复浚贾鲁河，重修此堤。北岗之西、朱家之东各有放水堤口一，东营桥之东、刘坟之东各有入河水窦一。

惠济河堤[③]　西自十五里堡闸口起，东至祥符界老河嘴止，顺长六千三百二十三丈，两岸顶宽一丈，底宽三丈，高五尺，清乾隆六年知县姚孔针筑。

《吴志》云，惠济河堤，道光二十三年中河九堡漫溢，同治七年荥工河水浸注，堤多残缺，惟存旧址。

附：《乾隆荥泽县志河防志》[④]

汉司马迁曰："河菑衍溢，害中国也尤甚。"荥泽则首受其害也。盖自广武以西皆有崇山峻岭以为障蔽，河不能灾，自广武以东，则一望平原广隩，沙土松浮，屡被漂□之患。历代修筑堤防，楗石颓林，旋塞旋决，迄无久安长治之策。因溯周时河徙以来，载纪史传者□著于篇，亦可知荥之辛苦垫隘，荡析离居非一世矣。志河防。

周定王五年河徙。

按《蔡传》，周定王五年河徙砾砾，汉晋无砾砾二字。又按《禹贡论》第十一篇有云"周定王五年河徙故渎"，亦无砾砾字。又按《贾让治河奏》有"荥阳漕渠"，如淳曰"今砾溪口是也"。师古曰"砾溪即《水经》所云沸水"，东过砾溪者亦非砾砾。似误如此，即黄河迁徙之始，自是禹之故道浸失矣。《通志》。

秦始皇二十二年，王贲攻魏，引河沟灌大梁，大梁城坏。

□□□省鸿沟也，《水经注》阴沟本蒗荡渠，在浚仪渠□□□□□断，故渠之水东南出以灌大梁，谓之梁□□，于是水出县南，□不迳其北，遂断梁沟为蒗荡渠，亦曰鸿沟。《禹贡锥指》。

汉建始四年秋大水，河决东都金堤。

河决泛溢兖、豫，灌四郡三十二县，水居地十五万余顷，深者三丈，坏民室庐且四万所。王延世为河堤使者，以竹络长四丈、大九围，盛以小石，两船夹载而下之，

---

①　《河南历代方志集成》第一卷《乾隆郑州志》，第280页。
②　《河南历代方志集成》第六卷《民国中牟县志》，第46页。
③　《河南历代方志集成》第六卷《民国中牟县志》，第46~47页。
④　《河南历代方志集成》第十一卷《乾隆荥泽县志》，第138~148页。

三十六日河堤成。遂改元为河平。《汉书·沟洫志》。

绥和二年，领河堤使平当言宜博求能浚川疏河者。待诏贾让奏言："治河又上中下三策。古者立国居民，疆理土地，必遗川泽之分，度水势所不及，大川无防，大水得入，陂障卑下，以为污泽，使秋水多得有所休息，左右游波，宽缓而不迫。夫土有川，犹人之有口也。治土而防其川，犹止儿啼而塞其口，岂不遽止，然其死可立而待也。"故曰："善为川者，决之使道；善为民者，宣之使言。"盖堤防之作，近起战国，雍防百川，各以自利。齐与赵、魏，以河为竟。赵、魏频山，齐地卑下，作堤去河二十五里。河水东抵齐堤，则西泛赵、魏，赵、魏亦为堤去河二十五里。虽非其正，水尚有所游荡。时至而去，则填淤肥美，民耕田之，或久无害，稍筑室宅，遂成聚落。大水时至漂没，则更起堤防以自救，稍去其城郭，排水泽而居之，湛溺自其宜也。今堤防狭者去水数百步，远者数里。近黎阳南故大金堤，从河西西北行，至西山南头，乃折东，与东山相属。民居金堤东，为庐舍，住十余岁更起堤，从东山南头直南与故大堤会。又内黄界中有泽，方数十里，环之有堤。往十余岁太守以赋民，民今起庐舍其中，此臣亲所见者也。东郡白马故大堤亦复数重。民皆居其间。从黎阳北尽魏界，故大堤去河远者数十里，内亦数重。此皆前世所排也。河从河内北至黎阳为石堤，激使东抵东郡平刚；又为石堤，使西北抵黎阳观下；又为古堤，使东北抵东郡津北；又为石堤，使西北抵魏郡昭阳；又为石堤，激使东北。百余里间，河再西三东，迫阸如此，不得安息。

今行上策，徙冀州之民当水冲者，决黎阳遮害亭，放河使北入海。河西薄大山，东薄金堤，势不能远泛滥，期月自定。难者将曰：'若如此，败坏城郭田庐冢墓以万数，百姓怨恨。'昔大禹治水，山陵当路者毁之，故凿龙门，辟伊阙，析底柱，破碣石，堕断天地之性。此乃人功所造，何足言也！今濒河十郡治堤岁费且万万，及其大决，所残无数。如出数年治河之费，以业所徙之民，遵古圣之法，定山川之位，使神人各处其所，而不相奸。且以大汉方制万里，岂其与水争咫尺之地哉？此功一立，河定民安，千载无患，故谓之上策。

若乃多穿漕渠于冀州地，使民得以溉田，分杀水怒，虽非圣人法，然亦救败术也。难者将曰：'河水高于平地，岁增堤防，犹尚决溢，不可以开渠。'臣窃案视遮害亭西十八里，至淇水口，乃有金堤，高一丈。自是东，地稍下，堤稍高，至遮害亭，高四五丈。往五六岁，河水大盛，增丈七尺，坏黎阳南郭门，入至堤下。水未逾堤二尺所，从堤上北望，河高出民屋，百姓皆走上山。水留十三日，堤溃，吏民塞之。臣循堤上，行视水势，南七十余里，至淇口，水适至堤半，计出地上五尺所。今可从淇口以东为石堤，多张水门。初元中，遮害亭下河去堤足数十步，至今四十余岁，适至堤足。由是言之，其地坚矣。恐议者疑河大川难禁制，荥阳漕渠足以卜之，其水门但用木与土耳，今据坚地作石堤，势必完安。冀州渠首尽当卬此水门。治渠非穿地也，但为东方一堤，北行三百余里，入漳水中，其西因山足高地，诸渠皆往往股引取之；旱则开东方下水门溉冀州，水则开西方高门分河流。通渠有三利，不通有三害。民常罢于救水，半失作业；

水行地上，凑润上彻，民则病湿气，木皆立枯，卤不生谷；决溢有败，为鱼鳖食：此三害也。若有渠溉，则盐卤下隰，填淤加肥；故种禾麦，更为粳稻，高田五倍，下田十倍；转漕舟船之便：此三利也。今濒河堤吏卒郡数千人，伐买薪石之费岁数千万，足以通渠成水门；又民利其溉灌，相率治渠，虽劳不罢。民田适治，河堤亦成，此诚富国安民，兴利除害，支数百岁，故谓之中策。

若乃缮完故堤，增卑倍薄，劳费无已，数逢其害，此最下策也。《汉书·沟洫志》。

按贾让三策统论治河大势，此诚千古不易之规画也。盖河性湍悍，顺之则安澜，逆之则横溢，其势然也。河身宽广，纵遇大汛，水有所容纳，不至泛滥，此所谓上策莫如弃地也。今河濒淤地率皆课民佃种，不忍弃置，日事筑堤下埽，两岸逼狭，一遇水发，挟沙而来，河身垫高，势不能容，决溃四出，不可复御。上糜国帑，下耗民力，明知下策之害，而自汉迄今因循不变，良可慨已。愚谓治河者当以不治治之，纵不能行让上策，犹可行其中策，以分其流，泄其怒，庶不失大禹疏沦之遗意。即如数十年来每遇大决，辄开引河以导之，而水势始平，决口始塞，其明验也。至建筑遥堤、月堤、挑水坝，筑于彼必决于此，则让所谓"增卑培薄，劳费无已，数达其害"者也，虽不专在荥，而切近之灾，实始被之，因附论于此。

永平十二年四月诏修汴渠，遣王景与匠作谒者王吴督工，自荥阳至千乘海口。

汴渠即蒗荡渠也，汴渠自荥阳受河，故谓石门，在荥阳山北一十里，过汴以东，积石为堤，亦名金堤。《通志》。

永平十三年四月汴渠成。

初，平帝时汴河决坏，久而不修。建武十年，光武欲修之，浚仪令以民新被兵革，未宜兴役，谏止之。其后汴渠东浸，日月弥广，百姓怨咨。乃命王景与王吴修之，至是渠成，自荥阳至千乘海口千余里，每十里立一水门，令更相回注，无复溃漏之患，汴渠分流，复其故迹。辛巳，行幸荥阳，巡行汴渠，美其功绩，拜河堤谒者，三迁为御史。《后汉书·王景传》。

致堂胡氏曰："世言隋炀帝开汴渠以幸扬州。文士考《禹贡》言尧都冀州，居河下流，而入都贡赋重于用民力，故每州必记入河之水。独淮与河无相通之道，求之故迹而不得，乃疑汴水自禹以来有之，不起于隋。世既久远，或名鸿沟，或名官渡，或名汴口，大概皆自河入淮，故淮可引江湖之舟以达于冀也。今据《后汉书》，则平帝时已有汴渠，曰'河、汴决坏'，则谓接受之所也。至是，发卒四十万修渠堤，则平地起两岸，而汴水行其中也。十里立一水门，更相洞注，则以节制上流，恐河溢为患也。是正与今之汴渠制度无异，特未有导洛水之事耳。史曰'渠堤自荥阳而东'，则上疑其为鸿沟，下疑其为官渡者，恐未得其要。官渡直黄河也，故袁、曹相拒，沮授曰：'悠悠黄河，吾其济乎！'汴渠自西而东，鸿沟乃横亘南北，故曰未得其要也。独所谓自禹以来有汴者，此则不易之论也。"《文献通考》。

隋大业元年开通济渠。

自西苑引穀、洛水达于河，复自板渚引河，历荥阳入汴。自大梁之东引汴入泗，以达于淮，又开邗沟入江。《通志》。

宋乾德四年七月，河水坏荥泽河南北堤岸。

太平兴国二年六月，孟州河溢，坏温县堤七十余步，坏荥泽县宁王村堤三十余步。

太平兴国二年七月，河决孟州之温县、郑州之荥泽、澶州之顿丘。皆发缘河之丁夫塞之。又遣大将军李崇矩行视水势，堤岸之缺而亟缮之，被灾者蠲其租。河决荥泽，太宗遣客省使翟守素领护郑州丁夫千五百、卒千人塞之。

熙宁十年五月，荥泽河堤急，诏判都水监俞光往治之。八月，河决郑州荥泽。十月，洛口广武埽大河水涨塌岸，坏下闸斗门，诏都水监速护之。

河决广武埽，危甚，相聚莫敢登，提点乔执中挺身立其上，随者如蚁，不日埽成。

元祐八年七月，广武埽危急，诏王宗望亟往救护。

大观三年八月，诏沈纯诚开兔源河。

兔源在广武埽对岸，开者欲分埽下涨水也。

重和元年秋雨，广武埽危急，诏内侍王仍相度措置。

宣和元年十有二月，兔源渠成。

金大定十三年三月，尚书省请修孟津、荥泽、崇福埽堤，以备水患，上乃命雄武以下八埽并以类从事。

大定二十六年，设都巡官六员分任河务，雄武、荥泽、原武、阳武、延津五埽则兼汴河事，黄河都巡河官莅之，凡巡河官，皆水监廉举。

大定二十七年，令沿河京府州县自荥泽以下长贰官结衔，并带河防。

元大德八年正月，自荥泽至睢州筑堤防十有八所。

延祐七年七月，河决荥泽县塔海庄东堤十步余，又决横堤两重数处。

至正四年夏五月，大雨二十余日，黄河暴溢，北决白茅堤。六月又溃金堤，并河郡邑皆罹水患，遣使体量，仍都大臣访求治河方略。

至正十一年四月，命贾鲁以工部尚书为总治河防使。

郑州北有贾鲁河，自荥泽县流入，又东入中牟县岸。其源有三，西源自密县之圣水峪，中源自荥阳之暖泉、冰泉，东源自州境之九仙庙，合于张家村，名曰合河。至京水镇曰京水河，又北受须、索二水，曰双桥河。元末，命贾鲁疏治以通漕运，起郑州至朱仙镇，皆名贾鲁河。《日游四海记》。

明洪武十五年七月，河溢荥泽。《明史·河渠志》。

洪武十六年六月，河溢荥泽、阳武二县。《通志》。

永乐十一年十月，修荥泽县大宾河堤。《通志》。

宣德元年七月，黄河溢开封府之郑州，及阳武、中牟、祥符、兰阳、荥泽、陈留、封丘、鄢陵、原武九县。《通志》。

宣德三年九月，河溢开封府之郑州、祥符、陈留、荥阳、荥泽、鄢陵、杞、中牟、洧川十县，免其租。《通志》。

正统二年九月，筑荥泽决岸。《明史·河渠志》。

正统十二年七月，河决荥泽，命工部尚书石璞治之。《通志》。

河自正统十三年决陈留金村堤，徙经开封西北荥泽县孙家渡入汴河，至寿州入淮。是年又溢荥阳，东过开封城西，南经陈留入涡口，又经蒙城至怀远东北而达于淮焉。至景泰七年，始塞沙堤之缺，而张秋运遗复完。《续文献通考》。

景泰四年六月，巡抚王暹言："黄河旧从开封北转流东南入淮，不为害。自正统十三年改流为二，一自新乡入柳树，由故道东经延津、封丘入沙湾；一决荥泽，漫流原武，抵祥符、扶沟、通许、洧川、尉氏、临颍、郾城、陈州、商水、西华、项城、太康，没田数十万顷，而开封患特甚。虽尝筑大小堤于城西，皆三十余里，然沙土易坏，随筑随决，小堤已没，大堤复坏其半。请起军民夫协筑，以防后患。"帝可其奏。太仆少卿黄仕俊亦言："河分两派，一自荥泽南流入项城，一自新乡八柳树北流，入张秋会通河，并经六七州县，约二千余里。民皆荡析离居，而有司犹征其税。乞敕所司覆视免征。"帝亦可其奏。《明史·河渠志》。

天顺元年十月，黄河泛溢原武、荥泽二县，田禾淹没，命户部覆视。《通志》。

天顺七年春，河南布政司照磨金景辉考满至京，上言："国初，黄河在封丘，后徙康王马头，去城北三十里，复有二支河：一由沙门注运河，一由金龙口达徐、吕入海。正统戊辰，决荥泽，转趋城南，并流入淮，旧河、支河俱堙，漕河因而浅涩。景泰癸酉，因水迫城，筑堤四十里，劳费过甚，而水发辄溃，然尚未至决城壕为人害也。至天顺辛巳，水暴至，土城砖城并圮，七郡财力所筑之堤，俱委诸无用，人心惶惶，未知所底。夫河不循故道，并流入淮，是为妄行。今急宜疏导以杀其势。若止委之一淮，而以堤防为长策，恐开封终为鱼鳖之区。乞敕部檄所司，先疏金龙口宽阔以接漕河，然后相度旧河或别求泄水之地，挑浚以平水患，为经久计。"命如其说行之。《明史·河渠志》。

成化十四年，巡抚河南都御史李衍言："河南累有河患，皆下流壅塞所致。宜疏开封西南新城地，下抵梁家浅旧河口七里壅塞，以泄杏花营上流。又自八角河口直抵南顿，分导散漫，以免祥符、鄢陵、睢、陈、归德之灾。"乃敕衍酌行之。明年正月迁荥泽县治以避水，而开封堤不久即塞。《明史·河渠志》。

成化十五年正月，迁荥泽县治于北丁铺以避黄河水患。《通志》。

宏治二年九月，命白昂为户部侍郎。三年，昂举郎中娄性协治，乃役夫二十五万，筑阳武长堤，以防张秋。引中牟决河出荥泽阳桥以达淮，浚宿州古汴河以入泗，又浚睢河自归德饮马池，经符离桥至宿迁以会漕河，上筑长堤，下修减水闸。又疏月河十余以泄水，塞决口三十六，使河流入汴，汴入睢，睢入泗，泗入淮，以达海。水患稍宁。《明史·河渠志》。

宏治六年二月，以刘大夏为副都御史，治张秋决河。先是，河决张秋戴家庙，掣漕河与汶水合而北行，遣工部侍郎陈政督治。政言："河之故道有二：一在荥泽孙家渡口，经朱仙镇直抵陈州；一在归德州饮马池，与亳州地相属。旧俱入淮，今已淤塞，因致上流冲激，势尽北趋。自祥符孙家口、杨家口、车船口，兰阳铜瓦厢决为数道，俱入运河。于是张秋上下势甚危急，自堂邑至济宁堤岸多崩圮，而戴家庙减水闸浅隘不能泄水，亦有冲决。请浚旧河以杀上流之势，塞决河以防下流之患。"《明史·河渠志》。

正德四年河溢，工部侍郎崔岩于祥符董盆口、宁陵五里铺各开地四十里，引水出凤阳达亳州。又浚孙家渡故道十里，引水由朱仙镇至寿州而出，入于淮。疏贾鲁旧河四十余里以杀水势，筑梁靖口下埽以防冲决。会霖雨暴涨，台埽尽坏，岩以忧去，以李堂代之。发筑长堤，自大名至沛县三百余里，又自荥泽抵永城县疏通河道，以防溃决。《通志》。

正德十年六月，以佥都御史赵璜为工部右侍郎，总理河道。璜于荥泽县东浚分水河，郑州西凿须水河，□亳州河渠，至是水势渐平。《通志》。

嘉靖八年，命工部右侍郎潘希曾兼都察院左佥都御史总理河道，希曾言："河南仪封县河患已宁，管河主簿宜革，孙家渡口已浚通，请于郑州增设判官一员，专驻其地，以防复淤。"从之。《通志》。

嘉靖九年五月，孙家渡河堤成。《明史·河渠志》

嘉靖十四年冬，总理河道都御史刘天和条上治河数事，中言："鲁桥至沛县东堤，旧议筑石以御横流，今黄河既南徙，可不必筑。孙家渡自正统时全河从此南徙，宏治间淤塞，屡开屡淤，卒不能通。今赵皮寨河日渐冲广，若再开渡口，并入涡河，不惟二洪水涩，恐亦有陵寝之虞。宜仍其旧勿治。"《明史·河渠志》。

嘉靖三十二年四月，遣侍郎吴鹏视赵皮寨、孙家渡之支河。《通志》。

万历十六年十二月，添设荥泽县主簿一员，专管河务。《通志》。

万历十七年，总河潘季驯上治河疏略，云："黄河经行之地，惟河南之土最松。禹导河入海，止经陕州、孟县、巩县三处，皆隶今之河南一府，其水未必如今日之浊，今自河南之阌乡县起，至归德虞城县止，河经五府，流日久土日松，土愈松水愈浊。故平时之水，以斗计之，沙居其六，一入伏秋则居其八矣。以二升之水，载八升之沙，非急湍即至沉滞。故决口不塞则水分，水分则流缓，流缓则沙停而旁溢，势所必至也。是以黄河防御为难，而中州为尤难。自汉迄今，东冲西决，未有不始自河南，缘非运道所经，人遂漫不关心，不知上源既决，运道必伤。往年孙家渡、黄陵冈、赵皮寨故辙可鉴也。宏治年刘大夏于北岸筑有长堤一道，起自曹县界，至武陟县詹家店止，延袤五百余里。西岸逼近省城亦有长堤一道，起自虞城县，至荥泽县止，实为中原屏翰。但地鲜老土，堤皆浮沙，河流迁改，多难保守。如荥泽北岸长堤一道，自朱世花大王庙至王娄店郭家潭等处，俱有潭窝，或创筑、或加帮、或填补，皆系险要之处，亟宜修举者也。"《河防一览》。

《旧志》论曰："汉唐以前，黄河未至荥泽。宋元以来，鲜有河患，而为害犹小。至明中叶，不令丹沁达卫，以入黄河，而荥之受害乃日甚焉。盖丹沁自北直冲黄河，水势汹涌，迫河南徙，自地中溃塌，非若上溢之，可以堤御也，惟下埽稍延旦夕，亦非长久之计。莫若仍令丹沁归卫，则河不为北流所迫，庶自西而东不至湍激南侵，而可免坍塌之患，况丹沁入卫，且有利于漕运，似亦事之可行者。"

国朝顺治十五年，筑荥泽南岸堤。《通志》。

康熙十九年，黄河南侵，近荥泽城。河道范时秀督同两河同知史飏廷、知县王澍下埽筑堤。《旧志》。

康熙二十年，河又南塌，知县王澍下埽筑堤。《旧志》。

康熙二十二年，筑郑州堤，又与荥泽会筑沈家庄月堤。《通志》。

康熙二十二年，知县王澍创筑南河岸大堤一道，长一千三百九十九丈。《旧志》。

康熙二十三年，知县王澍增修河北岸遥堤一道，长一千三百五十七丈。《旧志》。

康熙二十四年九月，总河靳辅、巡抚王日藻会疏，裁封丘县县丞一员，改为荥泽县管河县丞，与该县主簿分防两岸堤工。《通志》。

康熙三十一年，南河同知徐大臣王□、知县王畹下埽修堤。《旧志》。

康熙三十三年，河又南侵。《旧志》。

康熙三十五年，移荥泽县于荥阳郡旧址以避水患。康熙四十九年三月，总河赵世显疏称郑州至荥泽长堤工尽处，民筑小横堤一道，单薄之甚，恐黄河水之患至内灌，应加帮高筑。《通志》。

康熙六十一年正月十九日，河水溢，水复漫涨钉船帮南坝，尾接至秦家厂于腹，决断二十余丈。又将新筑月堤塌断，水由李先锋庄坝下直逼马营口堤工，至十八日决开二十余丈，水深溜急，无可堵塞。署理总河陈鹏年建议于广武山下王家沟挑挖引河一道，使水由东南会入荥泽旧县前入正河，又于沁河口东建挑水坝一座，水势始平。于十二月相继堵塞之。又于马营口筑大月堤一道，自决口东荥泽大堤起，至詹家店新筑堤头止。又筑荥泽大堤以为遥堤。《通志》。

康熙六十一年六月初四日夜沁水暴溢，冲塌秦家厂北坝台八丈、南坝台九丈五尺、边埽□□塌卸六丈。又钉船帮大坝蛰陷四十五丈，抢筑将成，至初六日复陷。幸王家沟引河汛水刷宽一百余丈，全河尽注，不侵马营决口。总河陈鹏年、巡抚杨宗义于广武山官庄峪挑引河一百四十余丈以泄水势，至九月，秦家厂南坝甫合龙。次日，又将北坝尾决开一百余丈，大溜归马营口亦漫开八丈，然底埽未动。至十二月初八日塞讫，忽冰凌水积，将坝尾后堤埽面漫水二十余丈，马营口亦漫开八九丈，遂并力抢筑，至二十一日工竣。《通志》。

雍正元年三月，总河齐苏勒奏："自荥泽以下，陈留以上，长二百余里，向武陟决口大溜趋正河者，仅止四分，水力微弱不能攻沙，以致河底淤垫已经二年。今全河下注，两边河岸有仅露尺许者，有与水面平者，更有槽不能容，漾出旁溢，直至两岸堤根宛若湖淀者。北岸阳武、祥符、封丘一带有岔流三道，各宽十五六丈，深六七尺，逼近堤根，绕行五十余里始归正河南岸。由清佛寺地方刷成支河一道，宽一百余丈，深一丈四五尺，沿堤下注，至四十里始归正河。伏思黄河不宜两行，两行则势缓，势缓则沙停，沙停则河底淤高，河底淤高则出槽旁溢，致又浸漫之患。向年马营堤原由支河冲刷所致，深为所害。臣□抚臣嵇曾筠□加商定，将两岸应筑子堤八里，底宽九千二百九十八丈，顶宽一丈五尺，底宽四丈五尺，高八尺。间筑隔堤二段，共长七百八十丈，顶宽二丈，底宽八丈，高一丈二尺，一面发帑修筑，一面具题，俟工完之日，核实造册请销。"《通志》。

雍正元年六月，筑詹家店马营月堤，接连荥泽之遥堤、格堤，漫坍八处，由原武旧河身流至七十余里，遇高阜之处而止。《通志》。

雍正二年，加帮遥堤，自沁河堤头起，至荥泽大堤止，长五千八百六十一丈。

雍正二年正月，兵部侍郎嵇曾筠疏奏："沁、黄交会，姚其营、秦家厂一带皆属顶冲，但此系下流受患，其上流必有致患之由。臣由武陟至孟县所属皆有沙滩将大溜逼趋南岸，至仓头对面，又横长一滩，自北岸伸出，使全河之水直趋广武山，以致土崖汕刷。至官庄峪，则大溜又为山嘴所挑，直注东北，于是姚其营、秦家厂遂为顶冲矣。臣以为下流固须堵筑，上流尤贵疏通，应于仓头对面所长横滩开引河一道，直□□□，俾水势顺流，由西北径达东南，不致激射东北，则姚其营、秦家厂可免水冲之患。再钉船帮□□□属有益，但孤立水滨，惜□辅佐，须镶建船□□□帮护，更于大坝上下相度地势添建挑水坝二三座，□溜开行，庶秦家厂顶冲之势可减，坝工赖以云云矣。"《通志》。

雍正二年七月，总河齐苏勒疏称荥泽、郑州二县□□险工处所安置河兵一百四十六名，派委于□□□杰管辖。《通志》。

乾隆九年，河势南徙，知县崔淇筑月堤，东自胡家屯□郑界上起，西至李西河庄止，长三里。

第三章

灾　祥

　　灾祥者，水灾与祥异也。历史上黄河郑州段水灾的发生频率呈阶段性，这与不同时期的政治和经济状况密不可分。汉代以前，黄河中上游人烟稀少，原始植被保存很好，基本上不存在水土流失的问题，所以黄河含沙量很低，没有在下游形成悬河，很少发生大的水灾。西汉中后期以后，升平日久，生齿日繁，中上游大规模的开荒种地造成水土流失，黄河含沙量剧增，下游河床逐渐抬高，渐成悬河。西汉一代河患严重，黄河郑州段流经区域中，巩县、汜水县因有邙山、大伾山、广武山阻隔，很少决堤，而河阴县以下则一马平川，水流速度降低，河床较高，决堤往往发生在此处。魏晋南北朝时期，随着大量游牧民族进入中原，农田废弃成为牧场，植被逐渐恢复，加之战乱造成人口锐减，人为造成的水土流失大为改善，这一时期的黄河呈现出较为稳定的态势。唐末五代，黄河水患再度频繁，但此时黄河发生水患的河道尚在郑州之北较远处，对郑州的影响很小。明清时期，黄河经多次改道，距离郑州越来越近，随着生态环境的进一步恶化，以及统治者"保运弃黄"决策的实行，黄河决口逐渐西移，荥泽一带开始出现决口，其下游的郑县和中牟县由于地势低洼更是河患的重灾区。

　　本书所收录的祥异，不仅有祥和之瑞，还有不祥之兆。历代史书和地方志均非常重视祥异的出现。本书收录的黄河郑州段所出现的祥异，几乎都与黄河有关，如"河水清"是难得遇见的祥瑞，"河水赤"则是不祥之兆。在今人看来，这些都是自然现象，出现"河水清"是因为上游植被恢复较好，或是因为水势变小，携带泥沙变少；"河水赤"则可能是水华现象，即河水中的浮游植物繁殖过于茂盛。但在古代，祥瑞的出现，有的是自然现象，有的则是地方官故意制造出来的舆论，为的是迎合统治者盼望祥瑞的心理需求。有的不祥之兆，则是时局剧烈变化的反映——这些征兆极有可能是后世文人所编造的，如"天兴元年正月壬午朔，日有两珥。三年正月己酉，日大赤无光，京、索之间雨血十余里。是日，蔡城陷，金亡"，古人认为频繁出现的不祥之兆，预示了金朝的灭亡。

第一节 水 灾

汉高后四年大水，河洛皆溢，没民舍。本始八年九月大水。建和三年八月大水。①

魏太和八年大霖雨二十余日，河洛皆溢。景初元年九月淫雨大水。②

晋泰始六年六月大霖雨，河洛皆溢没民舍。咸宁四年七月大水。太康四年七月大水伤稼坏屋，有死者。十二月大水。③

北齐河清元年四月河溢。④

北齐河清元年河溢。⑤

唐高宗永淳元年夏五月，洛水溢。⑥

武后圣历二年河溢。⑦

唐中宗神龙元年，洛水溢。⑧

开元三年，河南、河北水。四年七月丁酉，洛水溢，沉舟数百艘。五年六月甲申，瀍水溢，溺死者千余人；巩县大水，坏城邑，损居民数百家；河南水，害稼。八年夏，契丹寇营州，发关中卒援之，宿渑池之阙门，营谷水上，夜半，山水暴至，万余人皆溺

---

① 《河南历代方志集成》第十二卷《乾隆汜水县志》，第167页。
② 《河南历代方志集成》第十二卷《乾隆汜水县志》，第167页。
③ 《河南历代方志集成》第十二卷《乾隆汜水县志》，第167~168页。
④ 《河南历代方志集成》第十二卷《乾隆汜水县志》，第168页。
⑤ 《河南历代方志集成》第十一卷《乾隆荥泽县志》，第172页。
⑥ 《河南历代方志集成》第六卷《乾隆巩县志》，第419页。
⑦ 《河南历代方志集成》第十二卷《乾隆汜水县志》，第168页。
⑧ 《河南历代方志集成》第六卷《乾隆巩县志》，第419页。

死。六月庚寅夜，谷、洛溢，入西上阳宫，宫人死者十七八，畿内诸县田稼庐舍荡尽，掌闲卫兵溺死千余人，京师兴道坊一夕陷为池，居民五百余家皆没不见。是年，邓州三鸦口大水塞谷，或见二小儿以水相沃，须臾，有蛇大十围，张口仰天，人或矸射之，俄而暴雷雨，漂溺数百家。①

开元五年六月十四日，巩县暴雨连日，山水泛涨，坏郭邑庐舍七百馀家，人死者七十二；汜水同日漂坏近河百姓二百余户。②

唐玄宗开元十四年秋七月，河南北大水。二十九年洛水溢。③

唐宣宗大中十二年，河南北大水。④

咸通元年，颍州大水。四年闰六月，东都暴水，自龙门毁定鼎、长夏等门，漂溺居人。七月，东都、许汝徐泗等州大水，伤稼。九月，孝义山水深三丈，破武牢关金城门汜水桥。六年六月，东都大水，漂坏十二坊，溺死者甚众。七年夏，江淮大水。秋，河南大水，害稼。十四年八月，关东、河南大水。⑤

唐懿宗咸通四年九月，孝义山水深三丈，破武牢关、金城门、汜水桥。《文献通考》。⑥

懿宗（咸通）十四年八月，河南北大水。⑦

（同光三年）七月，洛水泛涨，坏天津桥，漂近河庐舍，舣舟为渡，覆没者日有之。邺都奏，御河涨于石灰窑口，开故河道以分水势。巩县河堤破，坏仓廒。⑧

晋开运元年六月河洛溢。⑨

---

① 《新唐书》卷三十六《志第二十六》，第930页。
② 《旧唐书》卷三十七《志第十七》，第1357页。
③ 《河南历代方志集成》第六卷《乾隆巩县志》，第419页。
④ 《河南历代方志集成》第六卷《乾隆巩县志》，第419页。
⑤ 《新唐书》卷三十六《志第二十六》，第935页。
⑥ 《河南历代方志集成》第十二卷《乾隆汜水县志》，第171页。
⑦ 《河南历代方志集成》第六卷《乾隆巩县志》，第419页。
⑧ 《旧五代史》卷一百四十一《五行志》，第1882页。
⑨ 《河南历代方志集成》第十二卷《乾隆汜水县志》，第168页。

开运元年六月，黄河、洛河泛溢堤堰，郑州原武、荥泽县界河决。①

（广顺三年八月）丁卯，河决河阴，京师霖雨不止。②

（显德五年七月闰月）壬戌，河决河阴县，溺死者四十二人。③

宋乾德三年河溢。④

（乾德四年）七月，荥泽县河南北堤坏。⑤

宋乾德四年七月，河决坏堤岸。⑥

太平兴国二年六月，孟州河溢，坏温县堤七十余步，郑州坏荥泽县宁王村堤三十余步；又涨于澶州，坏英公村堤三十步。开封府汴水溢，坏大宁堤，浸害民田。忠州江涨二十五丈。兴州江涨，毁栈道四百余间。管城县焦肇水暴涨，逾京水。⑦

太平兴国二年六月，河溢坏堤岸。⑧

太宗太平兴国二年秋七月，河决孟州之温县、郑州之荥泽、澶州之顿丘，皆发缘河诸州丁夫塞之。……三年正月，命使十七人分治黄河堤，以备水患。⑨

（太平兴国二年）秋七月庚午，诏诸库藏敢变权衡以取羡余者死。癸未，巨鹿、沙河步屈食桑麦，河决荥泽、顿丘、白马、温县。⑩

---

① 《旧五代史》卷一百四十一《五行志》，第1883页。
② 《旧五代史》卷一百一十三《太祖本纪第四》，第1498页。
③ 《旧五代史》卷一百一十八《世宗本纪第五》，第1574页。
④ 《河南历代方志集成》第十二卷《乾隆汜水县志》，第168页。
⑤ 《宋史》卷六十一《志第十四》，第1319页。
⑥ 《河南历代方志集成》第十一卷《乾隆荥泽县志》，第173页。
⑦ 《宋史》卷六十一《志第十四》，第1320页。
⑧ 《历代方志集成》第十一卷《乾隆荥泽县志》，第173页。
⑨ 《宋史》卷九十一《志第四十四》，第2258~2259页。
⑩ 《宋史》卷四《本纪第四》，第56页。

太平兴国三年夏，河决荥阳，诏守素发郑之丁夫千五百人，与卒千人领护塞之。①

（太平兴国八年六月己亥）是月，谷、洛、瀍、涧溢，坏官民舍万余区，溺死者以万计，巩县壤殆尽。②

（太平兴国八年六月）河南府澍雨，洛水涨五丈余，坏巩县官署、军营、民舍殆尽。谷、洛、伊、瀍四水暴涨，坏京城官署、军营、寺观、祠庙、民舍万余区，溺死者以万计……是夏及秋，开封、浚仪、酸枣、阳武、封丘、长垣、中牟、尉氏、襄邑、雍丘等县河水害民田。③

宋太宗太平兴国八年秋七月大水。穀洛口瀍涧水皆溢。帝二年入巩洛，驻跸洛口，赐西山曰太平岗。新赐进士及第吕蒙正奉敕书石，隶书也。雍正四年石犹存，后河南徙，沉于水。④

元丰五年河决洛口，广武水溢。⑤

（元丰五年）冬十月辛亥，洛口、广武大河溢。⑥

宋哲宗元祐八年，京东西河南北大水。⑦

（景德）四年六月，郑州索水涨，高四丈许，漂荥阳县居民四十二户，有溺死者。⑧

嘉祐三年七月，京、索、广济河溢，浸民田。⑨

熙宁十年八月河决。⑩

---

① 《宋史》卷二百七十四《列传第三十三》，第9362页。
② 《宋史》卷四《本纪第四》，第70页。
③ 《宋史》卷六十一《志第十四》，第1322页。
④ 《河南历代方志集成》第六卷《乾隆巩县志》，第419页。
⑤ 《河南历代方志集成》第十二卷《乾隆汜水县志》，第169页。
⑥ 《宋史》卷十六《本纪第十五》，第308页。
⑦ 《河南历代方志集成》第六卷《乾隆巩县志》，第419页。
⑧ 《宋史》卷六十一《志第十四》，第1324页。
⑨ 《宋史》卷六十一《志第十四》，第1327页。
⑩ 《河南历代方志集成》第十一卷《乾隆荥泽县志》，第173页。

宣和元年五月，大雨，水骤高十余丈，犯都城，自西北牟驼冈连万胜门外马监，居民尽没。前数日，城中井皆浑，宣和殿后井水溢，盖水信也。至是，诏都水使者决西城索河堤杀其势，城南居民冢墓俱被浸，遂坏藉田亲耕之稼。水至溢猛，直冒安上、南薰门，城守凡半月。已而入汴，汴渠将溢，于是募人决下流，由城北入五丈河，下通梁山泺，乃平。十一月，东南州县水灾。四年十二月戊戌，诏："访闻德州有京东、西来流民不少，本州振济有方，令保奏推恩。余路遇有流移，不即存恤，按劾以闻。"六年秋，京畿恒雨。河北、京东、两浙水灾，民多流移。①

天兴元年正月壬午朔，日有两珥。三年正月己酉，日大赤无光，京、索之间雨血十余里。是日，蔡城陷，金亡。②

（至元）十四年六月，河南府巩县大雨，伊、洛水溢，漂没民居，溺死三百余人。秋，蓟州大水。十五年六月，荆州大水。十六年，河决郑州河阴县，官署民居尽废，遂成中流。山东大水。③

（延祐）二年六月，河决郑州，坏汜水县治。七月，京师大雨。郑州、昌平、香河、宝坻等县水。全州、永州江水溢，害稼。④

延祐二年河决坏县治。⑤

惠宗至元四年六月，河南巩县大雨，伊、洛水溢，漂居民数百家。⑥

元至正三年秋七月十六大水。⑦

元至正三年秋七月大水。至正十八年河决，漂没城郭宫室。⑧

---

① 《宋史》卷六十一《志第十四》，第1329页。
② 《金史》卷二十《志第一》，第424页。
③ 《元史》卷五十一《志第三下》，第1096页。
④ 《元史》卷五十《志第三上》，第1055页。
⑤ 《河南历代方志集成》第十二卷《乾隆汜水县志》，第169页。
⑥ 《河南历代方志集成》第七卷《乾隆巩县志》（乾隆五十四年刻本），第399页。
⑦ 《河南历代方志集成》第十四卷《康熙河阴县志》，第21页。
⑧ 《河南历代方志集成》第十四卷《民国河阴县志》，第304页。

元至正四年五月，大雨河决。六月，又决。①

至正十八年河决，漂没城郭宫室，徙县大峪口。②

明洪武元年河决，徙县今治。③

（洪武十四年秋八月）庚辰，河决原武、祥符、中牟。④

明洪武十四年七月河决，二十五年决阳武，浸及中牟。⑤

（洪武）十四年八月庚辰，河决原武。十五年二月壬子，河南河决。三月庚午，河决朝邑。七月，河溢荥泽、阳武。是岁，北平大水。十七年八月丙寅，河决开封，横流数十里。⑥

明洪武十五年河溢。⑦

洪武十六年河溢。⑧

宣德元年七月河溢。⑨

宣德元年七月，黄河溢，漂没田庐无算。⑩

宣德三年河溢。⑪

---

① 《河南历代方志集成》第十一卷《乾隆荥泽县志》，第173页。
② 《河南历代方志集成》第十四卷《康熙河阴县志》，第21页。
③ 《河南历代方志集成》第十四卷《康熙河阴县志》，第21页。
④ 《明史》卷二《本纪第二》，第36页。
⑤ 《河南历代方志集成》第六卷《民国中牟县志》，第13页。
⑥ 《明史》卷二十八《志第四》，第445页。
⑦ 《河南历代方志集成》第十一卷《乾隆荥泽县志》，第173页。
⑧ 《河南历代方志集成》第十一卷《乾隆荥泽县志》，第173页。
⑨ 《河南历代方志集成》第十一卷《乾隆荥泽县志》，第173页。
⑩ 《河南历代方志集成》第五卷《同治中牟县志》，第288页。
⑪ 《河南历代方志集成》第十一卷《乾隆荥泽县志》，第173页。

正统元年闰六月，顺天、真定、保定、济南、开封、彰德六府俱大水。二年，凤阳、淮安、扬州诸府，徐、和、滁诸州，河南开封，四五月河、淮泛涨，漂居民禾稼。九月，河决阳武、原武、荥泽。①

正统十二年七月河决。②

正统十三年黄河决，淹朱固村民田一百五十余顷。③

天顺元年十月河溢，田禾淹没。④

天顺五年黄河北徙，淹县□，坍塌圣水、敏德、原敦、大郭等里民田其二百十七顷五十六亩。⑤

成化十四年雹大如拳，十六年六月大雨，大小河水尽泛。⑥

宏治六年，河水灌县城。⑦

正德元年六月，陕西徽州河溢，漂没居民孳畜。二年六月，固原河涨，平地水高四尺，人畜溺死。三年九月，延绥、庆阳大水。五年九月，安、宁、太三府大水，溺死二万三千余人。十一月，苏、松、常三府水。六年六月，汜水暴涨，溺死百七十六人，毁城垣百七十余堵。⑧

嘉靖九年，河水泛涨，城西田禾尽没。二十八年大水，二十九年大水。三十八年六月十五日，黄河水溢至城，淹没沙淤民田，溺死甚众。⑨

嘉靖三十二年六月，山水会聚，河洛泛涨，民居、官舍、公廨、官厅，尽行冲突，

---

① 《明史》卷二十八《志第四》，第448~449页。
② 《河南历代方志集成》第十一卷《乾隆荥泽县志》，第173页。
③ 《河南历代方志集成》第四卷《顺治中牟县志》，第127页。
④ 《河南历代方志集成》第十一卷《乾隆荥泽县志》，第173页。
⑤ 《河南历代方志集成》第四卷《顺治中牟县志》，第127页。
⑥ 《河南历代方志集成》第六卷《民国中牟县志》，第13页。
⑦ 《河南历代方志集成》第六卷《民国中牟县志》，第13页。
⑧ 《明史》卷二十八《志第四》，第451页。
⑨ 《河南历代方志集成》第六卷《民国中牟县志》，第13页。

头畜人口不可胜数，百姓逃亡。①

崇祯五年六月黄河水决，没田禾。六年河水决，入城数日始落。②

顺治四年，黄河水决伤稼。③

顺治十一年五六月大雨，河水泛溢，城内行筏，房屋倾圮者十之六七。④

康熙元年，河决黄练集，湮没田庐无算。城西南北三面皆水，兼霪雨月余，城乡崩亏。⑤

（康熙元年）六月，决开封黄练集，灌祥符、中牟、阳武、杞、通许、尉氏、扶沟七县。⑥

雍正元年，黄河南溢仓头。⑦

雍正元年六月河决十里店，九月复决杨桥，田禾尽没，县城四周皆水。四年十二月初九日黄河清，自陕西至虞城澄澈见底。⑧

乾隆二年六月霪雨，山水陡泻，氾河涨溢，冲毁西南两城门，坍颓城墙一百余丈，街衢水深数尺，官署民庐半被倾圮。⑨

乾隆四年夏五月、秋七八月霪雨，山水涨，贾鲁河、金水河、潮河各水泛溢，浸伤田禾，官署、仓廒、民庐倾圮几半，东乡为尤甚。⑩

---

① 《河南历代方志集成》第六卷《嘉靖巩县志》（民国重刻本），第389页。
② 《河南历代方志集成》第四卷《康熙中牟县志》，第283页。
③ 《河南历代方志集成》第四卷《康熙中牟县志》，第283页。
④ 《河南历代方志集成》第十卷《顺治荥泽县志》，第247页。
⑤ 《河南历代方志集成》第四卷《康熙中牟县志》，第283页。
⑥ 《清史稿》卷一百二十六《志第一百一》，第3718页。
⑦ 《河南历代方志集成》第十四卷《民国河阴县志》，第305页。
⑧ 《河南历代方志集成》第六卷《民国中牟县志》，第14页。
⑨ 《河南历代方志集成》第十二卷《乾隆汜水县志》，第170页。
⑩ 《河南历代方志集成》第一卷《乾隆郑州志》，第354页。

嘉庆二十四年十里店口河漫溢。①

道光十五年秋七月，黄河南溢仓头。二十三年七月望，黄河南溢仓头，滩田变为沙。②

道光二十三年六月二十六日河决李庄口，东北一带地尽成沙，死人无算，村庄数百同时覆没。③

同治七年，荥泽黄河决口，郑州沿河六保庐舍淹没，河南被灾者十余州县。④

同治七年六月黄河决荥泽十堡，大溜抵境，东西田禾尽没。十三年八月十三日，郑工河决，大溜冲城，淹没庐舍无算。十四年河工竣。⑤

光绪十三年八月十三日子时，石家桥黄河决口，自郑州以下淹没四十余州县，人畜死者无算。初，童谣云："元旦雪，黄河决。"果验。⑥

光绪丁亥，河决石桥、民悦桥，冲移县治。⑦

民国七年春，龙草奉檄来巩，是岁霪雨为灾。夏六月河洛骤涨，巨浸毁城。县署倾圮，志版与案牍均随波散佚。⑧

第二节　祥　　瑞

伏羲时黄河龙马负图出。禹治水，洛水神龟负书出，圣人因之画八卦演九畴。今按，此系道统，不宜列之祥瑞门。⑨

---

① 《河南历代方志集成》第六卷《民国中牟县志》，第14页。
② 《河南历代方志集成》第十四卷《民国河阴县志》，第305页。
③ 《河南历代方志集成》第六卷《民国中牟县志》，第14页。
④ 《河南历代方志集成》第二卷《民国郑县志》（民国五年），第32页。
⑤ 《河南历代方志集成》第六卷《民国中牟县志》，第14～15页。
⑥ 《河南历代方志集成》第二卷《民国郑县志》（民国五年），第33页。
⑦ 《河南历代方志集成》第五卷《同治中牟县志》，第467页。
⑧ 《河南历代方志集成》第七卷《乾隆巩县志》（乾隆五十四年刻本），第209页。
⑨ 《河南历代方志集成》第六卷《乾隆巩县志》，第493页。

黄帝东巡河过洛，修坛沉璧，受《龙图》于河，《龟书》于洛，赤文绿字。尧帝又修坛河、洛，择良即沉，荣光出河，休气四塞，元龟负书，背甲赤文成字，遂禅于舜。舜又袭尧礼，沉书于日稷，赤光起，元龟负书，至于稷下，荣光休至，黄龙卷甲，舒图坛畔，赤文绿错以授舜。舜以禅禹。殷汤东观于洛，习礼尧坛，降璧三沉，荣光不起，黄鱼双跃，出济于坛，黑乌以浴，随鱼亦上，化为黑玉赤勒之书、黑龟赤文之题也。汤以伐桀。故《春秋说题辞》曰："河以通乾出天苞，洛以流坤吐地符，王者沉礼焉。"按，《水经注》载于洛汭之下。①

延熹八年夏四月，河水清。②

延熹九年夏四月，河水清。建宁四年二月，河水清。③

延熹九年夏四月，河水清。④

建宁四年二月，河水清。⑤

大象元年夏，荥阳汴水北有龙斗，初见白气属天，自东方历阳武而来。及至，白龙也，长十许丈。有黑龙乘云而至，两相薄，乍合乍离，自午至申，白龙升天，黑龙坠地。谨案：龙，君象也。前斗于亳州周村者，盖象至尊以龙斗之岁为亳州总管，遂代周有天下。后斗于荥阳者，"荥"字三火，明火德之盛也。白龙从东方来，历阳武者，盖象至尊将登帝位，从东第入自崇阳门也。西北升天者，当乾位天门。《坤灵图》曰："圣人杀龙。"龙不可得而杀，皆盛气也。又曰："泰姓商名宫，黄色，长八尺，六十世，河龙以正月辰见，白龙与五黑龙斗，白龙陵，故泰人有命。"谨案：此言皆为大隋而发也。圣人杀龙者，前后龙死是也。姓商者，皇家于五姓为商也。名宫者，武元皇帝讳于五声为宫。黄色者，隋色尚黄。长八尺者，武元皇帝身长八尺。河龙以正月辰见者，泰正月卦，龙见之所，于京师为辰地。白龙与黑龙斗者，亳州荥阳龙斗是也。胜龙所以白者，杨姓纳音为商，至尊又辛酉岁生，位皆在西方，西方色白也。死龙所以黑者，周色黑。所经称五者，周闵、明、武、宣、靖凡五帝。赵、陈、代、越、滕五王，一时伏法，亦当五数。白龙陵者，陵犹胜也。郑玄说："陵当为除。"凡斗能去敌曰

---

① 《河南历代方志集成》第七卷《乾隆巩县志》（乾隆五十四年刻本），第399页。
② 《河南历代方志集成》第五卷《同治中牟县志》，第288页。
③ 《河南历代方志集成》第十二卷《乾隆汜水县志》，第167页。
④ 《河南历代方志集成》第十一卷《乾隆荥泽县志》，第172页。
⑤ 《河南历代方志集成》第十一卷《乾隆荥泽县志》，第172页。

除。臣以泰人有命者,泰之为言通也,大也,明其人道通德大,有天命也。《乾凿度》曰:"泰表戴干。"郑玄注云:"表者,人形体之彰识也。干,盾也。泰人之表戴干。"臣伏见至尊有戴干之表,益知泰人之表不爽毫厘。《坤灵图》所云,字字皆验。《纬书》又称"汉四百年",终如其言,则知六十世亦必然矣。昔宗周卜世三十,今则倍之。①

北周大象元年夏,荥阳汴水北有龙斗,初见白气属天,自东方历阳武而来,及至,白龙也,长十许丈。有黑龙乘云而至,云雨相薄,乍合乍离,自午至申,白龙升天,黑龙坠地。②

(大象二年)二月丁巳,帝幸路门学,行释奠礼。戊午,突厥遣使献方物,且逆千金公主。乙丑,改制诏为天制,敕为天敕。尊天元皇太后为天元上皇太后,天皇太后李氏曰天元圣皇太后。癸未,立天元皇后杨氏为天元大皇后,天皇后朱氏为天大皇后,天右皇后元氏为天右大皇后,天左皇后陈氏为天左大皇后,正阳宫皇后直称皇后。是月,洛阳有秃鹙鸟集新太极殿前,荥州有黑龙见,与赤龙斗于汴水侧。黑龙死。③

初,密建号登坛,疾风鼓其衣,几仆;及即位,狐鸣于旁,恶之。及将败,巩数有回风发于地,激砂砾上属天,白日为晦;屯营群鼠相衔尾西北度洛,经月不绝。

及入关,兵尚二万。高祖使迎劳,冠盖相望,密大喜,谓其徒曰:"吾所举虽不就,而恩结百姓,山东连城数百,以吾故,当尽归国。功不减窦融,岂不以台司处我?"及至,拜光禄卿,封邢国公,殊怨望。帝尝呼之弟,妻以表妹独孤氏。后礼寖薄,执政者又求贿,滋不平。因朝会进食,谓王伯当曰:"往在洛口,尝欲以崔君贤为光禄,不意身自为此。"④

唐武德十七年,郑州河清。⑤

唐贞观七年秋八月大水。十七年河清。⑥

唐太宗贞观十六年,巩河清。⑦

---

① 《隋书》卷六十九《列传第三十四》,第1603~1604页。
② 《河南历代方志集成》第十一卷《乾隆荥泽县志》,第172页。
③ 《北史》卷十《周本纪下第十》,第378页。
④ 《新唐书》卷八十四《列传第九》,第3685页。
⑤ 《河南历代方志集成》第二卷《民国郑县志》(民国五年),第31页。
⑥ 《河南历代方志集成》第十二卷《乾隆汜水县志》,第168页。
⑦ 《河南历代方志集成》第六卷《乾隆巩县志》,第419页。

唐贞观十七年，黄河清。①

唐贞观十七年河清。②

宝应二年九月甲午河清。③

唐贞元四年七月，自陕至河阴，河水黑。见《新唐书·五行志》④

（贞元四年），荆河自陕州至河阴，水色如墨，流入汴口，至汴州，一宿而复。⑤

贞元四年七月，自陕至河阴，河水黑，流入汴，至汴州城下，一宿而复。近黑祥也。占曰："法严刑酷，伤水性也。五行变节，阴阳相干，气色缪乱，皆败乱之象。"十四年，润州有黑气如堤，自海门山横亘江中，与北固山相峙，又有白气如虹自金山出，与黑气交，将旦而没。⑥

贞元四年河水黑。⑦

唐宪宗朝，河阳奏汜水西界从洛口黄河清一百六十里，权德舆具表称贺。《文苑英华》不载年月。⑧

东都留守权德舆表曰："臣得进奏官状，伏承河阳奏，汜水西界从洛口黄河清一百六十里。"节录《文苑英华》。⑨

长庆元年七月戊午，河水赤三日止。⑩

---

① 《河南历代方志集成》第四卷《顺治中牟县志》，第126页。
② 《河南历代方志集成》第十一卷《乾隆荥泽县志》，第173页。
③ 《河南历代方志集成》第十二卷《乾隆汜水县志》，第168页。
④ 《河南历代方志集成》第十四卷《民国河阴县志》，第304页。
⑤ 《旧唐书》卷十三《本纪第十三》，第366页。
⑥ 《新唐书》卷三十六《志第二十六》，第946页。
⑦ 《河南历代方志集成》第十一卷《乾隆荥泽县志》，第173页。
⑧ 《河南历代方志集成》第十二卷《乾隆汜水县志》，第171页。
⑨ 《河南历代方志集成》第八卷《民国巩县志》，第78页。
⑩ 《河南历代方志集成》第十二卷《乾隆汜水县志》，第168页。

乾符六年，汜水河鱼逆流而上至垣曲平陆界。①

元至元十五年冬十二月，河水清，在孟津东柏谷至汜水蓼子峪，上下八十余里，澄莹见底，数月始如故。②

（至元）十五年十二月，河水清，自孟津东柏谷至汜水县蓼子峪，上下八十余里，澄莹见底，数月始如故。③

元世祖至元十五年十二月，河水清，自孟津东柏谷之汜水蓼子谷，上下八十余里澄莹见底，数月始如故。④

至正二十年十一月甲寅朔，黄河清三日。⑤

至正二十年十一月，汴梁原武、荥泽二县黄河清三日。⑥

元至正二十年十一月甲寅朔，黄河清三日。⑦

元至正二十二年十二月，黄河自河东清者千余里。⑧

至正二十二年十二月，黄河自河东清者千余里。⑨

嘉靖六年，黄河澄清三日夜。⑩

嘉靖六年黄河澄清□□□。⑪

---

① 《河南历代方志集成》第十二卷《乾隆汜水县志》，第168页。
② 《河南历代方志集成》第十二卷《乾隆汜水县志》，第169页。
③ 《元史》卷五十《志第三上》，第1059页。
④ 《河南历代方志集成》第七卷《乾隆巩县志》（乾隆五十四年刻本），第399页。
⑤ 《河南历代方志集成》第十二卷《乾隆汜水县志》，第169页。
⑥ 《元史》卷五十一《志第三下》，第1096页。
⑦ 《河南历代方志集成》第十一卷《乾隆荥泽县志》，第173页。
⑧ 《河南历代方志集成》第十一卷《乾隆荥泽县志》，第173页。
⑨ 《河南历代方志集成》第十二卷《乾隆汜水县志》，第169页。
⑩ 《河南历代方志集成》第十二卷《乾隆汜水县志》，第169页。
⑪ 《河南历代方志集成》第十一卷《乾隆荥泽县志》，第173页。

嘉靖十二年，河自陕州清至巩。①

天启六年，黄河清。②

天启六年黄河清，自洛至徐三日一夜，地结冰花。③

崇祯八年，黄河冰结如石。④

雍正四年十二月初九日，黄河澄清一月。⑤

雍正四年十二月初九日，黄河清一日，总督田入告，各官加一级。⑥

光绪二十二年春三月戊寅夜雨，物如脱絮。夏六月河水白。⑦

---

① 《河南历代方志集成》第六卷《乾隆巩县志》，第493页。
② 《河南历代方志集成》第十二卷《乾隆汜水县志》，第169页。
③ 《河南历代方志集成》第十一卷《乾隆荥泽县志》，第173页。
④ 《河南历代方志集成》第十二卷《乾隆汜水县志》，第169页。
⑤ 《河南历代方志集成》第十二卷《乾隆汜水县志》，第170页。
⑥ 《河南历代方志集成》第一卷《乾隆郑州志》，第354页。
⑦ 《河南历代方志集成》第十四卷《民国河阴县志》，第305页。

第四章

名山名胜

　　黄河郑州段沿岸区域历史悠久，文化灿烂，留下了很多饶有意趣的古地名。这些古地名主要可以分为三个大类：名山，黄河及其重要支流的津、渡、关，以及其他。名山之中以邙山、大伾山、广武山声名最著，名关之中以虎牢关为冠，其他类中一些地名虽不十分有名，但背后的历史典故却是人们耳熟能详的，如竹芦渡、岳阵头。

　　邙山，起自洛阳市北，沿黄河南岸绵延至巩义市神堤。邙山有阻隔河水的作用，是以巩义市之黄河很少发生决堤。

　　大伾山，位于今荥阳市汜水镇，西隔洛口与邙山相望，东隔汜水与广武山相望。《汉书》所载黄河"东过洛汭，至于大伾"即为此处。大伾山附近有虎牢关，是进出关中的要道。

　　广武山，位于荥阳市北，西起汜水河畔，东尽于古荥镇北的黄河之滨，东西长约30公里。广武山是黄河出峡谷之后雄峙于南岸的唯一屏障，自古又是兵家必争之地，楚汉相争时于广武山筑城，称东西广武城。

　　虎牢关，又称汜水关，因避唐高祖祖父李虎之讳，亦称武牢关，在汜水镇境内。虎牢关是洛阳东边的门户和重要关隘，有"一夫当关，万夫莫开"之势，为历代兵家必争之地。

　　竹芦渡，是岳飞指挥的著名战役竹芦渡之战的发生地，位于今汜水镇。岳阵头，位于汜水镇南，今名岳阵图。地方志记载，宗泽在岳飞于汜水击败金军之后，有感于岳飞只习野战，不懂排兵布阵之法，于是授岳飞以阵图，是以岳阵头亦与竹芦渡之战有关。

　　黄河入郑州境，主要穿过的地区有巩义市、荥阳市、惠济区、金水区、中牟县。本章所收录之内容，主要来源于各个区县的明清地方志，按照当时的区划，黄河自西而东依次经过巩县、汜水县、荥阳县、河阴县、荥泽县、郑县与中牟县，与今天的区划并不相同，且古人有将邻邑之名胜收入本县志书的习惯。因此，本章收录的名山名胜，常有重叠。

第一节 名 山

邙山[①] 在县北三里，西拥嶕峣，河洛之间，为神堤保障，古号秦头魏尾，正此地也。

龙尾山[②] 在西三里，宋朝葬陵联属而下，至此断绝，尾接河洛，因名。

大力山[③] 东迤北五里，抵洛汭，曰神尾山。

《方舆纪要》："神尾山在巩县北，宋元丰初，都水丞范子渊议引洛入汴处。"《河南府志》：神尾山为邙山尽处，曰神尾者，神都山之尾也。按，邙山入巩，东西仅三十余里，随地异名，得三山焉。又按，古尺短于今尺，古尺当今尺六寸，古六尺为步，今五尺为步，古三百步为里，今三百六十步为里。以古准今则古百当今六十里，志中纪山里数俱以今里计。前婴梁山引《山海经》，讲山北三十里曰婴梁之山，今以婴梁属霍山，下与讲山中隔罗水，相去不及二十里，与古三十里正合，附纪于此。己酉志。

大邳[④] 道黑水，至于三危，入于南海。道河积石，至于龙门，南至华阴，东至砥柱，又东至于盟津，东过洛汭，至于大邳，北过降水，至于大陆，北播为九河，同为逆河，入于海。

大伾山[⑤] 去城西一里，即大禹导河处。《古隽考略》：伾音批，与岯同，又作岯。其山有大涧九曲，又名九曲山，亦名葱山，盖历朝命名不一也。高平处有成皋旧城，汉末吕布据之，至今人呼为吕布城。山之东尽于玉门，乃汜水入河处，西尽于什谷，即张仪说秦王下兵三水塞什谷之口是也。伊、洛、瀍、涧至山下入河，今则至玉门东满家沟入河，济水自北而南亦至山北入河。《禹贡》纪导河曰"东过洛汭，至于大伾"，说者谓黎阳亦有大伾。《一统志》亦云在浚县东二里，似有所据矣。及观《西渎大河志》注曰："大伾在今汜水县，即故成皋也。"《晋书·地道志》曰："济自大伾入河。"戴延之《西征记》亦云："济自大伾入河。"晋张协《登北邙山赋》曰："前瞻狼山，却窥大伾。"《唐纪功序》曰："竭汜水之洪流，襥伾山之崇堵。"考之往喆，稽诸典籍，如出一口，而黎阳之山胡为乎名耶？《禹贡》注曰："山一成谓之伾。"《一统志》载黎阳之山高四十丈，则不止一成也，且黄河古道在开州等处，不经浚县，何以云至哉？此其山在汜不在黎阳明矣。元朱淑服有《题伾山诗》，见于题咏。

---

① 《河南历代方志集成》第六卷《嘉靖巩县志》（民国重刻本），第342页。
② 《河南历代方志集成》第六卷《嘉靖巩县志》（民国重刻本），第343页。
③ 《河南历代方志集成》第八卷《民国巩县志》，第19页。
④ 《史记》卷二《夏本纪第二》，第69~70页。
⑤ 《河南历代方志集成》第十一卷《顺治汜志》，第329页。

大伾山[①]　在城西一里，即大禹导河处。《古隽考略》：伾音批，与岯同，又作芣。其山有大涧九曲，又名九曲山，亦名葱山，盖历朝命名不一也。高平处有成皋旧城，汉末吕布据之以拒东诸侯兵，至今人呼为吕布城。山之东尽于玉门，乃汜水入河处，西尽于什谷，即张仪说秦王下兵三川塞什谷之口是也。伊、洛、瀍、涧至山下入河，今则至玉门东满家沟入河，济水自北而南亦至山北入河。《禹贡》纪导河曰"东过洛汭，至于大伾"，说者谓黎阳有大伾。《一统志》亦云在浚县东二里。考《西渎大河志》注曰："大伾在今汜水县，即故成皋也。"《晋书·地道志》曰："济自大伾入河。"戴延之《西征记》亦云："济自大伾入河。"晋张协《登北邙山赋》曰："前瞻狼山，却窥大伾。"《唐纪功序》曰："竭汜水之洪流，襫岯山之崇堵。"历稽往喆，参证典籍，如出一口，而黎阳之山胡为乎名耶？《禹贡》注曰："山一成谓之伾。"《一统志》载黎阳之山高四十丈，则不止一成也，且黄河古道在开州等处，不经浚县，何以云至哉？此其山在汜不在黎阳明矣。《旧志》。

考《书经蔡氏集传》，大伾孔氏曰"再成曰伾"，张揖以为在成皋。郑玄以为在修武、武德（《皇舆表》修武县，今属怀庆府武德县，宋时省入河内县，亦属怀庆府）。臣瓒以为修武、武德无此山，成皋山又不再成，今通利军黎阳县临河有山，盖大伾也（《地理今释》：大伾山亦名黎山，在今直隶大名府浚县东南二里，周五里）。按，黎阳山在大河垂欲趋北之地，故禹记之，若成皋之山既非从东折北之地，又无险碍，如龙门底柱之须疏凿，西去洛汭既已太近，东距泒水大陆又为绝远，当以黎阳者为是，盖从臣瓒而不从张揖也。但揖在瓒先，而《旧志》援证亦甚博辩，故仍之。《通志》九曲山在县西二里，其山自下而北有干沟相间，顶上有吕布城，不载大伾山，盖亦因书传采臣瓒之说，而没其名于此也。

大伾山[②]　在城西一里，即大禹导河处。郑康成曰："地喉也，沇出伾际矣。"《古隽考略》："伾音批，与岯同，又作芣，一名九曲山，一名葱山。"平处有成皋旧城，相传汉末吕布据之以拒关东诸侯兵，至今人呼为吕布城。山之东尽于玉门，乃汜水入河处，西尽于什谷。说者谓黎阳有大伾，《一统志》亦云在浚县东二十里。考，《禹贡》注："山一成谓之伾。"《西渎大河志》云："大伾在今汜水县，即故成皋也。"《晋书·地道志》曰："济自大伾入河。"戴延之《西征记》亦云："济自大伾入河。"晋张协《登北邙山赋》曰："前瞻狼山，却窥大伾。"《唐纪功序》曰："竭汜水之洪流，襫岯山之崇堵。"历稽往喆，参证典籍，大伾在汜明矣。

大邳[③]　太史公曰：余南登庐山，观禹疏九江，遂至于会稽太湟，上姑苏，望五湖；东窥洛汭、大邳，迎河，行淮、泗、济、漯洛渠；西瞻蜀之岷山及离碓。北自龙门至于

---

① 《河南历代方志集成》第十二卷《乾隆汜水县志》，第43~44页。
② 《河南历代方志集成》第十三卷《民国汜水县志》，第397~398页。
③ 《史记》卷二十九《河渠书第七》，第1415页。

朔方。曰：甚哉，水之为利害也！余从负薪塞宣房，悲《瓠子》之诗而作《河渠书》。

广武山[①] 去城北二里许，古名三皇山，楚汉对垒于上，故更今名。《资治通鉴》注曰："广武在敖仓西三皇山。有二城，东曰东广武，西曰西广武。"唐太宗擒窦建德于山阴滨河之处。其山沿河东趋，延袤六十里无起伏，逶迤之态西尽于玉门，与大伾相对，势如排闼，故名玉门。东过河阴，尽于荥泽之西、官渡之滨，虽联三邑之壤，而汜境所有者业已过半。其间往喆与陵墓多载域中佗处，多收入志中，重叠而见皆非实录也。此山与五云、三峰、兰若、大伾皆汜山之名且大者，故续录于方山之次。

广武山[②] 在城北二里许，名曰三皇山，东跨荥泽，南跨汜水，连亘五十里，楚汉对垒于上，故更今名。《资治通鉴》注曰："广武在敖仓西三皇山，有二城，东曰东广武，西曰西广武。"唐太宗擒窦建德于山阴河滨之处。其山沿河东趋，延袤六十里，无起伏逶迤之态，西尽于玉门，与大伾相对，势如排闼，故名玉门。东过河阴，尽于荥泽之西、官渡之滨，虽联三邑之壤，而汜境所有者业已过半。其间往喆与陵墓多载志中。此山与方山、五云山、三峰、兰若、大伾皆汜山之名且大者。《旧志》。

广武山[③] 在城东北二里许，一曰三皇山，东跨荥阳，南跨汜水，连亘五十里，楚汉对垒于上，故更今名。《资治通鉴》注曰："广武在敖仓西三皇山，有二城，东曰东广武，西曰西广武。"唐太宗擒窦建德于山阴河滨之处，其山沿河东趋，延袤六十里，无起伏逶迤之态，西尽于玉门，东尽于官渡之滨，即今荥泽口黄河桥渡处。虽联三邑之壤，而汜境所有者居多。

广武山[④] 在县北三十里。今属河阴。

广武山[⑤] 在县北五里许，古名三皇山，楚汉对垒后更今名。逶迤曲折绵亘数十里，西起于汜，东止于荥，外捍大河，内环厚壤，上有九顶十八峪及汉唐历战遗址，为河邑之镇焉。

广武山[⑥] 《水经注》："济水北有石门亭，南戴三皇山，即皇室山，亦谓之三室山也。济水又东迳西广武城北，济水又东迳东广武城北。"《括地志》："在荥阳西二十里，一名三皇山，亦曰三室山，又名敖鄗山。"《通鉴纲目集览》："广武，孟康曰于荥阳县西二十里筑两城，相对为广武，在敖仓西三皇山上。"戴延之《西征记》："三皇山上有二城，东曰东广武，西曰西广武，各在一山头，相去二百步，汴水从广涧中东南流，今涸。"明《一统志》："广武城，名在开封府河阴县北十里广武三皇二山之上，盖二山相连，其上有东西广武二城，即楚汉相拒处也。"《元和郡县志》：

---

① 《河南历代方志集成》第十一卷《顺治汜志》，第329页。
② 《河南历代方志集成》第十二卷《乾隆汜水县志》，第44页。
③ 《河南历代方志集成》第十三卷《民国汜水县志》，第398页。
④ 《嘉靖荥阳县志》卷之上，第3～4页。
⑤ 《河南历代方志集成》第十四卷《康熙河阴县志》，第38页。
⑥ 《河南历代方志集成》第十四卷《民国河阴县志》，第171～172页。

"河阴三皇山，亦曰嶟高山。"《左传》："晋师在敖、鄗之间。"《太平寰宇记》："广武涧，在荥泽西二十里。"《西征记》："三皇山上有二城，东曰东广武，西曰西广武。"《元丰九域志》："河阴有三皇山。"《舆地广记》："河阴有三皇山，亦曰嶟鄗山，上有三城，即刘项相持处。"明《一统志》："广武山、三皇山俱在河阴县北一十里，二山相对。"《明史》："东北有广武山，与三皇山连。"《明史稿》："东北有广武山，一名三皇山。"清《一统志》："在河阴县北五里。"《元统志》："山在河阴县北一里。"《河阴县志》："河阴县十里，外捍大河，内包原壤，上有九顶十八岈，旁有小山曰金山。"《河南通志》："三皇山、广武山，俱在河阴县北约十余里，二山相连，其上有广武二城，即楚汉屯兵相拒处。其麓东跨荥泽，南临汜水，连亘五十余里，其旁有小山名金山。"考各书，以广武名山者始见于《宋史·河渠》（详后），右引各书，明以前皆以三皇或敖鄗名山，而广武只以名城。但汉时三城皆以广武名，理实未安，其曰汉王军广武，项王亦军广武，则广武为山名明矣。《左传》："晋师在敖、鄗之间。"杜注："敖、鄗，二山名，在荥阳西。"《元和郡县志》曰"嶟高"，《舆地广记》曰"嶟鄗"，是与杜注相矛盾。今若依杜注分为二山，则鄗山当占广武地位，且广武又类鄗之延音，其为转变异名可知，如是，汉之广武即春秋时之鄗，三皇、三室、皇室者，乃汉以后屡改不定之名，此数名称止是一山。

广武山[1]　在县西十里许，山势自河边陡起，由北而南绵亘不断，通郑梅、泰、紫荆诸山，峰峦尖秀，峭拔数十丈，朝霞暮烟，变态万状。《旧志》。

《通志》："三皇山、广武山俱在河阴县北一十三里，二山相连，其上有东、西广武二城，即楚汉屯兵相拒处，其麓东跨荥泽，南跨汜水，连亘五十里，其旁又小山，名金山。"

敖山[2]　在县西北二十里，即广武山支巘也。沿河入境约二里许，伏地如平原，经数百步，峰峦突起，两崖壁立，中仅容轮蹄焉，盖怀河之门户也。《诗》曰"搏兽于敖"，《左传》谓"晋师在敖、鄗之间"，又谓"士季使巩朔、韩穿帅七覆于敖前"，吕东来曰"士季设伏于敖"，皆谓此山。

敖山[3]　在县东北五十里。《诗》云"搏兽于敖"是也。商仲丁迁都于此。吕东来曰："敖山之下平旷可以屯兵，蒹葭可以设伏。"以上见《一统志》。

敖山[4]　《水经注》："济水又东迳东广武城北，又东迳敖山北，又东合荥渎。"《括地志》："在荥阳西北十五里石门之东。"《汉书音义》："敖，地名，在荥阳西北。"《太平寰宇记》："在荥泽西十五里。"《广舆记》："敖，在河南河阴县。"《明史稿》："广武山又西，有敖山。"《明史》："广武山西有敖仓。"清《一统

---

[1]　《河南历代方志集成》第十一卷《乾隆荥泽县志》，第30页。
[2]　《河南历代方志集成》第十四卷《康熙河阴县志》，第38页。
[3]　《嘉靖荥阳县志》卷之上，第3~4页。
[4]　《河南历代方志集成》第十四卷《民国河阴县志》，第172页。

志》:"在河阴废县境内。"《河南通志》:"敖山,在河阴县西。"夫敖山在广武东,《水经注》详之矣。自明以来率以牛口为敖,是误认仓头为敖仓也。今考敖山所在,陈眉公云"一山名敖,自南而北,一山名返出,自北而南,势不相合"。《开封府志》:"岳山在广武山北,北枕黄河,南临陡涧,人称小桃源。"陡涧即戴氏所云"汴水从涧中东南流"之涧也。据杜元凯、陈眉公及《开封志》之说,更就实地验之,则岳山即敖山也。北音"岳"读如中州"腰",北音"敖"读如中州"饶",因北人初来,缺此一母,故就叠韵转为已所固有之"岳"也。若是,敖山久已不存,巍然在者广武而已,其山本嵩岳余脉,除砾石外皆土质,故陵不如谷之著名,分两路详之。

敖山[1]　在上二山之西,《诗》"搏兽于敖"是也,"晋师救郑在敖、鄗之间",吕东莱曰"士季设七伏于敖"则是山也。平野可以屯兵,蒭荟可以设伏。

敖山[2]　在县西南,即嚣地,仲丁迁都于此,晋侯救郑在敖、鄗之间,士会设七伏于敖山是山也。平旷可以屯兵,蒭荟可以设伏。又《小雅》"搏兽于敖"即此地也。《旧志》。

考《左传·宣公十二年》"晋师在敖鄗之间"。杜注:"敖、鄗二山在荥阳县西北。"荥阳,今开封府荥泽县,西北有敖山,"士季使巩朔、韩穿帅七覆于敖前"即此。

伏蛟山[3]　在城西迤北,蹲伏水中,北塞玉门,南对睡虎,砥柱汜流,如蛟戏水。唐会昌三年建昭武庙于上,祀历代君臣有事于成皋、虎牢者,如汉高祖、唐太宗等。废于元季,遗址尚存。《旧志》。

考,《通志》伏龟山在汜水县西北二里冈,脊穹然如龟,故名。此本《唐书·地理志》汜水西一里伏龟山也。但按县城西迤北有伏蛟山蹲伏水中,别无伏龟山,疑旧名伏龟,后改名伏蛟,亦未可知。至所谓冈脊穹然者,乃在县东郭堤外迤北之金龟也。

太和山[4]　在邑北,城内雉堞绕麓,超然百寻,汉帝立台其上,名曰成皋台。废于晋季,后人以砖石砌之,庙祀元武,以象武当之太和宫。上有翠柏一株,枝干凌霄,登之者前望岳鄗立如屏,顾瞻河流萦回若带,足为一邑大观。悬岩建老子堂,傍列干竺诸像,玄武上游,为成皋十景之一。《旧志》。

金龟山[5]　在东郭堤外迤北,宋尝建美哉亭于其上,参知政事陈简斋有诗,元末毁于兵燹。今人营以宫阙,巍焕嵯峨,自下而上有磴道数百级。中为大罗殿,殿后为金阙至尊阁,东则金母祠,祠之南另垣一局,祀玄帝。稍东一隅为灵官殿。俯视则悬岩深涧,令人股栗。穿祠而后为泰山神,东有保婴祠。又东有观音堂,西则聚奎书院,其南为三元殿,殿西有颜、沈、施三公祠。又西为五瘟祠,前则关圣祠,院后为黄箓殿,有道院

---

[1]　《河南历代方志集成》第十卷《顺治荥泽县志》,第200页。
[2]　《河南历代方志集成》第十一卷《乾隆荥泽县志》,第30页。
[3]　《河南历代方志集成》第十二卷《乾隆汜水县志》,第45页。
[4]　《河南历代方志集成》第十二卷《乾隆汜水县志》,第44页。
[5]　《河南历代方志集成》第十二卷《乾隆汜水县志》,第45~46页。

一区，傍有仙井水在半山，其间庙貌确奇，甃路转折，与天坛祠宇相类。玉清仙境，为成皋十景之一。此山与卧龙、睡虎、翠屏、伏蛟环邑而峙，与城中三山或为云拥，或为星布，要皆拱翠标奇，以壮锦川之图云。《旧志》。

牛口峪[①]　在孤柏嘴下，窦建德败走之处，事见古迹。

牛口峪[②]　去邑北之十里孤柏嘴下，义已见前。《纪功序》曰"践牛口之谷"，此之谓也。或直隶临城县亦有牛口谷，盖讹传也。

牛口峪[③]　唐王擒窦建德处，史所谓"窦入牛口"即此。

牛口峪[④]　在敖山之阴。窦建德身被重创，窜峪中坠马，杨武威擒获之。至今涧水尚皆红色，上有建德孤城并建德塚在焉。

牛口峪[⑤]　《太平寰宇记》："牛口渚与板渚迤逦相接，唐初窦建德众十万，自板渚结陈，以临汜水，太宗率轻骑击之，大溃，建德窜入牛口渚，将军白士让护之。先是，童谣云：'豆入牛口，势不得久。'果败于此。"《朝野金载》："昔窦建德救王世充，于牛口时谓：'豆入牛口，岂有还期？'果被秦王所擒。"《明史稿》："河阴县西有牛口峪。"《方舆纪要》："牛口峪在县西北二十五里，亦作牛口渚。窦建德与世民战于虎牢，自板渚出牛口置陈，北距大河，西薄汜水，南属鹊山，亘二十里。及战，大败，窜于牛口，为唐所擒。"《开封府志》："牛口峪在河阴西北二十里，唐太宗擒窦建德之处。"《河南通志》："牛口峪在河阴县西北二十五里，即唐太宗擒窦建德处。"

按，俗名牛树沟。

蓼子峪[⑥]　在大伾山之中，距城十二里，南迫峭壁，北逼太河，险类金陡，以界巩、汜。

伯牛岗[⑦]　去城东二十七里，一陇微起，岗前有村曰柏垛，事见古迹。

伯牛[⑧]　去邑城之东三十里。春秋定王十九年，鲁城公会晋侯、宋公、卫侯、曹伯，伐郑，《左氏传》曰："诸侯伐郑，次于伯牛。讨邲之败也，遂东请郑，公子偃帅师御之。"今百垛之北是也。

河阴县山阴[⑨]　西自土地庙沟起，陟其颠即砦八坪，砦八坪者，明季王氏筑砦之所

---

① 《河南历代方志集成》第十一卷《顺治汜志》，第332页。
② 《河南历代方志集成》第十一卷《顺治汜志》，第440页。
③ 《河南历代方志集成》第十三卷《民国汜水县志》，第399页。
④ 《河南历代方志集成》第十四卷《康熙河阴县志》，第39页。
⑤ 《河南历代方志集成》第十四卷《民国河阴县志》，第197～198页。
⑥ 《河南历代方志集成》第十一卷《顺治汜志》，第332页。
⑦ 《河南历代方志集成》第十一卷《顺治汜志》，第332页。
⑧ 《河南历代方志集成》第十一卷《顺治汜志》，第438页。
⑨ 《河南历代方志集成》第十四卷《民国河阴县志》，第172～174页。

也，遗址尚存。再东，即石槽沟，中稍有居民，不成邑。由石槽沟蜿蜒四里许，为运斗峪，峪上七峰对峙，因以名焉。再东，为宋沟，内有一泉，居民恶其当道，塞之池沟，沟旧有池，故名，今涸。上二沟间有广武砦，明末所筑。清咸丰间更廓大之，重建新壁，故者在内，新者在外，环拱状如城郭，李坡、堂沟、马沟、杨树沟、张圪塔、苏坡、黄家台、柿园沟依次栉比，直达牛口。牛口为卷阿尽处，形势特卑，山且尽中有口，为曩时仓头口，往来孔道上有土寨，题曰黄牛，盖以峪名牛口故。山为黄牛岭脉再起，形势突兀，直折而北，为草庙沟，即滩田所谓王世铎庄也。再北有河神庙，明时重建，沿河之民多奉水神，特此处建筑较他庄严耳。洪山为又北一峰，比他山亦非过峻，以附麓居民而名，亦曰孙沟。痖巴沟、没门沟在其北，俱人烟寥落。秦王砦据没门沟之上，四壁高竦，下临深谷，要地也，一曰秦王顶，俗曰秦方丈。误，此当由民族迁徙语言交替时所转。北有枣树沟，又有小张沟，至此山脚渐转，行人难觉，非熟悉地形者鲜不迷误焉。峰回路转，渐向东有小骨头峪在小张沟，小骨头峪间有《通区截区碑》，清道光四年蔡公銮登所建。过此为大骨头峪，《申志》："崖崩获骨焉，形与常异，峪以是名。"山北倾斜处皆呼塌坡，明末黄河啮山时冲刷之余也。又东有官庄峪，入沟后即分两道，故有东沟、西沟之目。《申志》："在山阴濒河处，层峦叠嶂，错综参差，而中实杳然，以深廓而有容。外滨大河，至隆冬沍寒时，水泽腹坚，惟此不冻，可通舟楫，凡往来急迨使多问津于此云。"按《明史》，占夺民业而为民厉者，莫如诸王勋戚中官庄王田邑藩封，明太祖第五子橚封于周，余子壿封河阴王，故明《一统志》云河阴王府在开封，墓在朱仙镇。《广舆图》："周府二十五郡，河阴居一。"《申志·滩田》云经明之世藩患始息，又云昔为王租今为皇粮，据此，峪系明代戚里不待言矣。今之居民，皆清初移自山南，非其旧也。内西有一径可至骨头峪，山崖断处，谷风习习，四时无间，地虽僻，亦胜概也。南上有土寨，向无居人，东南二里许有一岭，东为张套，西为段套，不成村落，与官庄峪实同井焉。有广治峪，即明广治保也，《申志》图作广治，志作广智，误。明弘治间西来寺铁佛像款识"广治保铺头村"云云，地形虽改，约当在此。明新兴峪即新兴保，《申志》有图无说，今无从推考。官庄峪东三里，诏下峪，《申志》云："韩信定齐，请立假王，遣张良奉诏往，立为真王。"附会无稽，后遇此类，记名而已。东一里为刘沟，在唐时即著名，故今山崖崩处时见古物，南段有泉，后以山崩塞枯。西山上有天成寨，王铁枪屯兵处也，光绪三十三年创修天成寨时，发掘古物甚多，有人头骨一，大如斗，石斧一，观此则是山之经营当不始于彦章已。南里余有洼地，俗名湖套，或曰彦章饮马池，恐系附会。天成砦之西曰窑院，曩时耕者尝掘得小窑数处。又有一砦名安贞砦，筑时在天成砦前。又东一里为陈沟，即丁家峪，宋丁半府旧居也，上有山砦。又四里为寨子峪，疑即寨营峪，《申志》作栅营峪，又云："循蹊而北，桃榴掩映，春夏间红艳满蹊，至今则柘榴间存，桃已净尽矣。"内西为风口峪，横通陈沟，山北沟皆彼此隔绝，独此二峪作连枝状，陈沟居民亦多自此移居，人事地理若合符节，异哉！《申志》云："风口峪两崖万窍磊砢，时为怒号，游人入峪不数武,风冷然拂衣袖间。"冯沟,西距砦峪约二里,东距王沟亦二里,王沟西山上有旗西砦,即摩旗顶也,南有上王庄山阴地,俗呼寺后,盖金山寺旧地,东水峪、西水峪、大峪口皆在此。今虽陆谷变迁,遗迹荡然,尚有俗呼大鱼沟者存,按音而求,尤可证也。东为西张沟、东张沟,东张沟之上有小村,俗呼张沟,坡顶一曰唐家顶。二沟之间有大王庙,存石人一,高四尺,昔从汉王城塌出,盖翁仲也,闻当时尚有一石马,以体重难移,后沉于河。东山上为西广武城,二城相距甚近,东大而厚,西小且薄,东临广武涧。广武涧者,由南向东北一巨壑也,天阴雨水东北流,明于此置鸿沟保,故今人称之曰鸿沟,然指为楚汉之界则非也。楚汉界当即后日汴水之道,此涧因通鸿沟,故致误耳。过涧即西广武城,《元和志》所云"上有三城"者即此,皆为河所浸,仅存南壁,岿然如鲁灵光,与《西征记》所云"城各有三面"者异矣。东广武城东南有村曰霸王城,因东广武名。有龙潭峪,在张家沟西半里许,或曰老龙窝,又名老潭窝。《申志图》:"盖河流激射处,波折潆洄,舟多覆溺,舟人畏而疑之,遂以名峪云。"今河道屡更,地难确指。有骆驼顶,《申志》:"去县北十二里,形似骆驼,故名。"或曰在霸王城北,未知孰是。有虎头顶,在霸王城旁。《申志》:"去县东北十里许,冈峦突起,状若虎形,故名。"今无。广武城东北为敖峰顶,今亦无,《开封府志图》:"河阴之北,汴水东南穿山而过,此东北之山或曰岳,或曰敖,即敖峰也。"虽理想之图位置不甚碻当,以此与《水经注》较,犹可想见其梗概。吕祖谦曰:"敖山之下,其地荟蔚可以设伏,广阔可以屯兵,故周宣搏兽于敖,士季率七覆于敖前,皆此地也。"东有薛沟。再东有石榴峪,明时石榴著名之地也,子味甘而色红且巨,或附会汉张骞仙种,诞甚。桃花峪在东,《申志》云:"去县东北十四里,夹岸多桃林,春三月时花随风转,游人为之目眩。"今则仅存其名已。有扬辉峪在桃花峪东,亦不能碻定,或附会楚汉相拒事,尤无稽。有招子顶及陵当峪,《申志》皆云去县十六里,盖久在河滩矣。任店本古时渡口客店,后成村落,今则一丘一壑皆任店矣。又东卢家嘴,为县之东边,略有居民,唐时县有卢姓,或在此居。领军峪,《申志》:"今为双槐树。"按,荥泽亦有领军峪,两村相距甚近,说者遂又谓一为峪头,一为峪尾,细考之,实皆误,荥泽之领军峪乃李君驿之讹(考详金石)。此邑之双树在山南平地,亦不应以峪称,明某氏德政残碑止曰"双槐",则《申志》之附会明甚,当是山北境上谷地,元明之际久沦于河,后人不加深考,遂指鹿为马耳。

河阴县山原[①] 由汜水入境,斜注东下,逾黄牛砦至戚顶一段以南方地势高亢,故不见山岗,坡而已。前辈题咏所云金顶、凤凰岭者,即此。或目之为敖,非也。有苏庄、陈庄及二仙、玉仙两庙。戚顶西有大坡,为牛口峪之咽喉,下有《明僧信冬施茶碑》,上有《王来裕修路碑》,人无论僧俗,功德在民,皆足不朽矣。迤逦而东,山势顿厚,形颇复杂,然皆循台级状层叠而上,故山原北行十里之水平线止敌山阴壁立一

---

① 《河南历代方志集成》第十四卷《民国河阴县志》,第174~176页。

峰。宜耕治，不宜居民，就人生地理上言之，又甚简单也。自此东行，逾大沟二，而至铺头村焉，初不过一铺头而已，明为西铺头、东铺头、小铺头三村，生聚已云繁矣。今分为刘、段、樊、陈、秦五铺头，其视昔又何如也。段铺头、樊铺头一曰段砦、樊砦，北有雾云沟，内有飞龙顶在老虎嘴东，《申志》云："四围群巘，参差中一峰突起如飞龙状，盘路迂回，比至巅，历数百折，折皆异状。四望环山伏怀抱间者，行人蓬蓬若蚁云。"盖此地既擅天然形胜，又加以建筑优美，宜众推为境内名胜第一也，有回响作鸟鸣声，俗呼疾灵鸡，阅数年必易其处，故人皆异之。有陨石一，《申志》："明嘉靖十一年，有星陨于紫云宫，化为石。"即此。按，《春秋》："陨石于宋五。"盖流星轨道距地太近被吸所致，本质乃石，何云化也。有《孟世勋去思碑》、《封源洁生祠碑》。顶南临沟一寨，距樊砦约二里余，合村新筑，无居民。陈铺北有铺头顶，一名武子顶，明崇祯间筑，以避乱者，当时流寇大扰，所过为墟而此砦独存，论者多归功于神。今考其石刻，有大将军二、佛郎机三、三眼神枪三十六、墩台五、井二，当火器未精时代，以二十亩小寨设备如此，其不遭殃也，良由守御有方所致。西北有小寨，东北有马小寨，一名韩家胡同，皆明时筑，与此鼎立为三，今二砦皆废。小砦下有小砦沟、武子顶，一曰大砦。北有大砦沟，沟东山上有文殊寺遗迹，北西山有老谈砦，明谈国宦所筑也，今辟为田。马小砦下为马砦沟，有横沟在小铺头山之北。刘沟南起小铺头山，此本非碻定山名。城西山原一带面积广，无特异峰峦可标识，各处俗名多不过百步即易，是以言山者概指附近村名以为山名，十余里皆然，不独此也。内有山庄曰王垌，聚族而居者十余家，横沟为东西大谷山脉，卯西分水，深壑纵列，唯此独横，是以名入其中，两壁陡峭，一缝通天，仅羊肠盘曲可通人迹，辚辚车声，苍此返驾，境内阻绝交通，莫此为甚。东行约九里，至中任庄西而东南转，曲屈数里，入澶然焉，此曲屈数里处曰埋剑沟，俗呼麦秸沟，差矣！自王垌东由周家砦至唐岗，因横沟之容纳，故无深壑，且王垌附近两谷中通，作篆文四立人状，亦一奇也。中一在周砦北，曰郑山沟，一小谷耳，因正而且直，远望之若山门，故为人所注目。至李岗以东，则形势大异矣。澶然故道，依广武南麓而东北，为众水所汇，故成万壑赴荆之势。自李岗逾埋剑沟，至下任庄，顺五里沟西北至中任庄东南，有砦，再北逾沟至山原，为上任庄，初本一村，后因繁殖而异居，故以上中下别之。东有车大沟，分岔如鹿角状，蔓延山原，颇形繁复，东有砦，此沟居民所筑。又东，两谷内合，作人字形，车庄附撇末，神沟居中，戴沟附捺尾，山樊在上右，高踞人字之顶者张庄也。戴庄、张河间有一沟中分二村，南曰戴沟，北曰张河里沟，各从其所自也。再东有天桥，天桥非桥，乃东西沟间一土峡，山穷处忽得此一线路径，可以渡越，因名。《申志》云："山水峪南壁立数仞，岭仅容一人，凡登高庙者必由之，仰若登天云。"山水峪今不可知，或即栅营之讹也。再东有曹庄、王庄而至樊河，樊河有二，一有砦在东，一在西。村西一沟北来，上端与广武涧相隔无几，中有陈垌村，西南有天兴砦。村东一沟在山原为二，至张山西北合而南注，循澶然东至胡村北山，一口中通，内分为二，北来自王顶，起至十字涧，东西两沟皆来会之，或曰汉武涧，山有祖师庙，即《申志》之祖师顶也。一曰飞凤顶，自此而南至东岔口处统称庙沟，分歧最多，而以东北来者为最长。东来者出自荥泽入境，有任店山南之界沟，及张垌一沟来会，东有砦，自此沟至史家湾南与史家湾合，而西接庙沟境内，沟形复杂，此为最矣。

铺头顶[①] 去县西北十五里，秦运粟敖仓，沿途置铺护行，名其山为铺头顶，今沿山庄村多称铺头云。

敖峰顶[②] 去县西北二十里，即敖山上一峰也，下为秦时置仓处。

飞龙顶[③] 去县西北十七里，一名雾云顶。四围群巘，参差中一峰恭起如飞龙状，盘路纡回，比至巅，历数百折，折皆异状。四望环山伏怀抱间者，行人蘧蘧如蚁。

官庄峪[④] 在广武山阴濒河处，层峦叠嶂，错综参差，而中实杳然，以深廓而有容。外滨大河，每隆冬冱寒时，水浑腹坚，惟此不冻，可通舟楫，凡往来急递使多问津于此。

三皇山[⑤] 在县西十里，二山相连，其上有东西二城，即楚汉相拒处。

岳山[⑥] 在广武山北，巉岩壁立，群峰拱向，北枕黄河，南临陇涧。上有真武殿、吕祖庵并三仙、广生二祠，下有玉皇阁、岳山寺及禅室、连天洞，古柏苍苍，群树葱葱。登斯岭也，俯观河流，远眺层垒，满目榴花，遍布沟岸，平原之间，人称为小桃源。

五龙峰[⑦] 在岳山巅，五峰对峙，旺气钟焉。

文峰顶[⑧] 在广武山，为万山结脉之处。

骆驼岭[⑨] 在广武山。

兔儿岭[⑩] 在广武山上，阔十亩，高四十丈，四面壁立。明季，土人作寨以避寇。

旋风洞[⑪] 在兔儿岭东，深邃莫测，渐入渐大，土人以火试之，于六七里外见烟。

莲花顶[⑫] 在广武山，峰峦层叠，状若莲花，故名莲花顶。上有云台庵，下有古洞，幽静清雅，路径狭小多曲，榴花掩映，竹柏青翠，游人至此恍入武陵原云。

---

① 《河南历代方志集成》第十四卷《康熙河阴县志》，第38页。
② 《河南历代方志集成》第十四卷《康熙河阴县志》，第38~39页。
③ 《河南历代方志集成》第十四卷《康熙河阴县志》，第39页。
④ 《河南历代方志集成》第十四卷《康熙河阴县志》，第40页。
⑤ 《河南历代方志集成》第十卷《顺治荥泽县志》，第200页。
⑥ 《河南历代方志集成》第十卷《康熙荥泽县志》，第298页。
⑦ 《河南历代方志集成》第十卷《康熙荥泽县志》，第298页。
⑧ 《河南历代方志集成》第十卷《康熙荥泽县志》，第298页。
⑨ 《河南历代方志集成》第十卷《康熙荥泽县志》，第298页。
⑩ 《河南历代方志集成》第十卷《康熙荥泽县志》，第298页。
⑪ 《河南历代方志集成》第十卷《康熙荥泽县志》，第298页。
⑫ 《河南历代方志集成》第十卷《康熙荥泽县志》，第298页。

牟山[①] 中牟 冲，繁。府西七十里。北：牟山。西南：马陵。西北：圃田泽。河水自郑入，径杨桥口，又东，黄练集。贾鲁河入，合龙须沟，《隋志》郑水。又东，右合鸭陂水，至县西。乾隆六年浚为惠济河。正渠又东径官渡城，又东南，右合粪陂，古末水，丈八沟，焦城在焉，古清池水，并入祥符。自周定王五年河南徙，邑沮洳。明万历中，令陈幼学浚渠百九十有六。县境濒河，有管河上汛县丞、下汛县丞驻。曲遇聚、白沙、东张、杨桥四镇。城驿一。郑汴铁路。

第二节　津、渡、关

富平津[②] 在北山尽处，为河津，亦曰富平。杜预建平津桥，桥成，上从百官临会，举首劝预曰："非君桥不立。"预曰："非陛下之明，臣亦无所施其巧。"预后封平津侯。

巩县诸渡口[③]

南河渡 在县北三里，通怀庆府。

窑湾渡 在县东二里。

温家渡 在县东七里铺。

金屿渡 在县东二十五里。

洛口渡 在县东三十里。

罂子渡 在县东三十里。

黄河渡 在县北十里，通温县，达卫辉府，其地名榆园。

黑石渡 在县西二十五里，水手八名、渡船三只，奉裁。顺治十四年，知县张好奇造船以便行人，其后舟人横索，为行旅所忌，知县多时崎奉宪酌定车马驮担暨单人各出渡钱若干，刊榜晓谕。渡口建设茶亭，冬汤夏茶，以寺僧董其事。乾隆五年二月，知县张雷光奉臬宪牌饬定各项渡，刊木榜立渡口，永远遵行。

巩县诸渡口[④]

南河渡 在县北三里。

窑湾渡 在县东二里。

温家渡 在县东七里。

龙尾渡 在县西五里。

---

① 《清史稿》卷六十二《志第三十七》，第2069页。

② 《河南历代方志集成》第六卷《乾隆巩县志》，第464页。

③ 《河南历代方志集成》第七卷《乾隆巩县志》（乾隆五十四年刻本），第231～232页。

④ 《河南历代方志集成》第八卷《民国巩县志》，第103～104页。

石灰务渡　在县西八里。

庄头渡　在县西北十二里。

焦湾渡　在县西十四里。

康店渡　在县西十八里。

黑石渡　在县西二十五里。

益家窝渡　在县西三十里。

小訾店渡　在县西南三十五里。

张船渡　在县西南三十七里。

苏村渡　在县西南五十里。

以上渡洛水。

裴峪渡　在县西北十六里。

神堤渡　在县北十里。

赵沟渡　在县西北三十五里。

金峋渡　在县东北二十里。

洛口渡　在县东北二十五里。

罂子渡　在县东北三十里。

以上渡黄河。

按，邑中诸渡以黑石为官渡，旧设水手八名、渡船三只，旋裁去。顺治十四年，知县张好奇专造渡船利济，积久弊生，行旅病之。知县多时琦奉大吏檄，酌定各项渡资，刊榜晓谕，旁建茶亭，寺僧董其事。乾隆五年，张雷光奉臬司牌，饬定价榜示如前。自光绪末年陇海铁路成，无复如从前车马络绎，官渡之名于焉销寂。

汉小平津关[①]　《方舆纪要》："灵帝时八关之一。袁绍诛宦官中常侍张让等，将帝步出谷门至小平津。晋永嘉末，傅祇保盟津小城，即小平津，刘聪遣刘粲以步骑十万屯小平津，慕容暐遣将吕护攻洛阳，退守小平津。后魏常讲武于小平津，尔朱荣举兵，胡太后遣费穆屯小平津拒之。"《施府志》："《纪要》以小平津入孟津，今据名胜志入巩，互详都邑小平城。"

孤柏渡[②]　在县西。唐岑参诗："孤舟向广武，一马归成皋。胜概日相与，思君心郁陶。"《通志》。

竹芦渡[③]　在县东，宋建炎二年岳飞败金于汜水，驻兵此地与敌相持。《通志》。

竹芦渡[④]　岳忠武王大破金人处，南里许即兀术沟。

---

① 《河南历代方志集成》第七卷《乾隆巩县志》（乾隆五十四年刻本），第350页。
② 《河南历代方志集成》第十二卷《乾隆汜水县志》，第196页。
③ 《河南历代方志集成》第十二卷《乾隆汜水县志》，第197页。
④ 《河南历代方志集成》第十三卷《民国汜水县志》，第399页。

古崤关[①]　在城西二里，本周穆王养虎之地，汉为成皋，隋为虎穴，唐为武牢，明更名曰古崤。《通志》。

古崤关[②]　明改虎牢为古崤关，刘大刀尝镇守于此，有诗以纪其事。

虎牢[③]　见前。东来一派平垣，至此壁立万仞，峭拔横栏，有一人扼要面，万夫莫敢近者矣。春秋平王东迁，郑武公入为卿士，王赐之虎牢以东，后失其地。郑厉公纳惠王，王复与之，齐桓公取以与申侯。灵王元年，晋荀罃帅诸侯大夫会于戚，遂城虎牢。九年，诸侯之师城虎牢而戍之。郑及晋平。又，烛之武说秦伯，与郑人盟，为郑戍于虎牢。又，杞人、郧人从赵武、魏绛斩行栗，甲戌，师于汜，令诸侯修备器、盛糇粮，归老幼居，疾于虎牢。又，汉末三战吕布于虎牢。又，晋祖逖、刘琨营缮虎牢。又，李矩、耿稚袭汉营，获器械军资奔虎牢。又，刘宋到彦之于虎牢沿河置守，魏诸军会于七女津，进攻虎牢。又，高齐与宇文周分界于此，周守虎牢，齐守河阴。又，隋李密、王世充，唐安禄山、史思明俱陷武牢遏兵。武即虎，义见沿革。又，元也先帖木儿起兵，徙大庆关陕西军至黑石渡，遂据虎牢。历代战守不可胜纪，盖万古要害之地，而群雄逐鹿之区也。明太祖命名古崤，复立为关，设司授职，以守其险。然崤关夜柝为成皋十景之一，有图见于形胜，名贤题咏甚多，略见《艺文》。

虎牢[④]　在县城西二里，东来平冈蜿蜒至此，两崖壁立，一线羊肠，俯侵大河，仰逼重险，有一夫当关万夫莫敢近者。春秋平王东迁，郑武公入为卿士，王赐之虎牢以东，后共其地。郑厉公纳惠王，王复与之，齐桓公取以与申侯。《左传》襄公二年，晋荀罃帅诸侯大夫会于戚，以谋郑，遂城虎牢，郑人乃成。又九年，诸侯伐郑，师于汜，居疾于虎牢。十年，城虎牢而戍之，晋师城梧及制，士鲂、魏绛戍之。又，汉末吕布拒袁绍等兵于关界。又，晋李矩、耿稚袭汉营，获器械军资，奔虎牢。又，祖逖营缮虎牢。又，刘宋到彦之于虎牢沿河置守，魏诸军会于七女津，进攻虎牢。又，高齐与宇文周分界于此，周守虎牢，齐守河阴。又，隋李密、王世充克唐，安禄山、史思明俱陷虎牢。又，元也先帖木儿起兵，徙大庆关陕西军至黑石渡，遂据虎牢。历代战守略见于此，盖万古要害之地，而群雄逐鹿之区也。明太祖命名古崤，复立为关，设司授职，以守其险。崤关夜柝，为成皋十景之一。《旧志》。

按，虎牢土性最坚，《元史》元破汴城，炮军万户，王阿驴取宋太湖灵璧假山石造炮，城上楼橹皆故宫及芳华玉溪所拆，合抱大木随击而碎，惟城乃周世宗取虎牢土，坚硬如铁，炮所击处惟凹而已。

[①]　《河南历代方志集成》第十二卷《乾隆汜水县志》，第197页。
[②]　《河南历代方志集成》第十三卷《民国汜水县志》，第399页。
[③]　《河南历代方志集成》第十一卷《顺治汜志》，第438～439页。
[④]　《河南历代方志集成》第十二卷《乾隆汜水县志》，第191页。

虎牢[1]　一名北制。杜氏以为荥阳故地。周穆王养虎于此，故名。后避石虎讳改名武牢。今属汜水。

旋门[2]　《皇甫嵩传》注曰："在汜水之西。"即今崤关之南峡口是也。山回路转，故曰旋门。东汉都雒阳，环置八关，曰函谷、曰太谷、曰广成、曰伊阙、曰轘辕、曰孟津、曰小平津、曰旋门。曹大家《东征赋》曰："望成皋之旋门。"郑愔诗曰："函塞云间别，旋门雾里看。"俱指此。

旋门[3]　《皇甫嵩传》曰："在汜水之西。"即今崤关之南峡口是也。山回路转，故曰旋门。东汉都洛阳，环置八关，曰函谷、曰太谷、曰广成、曰伊阙、曰轘辕、曰孟津、曰小平津、曰旋门。张衡《东京赋》曰："东门于旋。"曹大家《东征赋》曰："望成皋之旋门。"郑愔诗曰："函塞云间别，旋门雾里看。"俱指此。明赵□诗："路入旋门峡更长，青山重叠树苍苍，塞驴团扇西原上，别有新秋一段凉。"《旧志》参《府志》。

方家口渡[4]　《开封府志》："在河阴县北。"

仓头口[5]　《苏志稿》云："此虽民渡，亦系古津，自咸丰三年发逆渡河，当事奏请闭此口，遂废。"今仍为民渡。

任店渡[6]　在任店北。此明以前渡口，至清已废，《开封府志》谓在荥泽，误。

第三节　其　他

洛口[7]　在县东北二十里，即洛入河之口，《书》曰："伊、洛、瀍、涧，既入于河。"即其处也。

黄帝河洛坛[8]　《水经注》："黄帝东巡河过洛，修坛沉璧，受《龙图》于河，《龟书》于洛，赤文篆字。尧帝又循坛河、洛，择良议沉，荣光出河，休气四塞，白云起，回风逝，赤文绿色，广袤九尺，负理罕上，有列星之分、七政之度。《帝王录》记兴亡之数，以授之，又东沉书于日稷，赤光起，元龟负书，背甲赤文成字，遂禅于舜。舜又习尧祀，沉书于日稷，赤光起，元龟负位（当作书），至于稷下，荣光休至，黄龙

---

[1]　《嘉靖荥阳县志》卷之上，第6页。
[2]　《河南历代方志集成》第十一卷《顺治汜志》，第442页。
[3]　《河南历代方志集成》第十二卷《乾隆汜水县志》，第194页。
[4]　《河南历代方志集成》第十四卷《民国河阴县志》，第199页。
[5]　《河南历代方志集成》第十四卷《民国河阴县志》，第199页。
[6]　《河南历代方志集成》第十四卷《民国河阴县志》，第199页。
[7]　《河南历代方志集成》第六卷《嘉靖巩县志》（民国重刻本），第344页。
[8]　《河南历代方志集成》第七卷《乾隆巩县志》（乾隆五十四年刻本），第353页。

卷甲，舒图坛畔，赤文绿错以授舜。舜以禅禹。殷汤东观于洛，习礼尧坛，降璧三沉，荣光不起，黄鱼双跃，出济于坛，黑乌以浴，随鱼亦上，化为黑玉赤勒之书，黑龟赤文之题也。故《春秋说题词》曰：'河以通乾出天苞，洛以流巛（古文坤字）吐地符，王者沈礼焉。'"《施府志》："《水经注》纪河洛坛于洛汭，以为历代图书并出。其地在巩县洛水入处，则孟津所谓负图河永宁，所谓元沪洛书不得专有之矣。但道元杂引纬书，侈言符瑞，儒者所不道，然谓图书并出于黄帝尧舜之世，则其说必有传也。"

黄帝河洛坛[1]　按，此坛不见经史，郦注《水经》引自纬书，语涉荒渺，不足征信，因删削浮词，仅存其名。

宋任村[2]　《方舆纪要》："元丰初，都水丞范子渊议引洛属汴，遣内侍宋用臣等相视兴役，自任村沙口至河阴瓦亭子，达汴口，接运河，长五十一里。王安石《临川集》任村马铺诗注'任村在巩县东'。"

宋沙口[3]　按，沙口，今俗呼沙峪沟，与任村洛口相连。载《方舆纪要》已见前引洛入汴渠下。

成皋[4]　皋者，始事之辞，一曰局也，又泽也、岸也，又泽畔山也。近水曰皋，当时黄河绕汜之傍，四围如城，近水设邑，故曰成皋。潘安仁赋曰："眺成平之双皋。"平皋在温县东十里，与成皋相偶，斯名焉。

成皋台[5]　即太和山顶，汉管夫人、赵子儿侍高帝游成皋台即此。《旧志》。

制田[6]　去邑城之东二十里。《左传》："鲁成公会尹武公及诸侯伐郑。将行，姜又命公如初。公又申守而行。诸侯之师次于郑西，鲁师次于督阳，不敢过郑。子叔声伯使叔孙豹请逆于晋师，为食于郑郊。师逆以至，声伯四日不食以待之，食使者而后食。"诸侯迁于制田，即制邑之东宽广处也。

东虞[7]　今城西是也，周初地名。《穆天子传》曰："天子射鸟猎兽于郑圃，命虞人掠林。有虎在于葭中，天子将至，七萃之士高奔戎生擒虎而献之，天子命之为押畜之东虞，更地之名曰虎牢。"

古战场[8]　在邑城之东，广武山之原，西自成皋，东至官渡。春秋战国皆兵争于此，汉楚用武，自丙申至乙亥凡百余战，唐晋王击窦建德亦陈兵马。李白有诗咏、李华有《吊古战场》文。

---

[1]　《河南历代方志集成》第八卷《民国巩县志》，第46页。
[2]　《河南历代方志集成》第七卷《乾隆巩县志》（乾隆五十四年刻本），第348页。
[3]　《河南历代方志集成》第七卷《乾隆巩县志》（乾隆五十四年刻本），第349页。
[4]　《河南历代方志集成》第十一卷《顺治汜志》，第326页。
[5]　《河南历代方志集成》第十二卷《乾隆汜水县志》，第193页。
[6]　《河南历代方志集成》第十一卷《顺治汜志》，第438页。
[7]　《河南历代方志集成》第十一卷《顺治汜志》，第438页。
[8]　《河南历代方志集成》第十一卷《顺治汜志》，第439页。

古战场[①] 在邑城东广武山之原,西自成皋,东至官渡。春秋战国皆兵争于此,汉楚用武四载,凡百余战。唐秦王击窦建德亦陈兵焉。李白有《题古战场诗》,若李华所吊乃指边塞战场,《旧志》既误入,又节去长城林胡诸语,是自欺以欺人矣。

古战场[②] 在广武山原、京须间,即楚汉战处。有李白诗。

古战场[③] 在县北二十五里广武山下,楚汉战于京、索间是也。有唐李白咏载《艺文志》。

古战场[④] 在广武山下,即楚汉争战处,唐李白为文吊之,见题咏集。

古战场[⑤] 在广武山下。楚起于彭城,乘胜逐北,与汉战荥阳京、索间。楚骑来众,汉王乃拜灌婴为中大夫,令李必、骆甲为左右校尉,将骑兵击楚骑于荥阳东,大破之,楚以故不能过荥阳而西,相拒数年。汉献帝初平元年,曹操与董卓交战于此。晋惠帝永兴二年十二月,范阳王于刘琨斩石超于此地。

广武[⑥] 古战场也。昔汉与楚相拒连年,一彼一此,互有胜负,汉之濒于危殆者屡矣,楚卒不能越之而西,鸿沟讲解,争先一着,楚局全输,岂非扼吭拊背险固足守地利实使之然欤?阮嗣宗登之而兴叹,李青莲经此而作歌,虽沧桑改易,陵谷变迁,而废垒空城狐踪兔迹仅存一二,犹足动人凭吊之怀。且当是时,数百里间丁壮困军旅,老弱疲转输,几于民不聊生。今幸生太平无事之世,休养安全,享耕桑井牧之利,妇子聚处,童叟嬉游,穆然见山高而水清,伊谁之赐哉?试为访其陈迹,纪其遗事,而不禁俯仰流连于其际也。志古迹。

板渚[⑦] 去邑城东北二十里,隋炀帝自此引河入汴,发丁夫百万开决焉。

板渚[⑧] 在邑城东北二十里。《水经注》:"河水过成皋而东,合汜水,又东,经板城北,有津,谓之板城渚口。又东过荥阳县,蒗荡渠出焉。"隋大业间开通济渠,自板渚引河,历荥阳入汴,堤傍树柳,谓之隋堤柳。唐王泠然诗:"隋家天子忆扬州,厌坐深宫傍海游。穿地凿山开御路,鸣笳伐鼓泛春流。流从巩北河汾口,直到淮南种官柳。功成力尽人旋亡,运谢年移树空有。当时彩女侍君王,帐殿旌门对柳行。青叶交垂连幔色,白花飞散染衣香。今日摧残何用道,数里曾无一株好。驿骑征帆损更多,山精野魅藏应老。凉风九月露为霜,日夜孤舟入帝乡。河畔时时闻落木,客中无个不沾裳。"刘禹锡诗:"隋堤风景已凄凉,堤下仍多古战场。金镞有苔人拾得,铁衣无土鸟衔将。边

---

① 《河南历代方志集成》第十二卷《乾隆汜水县志》,第193页。
② 《嘉靖荥阳县志》卷之上,第9页。
③ 《河南历代方志集成》第九卷《康熙荥阳县志》,第80页。
④ 《河南历代方志集成》第十卷《顺治荥泽县志》,第245页。
⑤ 《河南历代方志集成》第十卷《康熙荥泽县志》,第300页。
⑥ 《河南历代方志集成》第十一卷《乾隆荥泽县志》,第161页。
⑦ 《河南历代方志集成》第十一卷《顺治汜志》,第439~440页。
⑧ 《河南历代方志集成》第十二卷《乾隆汜水县志》,第194页。

声暗促河声急，柳色遥连日色黄。独上高楼更愁绝，戍鼙惊起雁行行。"《通志》。

鹊渚[1]　去邑城东北三里，唐秦王世民击夏王窦建德屯军处。唐兵围王世充于洛阳，建德悉发孟海公、徐圆朗之众西救洛阳，乃屯兵成皋之板渚，遗秦王书，请退军潼关，返郑侵地，复修前好。世民集将佐议之，记室薛收曰："世充府库充实，所将皆江淮精锐，但乏粮食，故为我持。建德自将远来，亦当极其精锐，若纵之至此，两寇合从，转河北之粟以馈洛阳，则战争方始，混一无期矣。大王亲帅骁锐，先据成皋，以逸待劳，决可克也。建德既破，世充自下不过二旬，两主就缚矣。"世民善之，将骁勇三千五百人东入武牢，陈师鹊渚以御建德。建德迫于武牢，累月不得进战，数不利。凌敬言于建德曰："大王宜悉兵济河，攻取怀州、河阳，使重将守之。益建旗鼓，逾太行，入上党，徇汾晋，趋蒲津，蹈无人之境，则关中震惧，而郑围自解矣。"建德不听，其妻曹氏曰："祭酒之言不可违也。"建德曰："此非女子之所知也。"五月，世民北济，南临广武而还，故留马千余匹牧于河南以疑之。建德悉众出牛口，置阵亘二十余里，自辰至午，士卒饥倦，逡巡欲退，军中谣曰："豆入牛口，势不得久。"世民率轻骑先进，大军继之，直薄其阵。建德中槊坠马，车骑将军杨武威擒之。今其地为洛水经流，大河环之。

荒里[2]　去邑城东北三十里。后唐李存勖如关东，李嗣源遣将石敬瑭以劲兵入据其城，嗣源进取大梁。是日，唐主还荥泽东，命龙骧指挥使姚彦温为前军，彦温叛归嗣源，唐主登广武山上，东望叹曰："吾不济矣。"即令旋师汜水。是夜扈从兵二万五千作变，唐主神色沮丧，军中荒乱，比明，已失万余人矣。

厄井[3]　在城东南七十里，《风俗通》云："汉高祖与项羽战败遁入井中，有鸠止鸣其上，追者以为无人遂得脱，故名。"《北魏书》。

考，《荥阳县志》厄井在县东北二十五里，俗呼蜘蛛井，井傍有高帝庙，井在神座下。按，井一在汜水东南七十里，一在荥阳东北二十五里，判然两地，而事若相类，附记于此。

玉门[4]　去邑城之北三里，广武、大伾左右排闼，故名。汉王与滕公出玉门即此。今玉门古渡为成皋十景之一，有图见于形胜，有诗见于题咏。

玉门[5]　在邑城西北三里，即汜河口，广武、大伾左右排闼，故名。汉高祖因项羽围成皋，独与滕公共车出成皋玉门，北渡河，宿小修武传舍，即此。玉门古渡为成皋十景之一。《旧志》。

玉门[6]　汉高帝渡河处，门已沦于河，今之汜水口，南徙数次矣。

---

[1] 《河南历代方志集成》第十一卷《顺治汜志》，第440页。
[2] 《河南历代方志集成》第十一卷《顺治汜志》，第440～441页。
[3] 《河南历代方志集成》第十二卷《乾隆汜水县志》，第192～193页。
[4] 《河南历代方志集成》第十一卷《顺治汜志》，第442页。
[5] 《河南历代方志集成》第十二卷《乾隆汜水县志》，第193页。
[6] 《河南历代方志集成》第十三卷《民国汜水县志》，第399页。

旋门坂[①]　在虎牢关西，参考王丹君《虎牢关记》。

讲台[②]　即山川中石嘴也，古名石底山。汉儒屈伯彦尝讲业其上，四方学者环列听讲。此地两岸青山，一湾绿水，献奇布秀，直德星聚处也。旧有屈子祠，今改为玉仙庙。

五龙坞[③]　在输场之西，今因满姓者居其下，惟呼为满家沟。《治河通考》曰："河水东迳成皋大伾山下，南对玉门，合汜水，又东迳五龙坞。"即此。

五龙坞[④]　在广武山北济水经流处，今沦于河。

岳阵头[⑤]　在邑城南八里。宋岳飞初为秉义郎，犯法将刑，宗泽一见奇之，曰："此将材也。"会敌兵攻汜水，泽以五百骑授飞，使立功赎罪，飞遂陈兵于此，据其险要大胜而还，升飞为统制而谓之曰："尔智勇材艺，古良将不过，然好野战非万全计。"因授飞阵图，飞由是知名。今人呼为岳神头，又曰岳阵图，盖久传而失字音也。《旧志》。

济渎池[⑥]　在今治东大里村，详前。

孤柏嘴[⑦]　昔有古柏一株，唐秦王避雨树下，同袍无一霑濡，王乃神之，题曰"千岁灵根"，因名其地为孤柏嘴，今沦于河。

东虢[⑧]　北虢在大阳，东虢在荥阳，西虢在雍州。

甬道[⑨]　汉军筑之。恐敌抄掠辎重，故筑墙垣如街巷以取敖仓粟。

甬道[⑩]　《前汉书·高帝纪》："筑甬道属河，以取敖仓粟。注应劭曰：'恐敌钞辎重，故筑垣墙如街巷也。'师古曰：'属，联也。'"《宋武北征记》："汉高祖军荥阳，因敖仓傍山，筑道下汴水。"

按，久圮于河，地在东北山阴。

楚汉战场[⑪]　在县东南十五里索水上。史称楚与汉大战京、索间，即此。其地平旷可以用武，故为楚汉逐鹿之区。起丙申，至己亥，前后凡数百战，尸横盈野，索水为赤。

运斗台[⑫]　在运斗峪上，汉张子房观星望气之所。世传汉楚割鸿沟，约中分天下，汉王欲西归，子房乃仰观天象，知楚气当尽，因劝汉王曰："汉有天下大半，楚兵疲食

---

① 《河南历代方志集成》第十三卷《民国汜水县志》，第399页。
② 《河南历代方志集成》第十一卷《顺治汜志》，第442页。
③ 《河南历代方志集成》第十一卷《顺治汜志》，第443页。
④ 《河南历代方志集成》第十三卷《民国汜水县志》，第399页。
⑤ 《河南历代方志集成》第十二卷《乾隆汜水县志》，第197页。
⑥ 《河南历代方志集成》第十三卷《民国汜水县志》，第399页。
⑦ 《河南历代方志集成》第十三卷《民国汜水县志》，第399页。
⑧ 《汉书》卷二十八上《地理志第八上》，第1549页。
⑨ 《嘉靖荥阳县志》卷之上，第8页。
⑩ 《河南历代方志集成》第十四卷《民国河阴县志》，第193页。
⑪ 《河南历代方志集成》第十四卷《康熙河阴县志》，第43页。
⑫ 《河南历代方志集成》第十四卷《康熙河阴县志》，第43~44页。

尽，今释弗击，所谓养虎自遗患也。"汉王从之，乃追项籍至固陵，围籍垓下，籍走自杀，楚地悉定。

黄石场[①]　《水经注》："石门石铭云建宁四年十一月黄石场也。"

秦王顶[②]　在城西北二十里。《申志》："广袤数亩，既平且阔，唐太宗驱建德处也。"《开封府志》："在河阴县西街头保，秦王世民屯兵处。"《河南通志》："河阴西北，平阔数亩，唐太宗驱窦建德处，今有秦王砦。"

按，《通鉴》："建德自板渚出牛口置陈，北距大河，西薄汜水，南属鹊山，亘二十里，鼓行而进。建德中槊，窜匿于牛口渚。"此顶在牛口北，非太宗屯兵处，乃战时驱建德处也。

五龙坞[③]　《水经注》："河水又东，迳五龙坞北。"

按，当在今滨河地。

汴口[④]　见河渠。

按，始见于《水经注》，至《宋史》而名犹存，以前即荥口地。胡氏曰："蒗荡渠南出为汴水。"汉之荥口石门即其地，后移而西，略当石门，左右而不一定，故《宋史》云"河口岁易"。

訾家口[⑤]　《方舆纪要》："在河阴石门之西，近汜水界。"

板城渚口[⑥]　《水经注》："有津，谓之板城渚口。"

按，其地约在广武城北，唐人名乡本此。《太平寰宇记》《困学纪闻》入之汜水，皆不明沿革而误。

柳泉[⑦]　《水经注》："广武山下有水北流入济，世谓之柳泉也。"

衡雍[⑧]　在荥泽城北一十五里。《左传》晋文公败楚师于城濮，遂至衡雍，作王宫于践土。公朝于王所。故城□□台即诸侯会盟处。《通志》。

马头冈[⑨]　在州东北二十五里。元时河决荥邑，此北马头岸也。今其地恒多水患。

---

① 《河南历代方志集成》第十四卷《民国河阴县志》，第193页。
② 《河南历代方志集成》第十四卷《民国河阴县志》，第196~197页。
③ 《河南历代方志集成》第十四卷《民国河阴县志》，第199页。
④ 《河南历代方志集成》第十四卷《民国河阴县志》，第199页。
⑤ 《河南历代方志集成》第十四卷《民国河阴县志》，第199页。
⑥ 《河南历代方志集成》第十四卷《民国河阴县志》，第199页。
⑦ 《河南历代方志集成》第十四卷《民国河阴县志》，第199页。
⑧ 《河南历代方志集成》第十一卷《乾隆荥泽县志》，第161页。
⑨ 《河南历代方志集成》第一卷《康熙郑州志》，第106页。

第五章

人 物

伏羲据河图洛书画八卦，是在黄河郑州段地区留下传说的最早的历史人物。自此以后，轩辕黄帝、唐尧、大禹、太康、后羿，都在黄河郑州段留下了足迹。东汉明帝派王景、王吴治理河患，修渠筑堤，自荥阳东至千乘海口，凡千余里，堤成次年，明帝行幸荥阳，巡行河渠。嗣后，历代帝王或因治水，或因漕运，或因战争，都曾在黄河郑州段地区作短暂停留。

历代为治理河患做出了卓绝贡献的人物也是史不绝载。上起汉之王景、王吴，下到清之靳辅、于成龙，诸多能臣干吏为保黄河郑州段之安澜而费尽心血。另有一些地方官吏，虽然名声不彰，但守土尽责，有的力请上级治理河患，力保一方生民，有的捐资兴修水利，为民造福。

此外，还有一类人物情况非常复杂，难以单独归于一类。他们有的因黄河泛滥、生灵涂炭而为民请命，有的因治水而亡，有的死于水灾。总而言之，他们的人生都受到了黄河的重要影响。

第一节 帝 王

伏羲[①] 元年，河出图，画八卦，造书契。河出图，洛阳、孟津志皆载之，龙马出没，上下不必止于一处也。今按，县东洛口东麓曰图文麓，麓下羲皇池。隋文帝开皇二

[①] 《河南历代方志集成》第六卷《乾隆巩县志》，第416页。

年敕建義聖祠。元譙国公曹铎于祠立河洛书院。帝受图洛口,画卦在陈州无疑也。前志误刊入祥瑞门,今正之。

轩辕氏[①] 五十七年秋七月庚申,凤凰至,帝祭于洛水。《竹书纪年》徐文靖笺云,一本作五十年。

《水经注》:"洛水又东北流,入于河,谓之洛汭。黄帝东巡河,过洛,修坛沉璧,受《龙图》于河,《龟书》于洛,赤文绿字。"

陶唐氏[②] 五十三年,帝祭于洛。《竹书纪年》徐笺按,《通鉴》注曰:"洛水源出西安府洛南县冢岭山,东流经卢氏、永宁、宜阳、洛阳、偃师、巩等县入河。"

《水经注》:"尧帝修坛河洛,择良议沉,荣光出河,休气四塞,白云起,回风逝,赤文绿色,广袤九尺,负理平上,有列星之分、七政之度。《帝王录》记兴亡之数,以授之尧。又东沉书于日稷,赤光起,元龟负书,背甲赤文成字,遂禅于舜。"

按,沈约注:"在七十年,帝使四月锡虞舜命之下意。"郦因《尚书中候》有修坛河洛之文,应系之此年祭洛之下。

唐帝尧[③] 七十有八载,神龟负文出于洛。今按,洛过洛汭入于河,神龟负文事在巩无遗迹,当以洛阳志为是。一百有二载,舜避尧之子于南河之南。今按,尧都平阳南河之南,宜在河南境。今县北南河渡传为舜避处,据禹避阳城在登封南河之南,在巩宜无疑。《荒史》:"尧舜禹汤,受图俱在河洛。"前志列在河洛瑞应条内。

禹[④] 七十五年,司空禹治河。《竹书纪年》。《禹贡》:"导河,东过洛汭。"胡渭《锥指引传》曰:"洛汭,洛入河处。"正义曰:"洛入河处,河南巩县东也。"渭按,杜元凯云水曲流为汭,盖洛水自故洛阳城南东流,至偃师县东南折而北,迳巩县东,又北入于河,谓曲流为汭,亦无不可也。

夏[⑤] 大禹导河洛。

太康[⑥] 畋于洛表。《竹书纪年》。徐笺按,《夏书》曰:"太康尸位,以逸豫,乃盘游无度,畋于有洛之表,十旬弗返。有穷后羿因民弗忍,距于河。"

帝履癸[⑦] 四十有二岁,夏王桀囚商汤于夏台,既而释之。《广兴纪》云:"夏台在巩县。"《大纪》曰:"昔先王之田也,河三面而驱之,顺驱不逐,逆驱则杀,所以致天物不惟务获而已也。是时田者张纲四面合围以殄天物,于是成汤出田命去纲三面,曰欲左者左,欲右者右,惟不用命者乃入吾网,复古制也。汉南诸侯□之曰:'汤仁及

---

① 《河南历代方志集成》第八卷《民国巩县志》,第62页。
② 《河南历代方志集成》第八卷《民国巩县志》,第62~63页。
③ 《河南历代方志集成》第六卷《乾隆巩县志》,第416页。
④ 《河南历代方志集成》第八卷《民国巩县志》,第63页。
⑤ 《河南历代方志集成》第六卷《乾隆巩县志》,第416页。
⑥ 《河南历代方志集成》第八卷《民国巩县志》,第63页。
⑦ 《河南历代方志集成》第六卷《乾隆巩县志》,第417页。

禽兽，而况于人乎？皆归心焉。'桀疾其大得，诸侯和也，召之囚于重泉夏台，已而释之。其后汤伐桀，遂放焉，桀谓人曰：'吾悔不杀汤于夏台，使至此！'"贾谊《新书》及《史记》所载与此小异，今从《大纪》。

汉明帝[①]（永平十三年）夏四月，汴渠成。辛巳，行幸荥阳，巡行河渠。乙酉，诏曰："自汴渠决败，六十余岁，加顷年以来，雨水不时，汴流东侵，日月益甚，水门故处，皆在河中，漭瀁广溢，莫测圻岸，荡荡极望，不知纲纪。今兖、豫之人，多被水患，乃云县官不先人急，好兴它役。又或以为河流入汴，幽、冀蒙利，故曰左堤强则右堤伤，左右俱强则下方伤，宜任水势所之，使人随高而处，公家息壅塞之费，百姓无陷溺之患。议者不同，南北异论，朕不知所从，久而不决。今既筑堤理渠，绝水立门，河、汴分流，复其旧迹，陶丘之北，渐就壤坟，故荐嘉玉洁牲，以礼河神。东过洛汭，叹禹之绩。今五土之宜，反其正色，滨渠下田，赋与贫人，无令豪右得固其利，庶继世宗《瓠子》之作。"因遂度河，登太行，进幸上党。壬寅，车驾还宫。

汉顺帝[②] 阳嘉元年二月甲戌，诏曰："政失厥和，阴阳隔并，冬鲜宿雪，春无澍雨。分祷祈请，靡神不策。深恐在所慢违'如在'之义。今遣侍中王辅等，持节分诣岱山、东海、荥阳、河、洛，尽心祈焉。"

济水，四渎之一，至河南溢为荥泽，故于荥阳祠焉。《后汉书》。

刘裕[③]（义熙十三年）十一月，前将军刘穆之卒，以左司马徐羡之代掌留任。大事昔所决于穆之者，皆悉以谘。公（刘裕）欲息驾长安，经略赵、魏，会穆之卒，乃归。十二月庚子，发自长安，以桂阳公义真为安西将军、雍州刺史，留腹心将佐以辅之。闰月，公自洛入河，开汴渠以归。

隋文帝[④]（开皇四年）六月庚子，降囚徒。壬子，开通济渠，自渭达河，以通运漕。甲寅，制官人非战功不授上柱国以下戎官。以雍、同、华、岐、宜五州旱，命无出今年租调。戊午，秦王俊来朝。

隋炀帝[⑤] 炀帝即位，是时户口益多，府库盈溢，乃除妇人及奴婢部曲之课。男子以二十二成丁。始建东都，以尚书令杨素为营作大监，每月役丁二百万人。徙洛州郭内人及天下诸州富商大贾数万家，以实之。新置兴洛及回洛仓。又于皂涧营显仁宫，苑囿连接，北至新安，南及飞山，西至渑池，周围数百里。课天下诸州，各贡草木花果，奇禽异兽于其中。开渠，引穀、洛水，自苑西入，而东注于洛。又自板渚引河，达于淮海，谓之御河。河畔筑御道，树以柳。又命黄门侍郎王弘、上仪同于士澄，往江南诸州采大

---

① 《后汉书》卷二《显宗孝明帝纪第二》，第116页。
② 《河南历代方志集成》第十一卷《乾隆荥泽县志》，第168页。
③ 《宋书》卷二《本纪第二》，第43~44页。
④ 《北史》卷十一《隋本纪上第十一》，第410页。
⑤ 《隋书》卷二十四《志第十九》，第686页。

木，引至东都。所经州县，递送往返，首尾相属，不绝者千里。而东都役使促迫，僵仆而毙者，十四五焉。每月载死丁，东至城皋，北至河阳，车相望于道。时帝将事辽、碣，增置军府，扫地为兵。自是租赋之入益减矣。

隋炀帝[①]　（大业元年）三月丁未，诏尚书令杨素、纳言杨达、将作大匠宇文恺营建东京，徙豫州郭下居人以实之。戊申，诏曰："听采舆颂，谋及庶民，故能审政刑之得失。是知昧旦思治，欲使幽枉必达，彝伦有章。而牧宰任称朝委，苟为徼幸以求考课，虚立殿最，不存治实，纲纪于是弗理，冤屈所以莫申，关河重阻，无由自达。朕故建立东京，躬亲存问。今将巡历淮海，观省风俗，眷求谠言，徒繁词翰，而乡校之内，阙尔无闻。惕然夕惕，用忘兴寝。其民下有知州县官人政治苛刻，侵害百姓，背公徇私，不便于民者，宜听诣朝堂封奏，庶乎四聪以达，天下无冤。"又于皁涧营显仁宫，采海内奇禽异兽草木之类，以实园苑。徙天下富商大贾数万家于东京。辛亥，发河南诸郡男女百余万，开通济渠，自西苑引谷、洛水达于河，自板渚引河通于淮。庚申，遣黄门侍郎王弘、上仪同于士澄往江南采木，造龙舟、凤䲚、黄龙、赤舰、楼船等数万艘。

隋炀帝[②]　隋大业元年八月，帝行幸江都，自漕渠出洛口，御龙舟。《资治通鉴》。《大业杂记》曰："车驾幸江都，自漕渠口下，乘小朱航行，次洛口，御龙舟，皇后御翔螭舟。其龙舟高四十五尺，阔五十尺，长二百尺，四重。上一重有正殿、内殿、东西朝堂，周以轩廊。中二重有一百六十房，皆饰以丹粉，妆以金碧朱翠，雕刻奇丽，缀以流苏、羽葆、朱丝、网络。下一重长秋、内侍及乘舟水手，以素丝大条绳六条，两岸引进。其引船人，并名殿脚，一千八十人，俱著杂锦、采妆、袄子、行缠、鞋袜等，分为三番。皇后御次水殿，名翔螭，其殿脚有九百人；又有小水殿九，名浮景舟；并三重，朱丝缨络。已下殿脚为两番，番一百人。诸嫔妃乘大朱航三十六，名漾彩船，并两重，加缨络。殿脚百人。又有朱鸟船、苍龙船、白虎船、玄武船各二十四，其驾船人名船脚。又有飞羽船六十、青凫舸十、凌波舸十，宫人习水手者乘之。又有五楼船、三楼船、二楼船、板榻、黄篾舫，并给黄衣夫。又有平乘五百艘、青龙五百艘、艨艟五百艘、八櫂舸二百艘、舴艋舸二百艘，并十二卫兵所乘，载兵器帐幕。兵士自乘，不给夫。"发洛口部。

隋炀帝[③]　（大业七年）二月己未，上升钓台，临扬子津，大宴百僚，颁赐各有差。庚申，百济遣使朝贡。乙亥，上自江都御龙舟入通济渠，遂幸于涿郡。壬午，诏曰："武有七德，先之以安民。政有六本，兴之以教义。高丽高元，亏失藩礼，将欲问罪辽左，恢宣胜略。虽怀伐国，仍事省方。今往涿郡，巡抚民俗。其河北诸郡及山西、山东年九十已上者，版授太守；八十者，授县令。"

---

① 《隋书》卷三《帝纪第三》，第63~64页。
② 《河南历代方志集成》第八卷《民国巩县志》，第71页。
③ 《隋书》卷三《帝纪第三》，第75~76页。

隋炀帝[1]　大业十二年七月，帝幸江都，次巩县。《资治通鉴》。虞世基以盗贼充斥，请发兵屯洛口仓，帝曰："卿是书生，定犹怔怯。"车驾至巩，敕有司移箕山、公路二府于仓内，仍令筑城以备不虞。胡三省注曰："《新唐志》河南有府三十九，有巩洛府，无箕山、公路二府，疑移于仓内，后遂并为巩洛府也。"

第二节　治水能臣

王景[2]　字仲通，乐浪讲邯人也。……初，平帝时，河、汴决坏，未及得修。建武十年，阳武令张汜上言："河决积久，日月侵毁，济渠所漂数十许县。修理之费，其功不难。宜改修堤防，以安百姓。"书奏，光武即为发卒。方营河功，而浚仪令乐俊复上言："昔元光之间，人庶炽盛，缘堤垦殖，而瓠子河决，尚二十余年，不即拥塞。今居家稀少，田地饶广，虽未修理，其患犹可。且新被兵革，方兴役力，劳怨既多，民不堪命。宜须平静，更议其事。"光武得此遂止。后汴渠东侵，日月弥广，而水门故处，皆在河中，兖、豫百姓怨叹，以为县官恒兴佗役，不先民急。永平十二年，议修汴渠，乃引见景，问以理水形便。景陈其利害，应对敏给，帝善之。又以尝修浚仪，功业有成，乃赐景《山海经》、《河渠书》、《禹贡图》，及钱帛衣物。夏，遂发卒数十万，遣景与王吴修渠筑堤，自荥阳东至千乘海口千余里。

王吴[3]　（永平十二年）夏四月，遣将作谒者王吴修汴渠，自荥阳至于千乘海口。

傅祗[4]　字子庄。父嘏，魏太常。祗性至孝，早知名，以才识明练称。武帝始建东宫，起家太子舍人，累迁散骑黄门郎，赐爵关内侯，食邑三百户。母忧去职。及葬母，诏给太常五等吉凶导从。其后诸卿夫人葬给导从，自此始也。服终，为荥阳太守。自魏黄初大水之后，河济泛溢，邓艾尝著《济河论》，开石门而通之，至是复浸坏。祗乃造沉莱堰，至今兖豫无水患，百姓为立碑颂焉。寻表兼廷尉，迁常侍、左军将军。

阎毗[5]　高昌王朝于行所，诏毗持节迎劳，遂将护入东都。寻以母忧去职。未期，起令视事。将兴辽东之役，自洛口开渠，达于涿郡，以通运漕。毗督其役。

李巽[6]　字令叔，赵郡人。……旧制，每岁运江淮米五十万斛抵河阴，久不盈其数，唯巽三年登焉。迁兵部尚书，明年改吏部尚书，使任如故。

---

[1]　《河南历代方志集成》第八卷《民国巩县志》，第72页。
[2]　《后汉书》卷七十六《循吏列传第六十六》，第2464～2465页。
[3]　《后汉书》卷二《显宗孝明帝纪第二》，第114页。
[4]　《晋书》卷四十七《列传第十七》，第1330～1331页。
[5]　《隋书》卷六十八《列传第三十三》，第1595页。
[6]　《旧唐书》卷一百二十三《列传第七十三》，第3521～3522页。

胡规[1]　兖州人。初事朱瑾为中军都校。兖州平，署为宣武军都虞候。佐葛从周伐镇、定，从张存敬收晋、绛，皆有功，署为河中都虞候，权盐务。天复中，太祖迎驾在岐下，以规权知洺州。昭宗还长安，诏授皇城使。及东迁，以为御营使。驾至洛，授内园庄宅使。天祐三年，佐李周彝讨相州，独当州之一面，颇以功闻，军还，权知耀州事。明年，讨沧州，为诸军壕寨使。太祖受禅，除右羽林统军，寻佐刘鄩统兵收潼关，擒刘知浣献之，乃以为右龙虎统军兼侍卫指挥使。乾化元年，诏修洛河堤堰，军士因之斩伐百姓园林太甚，河南尹张宗奭奏之，规得罪，赐死。

罗绍威[2]　绍威尝以临淄、海岱罢兵岁久，储庾山积，唯京师军民多而食益寡，愿于太行伐木，下安阳、淇门，斫船三百艘，置水运自大河入洛口，岁漕百万石，以给宿卫，太祖深然之。会绍威遘疾革，遣使上章乞骸骨，太祖抚案动容，顾使者曰："亟行语而主，为我强饭，如有不可讳，当世世贵尔子孙以相报也。"

宋雄[3]　幽州人。初与琪齐名燕、蓟间，谓之"二宋"。

雄仕契丹为应州从事。雍熙三年，王师北伐，雄与其节度副使艾正以城降，授正本州观察使，以雄为鸿胪少卿同知州事。改光禄少卿，历知均、唐二州。未几，护河阴屯兵，以知河渠利害，因命领护汴口，均节水势，以达转漕，京师赖之。改太子詹事，复为光禄少卿，迁将作监。所至职务修举，公私倚任焉。

举元[4]　字懿臣，以上父章赐进士出身。……为河阴发运判官。或言大河决，将犯京师。举元适入对，具论地形证其妄，已而果然。

叶清臣[5]　时清臣以河北乏兵食，自汴漕米籴河阴输北道者七十余万；又请发大名库钱，以佐边籴。而安抚使贾昌朝格诏不从，清臣固争，且疏其跋扈不臣。宰相方欲两中之，乃徙昌朝郑州，罢清臣为侍读学士、知河阳。卒，赠左谏议大夫。

周莹[6]　瀛州景城人。右领军卫上将军景之子也。景家富财，好交结，历事唐、汉、周。习水利，尝浚汴口，导郑州郭西水入中牟渠，修滑州河堤，累迁至是官。

刘湜[7]　字子正，徐州彭城人。……起为河东转运使，迁户部员外郎，复为盐铁副使兼领河渠事。汴水绝，凿河阴新渠，通漕运如故。

昌言[8]　字仲谟，以荫为泽州司理参军。州有杀人狱，昌言疑其冤，坚请迹捕，果得真犯者。稍迁河阴发运判官。自济源之官，见道上弃尸若剐剥状者甚众，窃叹郡县之不

---

[1]　《旧五代史》卷十九《梁书十九·列传第九》，第264页。
[2]　《旧五代史》卷十四《梁书十四·列传第四》，第190～191页。
[3]　《宋史》卷二百六十四《列传第二十三》，第9132页。
[4]　《宋史》卷二百六十六《列传第二十五》，第9188页。
[5]　《宋史》卷二百九十五《列传第五十四》，第9855页。
[6]　《宋史》卷二百六十八《列传第二十七》，第9226页。
[7]　《宋史》卷三百四《列传第六十三》，第10075页。
[8]　《宋史》卷二百九十一《列传第五十》，第9737～9738页。

治。既至河阴，得凶盗六辈，杀人而鬻之，如是十余年，掩其家，犹得执缚未杀者七人。县吏与市井少年共为肢橐，昌言穷治其渊薮，皆法外行之，而流其家人。擢都水监丞。

熙宁初，河决枣强而北。昌言建议，欲于二股河口西岸新滩，立土约障水，使之东流。候稍深，即断北流，纵出葫卢下流，以除恩、冀、深、瀛水患。诏从之。提举河渠王亚以为不可成，不如修生堤。朝廷遣翰林学士司马光往视，如昌言策。不两月，决口塞。光奏昌言独有功，若与同列均受赏，恐不足以劝。诏理提点刑狱资序，迁开封府推官、同判都水监。汴水涨，昌言请塞訾家口。已而汴流绝，监丞侯叔献唱为昌言罪，昌言惧，求知陕州。历濮、冀二州。河决曹村，召判都水监，往护河堤。灵平埽成，转少府监。卒，赠绢二百匹。

谢德权[①] 又命提总京城四排岸，领护汴河兼督辇运。前是，岁役浚河夫三十万，而主者因循，堤防不固，但挑沙拥岸址，或河流泛滥，即中流复填淤矣。德权须以沙尽至土为垠，弃沙堤外，遣三班使者分地以主其役。又为大锥以试筑堤之虚实，或引锥可入者，即坐所辖官吏，多被谴免者。植树数十万以固岸。建议废京师铸钱监，徙西窑务于河阴，大省劳费。改崇仪副使，兼领东西八作司。

张君平[②] 字士衡，磁州滏阳人。……谢德权荐君平河阴窑务，擢阁门祗候，管勾汴口。建言："岁开汴口，当择其地；得其地，则水湍驶而无留沙，岁可省功百余万。"又请沿河县植榆柳，为令佐、使臣课最，及瘗汴河流尸。悉从其言。

郭谘[③] 谘尝谓：作汴乘索河三十六陂之流，危京师，请自巩西山七里店孤柏岭下凿七十里，导洛入汴，可以四时行运。诏都水监杨佐同往计度。归，未及论功而卒。

康德舆[④] 字世基，河南洛阳人。……天圣中，使夏州。……还，勾当汴口，改西头供奉官。用枢密使曹利用荐，迁内殿崇班、河阴兵马都监，建沿汴斗门以节水。会积雨，汴水将溢，德舆请自京西导水入护龙河，水得不溢。

杨佐[⑤] 字公仪，本唐靖恭诸杨后，至佐，家于宣。……累迁河阴发运判官，干当河渠司。皇祐中，汴水杀溢不常，漕舟不能属。佐度地凿渎以通河流，于是置都水监，命佐以盐铁判官同判。

余良肱[⑥] 改知明州。朝廷方治汴渠，留提举汴河司。济水淀淤，流且缓，执政主狭河议。良肱谓："善治水者不与水争地。方冬水涸，宜自京左浚治，以及畿右，三年，可使水复行地中。"弗听。又议伐汴堤木以资狭河。良肱言："自泗至京千余里，江、淮漕卒接踵，暑行多病喝，藉荫以休。又其根盘错，与堤为固，伐之不便。"屡争不能

---

① 《宋史》卷三百九《列传第六十八》，第10166页。
② 《宋史》卷三百二十六《列传第八十五》，第10525页。
③ 《宋史》卷三百二十六《列传第八十五》，第10532页。
④ 《宋史》卷三百二十六《列传第八十五》，第10536页。
⑤ 《宋史》卷三百三十三《列传第八十五》，第10695页。
⑥ 《宋史》卷三百三十三《列传第八十五》，第10716页。

得，乃请不与其事。执政虽怒，竟不为屈。改太常少卿、知润州，迁光禄卿、知宣州，治为江东最。

范祖述[①]　知巩县，凿南山导水入洛，县无水患，文彦博称其能。

乔执中[②]　改提点京西北路刑狱。时河决广武，埽危甚，相聚莫敢登。执中不顾，立其上，众随之如蚁附，不日埽成。

谢文瓘[③]　字圣藻，陈州人。……绍圣末，都水使者议建广武四埽石岸，朝廷命先治岸数十步，以验其可否。黄流湍悍，役人多死，一方甚病，功不可成，而使者申前说愈力。文瓘条别利害，罢其役。

韩通[④]　并州太原人。周祖亲征兖州，以通为在京右厢都巡检。时河溢，灌河阴城，命通率广锐卒千二百浚汴口，又部筑河阴城，创营壁。

蔺芳[⑤]　（洪武）十年，河决阳武，灌中牟、祥符、尉氏，遣芳按视。芳言："中盐堤当暴流之冲，请加筑塞。"又言："自中滦分导河流，使由故道北入海，诚万世利。"又言："新筑岸埽，止用草索，不能坚久。宜编木成大囷，贯桩其中，实以瓦石，复以木横贯桩表，牵筑堤上，则杀水固堤之长策也。"诏悉从之。其后筑堤者遵用其法。

陈幼学[⑥]　字志行，号筠塘，直隶无锡人，万历十七年进士。令确山越二载，以才堪治繁，调中牟。幼学少负才名，及居官，优于恤民，俭于自奉，囊无尺帛，食无重蔬，凛然有冰蘖声。莅政惟勤惟慎，兴利除害，凡有益于民者，靡不竭力以图之。牟地卑下，近黄河，岁遇淫潦，民田尽没，幼学相度地势，浚河沟一百九十六道，泄水归于大泽，又筑堤十四道以卫大泽之泛溢，工三月告竣。城内外地多间旷，募贫民，给工费，盖屋六百余间，半为内防，半为外护，招流亡以居之。建仓廒三十余间，劝民积谷，三年之内得谷万二千有奇，贮以备饥。邑志漫灭，重加纂修。建社学，选教读数十人散处四村，厚其廪给，以课子弟之俊秀者。他如城池、学校、公署、桥梁、馆驿、铺舍，以至祀神之祠，山川社稷之坛壝，无一不撤旧而更新之。尝从两隶骑羸马，裹数十日粮，巡行阡陌，披星出入，不以为劳。居官五载，夙夜匪懈，秩报满，以优擢去。历官至郡守。牟人至今颂其德，以为前有乔后有陈，无异于昔日之召父杜母云。

陈三益[⑦]　会稽人，崇祯十五年以太学生准贡，授中牟丞。当流寇披猖，中州云扰，三益莅任，与长令协力防守，他邑皆破，牟独免。上台以三益有御侮才，檄署通许篆，

---

① 《宋史》卷三百三十七《列传第九十六》，第10793页。
② 《宋史》卷三百四十七《列传第一百六》，第11018页。
③ 《宋史》卷三百五十四《列传第一百十三》，第11159~11160页。
④ 《宋史》卷四百八十四《列传二百四十三》，第13968页。
⑤ 《明史》卷一百五十三《列传第四十一》，第4005~4006页。
⑥ 《河南历代方志集成》第五卷《同治中牟县志》，第359页。
⑦ 《河南历代方志集成》第五卷《乾隆中牟县志》，第109页。

数月政声大著。继又摄仪封事,时寇氛愈炽,决黄河水灌汴城,中牟亦陷于寇。三益在仪封,力保孤城,日夜登陴,亲冒锋镝。贼声言破仪封必尽屠邑之民,三益誓不与贼俱生,乃下令城中有言降者斩以徇。内守愈严,外攻愈急,有奸民哄然起献城,三益竟以身殉。

赵耀奎[①] 郑州人,明崇祯中拔贡生,本朝官□□□判。幼失恃,三年不饮酒茹荤。明末流寇猖獗,耀奎输赀助州守氅城,及贼薄城下,耀奎亲□□夫、逻卒,劳以酒食,众咸奋,无不一当百,城获全。州东北正当贾鲁河下,流民被水患,耀奎捐筑堤埂,延袤十里,至今便之。初任山东范县,兵燹之余,凋敝殊甚,力劝耕凿,渐至富庶。后迁泉州同知,以劳卒。康熙元年祀乡贤。《通志》。

徐潮[②] （康熙四十二年）潮与川陕总督博霁会勘三门砥柱,语见《博霁传》。又别疏言:"汴水通淮,一自中牟东经祥符至宿迁,湮塞已久;一自中牟东南经尉氏至太和,今名贾鲁河,尚可通流:请量加疏浚。郑州北别有支河,旧迹尚存,若于此建闸,使汴与洛通,尤为民便。"上从之。

陈鹏年[③] （康熙）六十年,命随尚书张鹏翮勘山东、河南运河,时河决武涉县马营口,自长垣直注张秋,命河督赵世显塞之。议久不决,鹏年疏言:"黄河老堤冲决八九里,大溜直趋溢口,宜于对岸上流广武山下别开引河,更于决口稍东亦开引河,引溜仍归正河,乃可堵筑。"奏入称旨。世显罢,即命鹏年署河道总督。六十一年,马营口既塞复决,鹏年谓:"地势低洼,虽有引河,流不能畅。惟有分疏上下,杀其悍怒。请于沁、黄交汇对岸王家沟开引河,使水东南行,入荥泽正河,然后堤工可成。"诏如议行。先是,马营决口因桃汛流激,难以程工;副都御史牛钮奉命阅河,奏于上流秦家厂堵筑,工甫竟,而南坝尾旋决一百二十余丈,入马营东下。鹏年与巡抚杨宗义谋合之。既,北坝尾复溃百余丈,鹏年乃建此议。世宗即位,命真除。时南北坝尾合而复溃者四,至是以次合龙,而马营口尚未塞。鹏年止宿河堧,寝食俱废,寖羸惫。雍正元年,疾笃,遣御医诊视。寻卒,上闻,谕曰:"鹏年积劳成疾,没于公所。闻其家有八旬老母,室如悬罄。此真鞠躬尽瘁、死而后已之臣。"褒锡甚至。赐帑金二千,锡其母封诰,视一品例荫子,谥恪勤。祀河南、江宁名宦。

靳辅[④] （康熙二十四年）九月,辅疏报赴河南勘黄河两岸,请筑考城、仪封、封邱、荥泽堤埂,下部议行。成龙议疏海口泄积水,辅谓下河地卑于海五尺,疏海口引潮内侵,害滋大;议自高邮东车逻镇筑堤,历兴化白驹场,束所泄水入海,堤内涸出田亩,丈量还民,余招民屯垦,取田价偿工费。疏闻,上谓取田价恐累民,未即许。

---

① 《河南历代方志集成》第一卷《乾隆郑州志》,第383页。
② 《清史稿》卷二百七十六《列传第六十三》,第10070页。
③ 《清史稿》卷二百七十七《列传第六十四》,第10094~10095页。
④ 《清史稿》卷二百七十九《列传第六十六》,第10119~10120页。

于成龙[1]　（康熙）三十三年，召诣京师，疏言运河自通州至峄县，黄河自荥泽至砀山，堤卑薄者皆宜加筑高厚，并高家堰诸处改石工，毛城铺诸处疏引河，及清江浦迤下并江都、高邮诸堤工，策大举修治。别疏请设道员以下各官，又计工费，请开捐例，减成核收，并推广休革各员，上至布政使，皆得捐复。上召成龙入，问："开捐例得无累民？"成龙言："无累。"谓益力，上廷折之，成龙乃请罪。上因问："尔尝短靳辅，谓减水坝不宜开，今果何如？"成龙曰："臣彼时妄言，今亦视辅而行。"廷臣议成龙怀私妄奏，当夺官，上命留任。仍兴举简要各工，乃请先将高家堰土堤改筑石工。

州牧张静斋传（节选）[2]

何源洙　署守

州地北滨黄河，地最洼下，每秋雨连绵，田禾尽没。公甫下车，即访民间疾苦，捐修堤坝，以御水患，薮泽遂成沃壤。

雍正元年，来同砦黄河横溢，庐舍漂没，公决南北故堤，泄水势以救民于此，罢官而卒。

刘统勋[3]　（乾隆十八年）又以河道总督顾琮请于祥符、荥泽诸县建坝，并浚引河，命统勋往勘。统勋议择地培堤坝，引河上无来源，中经沙地，易淤垫，当罢，上从之。

胡宝瑔[4]　河屡决，山东、河南、安徽诸州县多积水。上遣侍郎裘曰修会诸省督抚疏治。宝瑔与曰修会勘，疏言："河南干河有四：贾鲁、惠济、涡河、巴沟。巴沟在商丘为丰乐河，在夏邑为响河，在永城为巴河。今拟疏浚加宽深，以最低处为率。惠济上游在中牟、祥符诸县，下游在柘城、鹿邑诸县，今亦拟加宽深，以六七丈为率。贾鲁自中牟以下有惠济分流，自朱仙镇以下，截沙湾，塞决口，拓旧堤。涡河自通许青冈为燕城河，上游应加宽，下游应加深。鹿邑以下本已宽深，当增筑月堤。支河应浚者，商丘北沙、洪沟二河为支中之干，余大小支河，分要工、次工、缓工，次弟兴修。"（乾隆）二十三年，上谕曰："河南灾区积困，宝瑔不辞劳瘁，能体朕意，尽力调剂，以苏穷民，甚可嘉也！"寻加太子少傅。诸工皆竟，上御制《中州治河碑》，褒宝瑔、曰修，语并见《曰修传》。

二十五年，疏言："河北诸水，卫河为大。雍正间，河督嵇曾筠于汲、淇、浚、汤阴、内黄诸县建草坝二十六，今已渐次淤垫。臣相度疏筑，俾一律深通。请定为三年一小修、五年一大修。"上可其奏。是冬，调江西。二十六年，河决杨桥。复调还河南。疏言："贾鲁、惠济二河在中牟境内，逼近杨桥。贾鲁受黄水南徙，至祥符时家冈仍入故道，今已成河。当将分者截之使合，浅者疏之使深，两岸多挑渠港，增筑堤堰，自成

---

[1]　《清史稿》卷二百七十九《列传第六十六》，第10126页。
[2]　《河南历代方志集成》第二卷《民国郑县志》（民国五年刻本），第317页。
[3]　《清史稿》卷三百二《列传第八十九》，第10464~10465页。
[4]　《清史稿》卷三百八《列传第九十五》，第10592~10593页。

河道。惠济自两闸至冈头桥已淤断，而冈头桥至十里坡贾鲁河不过四五里。即于十里坡建滚水坝，导由冈头桥入惠济，以分贾鲁之势，而惠济亦复故道。"上褒为事半功倍。

嵇曾筠[①]　康熙四十五年进士，选庶吉士，授编修。累迁侍讲。雍正元年，直南书房，兼上书房。擢左佥都御史，署河南巡抚，即充乡试考官。迁兵部侍郎。河决中牟刘家庄、十里店诸地。诏往督筑，逾数月，工竟。二年春，奏言："黄、沁并涨，漫溢铫期营、秦家厂、马营口诸堤。循流审视，穷致患之由。见北岸长沙滩，逼水南趋，至仓头口，绕广武山根，逶迤屈曲而下。官庄峪又有山嘴外伸，河流由西南直注东北，秦家厂诸地顶冲受险。请于仓头口对面横滩开引河，俾水势由西北而东南，毋令激射东北，并培钉船帮大坝，更于上下增筑减水坝，秦家厂诸地险势可减。"又与河督齐苏勒会奏培两岸堤，北起荥泽，至山东曹县；南亦起荥泽，至江南砀山：都计十二万三千余丈。皆从之。

授河南副总河。驻武陟。疏言："郑州大堤石家桥迤东大溜南趋，应下埽签桩，复于埽湾建矶嘴坝一。中牟拉牌寨黄流逼射，应下埽护岸，建矶嘴挑水坝二。穆家楼堤工坐冲，亦应下埽加镶。阳武北岸祥符珠水、牛赵二处堤工，近因中牟迤下，新长淤滩，大溜北趋成冲，应顺埽加镶。"又言："小丹河自辛句口至河内清化镇水口二千余里。昔人建闸开渠，定三日放水济漕，一日塞口灌田。日久闸夫卖水阻运，请严饬。仍用官三民一之法，违治其罪。"又言："祥符南岸回回寨对面淤滩直出河心，致河势南趋逼省城。请于北岸旧河身浚引河，导水直行。"上谕苏勒用（嵇）曾筠议。四年，奏卫河水盛，请于汲、汤阴、内黄、大名诸县筑草坝二十七。又请培郑州薛家集诸处埽坝。

裘曰修[②]　曰修至河南，偕巡抚胡宝瑔疏陈："黄河南岸，自荥泽以下诸水，东入睢，东南入淮，皆浅阻不能宣泄。东境干河，在商丘为丰乐河，在夏邑为响河，在永城为巴河，实即一水，次则贾鲁河，又次则惠济河、涡河，皆当疏浚。自永城至汝宁府支河当施工者凡十二，导积水自支河入于干河。其不能达者，或多作沟渠，或停为薮泽，潢汙野潦，有所约束而不为民害。"

李宏[③]　（乾隆）三十年，调江南河道总督。上以宏初自监司擢用，道厅以下多同官，虑有瞻徇，命高晋统理南河，留宏协理河东总河。奏言："黄河至河南武陟、荥泽始有堤防，丹、沁二水自武陟木栾店汇入，伊、洛、瀍、涧四水自巩县洛口汇入，设诸水并涨，两岸节节均须防守。臣咨饬陕州于黄河出口处，巩县于伊、洛、瀍、涧入河处，黄沁同知于沁水入河处，各立水志，自桃汛迄霜降，长落尺寸，逐日登记具报；如遇陡涨，飞报江南总河，严督修防。大丹河至河内县丹谷口，旧筑拦河石坝，令由小丹河归卫济运，请不时察验疏令畅达卫河。辉县百泉为卫河之源，苏门山下汇为巨

---

① 《清史稿》卷三百十《列传第九十七》，第10623~10624页。
② 《清史稿》卷三百二十一《列传第一百八》，第10774页。
③ 《清史稿》卷三百二十五《列传第一百十二》，第10856~10857页。

浸。南建三斗门，中为官渠济运，东西为民渠灌田。向例重运抵临清，闭民渠，使泉流尽入官渠。五月后插秧，一日济运，一日灌田。惟民渠石坝失修，泉水旁泄，应令修砌坚实。"均如议行。上以清口节宣未畅，下河田庐易湮，特定高堰五坝水志水高一尺，清口坝拆展十丈。三十一年三月，宏奏言："清口水门因上年霜降后湖水大消，只留十四丈。桃汛将届，应预将东坝拆展，使口门宽二十丈，俾洪湖及早腾空，预留容纳之地。"上嘉之。夏秋间湖水盛涨，续展至五十三丈。

何焻[①] （乾隆）二十六年，以郎中内调。会河决中牟杨桥，上命大学士刘统勋等莅工，以焻从。工竟，留焻驻工防护。

张日晟[②] 河决中牟，值祥符工甫竣，两次灾区二十五州县，附省灾尤重。每驰诣赈所监视，于郊外隙地捐俸构屋，安戢灾黎，遂成村聚。

鲁义[③] 字子正，杨桥人。充河兵，筑马仪、荥泽等工，洊升兰仪泛千总。道光十九年，秋霖泛河，田没岁饥，乃罄橐及仓，惠济里党，旋擢睢宁守备。二十一年，凿祥工引河，赏戴蓝翎。二十三年堵筑牟工，栉沐风雨，呕血而卒。蒙奏奉旨照阵亡例赐恤。

辛得成[④] 字懋修，中河把总，素以忠义自持。道光二十二年，李家庄河水为患，得成昼夜巡防，目不交睫，上官皆倚重之。每镶埽必冒险亲临其上，几陨于水者数次。凡三越月，河势愈急，忧劳成疾，卒于工次。县丞王于藩挽以诗，见《艺文》。

万恒昌[⑤] 字永泰，圣水里人。性豪爽，复有才识以继之。未冠即入武庠，登道光乙未乡榜。二十三年河决九堡，里当其冲，村庐悉荡，乃买舟拯溺者。二十七年岁饥，复倾囷以济，多所全活。咸丰间发逆窜境，倡筑寨堡，率众战守，贼屡至而村无患。旋值八堡河堤危险，中丞谭公委率寨民镶护，迅速成功。保以守备候铨，赏蓝翎加都司衔。

赵□[⑥] 字凌九，世居西街，性豁达，好施予。道光初入太学，中牟杨桥工决口，宪札临河州县在五百里以内者承办楷料。郑州三十六保，惟德化保零星散户最多，承办不易。公独任艰巨，凡贫乏无力者，悉为垫出，约计五千余金。工竣，藩库拨发到州，饬公具领共库平银三千两。公以千五百两置买房舍，租给盐店，以千五百两变价发各富户，生息所得租息作为乡会试经费。至今高等普通文官考试犹用此项津贴。子畏三，府庠生。孙星阶，光绪己丑科举人，历任河南府怀庆府教授。

刘景山[⑦] 字松岭，世居中刘庄，性慷慨有大度，声音如洪钟。嘉庆二十三年生，幼失怙，十四岁承办兵差，料事如神，人服其智，历任官吏倚重之。好结纳，与文人学士

---

① 《清史稿》卷三百二十五《列传第一百十二》，第10860页。
② 《清史稿》卷三百八十一《列传第一百六十八》，第11635~11636页。
③ 《河南历代方志集成》第六卷《民国中牟县志》，第86页。
④ 《河南历代方志集成》第六卷《民国中牟县志》，第85~86页。
⑤ 《河南历代方志集成》第六卷《民国中牟县志》，第102页。
⑥ 《河南历代方志集成》第三卷《民国郑县志》（民国二十年重印本），第230~231页。
⑦ 《河南历代方志集成》第三卷《民国郑县志》（民国二十年重印本），第232页。

游,贫乏者倾囊助之,历捐咸丰辛酉、壬戌、同治甲子三科河南乡试试卷,阖境士子旌其门,题曰"德润儒林"。同治三年,亳匪扰郑,团练大臣毛昶熙防匪,决河灌城,汴河一带建筑长墙自荥泽以下东至陈州属长七百余里,要公襄办。公驰驱上下游,两阅寒暑,未尝言劳。工竣,以孔庙赉奏厅赏戴蓝翎六品衔。同治八年,荥泽黄河决口,地被沙压,公与马汝骏倡办缓征,汴抚李鹤年咨部立案。光绪六年,知府欧阳琳查办起征,强迫沿河首事完粮,承认者照纳,否认者或责惩,或禁押。各绅士闻风股栗,公与之分庭抗礼,侃侃而谈,分毫不少让。公曰:"绅等地亩自被黄水后,沙漠无垠,一望弥漫,春月风狂,暗无天日,幸得时雨,少为播种。夏秋间山水暴发,仍为泽国。此之谓望种不望收,仍恳缓征以纾民力。"欧阳允之。姚店三保,中阎、东张东、东张西各保均不起征。光绪十三年河决石家桥,避河患,迁居城内东街。公年七十,须发尽白,接见后辈待之若平等。善辞令,出言妙,天下乡人敬而爱之。卒年七十有四。长子文成,陕西府经保,升知县,出继兄景岐。孙瑞璘,壬辰进士,历任陕西醴泉、华阴、咸宁同官,直隶栾城等县知事。

知事周海六传(节选)[①]

刘瑞璘 郡人

郑县贾鲁河频遭水患,督饬挑挖,一律深宽,人民赖之。工竣,以道尹交政事堂存记。

牛鉴[②] 字镜堂,甘肃武威人。(道光)二十四年,命赴河南中牟河工效力。工竣,予七品顶戴,以六部主事用,回籍。咸丰三年,粤匪北扰,予五品顶戴,署河南按察使。四年,命卸任,劝捐募勇,赴陈州,偕徐广缙剿捻匪,破颍州贼李士林于阜阳方家集,焚其巢,加按察使衔。五年,又破之于霍邱三河,士林寻于湖北就抚。(牛)鉴深得河南民心,前劝捐中牟大工,得钱二百万缗,至是集军饷复及百万。叙功,加二品顶戴。以病乞归。八年,卒。

麟庆[③] (道光)十九年,修惠济正闸、福兴越闸。会河湖并涨,险工叠生,请例外拨银五十万,诏允之,戒嗣后不得援例。署两江总督。二十一年,河决祥符,黄水汇注洪泽湖,南河无事,诏嘉其化险为夷,予议叙。……二十三年,发东河中牟工效力,工竣,以四品京堂候补,寻予二等侍卫,充库伦办事大臣,乞病未行。病痊,仍改四品京堂。寻卒。著有《黄运河口古今图说》、《河工器具图说》。子崇实、崇厚,并自有传。

邹鸣鹤[④] (道光)二十一年,河决祥符,水围省城,鸣鹤露宿城上,尽力堵御。有议迁省城于洛阳者,鸣鹤上议有六不可。钦差大臣王鼎等据以疏陈,乃决议坚守。凡历

---

① 《河南历代方志集成》第二卷《民国郑县志》(民国五年刻本),第324~325页。
② 《清史稿》卷三百七十一《列传第一百五十八》,第11521~11522页。
③ 《清史稿》卷三百八十三《列传第一百七十》,第11658页。
④ 《清史稿》卷三百九十九《列传第一百八十六》,第11815页。

七十余日，水退城安。论功，晋秩道员。二十三年，河决中牟，褫职留工，工竣，复原官，仍在工效力。

麟魁[①]　（道光二十三年）河决中牟，命偕尚书廖鸿荃往督工，东西两坝成而屡蛰，褫职，予七品顶戴，仍留工，以料缺水增请缓，复褫顶戴。召还，予三等侍卫，充叶尔羌参赞大臣，调乌里雅苏台参赞大臣。

潘锡恩[②]　（道光二十三年）会河南中牟河决，黄水注湖，请放山盱各坝宣泄湖水，并将夫工导出湖水，引入中河，暂济盐柴转运。复以上游河水陡落，间有淤垫，请改估萧工以下未挑之工，并挑筑大堤单薄卑矮处。是秋，湖水接长，掣卸高堰石工四千余丈，抢护未决。二十四年，黄流未复故道，急筹济运，并宣泄湖水，请启放外南厅属顺清河，导引入河归海。军船抵坝，即由其处放渡，并于外南之北拦黄坝址筑钳口土坝，以资停蓄。寻奏："黄河上游六月间陡长水丈余，山盱林家西坝、旧义河直坝、及仁义河中间拦堰，间有掣塌，补修完密。里、河、扬三厅承受洪湖之水，两岸纤堤旧有护埽者，致多刷蛰，亦择要加镶。"二十五年，中牟工始合龙，南河连年无险。

马汝骏[③]　字伯良，世居京水镇，兵农医卜，靡不研究。地滨大河，凡河工利弊，悉穷原委，历任河督皆倚重之，而以许公振祎之知遇为尤深。弱冠食廪饩，由廪贡授职训导，署柘城训导，期年告归，绝意仕进。同治七年，荥工漫溢，当时流寇猖獗，淮北颍、亳，关中秦、陇调兵运饷，库款如洗，大吏未敢请旨堵塞。公率两河绅民恳请当道，略谓水患兵荒，流离失所，倘不设法筑塞，恐两河灾民结连颍、亳流寇，揭竿起事，后患何堪设想？省吏趣公议请于朝，命河道绍葛民董其役，以公副之，不数月而竣。事彰，卫怀道许振祎闻公明于治河，延公到署，咨询良策，公曰："黄河为中国患两千年于兹矣，但知黄河之患中国，而不知治河者之患中国也。堤工不固，患一；楷料不实，患二；河厅侵渔，患三；营汛捏报，患四；委员克扣，患五；库吏短发，患六。六患不除，而欲河之治也，难矣。"许深韪之。沁河决口，河内令袁镇南延公督办工程，公率绅董认真经理，岁省水衡钱十余万金。光绪十三年，黄河由石家桥决口，大工未开，而钻营差事者已达数千人。钦差礼部尚书李鸿藻、河南巡抚倪文蔚交章荐公，公辞不出，曰："我国向为人情世界，不问工程何如，而权贵私人总得位置，策驽驾之选而责以骐骥之任，曰是能日行千里，吾知其不可也。"十四年冬功竣，耗帑银千有余万，善后事件仍不完密。十五年，朝命许振祎为河东道总督，设河防局，延公董其事。公曰："天下大势，汧陇为首，秦晋为脊，豫鲁为腹，水入中州如硝黄之入腹内，上攻下一发而莫可收拾，且豫鲁土性松活，势如散沙，加一洪波巨浪，触之有不败溃者，宜思所抵制之。"立石方局，派员采买石料，自荥泽而下两岸约四里许筑一石坝，参差相

---

① 《清史稿》卷三百八十九《列传第一百七十六》，第11721~11722页。
② 《清史稿》卷三百八十三《列传第一百七十》，第11660页。
③ 《河南历代方志集成》第三卷《民国郑县志》（民国二十年重印本），第211~212页。

间，直至山东界。河归中流，不能近堤，如有塌陷，随时修整。炎天盛暑，公驾小舟巡视督催，未尝言劳。阅四寒暑而工成，近数十年中州绝无河患，盖皆公之赐也。二十年，荥泽民坝崩塌，水不出者三尺，公闻驰往，急向上南厅借料抢获，集夫堵筑，昼夜不息，物料不足，以高粱继之，下游之民获全无算。公治河前后四十年，不言劳不言功，郑人皆颂公者曰："保卫桑梓，人生所当为，何德之有？"遇保奖不受，公曰："皆此上宪指授方略之力，汝骏何功之有焉？"河督许振祎违先生意，入奏朝命，谓公"明于治河，深资指臂，实事求是，裨益良多。若如许振祎所奏，功成不居，尤觉谦德，可风求之近今儒林中，殊属不可多得之人。前柘城训导马汝骏，着传旨嘉奖，以为急公好义者劝，将此通谕知之"。河督许公对人言曰："马公诚见高我一筹，我心中所欲言者，马公已先知之，我心中所不及料者，马公已先言之，故成功如此之伟。"民国五年，入祀乡贤。

潘骏文[1] 光绪中，迁按察使。坐事降调，以谙习河事，仍留山东。历治上下游要工，调河南郑工，专任西坝，以合龙愆期，革职留工，工竣，复原官。

潘铎[2] 贾鲁河经祥符朱仙镇，为商贾舟楫所集。自黄河决于中牟，贾鲁河淤塞，责工员赔浚，久未复。铎勘镇街南北淤最甚，议大浚，请率属捐银五万两兴办；又奏择要增培沁河民堤以资捍御：并如所请行。

李鹤年[3] 光绪十三年，署河督，疏言："黄河分流，自宋时河决澶州，分为二派。明筑黄陵冈，始合为一。河性上漫则下淤，今两路皆淤，急宜疏支河以预筹宣泄。"报可。逾年，郑工复决，发军台效力。未几释归，并赏三品衔。十六年，卒。宣统元年，开复原官。

许振祎[4] （光绪）十六年，擢河东河道总督，筑荥泽大坝，胡家屯、米童寨各石坝，河赖以无患。其要尤在严稽察，不私财权，令七厅径赴司库支领，故积弊除而工坚。

第三节 其他人物

柴氏[5] 《五代弘简录》。太祖元配柴氏，魏人。父柴翁，以经义教授乡里，好独寝，或传其能司冥间事。有女备后唐庄宗掖庭，明宗入洛，遣出宫。翁与妻咸往迎，至鸿沟遇雨，居止逾旬。女悉取庄具，计值千万，分其半以贻父母，令归魏，曰："见沟

---

[1] 《清史稿》卷三百八十三《列传第一百七十》，第11661~11662页。
[2] 《清史稿》卷三百九十六《列传第一百八十三》，第11790页。
[3] 《清史稿》卷四百五十《列传第二百三十七》，第12546页。
[4] 《清史稿》卷四百五十《列传第二百三十七》，第12550页。
[5] 《河南历代方志集成》第九卷《乾隆荥阳县志》，第409~410页。

旁邮舍队长，项黮黑为雀形者，其人极贵，愿留事之。"即太祖也。

荣华[①] 字恭实，陕西蓝田人。进士，成化十八年任。刚明果断，吏畏民怀。黄河水泛，庙学倾圮，重加修建，事载碑记。调嵩县，钦取赴京，升山东道监察御史。

蔡銮登[②] 字蔗田，浙江桐乡人，嘉庆二十三年任，政简刑清，有儒吏风范。二十四年，黄河涨溢，山北居民悉病昏垫，銮登驾舟贮饼饵啖之，存活者三十一村。三十五年，马营决口，河阴支料百垛，照市价收买，不分毫科派民间。明年，决口塞河北，祝楼等处率成沙压，乃详请奏豁丁粮二百三十顷有奇。河阴地隘民贫，日呼庚癸，不暇治诗书，自顺康以来，科第寥落。銮登与广文、张际炜议修学宫，以作士气。周一岁落成，是秋，张利宾、战捷、李道生亦中副车，复改建东渠书院，文风不振。道光三年调任去，越四年，其犹子鸿蕎复任是邑，亦以循良显，另有传。采访并见《蔡公祠碑记》。

周濂[③] 字盆江，直隶冀州人，由举人来令。一腔仁惠，教养兼至，作养士子即以师长自处，抚育百姓即以父母自处。每见上官，辄言汜水粮重，地无所出，差繁驿不能复，潸然泪下，皆出衷心。邑有黄河退滩没于河阴者，公力诤还之，招募概县，通力合作，岁计得粮几至千抵，补本县银两杂差，百姓止纳京边正额，计中地一亩才出钱十四文耳。民间歌曰："千钟粟，惠我民，周公恩惠非常伦。常将私税充公赋，一亩费钱十四文。"丁亥大旱，赤地相望，而汜不至逃亡者，皆公保护之力也。时当道交荐，汜民号泣攀留，两院保加许州衔。命下到日，公大病危笃，尚不知也，乃忽命着大红服，坐行舆，令金鼓前导，至正堂斋加衔，文移适至，公即告终矣。以故汜人惊其为神，乃建祠城隍庙左，仍入名宦祠，春秋享祀。

徐成治[④] 山东济宁州人，由进士任汜令。汜东西滩旧有租地三百余顷，万历年间赐福藩作养赡，田岁输租银每亩三分。后黄河南徙，其地塌陷一空，而租额不可去，百姓苦之，卖妻鬻子，办纳不前，逃散四方者无数。公悯焉，控陈各上台，力请题奏，奉命将租去讫，至今赖之。尝手书一联于后堂，曰"威而不猛，凛凛一团介气；欲而不贪，飘飘两袖清风"。人以其言与其人逼肖云。调唐县，升工部主事。

刘永锡[⑤] 字钦尔，号朡庵，魏县人。崇祯乙亥举人，官长洲教谕。南都败，率妻栗隐居相城，大吏造其室，欲强之出，永锡祖裼疾视，曰："我中原男子，年二十，渡漳河，登大伾，跃马鸣鞘，两河豪杰，谁不知我者！欲见辱耶？"取壁上剑自刎。门下士抱持之，得解，谓其妻曰："彼再至，我与若立决矣！"皆裂尺帛握之。寻移居阳城

---

① 《河南历代方志集成》第六卷《嘉靖巩县志》（民国重刻本），第364页。
② 《河南历代方志集成》第十四卷《民国河阴县志》，第278页。
③ 《河南历代方志集成》第十一卷《顺治汜志》，第362页。
④ 《河南历代方志集成》第十一卷《顺治汜志》，第363页。
⑤ 《清史稿》卷五百一《列传第二百二十八》，第13845页。

湖滨，与妻及子临、女贞织席以食。市中见永锡携席至，皆呼席先生。食不继，时不举火，有遗之粟者，非其人不受，益困惫。其女已许字，未嫁，乱后恐遭辱，绝粒死。其妻哭之成疾，亦死。其童仆遇水灾乏食，相继饿死，或散走。有老奴从魏县来，劝之归，曰："室庐故在也！"永锡曰："我非不欲归，然昔奉君命来，义不可离此一步。"

韩荩光[①]　字笃臣，直隶高阳人。顺治十八年进士，康熙九年令中牟。牟南八里多瘠壤，风狂则沙飞压没，雨多则水注成河，居民逃亡太半。荩光百方招徕，量给牛种，民渐复业。循有明贤令陈幼学所开陂渠，重加疏浚，地复可耕。犹念土硗赋重，痛切指陈，详请于佟大中丞开荒折地以苏民困，所有新报垦地一百三十顷，畠泽里则获折六十余顷，杨桥碱地每顷得折十有五亩。至堤所覆没、河所坍塌者则计亩除之，牟民遂永免地薄粮重之累。他如建广学书院以兴文教，重修景鲁堂以莅政事，循绩多端，难以枚举。在任六年升京秩，百姓攀留之不能。子孙科第蝉联不绝。

水灾中两孝子[②]　清乾隆二十六年秋，伊洛大溢，水破偃师外堤，灌城汹汹有声，民皆走避。适蔡应泰母死，水将至，以绳缚母柩，旋绕数十匝令固。雨大，带为缥，水至，妻子号呼不应，跪负母柩，转洪波中。上下柩与手若两翼飞，瞬息八十里，下巩县神堤滩。神堤滩者，北邙山尾也，山横洛口，遏黄河，河涨倒灌，洛流萦旋滩上，柩忽为沙拥。村民异之，以长钩引至岸舁之上，蔡亦无恙。天将暮，闻邻村喧救两人，趋视之，则其妻与子也。众嗟叹曰："神感也。"醵钱送之归。

同日别有杨璞事。偃师寺庄民杨璞，与其弟奉母居，弟饶于赀，璞贫且懦。水至，弟以筏载其妻逃北山，母呼之不应，竟去。璞怒弃其妻子，襁母于背，将浮沉抵北窑。水势奔骤，若有挈之者，旋跃大溜中。山上人望之，如鼋龟渍不沉，亦下神堤滩，民救之，登岸。顷之有一妇人抱子漂下，母遥望呼曰："吾妇与孙也。"救之，果然。翊日归，而其弟舟将抵北山下，大树崩，压舟，夫妇俱溺死。母寿九十余，璞今年六十余，犹在。节录张子岘《陶园文集》。

李天墀[③]　大兴进士，乾隆三十年任。才力敏捷，直介有为。巩北界温境，黄河迁徙不常，两邑民争田界构衅，大吏亲诣勘丈，天墀与温令争大吏前，声色俱厉，温令语屈，邑民恐天墀获罪，愿委屈息讼。天墀曰："吾即得罪，不过左迁，岂忍恋一官，使众民失业耶？"嗣迁永城，后至知府。

章兆曾[④]　字梅湖，浙江会稽人。由岁贡任项城令，调中牟。性敏达果断，折狱不用刑，民情咸服，时称"白面包公。"值河决后膏沃变为沙碱，公力详请上宪题奏。奉旨，除免被水、深沙、浅沙、盐碱地额粮三千七百二十七顷有奇，合邑永食其德。又因

---

① 《河南历代方志集成》第六卷《民国中牟县志》，第65页。
② 《河南历代方志集成》第八卷《民国巩县志》，第468~469页。
③ 《河南历代方志集成》第八卷《民国巩县志》，第202页。
④ 《河南历代方志集成》第五卷《同治中牟县志》，第361页。

屡年水灾，不忍催科，上宪责其怠慢。解任，士民倾赀纳正赋赴上宪保留者四千余人。及复任，益励精勤，虽抱病犹治河不少懈。后擢彰德府水利同知。

孙和相① 字越薪，山东诸城人。登乾隆戊午科乡荐。初令洧川，十二年调任中牟令，公廉勤敏，苾政实心。牟向多水患，前明知县陈幼学创开陂渠以宣泄，清初知县韩荩光重加疏浚，至是八十余年，多已淤塞。和相躬履四境，相度地势，或创或因，乘农隙募民修凿，计开渠四十七道，一律深通，民享其利。他如县城被河决冲塌则修葺，视前尤固；邑志因年久漫漶，则编纂比旧加详；以及兴举废坠，培植人才，善政多端，牟人至今思慕焉。

仓圣潢② 字敬亭，士琅次子，因叔父士璠早卒，为之嗣。奉嗣母朱如本生，晨昏无间，曲顺其心。数年朱卒，兄圣裔宦于滇，迎父就养，命其独任家，秉事本生母冉。课幼弟，孝友雍穆，志在经世，不屑屑为章句。儒循例得京曹，即不赴，俟兄请养，归始谒选。乾隆辛巳间河决，兼程策骑旋里，迎二老于都。授刑部，逾年父卒，哀毁备至，奉母扶榇归葬。服除，仍补西曹郎，决狱警详明，平反无算。丙戌，出守处州，欲迎本生母同之官，以道远不获请，涕泣却眷，从单车之任。旋以思母情怯，郁郁感疾，欲告不谐，适接太夫人警耗，不胜毁痛，数日遂卒。居官慈惠，惜未竟其设施，年仅三十有九。

黄锷③ 字利锋，世居东赵村。先生幼而端重，动止异常人。嘉庆十八年岁大饥，先生遣人往周家口买米数船，赈济乡邻。道光十五年中牟河决口，先生捐赈银六百两以济难民。

远志④ 于道光二年自嵩山持钵来牟，时正严冬，科头跣足，踏雪唱化，口无俚言，人异之，栖之于洪果寺。每摄空行，其卧处尝有巨蛇盘梁，眷人问休咎不对，但言在嵩有过谪此，二十二年当归，癸卯河决不知所往。

牛凤山⑤子瑄

凤山字梧阶，清道光癸巳武状元，头等侍卫。历任甘肃凉州中营游击加副将，晋封总兵，官得四世一品封赠，因疾致仕。咸丰间，沙压黄河滩地，居民困于赋税，凤山介贾知府臻转详抚院，奏免，众村树碣志感。嗣捻匪窜扰，率众修虎牢关、巩关堵御，贼未得逞。

子瑄，字荔庵，同治乙丑科进士，殿试二甲一名。授翰林院编修，工文善书，时论翕然。光绪丁丑大荒，故人吴元炳巡抚江苏，瑄往访，拟藉以振济乡里，事未谐，病殁上海。采访。

---

① 《河南历代方志集成》第五卷《同治中牟县志》，第361页。
② 《河南历代方志集成》第六卷《民国中牟县志》，第96页。
③ 《河南历代方志集成》第三卷《民国郑县志》（民国二十年重印本），第231页。
④ 《河南历代方志集成》第六卷《民国中牟县志》，第108页。
⑤ 《河南历代方志集成》第八卷《民国巩县志》，第264页。

按，牛氏世居汜水穆家沟，至道光间凤山大父巨川携子六戊辈迁居巩东二龙山明月坡，是为入籍之始。然因居汜日久，明月坡又系毗连汜邑边村。乐冒汜籍曲，遂联旧习惯，近年因清理县界，明月坡等村居民概划归巩。牛氏甲等蝉联，族望显著，咸同以来，久已焜耀成皋、沙河间，事实详载《汜水县志》。姑无论其为巩人、为汜人，要其生前既以汜人自任，人亦以汜人相待。现当断代为书，还其旧隶，而以清界后之明月坡认为入籍纪元，庶免两志重复，兹特附凤山父子于后，并叙经过云云。

刘东松[①] 弟子元肃

东松字秀岭，太学生，神堤人。嗜善如炙，性行豪爽。道光丁亥，近村山崩覆压数十家，东松奔走呼救，群力猝集。丙申冬，大雪塞途，村中柴米源绝，人人自危，东松擘画调济，得无恙。又天旱洛涸，巢籴两穷，筹起新市于邙峰下，藉以得粮施振。凡遇盘错，无不独力肩任，捍灾御难，沐惠者众。村众以"继志推恩"旌其门。

弟子元肃，性行酷类东松。咸丰二年，黄河滩地缓征，捐资倡首。粤军抵巩，严河禁，商旅不通，元肃迭吁大吏，往复跋涉，耗费况瘁，禁弛而间阎以安，里人刊石纪功。采访。

辛得书[②] 豫河营外委。咸丰四年七月，九堡堤工危险，昼夜抢厢，失足落水，洪波顿息，出尸如生。奏蒙恩赏葬银恤及其子。

桂芳[③] 字子发，号复斋，江西临川人。由乡荐莅中牟，专任德化，薄敛省刑，均役剔弊。时值黄河南塌，地去粮存，芳躬亲查验，令现垦地多者顶纳课租，遂无赔累。捐俸建育才书院于南门内兴国寺右，延名师以教学者。岁荒歉民，逋仓谷数百石，咸为捐补。在任六年，行取户部主事，邑人思之为立祠。

州牧王吏香传[④]

刘瑞璘　郡人

王公莲塘，字吏香，山东青州府诸城县人。咸丰癸丑进士，即用知县，历任河南汜水、新安、洛阳、渑池、杞县知县。同治三年，卓异，任郑州，治郑十年，一任豫州，四次同考，六次州试，所拔皆知名士。咸丰、同治文体卑弱，骈四骊六，公曰："此亡国之音也。"取韩、柳、欧、苏名大家，令东里书院诸生揣摩之，而郑之士风大变。同治庚午，登榜者五人，遂以文章名冠两河。同治七年，荥工漫溢，郑州沿河村庄地被沙压，公亲历查勘，申请缓征原报民地一千四百五十七顷二十五亩零。委员某向公索费，公不允，委员回省，谓公所报不实。藩宪檄公核减，公致委员书曰："玩视民瘼，不知百姓疾苦。"事不得已，减去三百余顷，共报被灾民地一千一百五十四顷十一亩零，常

---

① 《河南历代方志集成》第八卷《民国巩县志》，第256页。
② 《河南历代方志集成》第六卷《民国中牟县志》，第86页。
③ 《河南历代方志集成》第六卷《民国中牟县志》，第65页。
④ 《河南历代方志集成》第二卷《民国郑县志》（民国五年刻本），第321～322页。

年应缓征丁地银八千三百七十五两一钱七分四厘。有清以来，被灾缓征未有如此之多者也。乡棍地痞有借沙压名目收敛册费者，公置之法，处以监禁三年。光绪二年春，自豫州回郑，取旧案观之，见其曲直乖错不可胜数，公慨然曰："疏别一载，苦吾民甚矣，小事如此，大事可知。"于是清理积案，逐层研究，判断是非，终宵不寐。璘为诸生时执弟子礼谒公，所与言惟谈吏事，不及文章，谓文章止于润身，政事可以及物，小子有造，其务躬行。光绪三年大饥，公开仓发粟，全活无算。城北枣庄有奸民将人家幼子煮卖取利，公处以极刑，以警效尤。公为政尚宽，所至称便，或问政务宽简而事不废弛，何也？公曰："以纵为宽，以略为简，则废弛而民不受其弊矣。吾所谓宽者不为苛急，简者不为繁碎耳。"四年，卸任，作《管城留别诗》十八首以去，至今人讴思之。

第六章

战　事

　　郑州北依广武、大伾，又有黄河天险为阻，西南为崇山峻岭，唯有虎牢关一线通往两京，在历史上尤其是以今洛阳或者西安为政治中心的时期，为关东入京的必由之口，战略地位极其重要。在群雄逐鹿的战争时期，郑州是兵家必争的战略要地，而在海晏河清的太平盛世，这里又是物阜民丰的交通要道和天下名都。

　　通过考古发现和典籍记载可知，远在夏商周三代，郑州的军事地位就已十分重要。夏以二里头为政治中心，在郑州建立了大师姑城、西史村城、东赵小城中城等诸多军事要塞，郑州成为军事重镇。商汤都亳，在郑州筑造了拥有高大城垣和宽阔城壕的二里岗商城，以抵御来自东方的威胁，其军事作用不言而喻。春秋时期，郑州因为地处天下之中，又成为诸侯争夺的对象。公元前597年，晋楚争霸，却在郑国境内的浪荡渠（今荥阳北）发生了一场大战——"邲之战"，这场战争确定了楚国的霸主地位。汉代以降，王朝大多定都西安或洛阳，郑州的军事地位更为强化，在这里发生的一系列战事，足以影响中国历史进程。如：发生在今荥阳汜水一带的成皋之战，是楚汉战争中具有决定性意义的一仗，可以说，成皋之战奠定了西汉王朝二百年的基业；发生在中牟县的官渡之战，是中国历史上著名的以弱胜强的战役之一，此战奠定了曹操统一中国北方的基础；唐初武牢之战，创造了世界军事史上以少胜多的奇迹，也为大唐王朝统一全国奠定了坚实的基础。此后，随着经济中心的南移，王朝都城的变迁，郑州的军事地位有所下降，但是，郑州的军事功能从未被放弃，在这里仍然发生了许多重要战役，如李自成荥阳大会、太平天国林凤祥北伐……

　　本章我们从发生在郑州的诸多战役中筛选出了与黄河郑州段及其沿岸有关的战事，将文献上的记载收录于后，以供参考。

第一节 春秋战国

武公之略[①]

《左传》：庄公二十有一年，"郑伯享王于阙西辟，乐备。王与之武公之略，自虎牢以东"。

邲之战[②]

宣公八年"七月甲子，日有食之，既"。董仲舒、刘向以为先是楚商臣弑父而立，至于严王遂强。诸夏大国唯有齐、晋，齐、晋新有篡弑之祸，内皆未安，故楚乘弱横行，八年之间六侵伐而一灭国；伐陆浑戎，观兵周室；后又入郑，郑伯肉袒谢罪；北败晋师于邲，流血色水；围宋九月，析骸而炊之。刘歆以为十月二日楚、郑分。

邲之战[③]

《左传》："成公三年春，诸侯伐郑，次于伯牛，讨邲之役也，遂东侵郑。郑公子偃帅师御之，使东鄙覆之鄤，败诸丘舆。"杜预注："伯牛、鄤、丘、舆，郑地。"

楚伐郑[④]

《左传》："襄公十有八年楚师伐郑，次于鱼陵，右师城上棘，遂涉颍，次于旃然。蒍子冯、公子格率锐师侵费滑、胥靡、献于、雍梁，右回梅山，侵郑东北，至于虫牢而反。"杜预注："旃然水出荥阳成皋县，东入汴水。"《水经注》："索水出京县西南嵩渚山，郑古旃然水也。"嵩渚山，在邑东南三十五里。胥靡、献于，郑地。梅山，在郑州南四十里。

苏秦合纵[⑤]

苏秦又说魏襄王曰："大王之地，南有鸿沟、陈、汝南、许、郾、昆阳、召陵、舞阳、新都、新郪，东有淮、颍、煮枣、无胥，西有长城之界，北有河外、卷、衍、酸枣，地方千里。地名虽小，然而田舍庐庑之数，曾无所刍牧。人民之众，车马之多，日夜行不绝，輷輷殷殷，若有三军之众。臣窃量大王之国不下楚。然衡人怵王交强虎狼之秦以侵天下，卒有秦患，不顾其祸。夫挟强秦之势以内劫其主，罪无过此者。魏，天下之强国也；王，天下之贤王也。今乃有意西面而事秦，称东藩，筑帝宫，受冠带，祠春秋，臣窃为大王耻之。"

---

① 《河南历代方志集成》第九卷《乾隆荥阳县志》，第406页。
② 《汉书》卷二七下《五行志第七下》，第1488页。
③ 《河南历代方志集成》第九卷《乾隆荥阳县志》，第406页。
④ 《河南历代方志集成》第九卷《乾隆荥阳县志》，第406页。
⑤ 《史记》卷六十九《苏秦列传第九》，第2253～2254页。

苏秦合纵[①]

"秦正告魏曰:'我举安邑,塞女戟,韩氏太原卷。我下轵,道南阳,封冀,包两周。乘夏水,浮轻舟,强弩在前,铦戈在后,决荥口,魏无大梁;决白马之口,魏无外黄、济阳;决宿胥之口,魏无虚、顿丘。陆攻则击河内,水攻则灭大梁。'魏氏以为然,故事秦。"

张仪连横[②]

"今秦发三将军:其一军塞午道,告齐使兴师渡清河,军于邯郸之东;一军军成皋,驱韩梁军于河外;一军军于渑池。约四国为一以攻赵,赵(服)必四分其地。是故不敢匿意隐情,先以闻于左右。臣窃为大王计,莫如与秦王遇于渑池,面相见而口相结,请案兵无攻。愿大王之定计。"

秦灭魏[③]

夫韩亡之后,兵出之日,非魏无攻已。秦固有怀、茅、邢丘,城垝津以临河内,河内共、汲必危;有郑地,得垣雍,决荥泽水灌大梁,大梁必亡。王之使者出过而恶安陵氏于秦,秦之欲诛之久矣。秦叶阳、昆阳与舞阳邻,听使者之恶之,随安陵氏而亡之,绕舞阳之北,以东临许,南国必危,国无害(已)[乎]?

秦灭韩[④]

《史记》:"韩桓惠王二十四年,秦拔我成皋、荥阳。"

第二节 秦　　汉

陈胜吴广起义

《纲鉴》:"秦二世元年秋七月,楚人陈胜、吴广起兵于蕲,胜自立为楚王,以广为假王,击荥阳。"[⑤]

将军田臧等相与谋曰:"周章军已破矣,秦兵旦暮至,我围荥阳城弗能下,秦军至,必大败。不如少遗兵,足以守(荥)[荥]阳,悉精兵迎秦军。今假王骄,不知兵权,不可与计,非诛之,事恐败。"因相与矫王令以诛吴叔,献其首于陈王。陈王使使赐田臧楚令尹印,使为上将。田臧乃使诸将李归等守荥阳城,自以精兵西迎秦军于敖

---

① 《史记》卷六十九《苏秦列传第九》,第2273页。
② 《史记》卷七十《张仪列传第十》,第2296页。
③ 《史记》卷四十四《魏世家第十四》,第1858~1859页。
④ 《河南历代方志集成》第九卷《乾隆荥阳县志》,第406页。
⑤ 《河南历代方志集成》第九卷《乾隆荥阳县志》,第406页。

仓。与战,田臧死,军破。章邯进兵击李归等荥阳下,破之,李归等死。①

楚汉战争

是时吕后兄周吕侯为汉将兵居下邑,汉王间往从之,稍稍收其士卒。至荥阳,诸败军皆会,萧何亦发关中老弱未傅悉诣荥阳,复大振。楚起于彭城,常乘胜逐北,与汉战荥阳南京、索间,汉败楚,楚以故不能过荥阳而西。

项王之救彭城,追汉王至荥阳,田横亦得收齐,立田荣子广为齐王。汉王之败彭城,诸侯皆复与楚而背汉。汉军荥阳,筑甬道属之河,以取敖仓粟。汉之三年,项王数侵夺汉甬道,汉王食乏,恐,请和,割荥阳以西为汉。

项王欲听之。历阳侯范增曰:"汉易与耳,今释弗取,后必悔之。"项王乃与范增急围荥阳。汉王患之,乃用陈平计间项王。项王使者来,为太牢具,举欲进之。见使者,详惊愕曰:"吾以为亚父使者,乃反项王使者。"更持去,以恶食食项王使者。使者归报项王,项王乃疑范增与汉有私,稍夺之权。范增大怒,曰:"天下事大定矣,君王自为之。愿赐骸骨归卒伍。"项王许之。行未至彭城,疽发背而死。

汉将纪信说汉王曰:"事已急矣!请为王诳楚为王,王可以间出。"于是汉王夜出女子荥阳东门,被甲二千人,楚兵四面击之。纪信乘黄屋车,傅左纛,曰:"城中食尽,汉王降。"楚军皆呼万岁。汉王亦与数十骑从城西门出,走成皋。项王见纪信,问:"汉王安在?"信曰:"汉王已出矣。"项王烧杀纪信。

汉王使御史大夫周苛、枞公、魏豹守荥阳。周苛、枞公谋曰:"反国之王,难与守城。"乃共杀魏豹。楚下荥阳城,生得周苛。项王谓周苛曰:"为我将,我以公为上将军,封三万户。"周苛骂曰:"若不趣降汉,汉今虏若,若非汉敌也。"项王怒,烹周苛,并杀枞公。

汉王之出荥阳,南走宛、叶,得九江王布,行收兵,复入保成皋。汉之四年,项王进兵围成皋。汉王逃,独与滕公出成皋北门,渡河走修武,从张耳、韩信军。诸将稍稍得出成皋,从汉王。楚遂拔成皋,欲西。汉使兵距之巩,令其不得西。

是时,彭越渡河击楚东阿,杀楚将军薛公。项王乃自东击彭越。汉王得淮阴侯兵,欲渡河南。郑忠说汉王,乃止壁河内。使刘贾将兵佐彭越,烧楚积聚。项王东击破之,走彭越。汉王则引兵渡河,复取成皋,军广武,就敖仓食。项王已定东海来,西,与汉俱临广武而军,相守数月。

当此时,彭越数反梁地,绝楚粮食,项王患之。为高俎,置太公其上,告汉王曰:"今不急下,吾烹太公。"汉王曰:"吾与项羽俱北面受命怀王,曰'约为兄弟',吾翁即若翁,必欲烹而翁,则幸分我一杯羹。"项王怒,欲杀之。项伯曰:"天下事未可知,且为天下者不顾家,虽杀之无益,只益祸耳。"项王从之。

楚汉久相持未决,丁壮苦军旅,老弱罢转漕。项王谓汉王曰:"天下匈匈数岁者,

---

① 《史记》卷四十八《陈涉世家第十八》,第1956~1957页。

徒以吾两人耳,愿与汉王挑战[一]决雌雄,毋徒苦天下之民父子为也。"汉王笑谢曰:"吾宁斗智,不能斗力。"项王令壮士出挑战,汉有善骑射者楼烦,楚挑战三合,楼烦辄射杀之。项王大怒,乃自被甲持戟挑战。楼烦欲射之,项王瞋目叱之,楼烦目不敢视,手不敢发,遂走还入壁,不敢复出。汉王使人间问之,乃项王也。汉王大惊。于是项王乃即汉王相与临广武间而语。汉王数之,项王怒,欲一战。汉王不听,项王伏弩射中汉王。汉王伤,走入成皋。

项王闻淮阴侯已举河北,破齐、赵,且欲击楚,乃使龙且往击之。淮阴侯与战,骑将灌婴击之,大破楚军,杀龙且。韩信因自立为齐王。项王闻龙且军破,则恐,使盱台人武涉往说淮阴侯。淮阴侯弗听。是时,彭越复反,下梁地,绝楚粮。项王乃谓海春侯大司马曹咎等曰:"谨守成皋,则汉欲挑战,慎勿与战,毋令得东而已。我十五日必诛彭越,定梁地,复从将军。"乃东,行击陈留、外黄。

外黄不下。数日,已降,项王怒,悉令男子年十五已上诣城东,欲坑之。外黄令舍人儿年十三,往说项王曰:"彭越强劫外黄,外黄恐,故且降,待大王。大王至,又皆坑之,百姓岂有归心?从此以东,梁地十余城皆恐,莫肯下矣。"项王然其言,乃赦外黄当坑者。东至睢阳,闻之皆争下项王。

汉果数挑楚军战,楚军不出。使人辱之,五六日,大司马怒,渡兵汜水。士卒半渡,汉击之,大破楚军,尽得楚国货赂。大司马咎、长史翳、塞王欣皆自刭汜水上。大司马咎者,故蕲狱掾,长史欣亦故栎阳狱吏,两人尝有德于项梁,是以项王信任之。当是时,项王在睢阳,闻海春侯军败,则引兵还。汉军方围钟离眛于荥阳东,项王至,汉军畏楚,尽走险阻。

是时,汉兵盛食多,项王兵罢食绝。汉遣陆贾说项王,请太公,项王弗听。汉王复使侯公往说项王,项王乃与汉约,中分天下,割鸿沟以西者为汉,鸿沟而东者为楚。项王许之,即归汉王父母妻子。军皆呼万岁。汉王乃封侯公为平国君。匿弗肯复见。曰:"此天下辩士,所居倾国,故号为平国君。"项王已约,乃引兵解而东归。①

汉王稍收散卒,萧何亦发关中卒悉诣荥阳,战京、索间,败楚。楚以故不能过荥阳而西。汉军荥阳,筑甬道,取敖仓食。三年,羽数击绝汉甬道,汉王食乏,请和,割荥阳以西为汉。羽欲听之。历阳侯范增曰:"汉易与耳,今不取,后必悔之。"羽乃急围荥阳。汉王患之,乃与陈平金四万斤以间楚君臣。语在《陈平传》。项羽以故疑范增,稍夺之权。范增怒曰:"天下事大定矣,君王自为之!愿赐骸骨归。"行未至彭城,疽发背死。于是汉将纪信诈为汉王出降,以诳楚军,故汉王得与数十骑从西门出。令周苛、枞公、魏豹守荥阳。汉王西入关收兵,还出宛、叶间,与九江王黥布行收兵。羽闻之,即引兵南。汉王坚壁不与战。

---

① 《史记》卷七《项羽本纪第七》,第324~331页。

是时，彭越渡睢，与项声、薛公战下邳，杀薛公。羽乃东击彭越。汉王亦引兵北军成皋。羽已破走彭越，引兵西下荥阳城，亨周苛，杀枞公，虏韩王信，进围成皋。汉王跳，独与滕公得出。北渡河，至修武，从张耳、韩信。楚遂拔成皋。汉王得韩信军，留止，使卢绾、刘贾渡白马津入楚地，佐彭越共击破楚军燕郭西，烧其积聚，攻下梁地十余城。羽闻之，谓海春侯大司马曹咎曰："谨守成皋。即汉欲挑战，慎毋与战，勿令得东而已。我十五日必定梁地，复从将军。"于是引兵东。①

（汉二年）五月，汉王屯荥阳，萧何发关中老弱未傅者悉诣军。韩信亦收兵与汉王会，兵复大振。与楚战荥阳南京、索间，破之。筑甬道，属河，以取敖仓粟。魏王豹谒归视亲疾。至则绝河津，反为楚。②

项羽自知少助食尽，韩信又进兵击楚，羽患之。汉遣陆贾说羽，请太公，羽弗听。汉复使侯公说羽，羽乃与汉约，中分天下，割鸿沟以西为汉，以东为楚。九月，归太公、吕后，军皆称万岁。乃封侯公为平国君。羽解而东归。汉王欲西归，张良、陈平谏曰："今汉有天下太半，而诸侯皆附，楚兵罢食尽，此天亡之时，不因其几而遂取之，所谓养虎自遗患也。"汉王从之。③

是时九江王布与龙且战，不胜，与随何间行归汉。汉王稍收士卒，与诸将及关中卒益出，是以兵大振荥阳，破楚京、索间。

三年，魏王豹谒归视亲疾，至即绝河津，反为楚。汉王使郦生说豹，豹不听。汉王遣将军韩信击，大破之，虏豹。遂定魏地，置三郡，曰河东、太原、上党。汉王乃令张耳与韩信遂东下井陉击赵，斩陈余、赵王歇。其明年，立张耳为赵王。

汉王军荥阳南，筑甬道属之河，以取敖仓。与项羽相距岁余。项羽数侵夺汉甬道，汉军乏食，遂围汉王。汉王请和，割荥阳以西者为汉。项王不听。汉王患之，乃用陈平之计，予陈平金四万斤，以间疏楚君臣。于是项羽乃疑亚父。亚父是时劝项羽遂下荥阳，及其见疑，乃怒，辞老，愿赐骸骨归卒伍，未至彭城而死。

汉军绝食，乃夜出女子东门二千余人，被甲，楚因四面击之。将军纪信乃乘王驾，诈为汉王，诳楚，楚皆呼万岁，之城东观，以故汉王得与数十骑出西门遁。令御史大夫周苛、魏豹、枞公守荥阳。诸将卒不能从者，尽在城中。周苛、枞公相谓曰："反国之王，难与守城。"因杀魏豹。

汉王之出荥阳入关，收兵欲复东。袁生说汉王曰："汉与楚相距荥阳数岁，汉常

---

① 《汉书》卷三十一《陈胜项籍传第一》，第1813~1814页。
② 《汉书》卷一上《高帝纪第一上》，第37页。
③ 《汉书》卷一上《高帝纪第一上》，第46~47页。

困。愿君王出武关，项羽必引兵南走，王深壁，令荥阳成皋间且得休。使韩信等辑河北赵地，连燕齐，君王乃复走荥阳，未晚也。如此，则楚所备者多，力分，汉得休，复与之战，破楚必矣。"汉王从其计，出军宛叶间，与黥布行收兵。

项羽闻汉王在宛，果引兵南。汉王坚壁不与战。是时彭越渡睢水，与项声、薛公战下邳，彭越大破楚军。项羽乃引兵东击彭越。汉王亦引兵北军成皋。项羽已破走彭越，闻汉王复军成皋，乃复引兵西，拔荥阳，诛周苛、枞公，而虏韩王信，遂围成皋。

汉王跳，独与滕公共车出成皋玉门，北渡河，驰宿修武。自称使者，晨驰入张耳、韩信壁，而夺之军。乃使张耳北益收兵赵地，使韩信东击齐。汉王得韩信军，则复振。引兵临河，南飨军小修武南，欲复战。郎中郑忠乃说止汉王，使高垒深堑，勿与战。汉王听其计，使卢绾，刘贾将卒二万人、骑数百，渡白马津，入楚地，与彭越复击破楚军燕郭西，遂复下梁地十余城。

淮阴已受命东，未渡平原。汉王使郦生往说齐王田广，广叛楚，与汉和，共击项羽。韩信用蒯通计，遂袭破齐。齐王烹郦生，东走高密。项羽闻韩信已举河北兵破齐、赵，且欲击楚，则使龙且、周兰往击之。韩信与战，骑将灌婴击，大破楚军，杀龙且。齐王广奔彭越。当此时，彭越将兵居梁地，往来苦楚兵，绝其粮食。

四年，项羽乃谓海春侯大司马曹咎曰："谨守成皋，若汉挑战，慎勿与战，无令得东而已。我十五日必定梁地，复从将军。"乃行击陈留、外黄、睢阳，下之。汉果数挑楚军，楚军不出，使人辱之五六日，大司马怒，度兵汜水。士卒半渡，汉击之，大破楚军，尽得楚国金玉货赂。大司马咎、长史欣皆自刭汜水上。项羽至睢阳，闻海春侯破，乃引兵还。汉军方围钟离昧于荥阳东，项羽至，尽走险阻。

韩信已破齐，使人言曰："齐边楚，权轻，不为假王，恐不能安齐。"汉王欲攻之。留侯曰："不如因而立之，使自为守。"乃遣张良操印绶立韩信为齐王。

项羽闻龙且军破，则恐，使盱台人武涉往说韩信。韩信不听。

楚汉久相持未决，丁壮苦军旅，老弱罢转饷。汉王项羽相与临广武之间而语。项羽欲与汉王独身挑战。汉王数项羽曰："始与项羽俱受命怀王，曰先入定关中者王之，项羽负约，王我于蜀汉，罪一。项羽矫杀卿子冠军而自尊，罪二。项羽已救赵，当还报，而擅劫诸侯兵入关，罪三。怀王约入秦无暴掠，项羽烧秦宫室，掘始皇帝冢，私收其财物，罪四。又强杀秦降王子婴，罪五。诈坑秦子弟新安二十万，王其将，罪六。项羽皆王诸将善地，而徙逐故主，令臣下争叛逆，罪七。项羽出逐义帝彭城，自都之，夺韩王地，并王梁楚，多自予，罪八。项羽使人阴弑义帝江南，罪九。夫为人臣而弑其主，杀已降，为政不平，主约不信，天下所不容，大逆无道，罪十也。吾以义兵从诸侯诛残贼，使刑余罪人击杀项羽，何苦乃与公挑战！"项羽大怒，伏弩射中汉王。汉王伤胸，乃扪足曰："虏中吾指！"汉王病创卧，张良强请汉王起行劳军，以安士卒，毋令楚乘胜于汉。汉王出行军，病甚，因驰入成皋。

病愈，西入关，至栎阳，存问父老，置酒，枭故塞王欣头栎阳市。留四日，复如军，军广武。关中兵益出。

当此时，彭越将兵居梁地，往来苦楚兵，绝其粮食。田横往从之。项羽数击彭越等，齐王信又进击楚。项羽恐，乃与汉王约，中分天下，割鸿沟而西者为汉，鸿沟而东者为楚。项王归汉王父母妻子，军中皆呼万岁，乃归而别去。①

高祖（三）［二］年，拜为假左丞相，入屯兵关中。月余，魏王豹反，以假左丞相别与韩信东攻魏将军孙遫军东张，大破之。因攻安邑，得魏将王襄。击魏王于曲阳，追至武垣，生得魏王豹。取平阳，得魏王母妻子，尽定魏地，凡五十二城。赐食邑平阳。因从韩信击赵相国夏说军于邬东，大破之，斩夏说。韩信与故常山王张耳引兵下井陉，击成安君，而令参还围赵别将戚将军于邬城中。戚将军出走，追斩之。乃引兵诣敖仓汉王之所。韩信已破赵，为相国，东击齐。参以右丞相属韩信，攻破齐历下军，遂取临菑。还定济北郡，攻著、漯阴、平原、鬲、卢。已而从韩信击龙且军于上假密，大破之，斩龙且，虏其将军周兰。定齐，凡得七十余县。得故齐王田广相田光，其守相许章，及故齐胶东将军田既。韩信为齐王，引兵诣陈，与汉王共破项羽，而参留平齐未服者。②

汉四年，汉王之败成皋，北渡河，得张耳、韩信军，军修武，深沟高垒，使刘贾将二万人，骑数百，渡白马津入楚地，烧其积聚，以破其业，无以给项王军食。已而楚兵击刘贾，贾辄壁不肯与战，而与彭越相保。③

项羽至，以沛公为汉王。汉王赐勃爵为威武侯。从入汉中，拜为将军。还定三秦，至秦，赐食邑怀德。攻槐里、好畤，最。击赵贲、内史保于咸阳，最。北攻漆。击章平、姚卬军。西定汧。还下郿、频阳。围章邯废丘。破西丞。击盗巴军，破之。攻上邽。东守峣关。转击项籍。攻曲逆，最。还守敖仓，追项籍。籍已死，因东定楚地泗（川）［水］东海郡，凡得二十二县。还守洛阳、栎阳，赐与颍（阳）［阴］侯共食钟离。以将军从高帝击反者燕王臧荼，破之易下。所将卒当驰道为多。赐爵列侯，剖符世世勿绝。食绛八千一百八十户，号绛侯。④

汉二年，出关，收魏，河南，韩、殷王皆降。合齐、赵共击楚。四月，至彭城，汉兵败散而还。信复收兵与汉王会荥阳，复击破楚京、索之间，以故楚兵卒不能西。

汉之败却彭城，塞王欣、翟王翳亡汉降楚，齐、赵亦反汉与楚和。六月，魏王豹谒

---

① 《史记》卷八《高祖本纪第八》，第372~378页。
② 《史记》卷五十四《曹相国世家第二十四》，第2026~2027页。
③ 《史记》卷五十一《荆燕世家第二十一》，第1993页。
④ 《史记》卷五十七《绛侯周勃世家第二十七》，第2067~2068页。

归视亲疾，至国，即绝河关反汉，与楚约和。汉王使郦生说豹，不下。其八月，以信为左丞相，击魏。魏王盛兵蒲坂，塞临晋，信乃益为疑兵，陈船欲度临晋，而伏兵从夏阳以木罂缻渡军，袭安邑。魏王豹惊，引兵迎信，信遂虏豹，定魏为河东郡。汉王遣张耳与信俱，引兵东，北击赵、代。后九月，破代兵，擒夏说阏与。信之下魏破代，汉辄使人收其精兵，诣荥阳以距楚。①

楚数使奇兵渡河击赵，赵王耳、韩信往来救赵，因行定赵城邑，发兵诣汉。楚方急围汉王于荥阳，汉王南出，之宛、叶间，得黥布，走入成皋，楚又复急围之。六月，汉王出成皋，东渡河，独与滕公俱，从张耳军修武，至，宿传舍。晨自称汉使，驰入赵壁。张耳、韩信未起，即其卧内上夺其印符，以麾召诸将，易置之。信、耳起，乃知汉王来，大惊。汉王夺两人军，即令张耳备守赵地，拜韩信为相国，收赵兵未发者击齐。②

复以中谒者从降下砀，以至彭城。项羽击，大破汉王。汉王遁而西，婴从还，军于雍丘。王武、魏公申徒反，从击破之。攻下黄，西收兵，军于荥阳。楚骑来众，汉王乃择军中可为（车）骑将者，皆推故秦骑士重泉人李必、骆甲习骑兵，今为校尉，可为骑将。汉王欲拜之，必、甲曰："臣故秦民，恐军不信臣，臣愿得大王左右善骑者傅之。"灌婴虽少，然数力战，乃拜灌婴为中大夫，令李必、骆甲为左右校尉，将郎中骑兵击楚骑于荥阳东，大破之。受诏别击楚军后，绝其饷道，起阳武至襄邑。击项羽之将项冠于鲁下，破之，所将卒斩右司马、骑将各一人。击破柘公王武，军于燕西，所将卒斩楼烦将五人，连尹一人。击王武别将桓婴白马下，破之，所将卒斩都尉一人。以骑渡河南，送汉王到洛阳，使北迎相国韩信军于邯郸。还至敖仓，婴迁为御史大夫。③

汉三年秋，项羽击汉，拔荥阳，汉兵遁保巩、洛。楚人闻淮阴侯破赵，彭越数反梁地，则分兵救之。淮阴方东击齐，汉王数困荥阳、成皋，计欲捐成皋以东，屯巩、洛以拒楚。郦生因曰："臣闻知天之天者，王事可成；不知天之天者，王事不可成。王者以民人为天，而民人以食为天。夫敖仓，天下转输久矣，臣闻其下乃有藏粟甚多。楚人拔荥阳，不坚守敖仓，乃引而东，令适卒分守成皋，此乃天所以资汉也。方今楚易取而汉反却，自夺其便，臣窃以为过矣。且两雄不俱立，楚汉久相持不决，百姓骚动，海内摇荡，农夫释耒，工女下机，天下之心未有所定也。愿足下急复进兵，收取荥阳，据敖仓之粟，塞成皋之险，杜大行之道，距蜚狐之口，守白马之津，以示诸侯效实形制之势，则天下知所归矣。方今燕、赵已定，唯齐未下。今田广据千里之齐，田间将二十万之

---

① 《史记》卷九十二《淮阴侯列传第三十二》，第2613~2614页。
② 《史记》卷九十二《淮阴侯列传第三十二》，第2619页。
③ 《史记》卷九十五《樊郦滕灌列传第三十五》，第2668~2669页。

众，军于历城，诸田宗强，负海阻河济，南近楚，人多变诈，足下虽遣数十万师，未可以岁月破也。臣请得奉明诏说齐王，使为汉而称东藩。"上曰："善。"

乃从其划，复守敖仓，而使郦生说齐王曰："王知天下之所归乎？"王曰："不知也。"曰："王知天下之所归，则齐国可得而有也；若不知天下之所归，即齐国未可得而保也。"齐王曰："天下何所归？"曰："归汉。"曰："先生何以言之？"曰："汉王与项王戮力西面击秦，约先入咸阳者王之。汉王先入咸阳，项王负约不与而王之汉中。项王迁杀义帝，汉王闻之，起蜀汉之兵击三秦，出关而责义帝之处，收天下之兵，立诸侯之后。降城即以侯其将，得赂即以分其士，与天下同其利，豪英贤才皆乐为之用。诸侯之兵四面而至，蜀汉之粟方船而下。项王有倍约之名，杀义帝之负；于人之功无所记，于人之罪无所忘；战胜而不得其赏，拔城而不得其封；非项氏莫得用事；为人刻印，刓而不能授；攻城得赂，积而不能赏：天下叛之，贤才怨之，而莫为之用。故天下之士归于汉王，可坐而策也。夫汉王发蜀汉，定三秦；涉西河之外，援上党之兵；下井陉，诛成安君；破北魏，举三十二城：此蚩尤之兵也，非人之力也，天之福也。今已据敖仓之粟，塞成皋之险，守白马之津，杜大行之阪，距蜚狐之口，天下后服者先亡矣。王疾先下汉王，齐国社稷可得而保也；不下汉王，危亡可立而待也。"田广以为然，乃听郦生，罢历下兵守战备，与郦生日纵酒。[①]

阳陵侯傅宽，以魏五大夫骑将从，为舍人，起横阳。从攻安阳、杠里，击赵贲军于开封，及击杨熊曲遇、阳武，斩首十二级，赐爵卿。从至霸上。沛公立为汉王，汉王赐宽封号共德君。从入汉中，迁为右骑将。从定三秦，赐食邑雕阴。从击项籍，待怀，赐爵通德侯。从击项冠、周兰、龙且，所将卒斩骑将一人敖下，益食邑。[②]

从定三秦。别西击章平军于陇西，破之，定陇西六县，所将卒斩车司马、候各四人，骑长十二人。从东击楚，至彭城。汉军败还，保雍丘，去击反者王武等。略梁地，别将击邢说军菑南，破之，身得说都尉二人，司马、候十二人，降吏卒四千一百八十人。破楚军荥阳东。三年，赐食邑四千二百户。

别之河内，击赵将贲郝军朝歌，破之，所将卒得骑将二人，车马二百五十匹。从攻安阳以东，至棘蒲，下七县。别攻破赵军，得其将司马二人，候四人，降吏卒二千四百人。从攻下邯郸。别下平阳，身斩守相，所将卒斩兵守、郡守各一人，降邺。从攻朝歌、邯郸，及别击破赵军，降邯郸郡六县。还军敖仓，破项籍军成皋南，击绝楚饷道，起荥阳至襄邑。破项冠军鲁下。略地东至缯、郯、下邳，南至蕲、竹邑。击项悍济阳下。还击项籍陈下，破之。别定江陵，降江陵柱国、大司马以下八人，身得江陵王，生致之洛

---

① 《史记》卷九十七《郦生陆贾列传第三十七》，第2693~2696页。
② 《史记》卷九十八《傅靳蒯成列传第三十八》，第2707页。

阳，因定南郡。从至陈，取楚王信，剖符世世勿绝，定食四千六百户，号信武侯。①

蒯成侯緤者，沛人也，姓周氏。常为高祖参乘，以舍人从起沛。至霸上，西入蜀、汉，还定三秦，食邑池阳。东绝甬道，从出度平阴，遇淮阴侯兵襄国，军乍利乍不利，终无离上心。以緤为信武侯，食邑三千三百户。高祖十二年，以緤为蒯成侯，除前所食邑。②

曹咎 项羽将。西楚三年，羽东击彭越，命咎守成皋，且戒之曰："即汉欲战，慎勿与战。"至四年十月，汉数挑战，咎坚壁不出，使人辱之，咎怒渡兵汜水，至半渡，汉纵兵击破之。咎自刭，汉将乃引兵渡河，复取成皋。《旧志》参《史记》。③

英布 汉高祖三年，随何说之归汉，汉王益其兵，使屯成皋。《旧志》参《史记》。④

汉高祖平黥布⑤

上召诸将问曰："布反，为之奈何？"皆曰："发兵击之，坑竖子耳，何能为乎！"汝阴侯滕公召故楚令尹问之。令尹曰："是故当反。"滕公曰："上裂地而王之，疏爵而贵之，南面而立万乘之主，其反何也？"令尹曰："往年杀彭越，前年杀韩信，此三人者，同功一体之人也。自疑祸及身，故反耳。"滕公言之上曰："臣客故楚令尹薛公者，其人有筹策之计，可问。"上乃召见问薛公。薛公对曰："布反不足怪也。使布出于上计，山东非汉之有也；出于中计，胜败之数未可知也；出于下计，陛下安枕而卧矣。"上曰："何谓上计？"令尹对曰："东取吴，西取楚，并齐取鲁，传檄燕、赵，固守其所，山东非汉之有也。""何谓中计？""东取吴，西取楚，并韩取魏，据敖庾之粟，塞成皋之口，胜败之数未可知也。""何谓下计？""东取吴，西取下蔡，归重于越，身归长沙，陛下安枕而卧，汉无事矣。"上曰："是计将安出？"令尹对曰："出下计。"上曰："何谓废上中计而出下计？"令尹曰："布故丽山之徒也，自致万乘之主，此皆为身，不顾后为百姓万世虑者也，故曰出下计。"上曰："善。"封薛公千户。乃立皇子长为淮南王。上遂发兵自将东击布。

汉初平诸吕⑥

《纲鉴》："汉高后辛酉秋七月，齐王襄发兵讨诸吕，相国产使大将军灌婴击之，婴留屯荥阳，与齐连和以待吕氏之变，共诛之。"

吴楚七国之乱

高曰："御史大夫晁错，荧惑天子，侵夺诸侯，蔽忠塞贤，朝廷疾怨，诸侯皆有

---

① 《史记》卷九十八《傅靳蒯成列传第三十八》，第2709~2710页。
② 《史记》卷九十八《傅靳蒯成列传第三十八》，第2711页。
③ 《河南历代方志集成》第十二卷《乾隆汜水县志》（乾隆九年刻本），第78页。
④ 《河南历代方志集成》第十二卷《乾隆汜水县志》（乾隆九年刻本），第78页。
⑤ 《史记》卷九十一《黥布列传第三十一》，第2604~2605页。
⑥ 《河南历代方志集成》第九卷《乾隆荥阳县志》，第407页。

倍畔之意，人事极矣。彗星出，蝗虫数起，此万世一时，而愁劳圣人之所起也。故吴王欲内以晁错为讨，外随大王后车，彷徉天下，所乡者降，所指者下，天下莫敢不服。大王诚幸而许之一言，则吴王率楚王略函谷关，守荥阳敖仓之粟，距汉兵。治次舍，须大王。大王有幸而临之，则天下可并，两主分割，不亦可乎？"王曰："善。"高归报吴王，吴王犹恐其不与，乃身自为使，使于胶西，面结之。①

吴少将桓将军说王曰："吴多步兵，步兵利险；汉多车骑，车骑利平地。愿大王所过城邑不下，直弃去，疾西据洛阳武库，食敖仓粟，阻山河之险以令诸侯，虽毋入关，天下固已定矣。即大王徐行，留下城邑，汉军车骑至，驰入梁楚之郊，事败矣。"吴王问诸老将，老将曰："此少年推锋之计可耳，安知大虑乎！"于是王不用桓将军计。②

西汉末年起义

国将哀章谓莽曰："皇祖考黄帝之时，中黄直为将，破杀蚩尤。今臣居中黄直之位，愿平山东。"莽遣章驰东，与太师匡并力。又遣大将军阳浚守敖仓，司徒王寻将十余万屯洛阳填南宫，大司马董忠养士习射中军北垒，大司空王邑兼三公之职。司徒寻初发长安，宿霸昌厩，亡其黄钺。寻士房扬素狂直，乃哭曰："此经所谓'丧其齐斧'者也！"自劾去。莽击杀扬。③

（建武元年秋七月）己亥，幸怀。遣耿弇率强弩将军陈俊军五社津，备荥阳以东。④

今山东之兵二百余万，已平齐、楚，下蜀、汉，定宛、洛，据敖仓，守函谷，威命四布，宣风中岳。兴灭继绝，封定万国，遵高祖之旧制，修孝文之遗德。有不从命，武军平之。⑤

贾复字君文，南阳冠军人也。光武即位，拜为执金吾，封冠军侯。先度河攻朱鲔于洛阳，与白虎公陈侨战，连破降之。建武二年，益封穰、朝阳二县。更始郾王尹尊及诸大将在南方未降者尚多，帝召诸将议兵事，未有言，沉吟久之，乃以檄叩地曰："郾最强，宛为次，谁当击之？"复率然对曰："臣请击郾。"帝笑曰："执金吾击郾，吾复何忧！大司马当击宛。"遂遣复与骑都尉阴识、骁骑将军刘植南度五社津击郾，连破之。月余，尹尊降，尽定其地。⑥

盖延字巨卿，渔阳要阳人也。建武二年，更封安平侯。遣南击敖仓，转攻酸枣、封丘，皆拔。⑦

光武即位，拜弇为建威大将军。与骠骑大将军景丹、强弩将军陈俊攻厌新贼于敖

---

① 《史记》卷一百六《吴王濞列传第四十六》，第2826页。
② 《史记》卷一百六《吴王濞列传第四十六》，第2832页。
③ 《汉书》卷九十九下《王莽传第六十九下》，第4178页。
④ 《后汉书》卷一上《光武帝纪第一上》，第23页。
⑤ 《后汉书》卷十三《隗嚣公孙述列传第三》，第519页。
⑥ 《后汉书》卷十七《冯岑贾列传第七》，第666页。
⑦ 《后汉书》卷十八《吴盖陈臧列传第八》，第686页。

仓，皆破降之。①

（建武元年）朱鲔闻光武北而河内孤，使讨难将军苏茂、副将贾强将兵三万余人，度巩河攻温。②

荥阳数千人杀中牟县令③

《后汉书》：中平四年，"荥阳数千人群起，攻烧郡县，杀中牟县令。诏使何进弟河南尹苗出击之，苗攻破群贼，平定而还。诏遣使者迎于成皋，拜苗为车骑将军，封济阳侯"。

党锢之祸④

（中平六年）八月戊辰，中常侍张让、段珪等杀大将军何进，于是虎贲中郎将袁术烧东西宫，攻诸宦者。庚午，张让、段珪等劫少帝及陈留王幸北宫德阳殿。何进部曲将吴匡与车骑将军何苗战于朱雀阙下，苗败斩之。辛未，司隶校尉袁绍勒兵收伪司隶校尉樊陵、河南尹许相及诸阉人，无少长皆斩之。让、珪等复劫少帝、陈留王走小平津。尚书卢植追让、珪等，斩数人，其余投河而死。帝与陈留王协夜步逐荧光行数里，得民家露车，共乘之。

汴水之战

（初平元年）二月，卓闻兵起，乃徙天子都长安。卓留屯洛阳，遂焚宫室。是时绍屯河内，邈、岱、瑁、遗屯酸枣，术屯南阳，伷屯颍川，馥在邺。卓兵强，绍等莫敢先进。太祖曰："举义兵以诛暴乱，大众已合，诸君何疑？向使董卓闻山东兵起，倚王室之重，据二周之险，东向以临天下；虽以无道行之，犹足为患。今焚烧宫室，劫迁天子，海内震动，不知所归，此天亡之时也。一战而天下定矣，不可失也。"遂引兵西，将据成皋。邈遣将卫兹分兵随太祖到荥阳汴水，遇卓将徐荣，与战不利，士卒死伤甚多。太祖为流矢所中，所乘马被创，从弟洪以马与太祖，得夜遁去。荣见太祖所将兵少，力战尽日，谓酸枣未易攻也，亦引兵还。

太祖到酸枣，诸军兵十余万，日置酒高会，不图进取。太祖责让之，因为谋曰："诸君听吾计，使勃海引河内之众临孟津，酸枣诸将守成皋，据敖仓，塞轘辕、太谷，全制其险；使袁将军率南阳之军军丹、析，入武关，以震三辅；皆高垒深壁，勿与战，益为疑兵，示天下形势，以顺诛逆，可立定也。今兵以义动，持疑而不进，失天下之望，窃为诸君耻之！"邈等不能用。⑤

《三国志》：初平元年春正月，后将军袁术、冀州牧韩馥、豫州刺史孔伷、兖州

---

① 《后汉书》卷十九《耿弇列传第九》，第707页。
② 《后汉书》卷十六《邓寇列传第六》，第622页。
③ 《河南历代方志集成》第九卷《乾隆荥阳县志》，第407页。
④ 《后汉书》卷八《孝灵帝纪第八》，第358页。
⑤ 《三国志》卷一《魏书·武帝纪第一》，第7~8页。

刺史刘岱、河内太守王匡、渤海太守袁绍、陈留太守张邈、东郡太守桥瑁、山阳太守袁遗、济北相鲍信同时起兵，推绍为盟主。曹操行奋武将军。董卓留屯洛阳兵强，绍等莫敢先进，操引兵西将据成皋，到荥阳汴水遇卓，徐荣与战不利。操责让诸军，因为谋曰："渤海引河内之众临孟津，酸枣诸将据成皋，守敖仓，塞轘辕大谷，全制其险，使袁将军率南阳之军军丹、析，入武关，以震三辅，以顺诛逆，可立定也。"众不能用。①

曹洪字子廉，太祖从弟也。太祖起义兵讨董卓，至荥阳，为卓将徐荣所败。太祖失马，贼追甚急，洪下，以马授太祖，太祖辞让，洪曰："天下可无洪，不可无君。"遂步从到汴水，水深不得渡，洪循水得船，与太祖俱济，还奔谯。扬州刺史陈温素与洪善，洪将家兵千馀人，就温募兵，得庐江上甲二千人，东到丹杨复得数千人，与太祖会龙亢。太祖征徐州，张邈举兖州叛迎吕布。时大饥荒，洪将兵在前，先据东平、范，聚粮谷以继军，太祖讨邈、布于濮阳，布破走，遂据东阿，转击济阴、山阳、中牟、阳武、京、密十余县，皆拔之。以前后功拜鹰扬校尉，迁扬武中郎将。天子都许，拜洪谏议大夫。别征刘表，破表别将于舞阳、阴叶、堵阳、博望。有功，迁厉锋将军，封国明亭侯。累从征伐，拜护将军。②

张邈字孟卓，东平寿张人也。少以侠闻，振穷救急，倾家无爱，士多归之。太祖、袁绍皆与邈友。辟公府，以高第拜骑都尉，迁陈留太守。董卓之乱，太祖与邈首举义兵。汴水之战，邈遣卫兹将兵随太祖。袁绍既为盟主，有骄矜色，邈正议责绍。绍使太祖杀邈，太祖不听，责绍曰："孟卓，亲友也，是非当容之。今天下未定，不宜自相危也。"邈知之，益德太祖。太祖之征陶谦，敕家曰："我若不还，往依孟卓。"后还，见邈，垂泣相对。其亲如此。③

王匡讨董卓④

时河内太守王匡屯兵河阳津，将以图卓。卓遣疑兵挑战，而潜使锐卒从小平津地过津北，破之，死者略尽。

官渡之战

操保官度，与绍连战，虽胜而军粮方尽，[书]与彧议，欲还许以致绍师。彧报曰："今谷食虽少，未若楚汉在荥阳、成皋间也。是时刘项莫肯先退者，以为先退则势屈也。公以十分居一之众，画地而守之，扼其喉而不得进，已半年矣。情见势竭，必将有

---

① 《河南历代方志集成》第九卷《乾隆荥阳县志》，第407页。
② 《三国志》卷九《魏书·诸夏侯曹传第九》，第277～278页。
③ 《三国志》卷七《魏书·吕布臧洪传第七》，第221页。
④ 《后汉书》卷七十二《董卓列传第六十二》，第2328页。

变,此用奇之时,不可失也。"操从之,乃坚壁持之。①

绍使刘备、文丑挑战,曹操又击破之,斩文丑。再战而禽二将,绍军中大震。操还屯官度,绍进保阳武。沮授又说绍曰:"北兵虽众,而劲果不及南军;南军谷少,而资储不如北。南幸于急战,北利在缓师。宜徐持久,旷以日月。"绍不从。连营稍前,渐逼官度,遂合战。操军不利,复还坚壁。②

第三节 魏晋南北朝

八王之乱

(永兴二年)十二月,吕朗等东屯荥阳,成都王颖进据洛阳,张方、刘弘等并桉兵不能御。范阳王虓济自官渡,拔荥阳,斩石超;袭许昌,破刘乔于萧,乔奔南阳。右将军陈敏举兵反,自号楚公。矫称被中诏,从沔汉奉迎天子,逐扬州刺史刘机、丹杨太守王旷。遣弟恢南略江州,刺史应邈奔弋阳。③

(永嘉五年)六月癸未,刘曜、王弥、石勒同寇洛川,王师频为贼所败,死者甚众。庚寅,司空荀藩、光禄大夫荀组奔轘辕,太子左率温畿夜开广莫门奔小平津。④

祖逖北伐

(太兴三年秋七月丁亥)祖逖部将卫策大破石勒别军于汴水。加逖为镇西将军。⑤

逖以布囊盛土如米状,使千余人运上台,又令数人担米,伪为疲极而息于道,贼果逐之,皆弃担而走。贼既获米,谓逖士众丰饱,而胡戍饥久,益惧,无复胆气。石勒将刘夜堂以驴千头运粮以馈桃豹,逖遣韩潜、冯铁等追击于汴水,尽获之。豹宵遁,退据东燕城,逖使潜进屯封丘以逼之。冯铁据二台,逖镇雍丘,数遣军要截石勒,勒屯戍渐蹙。⑥

殷浩北伐⑦

(永和八年)九月,冉智为其将马愿所执,降于慕容恪。中军将军殷浩帅众北伐,次泗口,遣河南太守戴施据石门,荥阳太守刘遂戍仓垣。

---

① 《后汉书》卷七十《郑孔荀列传第六十》,第2286页。
② 《后汉书》卷七十四上《袁绍刘表列传第六十四上》,第2399~2400页。
③ 《晋书》卷四《帝纪第四》,第106页。
④ 《晋书》卷五《帝纪第五》,第123页。
⑤ 《晋书》卷六《帝纪第六》,第153~154页。
⑥ 《晋书》卷六十二《列传第三十二》,第1696页。
⑦ 《晋书》卷八《帝纪第八》,第198~199页。

李矩败刘聪①

李矩，字世回，平阳人。讨齐万年有功，封东明亭侯，还为本郡督护，谢病去属。刘渊攻平阳，矩素为乡人所爱，推为坞主，东屯荥阳，后移新郑。永嘉末，洛阳不守，太尉荀藩奔阳城，卫将军华荟奔成皋。时大饥，贼帅侯都等每略人而食之，藩、荟部曲多为所啖，矩讨都等，灭之。营护藩、荟，各为立屋宇，输谷以给之。藩承制，假矩荥阳太守，矩招怀离散，远近多附之。石勒亲率大众袭矩，矩遣老弱入山，令所在散牛马，因设伏以待之。贼争取牛马，伏发，齐呼，声动山谷，遂大破之，斩获甚众，勒乃退。元帝加矩冠军将军，辂车幢盖，进封阳武县侯，领河东、平阳太守。刘聪使其将赵固镇洛阳，率骑一千来降，矩还令守洛。聪遣子粲率步骑十万屯孟津北岸，分遣刘雅生攻赵固于洛，固奔阳城山，矩遣郭诵屯洛口以救之。诵使将张皮简精卒千人夜渡河，粲众惊溃，因据其营。及旦，粲见皮等人少，更与雅生悉众攻之，苦战二十余日不能下。矩进救之，夜遣部将格增潜入皮垒，焚烧器械，突围而出，奔虎牢。追之不及，聪因愤恚发病而死。帝嘉其功，除矩都督河南三郡军事、安西将军、荥阳太守，封修武县侯。大兴元年五月，以为都督司州诸军事、司州刺史，改封平阳县侯，将军如故。后勒将石生屯洛阳，矩所统将士有阴欲归勒者，矩知之而不能讨，乃率众南走。将归朝廷，众皆道亡，至鲁阳县坠马卒，葬襄阳之岘山。《晋书》。

朱序击辽破燕②

其后慕容永率众向洛阳，序自河阴北济，与永伪将王次等相遇，乃战于沁水，次败走，斩其支将勿支首。参首赵睦、江夏相桓不才追永，破之于太行。永归上党。时杨楷聚众数千，在湖陕，闻永败，遣任子诣序乞降。序追永至上党之白水，与永相持二旬。闻翟辽欲向金墉，乃还，遂攻翟钊于石门，遣参军赵蕃破翟辽于怀县，辽宵遁。序退次洛阳，留鹰扬将军朱党戍石门。序仍使子略督护洛城，赵蕃为助。序还襄阳。会稽王道子以序胜负相补，不加褒贬。

淝水之战

坚至项城，凉州之兵始达咸阳，蜀汉之军顺流而下，幽冀之众至于彭城，东西万里，水陆齐进。运漕万艘，自河入石门，达于汝颍。③

坚南伐司马昌明，戎卒六十万，骑二十七万，前后千里，旗鼓相望。坚至项城，凉州兵始达咸阳，蜀汉之军，顺流而下，幽冀之众，至于彭城，东西万里，水陆齐进，运漕万艘，自河入石门，达于汝颍。④

---

① 《河南历代方志集成》第十二卷《乾隆汜水县志》（乾隆九年刻本），第78~79页。
② 《晋书》卷八十一《列传第五十一》，第2134页。
③ 《晋书》卷一百十四《载记第十四》，第2917页。
④ 《魏书》卷九十五《列传第八十三》，第2077页。

桓温北伐

太和中，温将伐慕容氏于临漳，超谏以道远，汴水又浅，运道不通。温不从，遂引军自济入河，超又进策于温曰："清水入河，无通运理。若寇不战，运道又难，因资无所，实为深虑也。今盛夏，悉力径造邺城，彼伏公威略，必望阵而走，退还幽朔矣。若能决战，呼吸可定。设欲城邺，难为功力。百姓布野，尽为官有。易水以南，必交臂请命。但恐此计轻决，公必务其持重耳。若此计不从，使当顿兵河济，控引粮运，令资储充备，足及来夏，虽如赊迟，终亦济克。若舍此二策而连军西进，进不速决，退必怨乏。贼因此势，日月相引，僶俛秋冬，船道涩滞，且北土早寒，三军裘褐者少，恐不可以涉冬。此大限阂，非惟无食而已。"①

太和四年，又上疏悉众北伐。平北将军郗愔以疾解职，又以温领平北将军、徐兖二州刺史，率弟南中郎冲、西中郎袁真步骑五万北伐。百官皆于南州祖道，都邑尽倾。军次湖陆，攻慕容暐将慕容忠，获之，进次金乡。时亢旱，水道不通，乃凿钜野三百余里以通舟运，自清水入河。暐将慕容垂、傅末波等率众八万距温，战于林渚。温击破之，遂至枋头。先使袁真伐谯梁，开石门以通运。真讨谯梁皆平之，而不能开石门，军粮竭尽。温焚舟步退，自东燕出仓垣，经陈留，凿井而饮，行七百余里。垂以八千骑追之，战于襄邑，温军败绩，死者三万人。温甚耻之，归罪于真，表废为庶人。真怨温诬己，据寿阳以自固，潜通苻坚、慕容暐。②

逮乎石门路阻，襄邑兵摧，怼谋略之乖违，耻师徒之挠败，迁怒于朝廷，委罪于偏裨，废主以立威，杀人以逞欲，曾弗知宝命不可以求得，神器不可以力征。岂不悖哉！岂不悖哉！斯实斧钺之所宜加，人神之所同弃。然犹存极光宠，没享哀荣，是知朝政之无章，主威之不立也。③

桓温率众北讨慕容暐，至金乡，凿钜野三百余里以通舟军，自清水入河。慕容垂逆击破之，获其资仗。温之北引也，先命西中郎将袁真及赵悦开石门，而袁真等停于梁宋，石门不通，粮竭。温自枋头回军，垂以步骑数万追及襄邑，大败温军。④

刘裕北伐

（义熙）十年，迁冠军将军、高阳内史、临淮太守，领石头戍事。高祖西伐司马休之，以弥为吴兴太守，将军如故。明年，高祖北伐，弥以本号侍从，留戍碻磝，进屯石

---

① 《晋书》卷六十七《列传第三十七》，第1803~1804页。
② 《晋书》卷九十八《列传第六十八》，第2576页。
③ 《晋书》卷九十八《列传第六十八》，第2581~2582页。
④ 《魏书》卷九十六《列传第八十四》，第2101页。

门、柏谷。①

（义熙）十二年，松滋太守王遐之讨翟辽于洛口，败之。《晋书·孝武帝纪》。义熙十二年，姚泓征南将军镇洛阳，姚洸遣将赵玄南守柏谷坞，石无讳东戍巩城。《晋书·姚泓载记》。

时太尉刘裕西伐秦之阳城。及成皋，荥阳、虎牢诸城皆降，冠军将军檀道济等长驱而至，无讳至石关奔还。

按，巩县古有石关、黑石关两地名。②

刘裕北伐

义熙十二年北伐，进仲德征虏将军，加冀州刺史，为前锋诸军事。冠军将军檀道济、龙骧将军王镇恶向洛阳，宁朔将军刘遵考、建武将军沈林子出石门，宁朔将军朱超石、胡藩向半城，咸受统于仲德。仲德率龙骧将军朱牧、宁远将军竺灵秀、严纲等开钜野入河，乃总众军，进据潼关。长安平，以仲德为太尉谘议参军。

武帝欲迁都洛阳，众议咸以为宜。仲德曰："非常之事，常人所骇。今暴师日久，士有归心，固当以建业为王基，俟文轨大同，然后议之可也。"帝深纳之，使卫送姚泓先还彭城。武帝受命，累迁徐州刺史，加都督。

元嘉三年，进号安北将军，与到彦之北伐，大破虏军。诸军进屯灵昌津。司、兖既定，三军咸喜，仲德独有忧色，曰："胡虏虽仁义不足，而凶狡有余，今敛戈北归，并力完聚，若河冰冬合，岂不能为三军之忧。"十月，虏于委粟津渡河，进逼金墉，虎牢、洛阳诸军，相继奔走。彦之闻二城不守，欲焚舟步走，仲德曰："洛阳既陷，则虎牢不能独全，势使然也。今贼去我千里，滑台犹有强兵，若便舍舟奔走，士卒必散。且当入济至马耳谷口，更详所宜。"乃回军沿济南历城步上，焚舟弃甲，还至彭城。仲德与彦之并免官。寻与檀道济救滑台，粮尽而归。③

毛德祖，璩宗人也。父祖并没于贼中。德祖兄弟五人南渡，皆有武干。刘道规以为建武将军、始平太守，又徙涪陵太守。寻遭母忧。刘裕伐司马休之，版补太尉参军、义阳太守，赐爵迁陵县侯，转南阳太守。从裕伐姚泓，所在克捷。裕嘉之，以为龙骧将军、秦州刺史，督河东平阳二郡军事、辅国将军、河东太守。裕方欲荡平关洛，先以德祖督九郡军事、冠军将军、荥阳、京兆太守，以前后功，赐爵灌阳县男，寻迁督司雍并三州诸军事、司州刺史，戍虎牢，为魏所没。次弟嶷，死于卢循之难。嶷弟辩，没于鲁宗之役。并有志节，奋不顾命，为世所叹。见《晋书》。④

---

① 《宋书》卷四十五《列传第五》，第1374页。
② 《河南历代方志集成》第八卷《民国巩县志》，第69页。
③ 《宋书》卷四十六《列传第六》，第1392~1393页。
④ 《嘉靖荥阳县志》卷之上，第41页。

太尉参军、南阳太守毛德祖破柏谷坞，赵玄死之。《晋书·姚泓载记》。先是，玄说姚洸固守金墉待援，而洸司马姚禹潜通于檀道济，固劝洸出战，洸乃遣玄率精兵千余南守柏谷坞，与德祖战，以众寡而败，被创十余，与其司马骞鉴皆死于阵。

按，《宋书·王镇恶传》谓镇恶破虎牢及柏谷坞，斩贼帅赵玄。时德祖为镇恶司马，《宋书》盖以功归于帅，而载记所言为详。①

（义熙）七年，遣彦之制督王仲德、竺灵秀、尹冲、段宏、赵伯符、竺灵真、庾俊之、朱脩之等北侵，自淮入泗。泗水渗，日裁行十里。自四月至七月，始至东平须昌县。魏滑台、虎牢、洛阳守兵并走。彦之留朱脩之守滑台，尹冲守虎牢，杜骥守金墉。十月，魏军向金墉城，次至虎牢，杜骥奔走，尹冲众溃而死。魏军仍进滑台。时河冰将合，粮食又罄，彦之先有目疾，至是大动，将士疾疫，乃回军，焚舟步至彭城。初遣彦之，资实甚盛，及还，凡百荡尽，府藏为空。文帝遣檀道济北救滑台，收彦之下狱，免官。兖州刺史竺灵秀弃军伏诛。明年夏，起为护军。九年，复封邑，固辞。明年卒。乃复先户邑，谥曰忠公。孝建三年，诏彦之与王华、王昙首配食文帝庙庭。②

刘义符及刘义隆即位之初与北魏战事③

子义符僭立。太宗以其礼敬不足，遣山阳公奚斤等率步骑二万于滑台渡河南讨。义符司州刺史毛德祖遣司马翟广领步骑三千来拒。司空奚斤以千余骑徇陈留，太守严稜率众降。仍攻滑台，其东郡太守王景度奔走，斩其司马阳瓒。德祖又遣其将窦应明攻辎重于石济。奚斤于土楼大破广等，乘胜径至虎牢。义符遣其将杜垣等与徐州刺史王仲德次湖陆。太宗诏安平公叔孙建等军于泗溵口，义符兖州刺史徐琰委尹卯城奔退，于是泰山诸郡悉弃戍而走。太宗诏苍梧子公孙表等复攻虎牢，义符遣将檀道济率师赴救。（泰常）八年，义符改年为景平。奚斤进攻金墉，义符河南太守王涓之出奔。太宗南巡至邺。奚斤自金墉还围虎牢。太宗又诏安平公叔孙建等东击青州，其刺史竺夔守东阳城，济南太守垣苗自梁邹奔夔。奚斤分军攻颍川，太守李元德奔还项城。斤又遣骑破高平郡所统五县，略居人二千余家。叔孙建以时暑班师。檀道济、王仲德向青州，遂不敢进。太宗至虎牢，因幸洛阳，乃北渡河。斤克虎牢，擒德祖及其荥阳太守翟广、广武将军窦霸等，义符豫州刺史刘粹屯项城，不敢进。斤遣步骑至许昌，颍川太守索元德奔项城，遂围汝阳，太守王公度突围而出。仍破邵陵，掠万余口而还。

始光初，义符司空徐羡之、尚书令傅亮、领军谢晦等专其朝政，收其庐陵王义真，徙于新安郡，杀之。义符昏暴失德，羡之等勒兵入殿，时义符在华林舟中，兵士竟进，杀其侍者，扶义符出东阁，废为营阳王，遂徙于吴郡，于金昌亭杀之。

亮等立义符弟荆州刺史义隆，号年元嘉。遣使赵道生朝贡。二年，徐羡之、傅亮

---

① 《河南历代方志集成》第八卷《民国巩县志》，第69页。
② 《南史》卷二十五《列传第十五》，第675~676页。
③ 《魏书》卷九十七《列传第八十五》，第2134~2136页。

等归政于义隆，不许。三年，义隆信其侍中王华之言，诛羡之、傅亮，遣其将檀道济等讨荆州刺史谢晦。晦率众东下，谋废义隆，以讨王化为辞，破义隆将到彦之。及闻道济将至，晦众崩散，晦走江陵，乃携其弟遁等北走，至安陆延头，为戍主光顺之所执，斩于建业。八月，义隆使其殿中将军吉恒朝贡。神䴥二年，又遣殿中将军孙横之朝贡。三年，又遣殿中将军田奇朝贡。

寻遣其右将军到彦之、安北将军王仲德、兖州刺史竺灵秀舟师入河，骁骑将军段横寇虎牢；又遣其豫州刺史刘德武、后将军长沙王义欣至彭城为后继。到彦之寇碻磝，分军向虎牢及洛阳。世祖诏河南诸军收众北渡以骄之。寻诏冠军将军安颉等率众自盟津渡攻金墉，义隆建武将军杜骥出奔，遂乘胜进攻虎牢，陷之，斩其司州刺史尹冲。叔孙建大破竺灵秀，追至湖陆。四年，颉攻滑台，彦之与王仲德等焚舟弃甲，走归彭城。义隆又遣檀道济救滑台，叔孙建、长孙道生击之。道济至高梁山，颉等攻克滑台，擒其司徒从事中郎朱修之等，道济走奔历城，夜乃遁还。义隆青州刺史萧思话亦弃镇奔于平昌，其东阳积粟为百姓所焚。

刘义隆北伐

明年四月入朝，时焘已死，上更谋经略。五月，遣爽、秀、程天祚等率步骑并荆州军甲士四万，出许、洛。八月，虏长社戍主永平公秃发幡乃同弃城走。进向大索戍，戍主伪豫州刺史跋仆兰曰："爽勇而无防，我今出城，必轻来据之，设伏檀山，必可禽也。"爽果夜进，秀谏不止，驰往继之。比晓，虏骑夹发，赖秀纵兵力战，虏乃退还虎牢。爽因进攻之，本期舟师入河，断其水门。王玄谟攻碻磝不拔，败退，水军不至，爽亦收众南还。转斗数百里，至曲强，虏候其饥疲，尽锐来攻，爽身自奋击，虏乃退走。[①]

（元嘉）二十七年，随王诞版安都为建武将军，随柳元景向关、陕，率步骑居前，所向克捷，事在《元景传》。军还，诞版为后军行参军。二十九年，除始兴王浚征北行参军，加建武将军。鲁爽向虎牢，安都复随元景北出，即据关城，期俱济河取蒲坂。[②]

（元嘉）二十七年，迁太子步兵校尉。其年，文帝将北侵，庆之谏曰："道济再行无功，彦之失利而反，今料王玄谟等未逾两将，恐重辱王师。"上曰："王师再屈，别有所由。道济养寇自资，彦之中涂疾动。虏所恃唯马，夏水浩大，泛舟济河，碻磝必走，滑台小戍，易可覆拔。克此二戍，馆谷吊人，虎牢洛阳，自然不固。"庆之固陈不可，时丹阳尹徐湛之、吏部尚书江湛并在坐，上使湛之等难庆之。庆之曰："为国譬如家，耕当问奴，织当访婢。陛下今欲伐国，而与白面书生辈谋之，事何由济？"上大笑。

及军行，庆之副玄谟。玄谟进围滑台，庆之与萧斌留守碻磝，仍领斌辅国司马。玄

---

① 《宋书》卷七十四《列传第三十四》，第1924～1925页。
② 《宋书》卷八十八《列传第四十八》，第2216页。

谟攻滑台，积旬不拔，魏太武大军南向，斌遣庆之将五千人救玄谟。庆之曰："少军轻往，必无益也。"会玄谟退还，斌将斩之，庆之谏乃止。①

陈庆之伐魏②

大通初，魏北海王元颢以本朝大乱，自拔来降，求立为魏主。高祖纳之，以庆之为假节、飙勇将军，送元颢还北。颢于涣水即魏帝号，授庆之使持节、镇北将军、护军、前军大都督，发自铚县，进拔荥城，遂至睢阳。魏将丘大千有众七万，分筑九城以相拒。庆之攻之，自旦至申，陷其三垒，大千乃降。时魏征东将军济阴王元晖业率羽林庶子二万人来救梁、宋，进屯考城，城四面萦水，守备严固。庆之命浮水筑垒，攻陷其城，生擒晖业，获租车七千八百两。仍趋大梁，望旗归款。颢进庆之卫将军、徐州刺史、武都公。仍率众而西。

魏左仆射杨昱、西阿王元庆、抚军将军元显恭率御仗羽林宗子庶子众凡七万，据荥阳拒颢。兵既精强，城又险固，庆之攻未能拔。魏将元天穆大军复将至，先遣其骠骑将军尔朱吐没儿领胡骑五千，骑将鲁安领夏州步骑九千，援杨昱；又遣右仆射尔朱世隆、西荆州刺史王罴骑一万，据武牢。天穆、吐没儿前后继至，旗鼓相望。时荥阳未拔，士众皆恐，庆之乃解鞍秣马，宣喻众曰："吾至此以来，屠城略地，实为不少；君等杀人父兄，略人子女，又为无算。天穆之众，并是仇雠。我等才有七千，虏众三十余万，今日之事，义不图存。吾以虏骑不可争力平原，及未尽至前，须平其城垒，诸君无假狐疑，自贻屠脍。"一鼓悉使登城，壮士东阳宋景休、义兴鱼天愍逾堞而入，遂克之。俄而魏阵外合，庆之率骑三千背城逆战，大破之，鲁安于阵乞降，元天穆、尔朱吐没儿单骑获免。收荥阳储实，牛马谷帛不可胜计。进赴武牢，尔朱世隆弃城走。魏主元子攸惧，奔并州。其临淮王元彧、安丰王元延明率百僚，封府库，备法驾，奉迎颢入洛阳宫，御前殿，改元大赦。颢以庆之为侍中、车骑大将军、左光禄大夫，增邑万户。魏大将军上党王元天穆、王老生、李叔仁又率众四万，攻陷大梁，分遣老生、费穆兵二万，据武牢，刁宣、刁双入梁、宋，庆之随方掩袭，并皆降款。天穆与十余骑北渡河。高祖复赐手诏称美焉。庆之麾下悉著白袍，所向披靡。先是洛阳童谣曰："名师大将莫自牢，千兵万马避白袍。"自发铚县至于洛阳十四旬，平三十二城，四十七战，所向无前。

刘粲讨石勒③

刘粲率众四万寇洛阳，勒留辎重于重门，率骑二万会粲于大阳，大败王师于渑池，遂至洛川。粲出轘辕，勒出成皋关，围陈留太守王赞于仓垣，为赞所败，退屯文石津。将北攻王浚，会浚将王甲始率辽西鲜卑万余骑败赵固于津北，勒乃烧船弃营，引军向柏门，迎重门辎重，至于石门，济河，攻襄城太守崔旷于繁昌，害之。

---

① 《南史》卷三十七《列传第二十七》，第954～955页。
② 《梁书》卷三十二《列传第二十六》，第461～462页。
③ 《晋书》卷一百四《载记第四》，第2712页。

拓跋嗣、拓跋焘南征刘宋

永初三年十月，（拓跋）嗣自率众至方城，遣郑兵将军扬州刺史山阳公达奚斤、吴兵将军广州刺史苍梧公公孙表、尚书滑稽，领步骑二万余人，于滑台西南东燕县界石济南渡，辎重弱累自随。滑台戍主、宁远将军、东郡太守王景度驰告冠军将军、司州刺史毛德祖，戍虎牢，遣司马翟广率参军庞谘、上党太守刘谈之等步骑三千拒之。军次卷县土楼，虏徙营滑台城东二里，造攻具，日往胁城。德祖以滑台戍人少，使翟广募军中壮士，遣宁远将军刘芳之率领，助景度守。芳之将八十余人，突得入城。德祖又遣讨虏将军、弘农太守窦应明领五百人，建武将军窦霸领二百五十人，并以水军相继发，咸受翟广节度。

初，亡命司马楚之等常藏窜陈留郡界，虏既南渡，驰相要结，驱扇疆场，大为民患。德祖遣长社令王法政率五百人据邵陵，将军刘怜领二百骑至雍丘以防之。楚之于白马县袭怜，为怜所破。会台送军资至，怜往迎之，而酸枣民王玉知怜南，驰以告虏，虏将滑稽领千乘袭仓垣，兵吏悉逾城散走，陈留太守严棱为虏所获，虏即用王玉为陈留太守，给兵守仓垣。

十一月，虏悉力攻滑台城，城东北崩坏，王景度出奔，景度司马阳瓒坚守不动，众溃，抗节不降，为虏所杀。窦应明击虏辎重于石济，破之，杀贼五百余人，斩其戍主□连内头、张索儿等。应明自石济赴滑台，闻城已没，遂进屯尹卯，窦霸驰就翟广。虏既克滑台，并力向广等，力不敌，引退，转斗而前，二日一夜，裁行十许里。虏步军续至，广等矢尽力竭，大败，广、霸、谈之等各单身进还。

虏乘胜遂至虎牢，德祖出步骑欲击之，虏退屯土楼，又退还滑台。长安、魏昌、蓝田三县民居在虎牢下，德祖皆使入城。虏别遣黑矟公率三千人至河阳，欲南渡取金墉。德祖遣振威将军、河阴令窦晃五百人戍小垒，缑氏令王瑜四百人据监仓，巩令臣琛五百人固小平，参军督护张季五百人屯牛兰，又遣将领马队，与洛阳令杨毅合二百骑，缘河上下，随机赴接。十二月，虏置守于洛川小垒，德祖遣翟广驰往击之，虏退走。广安立守防，修治城坞，复还虎牢。豫州刺史刘粹遣治中高道瑾领步骑五百据项，又遣司马徐琼继之，台遣将辅伯遣、姚珍、杜坦、梁灵宰等水步诸军续进。徐州刺史王仲德率军次湖陆。黑矟公遣长史将千人逼窦晃、杨毅，晃等逆击，禽之，生获二百人。其后郑兵将军五千骑掩袭晃等，黑矟渡与并力，四面攻垒，晃等力少众散，晃、毅皆被重创。虏将安平公鹅青二军七千人南渡，于碻磝东下，至泗渎口，去尹卯百许里。兖州刺史徐琰委军镇走，于是泰山诸郡并失守。

郑兵与公孙表及宋兵将军、交州刺史交阯侯普几万五千骑，复向虎牢，于城东南五里结营，分步骑自成皋开向虎牢外郭西门，德祖逆击，杀伤百余人，虏退还保营。镇北将军檀道济率水军北救，车骑将军庐陵王义真遣龙骧将军沈叔狸三千人就豫州刺史刘粹，量宜赴援。少帝景平元年正月，郑兵分军向洛，攻小垒，小垒守将窦晃拒战，陷没，河南太守王涓之弃金墉出奔。

自虏分军向洛，德祖每战辄破之。嗣自率大众至邺。郑兵既克金墉，复还虎牢，德祖于城内穴城，入七丈，二道，出城外，又分作六道，出虏阵后。募敢死之士四百人，参军范道基率二百人为前驱，参军郭王符、刘规等以二百人为后系，出贼围外，掩袭其后，虏阵扰乱，斩首数百级，焚烧攻具。虏虽退散，随复更合。

虏又遣楚兵将军徐州刺史安平公涉归幡能健、越兵将军青州刺史临菑侯薛道千、陈兵将军淮州刺史寿张子张模东击青州，所向城邑皆奔走。冠军将军、青州刺史竺夔镇东阳城，闻虏将至，敛众固守。龙骧将军、济南太守垣苗率二府郡文武奔就夔。夔与将士盟誓，居民不入城者，使移就山阻，烧除禾稼，令虏至无所资，虏众向青州，前后济河凡六万骑。三月，三万骑前追胁。城内文武一千五百人，而半是羌蛮流杂，人情骇惧。竺夔夜遣司马车宗领五百人出城掩击，虏众披退。间二日，虏步骑悉至，绕城四围，列阵十余里，至晡退还安水结营，去城二十里，大治攻具，日日分步骑常来逼城。夔夜使殿中将军竺宗之、参军贾元龙等领百人，于杨水口两岸设伏。虏将阿伏斤领三百人晨渡水，两岸伏发，虏骑四进，杀伤数十人，枭阿伏斤首。虏又进营水南，去城西北四里。

嗣自邺遣兵益虎牢，增围急攻，郑兵于虎牢率步骑三千，攻颍川太守李元德于许昌，车骑参军王玄谟领千人，助元德守，与元德俱散败。虏即用颍川人庚龙为颍川太守，领骑五百，并发民丁以戍城。德祖出军击公孙表，大战，从朝至晡，杀虏数百。会郑兵军从许昌还，合围，德祖大败，失甲士千余人，退还固城。嗣又于邺遣万余人从白沙口过河，于濮阳城南寒泉筑垒。朝议以"项城去虏不远，非轻军所抗，使刘粹召高道瑾还寿阳。若沈叔狸已进，亦宜且追"。粹以虏攻虎牢，未复南向，若便摄军舍项城，则淮西诸郡，无所凭依。沈叔狸已顿肥口，又不宜便退。时李元德率散卒二百人至项，刘粹使助高道瑾戍守，请宥其奔败之罪，朝议并许之。

檀道济至彭城，以青、司二州并急，而所领不多，不足分赴，青州道近，竺夔兵弱，先救青州。竺夔遣人出城作东西南堑，虏于城北三百余步凿长围，夔遣参军间茂等领善射五十人，依墙射虏，虏骑数百驰来围墙，墙内纳射，固墙死战。虏下马步进，短兵接，城上弓弩俱发，虏乃披散。虏遂填外堑，引高楼四所，虾蟆车二十乘，置长围内。夔先凿城北作三地道，令通外堑，复凿里堑，内去城二丈作子堑，遣三百余人出地道，欲烧虏攻具。时回风转焰，火不得燃，虏兵矢横下，士卒多伤，敛众还入。虏填三堑尽平，唯余子堑，虾蟆车所不及。虏以橦攻城，夔募人力，于城上系大磨石堆之，又出于子堑中，用大麻緪张骨骨，攻车近城，从地道中多人力挽令折。虏复于城南掘长围，进攻逾急。夔能持重，垣苗有胆干，故能坚守移时。然被攻日久，城转毁坏，战士多死伤，余众困乏，旦暮且陷，檀道济、王仲德兼行赴之。

刘粹遣李元德袭许昌，庚龙奔进，将宋晃追蹑，斩龙首。元德因留绥抚，并上租粮。虏悦勃大肥率三千余骑，破高平郡所统高平、方与、任城、金乡、亢父等五县，杀略二千余家，杀其男子，驱虏女弱。兖州刺史郑顺之戍湖陆，以兵卒不敢出。冠军将军申宣戍彭城，去高平二百余里，惧虏至，移郭外居民，并诸营署，悉入小城。

嗣又遣并州刺史伊楼拔助郑兵攻虎牢，填塞两堑，德祖随方抗拒，颇杀虏，而将士稍零落。

四月壬申，虏闻道济将至，焚烧器械，弃青州走。竺夔上言东阳城被攻毁坏，不可守，移镇长广之不其城。夔以固守功，进号前将军，封建陵县男，食邑四百户。夔字祖季，东莞人也。官至金紫光禄大夫。

嗣率大众至虎牢，停三日，自督攻城，不能下，回军向洛阳，留三千人益郑兵。停洛数日，渡河北归。房安平公等诸军从青州退还，径趋滑台，檀道济、王仲德步军乏粮，追虏不及。道济于泰山分遣仲德向尹卯，道济停军湖陆。仲德未至尹卯，闻虏已远，还就道济，共装治水军。房安平公诸军就滑台，西就郑兵，共攻虎牢。虎牢被围二百日，无日不战，德祖劲兵战死殆尽，而虏增兵转多。虏撞外城，德祖于内更筑三重，仍旧为四，贼撞三城已毁，德祖唯保一城，昼夜相拒，将士眼皆生创，死者太半。德祖恩德素结，众无离心。德祖昔在北，与虏将公孙表有旧，表有权略，德祖患之，乃与交通音问，密遣人说郑兵，云表与之连谋，每答表书，辄多所治定。表以书示郑兵，郑兵倍疑之，言于嗣，诛表。虏众盛，檀道济诸救军并不敢进。刘粹据项城，沈叔狸屯高桥。

二十一日，虏作地道偷城内井，井深四十丈，山势峻峭，不可得防。至其月二十三日，人马渴乏饥疫，体皆干燥，被创者不复出血。虏因急攻，遂克虎牢，自德祖及翟广、窦霸，凡诸将佐及郡守在城内者，皆见囚执，唯上党太守刘谈之、参军范道基将二百人突围南还。城将溃，将士欲扶德祖出奔，德祖曰："我与此城并命，义不使此城亡而身在也。"嗣重其固守之节，勒众军生致之，故得不死。司空徐羡之、尚书傅亮、领军将军谢晦表曰："去年逆虏纵肆，陵暴河南，司州刺史臣德祖竭诚尽力，抗对强寇，孤城独守，将涉期年，救师淹缓，举城沦没，圣怀垂悼，远近嗟伤。陛下殷忧谅暗，委政自下，臣等谋猷浅蔽，托付无成，遂令致节之臣，抱忠倾覆，将士歼辱，王略亏挫，上坠先规，下贻国耻。稽之朝典，无所辞责。虽有司挠笔，未加准绳，岂宜尸禄，昧安殊宠，乞蒙屏固，以申国法。"不许。

德祖，荥阳阳武人也。晋末自乡里南归。初为冠军参军、辅国将军，道规为荆州，德祖为之将佐。复为高祖太尉参军。高祖北伐，以为王镇恶龙骧司马，加建武将军。为镇恶前锋，斩贼宁朔将军赵玄石于柏谷，破弘农太守尹雅于梨城，又破贼大帅姚难于泾水，斩其镇北将军姚强。镇恶克立大功，盖德祖之力也。长安平定，以为龙骧将军、扶风太守，仍迁秦州刺史，将军如故。时佛佛虏为寇，复以德祖为王镇恶征虏司马，寻复为桂阳公义真安西参军、南安太守，将军如故。复徙冯翊太守。高祖东还，以德祖督司州之河东平阳二郡诸军、辅国将军、河东太守，代并州刺史刘遵考戍蒲坂。长安不守，合部曲还彭城，除世子中兵参军，将军如故。又除督司州之河东平阳河北雍州之京兆豫州之颍川兖州之陈留九郡军事、荥阳太守，将军如故，又加京兆太守。高祖践阼，进号冠军。论前后功，封观阳县男，食邑四百户。又除督司雍并三州豫州之颍川兖州之陈留诸军事、司州刺史，将军如故。太祖元嘉六年，死于虏中，时年六十五。世祖大明元年，以德祖弟子熙祚第二息讷之绍德祖封。

虏既克虎牢，留兵居守，余众悉北归。少帝曰："故宁远司马、濮阳太守阳瓒，滑台之逼，厉诚固守，投命均节，在危无挠，古之忠烈，无以加之。可追赠给事中，并存恤遗孤，以慰存亡。"尚书令傅亮议瓒家在彭城，宜即以入台绢一百匹，粟三百斛赐给。文士颜延之为谏焉。龙骧将军兖州刺史徐琰、东阳太守王景度并坐失守，钳髡居作，琰五岁，景度四岁。

时宣威将军、颍川太守李元德成许昌，仍除荥阳太守，督二郡军事。其年十一月，虏遣军并招集亡命，攻逼许昌城，以土人刘远为荥阳太守。李元德欲出战，兵仗少，至夜，悉排女墙散溃，元德复奔还项城。虏又围汝阳，太守王公度将十余骑突围奔项城。虏又破邵陵县，残害二千余家，尽杀其男丁，驱略妇女一万二千口。刘粹遣将姚耸夫率军助守项城，又遣司马徐琼五百人继之。虏掘破许昌城，又毁坏钟离城，以立疆界而还。

嗣死，谥曰明元皇帝，子焘字佛狸代立。母杜氏，冀州人，入其宫内，生焘。焘年十五六，不为嗣所知，遇之如仆隶。嗣初立慕容氏女为后，又娶姚兴女，并无子，故焘得立。壮健有筋力，勇于战斗，忍虐好杀，夷、宋畏之。攻城临敌，皆亲贯甲胄。元嘉五年，使大将吐伐斤西伐长安，生禽赫连昌于安定，封昌为公，以妹妻之。昌弟赫连定在陇上，吐伐斤乘胜以骑三万讨定，定设伏于陇山弹筝谷破之，斩吐伐斤，尽坑其众。定率众东还，后克长安，焘又自攻不克，乃分军戍大城而还。焘常使昌侍左右，常共单马逐鹿，深入山涧。昌素有勇名，诸将咸谓昌不可亲，焘曰："天命有在，亦何所惧。"亲遇如初。复攻长安，克之，定西走，为吐谷浑慕璝所禽。

赫连氏有名卫臣者，种落在朔方塞外，部落千余户。朔方以西，西至上郡，东西千余里，汉世徙谪民居之，土地良沃。苻坚时，卫臣入塞寄田，春来秋去。坚云中护军贾雍掠其田者，获生口马牛羊，坚悉以还之，卫臣感恩，遂称臣入居塞内，其后渐强盛。卫臣死，子佛佛骁猛有谋算，远近杂种皆附之。姚兴与相抗，兴覆军丧众，前后非一，关中为之伤残。高祖入长安，佛佛震慑不敢动。高祖东还，即入寇北地。安西将军义真之归也，佛佛遣子昌破之青泥，俘囚诸将帅，遂有关中，自称尊号，号年曰真兴元年。京兆人韦玄隐居养志，有高名，姚兴备礼征，不起，高祖辟为相国掾，宋台通直郎，又并不就。佛佛召为太子庶子，玄应命。佛佛大怒，曰："姚兴及刘公相征召，并不起，我有命即至，当以我殊类，不可理其故耶。"杀之。元嘉二年，佛佛死，昌立，至是为焘所兼。焘西定陇右，东灭黄龙，海东诸国，并遣朝贡。

太祖践阼，便有志北略。七年三月，诏曰："河南，中国多故，湮没非所，遗黎荼炭，每用矜怀。今民和年丰，方隅无事，宜时经理，以固疆场。可简甲卒五万，给右将军到彦之，统安北将军王仲德、兖州刺史竺灵秀舟师入河，骁骑将军段宏精骑八千，直指虎牢，豫州刺史刘德武劲勇一万，以相掎角，后将军长沙王义欣可权假节，率见力三万，监征讨诸军事。便速备办，月内悉发。"先遣殿中将军田奇衔命告焘："河南旧是宋土，中为彼所侵，今当修复旧境，不关河北。"焘大怒，谓奇曰："我生头发未燥，便闻河南是我家地，此岂可得河南。必进军，今权当敛戍相避，须冬行地净，河冰合，自更取之。"

后将军长沙王义欣出镇彭城，总统郡帅，告司、兖二州曰：

"夫王者之兵，以义德相济，非徒疆理土地，恢广经略，将以大庇苍生，保全黎庶。是以蒙践霜雪，逾历险难，匡国宁民，肃清四表。

昔我高祖武皇帝，诞膺明命，爰造区夏，内夷篡逆，外宁寇乱，灵武纷纭，雷动风举，响轶龙堆，声浮云、朔，陵天振地，拔山荡海。于是华域肃清，讴歌允集，王纲帝典，焕哉惟文，太和烟煴，流泽洋溢。中叶谅暗，委政冢宰，黠虏乘衅，侵侮上国。遂令司、兖良民，复蹈非所，周、郑遗黎，重隔王化。

圣皇践阼，重光开朗，明哲柔远，以隆中兴，遐夷慕义，云腾波涌。方将蹈德履信，被艺袭文，增修业统，作规于后，勤施洽于三方，惠和雍于北狄。夫养鱼者除其猵獭，育禽者去其豺狼，故智士研其虑，勇夫厉其节，嘉谋动苍天，精气贯辰纬。

莫府忝任，禀承庙算，蔚爪明衣，誓不顾命，提吴、楚之劲卒，总八州之锐士，红旗绛天，素甲夺日，虎步中原，龙超河渚。兴云散雨，慰大旱之思，吊民伐罪，积后已之情。师以顺动，何征而不克，况乎遵养眷昧，绥复境土而已哉。

昔淮、泗初开，狡徒纵逸，王旅入关，群竖飙扇，襄邑之战，素旗授首，半城之役，伏尸蔽野，支解体分，羽翼摧挫。加以构难西房，结怨黄龙，控弦熸灭，首尾逼畏，蜂屯蚁聚，假息旦夕，岂复能超蹈长河，以当堂堂之陈哉。夫顺从贵速，归德恶晚，赏褒先附，威加后服。是以秦、赵羁旅，披榛委诚，施绂乘轩，剖符州郡。慕容、姚泓，恃强作祸，提挈万里，卒婴铁钺。皆目前之诚验，往世之所知也。圣上明发爱恤，以道怀二州士民，若能审决安危，翻然革面，率其支党，归投军门者，当表言天台，随才叙用。如其迷心不悛，窜首巢穴，长围既周，临冲四至，虽欲壶浆厥篚，其可得乎。幸加三思，详择利害。"

彦之进军，虏悉敛河南一戍归河北。太祖以前征虏司马、南广平太守尹冲为督司雍并三州豫州之颍川兖州之陈留二郡诸军事、奋威将军、司州刺史，戍虎牢。十一月，虏大众南渡河，彦之败退，洛阳、滑台、虎牢诸城并为虏所没，尹冲及司马荥阳太守崔模抗节不降，投堞死。冲字子顺，天水冀人也。先为姚兴吏部郎，与兴子广平公弼结党，欲倾兴太子泓。泓立，冲与弟弘俱逃叛南归。至是追赠前将军。太祖与江夏王义恭书曰："尹冲诚节志概，继踪古烈，以为伤惋，不能已。"

上以滑台战守弥时，遂至陷没，乃作诗曰：

"逆虏乱疆场，边将婴寇仇。坚城效贞节，攻战无暂休。覆沈不可拾，离机难复收。势谢归涂单，于焉见幽囚。烈烈制邑守，舍命蹈前修。忠臣表年暮，贞柯见严秋。楚庄投袂起，终然报强仇。去病辞高馆，卒获舒国忧。戎事谅未殄，民患焉得瘳。抚剑怀感激，志气若云浮。愿想凌扶摇，弭旆拂中州。爪牙申威灵，帷幄骋良筹。华裔混殊风，率土浃王猷。惆怅惧迁逝，北顾涕交流。"

其后焘又遣使通好，并求婚姻，太祖每依违之。十七年，焘号太平真君元年。十九年,虏镇东将军武昌王宜勒库莫提移书益、梁二州,往伐仇池,侵其附属,而移书越诣徐州曰:"我大魏之兴,德配二仪,与造化并立。夏、殷以前,功业尚矣,周、秦以来,赫赫堂堂,垂耀先代。逮我烈祖,重之圣明,应运龙飞,廓清燕、赵。圣朝承王业之资,奋神武之略,远定三秦,西及葱岭,东平辽碣,海隅服从,北暨钟山,万国纳贡,威风所扇,想彼朝野,备闻威德。往者刘、石、苻、姚,递据三郡,司马琅邪,保守扬、越,绵绵连连,绵历年纪。数穷运改,宋氏受终,仍晋之旧,远通聘享。故我朝庭解甲,息心东南之略,是为不欲违先故之大信也。而彼方君臣,苞藏祸心,屡为边寇。去庚午年,密结赫连,侵我牢、洛,致师徒丧败,举军囚俘。我朝庭仁弘,不穷人之非,不遂人之过,与彼交和,前好无改。昔南秦王杨玄识达天运,于大化未及之前,度越赫连,远归忠款。玄既即世,弟难当忠节愈固,上请纳女,连婚宸极,任土贡珍,自比内郡,汉南白雉,登俎御羞,朝庭嘉之,授以专征之任。不图彼朝计疆场之小疵,不相关移,窃兴师旅,亡我宾属。难当将其妻子,及其同义,告败关下。圣朝怃然,顾谓群臣曰:'彼之违信背和,与牢、洛为三,一之为甚,其可再乎。是若可忍,孰不可忍。'是以分命吾等磬声之臣,助难当报复。"①

(泰常)八年春正月丙辰,行幸邺,存问人俗。司空奚斤既平兖、豫,还围武牢,宋守将毛德祖距守不下。蠕蠕犯塞。二月戊辰,筑长城于长川之南,起自赤城,西至五原,延袤二千余里,备置戍卫。三月乙卯,济自灵昌。

夏四月丁卯,幸成皋,观武牢。而城内乏水,县绠汲河。帝令连舰,上施辒辌,绝其汲路;又穿地道,以夺其井。丁丑,幸洛阳,观石经。闰月丁未,还幸河内,北登太行,幸高都。己未,武牢溃。士众大疫,死者十二三。辛酉,幸晋阳,班赐王公以下至于厮役。五月丙寅,还次雁门,皇太子率留台王公迎于句注之北。庚寅,车驾至自南巡。六月己亥,太尉、宜都公穆观薨。丙辰,北巡,至参合陂。②

虏众一时奔散,因追之,行已经日,人马疲倦,引还汝南。城内有虏一幢,马步可五百,登城望知泰之无后继,又有别帅钜鹿公余嵩自虎牢至,因引出击泰之,泰之军未食,且战已疲劳,结阵未及定,垣谦之先退,因是惊乱,弃仗奔走,行迷道趋溵水,水深岸高,人马悉走水争渡,泰之独不去,曰:"丧败如此,何面复还。"下马坐地,为虏所杀。③

(神䴥三年)八月,宋将到彦之自清水入河,溯流西行。丙寅,彦之遣将度河攻冶

---

① 《宋书》卷九十五《列传第五十五》,第2323~2335页。
② 《北史》卷一《魏本纪第一》,第34~35页。
③ 《宋书》卷九十五《列传第五十五》,第2345页。

坂，冠军将军安颉督诸军击破之。九月癸卯，立密皇太后庙于邺。甲辰，行幸统万，遂征平凉。是月，冯跋死。

冬十月乙卯，冠军将军安颉济河攻洛阳，丙子，拔之。辛巳，安颉平武牢。[①]

（神䴥三年）冬十月庚申，到彦之、王仲德沿河置守，还保东平。乙亥，冠军将军安颉济河，攻洛阳，丙子，拔之，擒义隆将二十人，斩首五千级。时河北诸军会于七女津，彦之恐军南度，遣将王蟠龙溯流欲盗官船，征南大将军杜超等击破，斩之。辛巳，安颉平虎牢，义隆司州刺史尹冲坠城死。[②]

尔朱荣向洛，灵太后令武卫将军费穆屯小平[③] 《魏书·费于传附费穆传》。荣推奉庄帝，河梁不守，穆遂弃众先降。穆素为荣所知，见之甚悦。穆潜说荣曰："公士马不出万人，今长驱向洛，前无横陈者，正以推奉主上，顺民心故耳。既无战胜之威，群情素不厌伏。今以京师之众，百官之盛，一知公之虚实，必有轻侮之心。若不大行诛罚，更树亲党，公还北之日，恐不得度太行而内难作矣。"荣心然之。于是遂有河阴之事。天下闻之，莫不切齿。

后周建德四年，齐王宪围齐洛口，收其东西二城[④] 《周书本传》。

守王药城，仪同三司，韩正以城降齐[⑤] 《周书·武帝纪》。时周师伐齐，齐王宪及于翼、李穆等所在克捷，降拔三十余城，皆弃而不守。惟以王药城要害，令韩正守之。正寻以城降齐。按，《方舆纪要》："城在巩东北，滨河。"

第四节 隋 唐

隋末翟让、李密起义

大业三年冬十月，置洛口、回洛仓。洛口仓于巩东南原上，周二十余里，穿三千窖。置回洛仓于洛阳北七里城，周十里，穿三百窖，皆容八千石。十三年，翟让、李密据兴洛仓击败东都兵。李密攻东都入其俘，东都遣兵击李密，大败之，密退屯洛口[⑥]。

密投东郡贼帅翟让，乃因王伯当以策干让。遣说诸小贼，所至辄降，让始敬焉，召与计事。密以兵众无粮，劝让直趣荥阳，休兵馆谷，然后争利。让从之，乃掠下荥

---

① 《北史》卷二《魏本纪第二》，第45页。
② 《魏书》卷四上《世祖纪第四上》，第76～77页。
③ 《河南历代方志集成》第八卷《民国巩县志》，第70页。
④ 《河南历代方志集成》第八卷《民国巩县志》，第71页。
⑤ 《河南历代方志集成》第八卷《民国巩县志》，第71页。
⑥ 《河南历代方志集成》第六卷《乾隆巩县志》，第419页。

阳。太守郇王庆及通守张须陁以兵讨让。让数为须陁败，将远避之。密劝让列阵以待，密以奇兵掩击，大破之，斩须陁于阵。让于是令密建牙，别统所部。复说让以廓清天下为事，令掩据兴洛仓，发粟以振穷乏。于是与让以义宁元年春出阳城，北逾方山，自罗口袭兴洛仓，破之，开仓振百姓。越王侗遣武贲郎将刘长恭讨密。〔密一战破之，长恭仅以身免。让于是推密为主。〕密城洛口周回四十里以居之。让上密号为魏公，设坛场即位，称元年。以房彦藻为左长史，邴元真为右长史，杨德方为左司马，郑德韬为右司马。拜让为司徒，封东郡公。长白山贼孟让掠东都，烧丰都市而归。密攻下巩县，获县长柴孝和，拜为护军。武贲郎将裴仁基以武牢归密，密因遣仁基与孟让袭破回洛仓，据之。俄而德韬、德方俱死，复以郑颋为左司马，郑虔象为右司马。①

密众渐离，将如黎阳。人或曰："杀翟让之际，徐世勣几死，其心安可保。"密乃止。时王伯当弃金墉城，保河阳，密自武牢济，归之。谓曰："久苦诸君，我今日自刎以谢众。"众皆泣，莫能仰视。密复曰："诸君幸不相弃，当共归关中。密身虽愧无功，诸君必保富贵。"其府掾柳燮曰："明公与长安宗族，有畴昔之遇，虽不陪起义，然阻东都，断隋归路，使唐国不战而得京师，此公之功也。"众咸曰："然。"密遂归朝，封邢国公，拜光禄卿。寻奉使出关安抚，至熊州而逃叛，见杀。②

荥阳太守杨庆及通守张须陁以兵讨让，让曾为须陁所败，闻其来，大惧，将远避之。密曰："须陁勇而无谋，兵又骤胜，既骄且狠，可一战而擒之。公但列阵以待，为公破之。"让不得已，勒兵将战，密分兵千余人于木林间设伏。让与战不利，稍却，密发伏自后掩之，须陁众溃，与让合击，大破之，遂斩须陁于阵。让于是令密别统所部。密军阵整肃，凡号令兵士，虽盛夏皆若背负霜雪。躬服俭素，所得金宝皆颁赐麾下，由是人为之用。寻复说让曰："昏主蒙尘，播荡吴、越，群兵竞起，海内饥荒。明公以英杰之才，而统骁雄之旅，宜当廓清天下，诛剪群凶，岂可求食草间，常为小盗而已。今东都士庶，中外离心，留守诸官，政令不一。明公亲率大众，直掩兴洛仓，发粟以赈穷乏，远近孰不归附？百万之众，一朝可集，先发制人，此机不可失也！"让曰："仆起陇亩之间，望不至此，必如所图，请君先发，仆领诸军便为后殿。得仓之日，当别议之。"

大业十三年春，密与让领精兵千人出阳城北，逾方山，自罗口袭兴洛仓，破之。开仓恣人所取，老弱襁负，道路不绝，众至数十万。隋越王侗遣虎贲郎将刘长恭率步骑二万五千讨密，密一战破之，长恭仅以身免。让于是推密为主，号为魏公。二月，于巩南设坛场，即位，称元年，其文书行下称行军元帅魏公府。以房彦藻为左长史，邴元真为右长史，杨得〔德〕方为左司马，郑德韬为右司马。拜翟让为司徒，封东郡公。单雄

---

① 《北史》卷六十《列传第四十八》，第2133~2134页。
② 《北史》卷六十《列传第四十八》，第2137页。

信为左武候大将军,徐世勣为右武候大将军,祖君彦为记室,其余封拜各有差。于是城洛口周回四十里以居之。

长白山贼孟让率所部归密,巩县长柴孝和、侍御史郑颐以巩县降密。隋虎贲郎将裴仁基率其子行俨以武牢归密,拜为上柱国,封河东郡公。因遣仁基与孟让率兵三万余人袭回洛仓,破之,入东都,俘掠居人,烧天津桥,东都出兵乘之,仁基等大败,仅以身免。密复亲率兵三万逼东都,将军段达、虎贲郎将高毗刘长林等出兵七万拒之,战于故都城,隋军败走。密复下回洛仓而据之,大修营堑,以逼东都。①

俄而德韬、德方俱死,复以郑颐为左司马,郑虔象为右司马。柴孝和说密曰:"秦地阻山带河,西楚背之而亡,汉高都之而霸。如愚意者,令仁基守回洛,翟让守洛口,明公亲简精锐,西袭长安,百姓孰不郊迎,必当有征无战。既克京邑,业固兵强,方更长驱崤函,扫荡东洛,传檄指㧑,天下可定。但今英雄竞起,实恐他人我先,一朝失之,噬脐何及!"密曰:"君之所图,仆亦思之久矣,诚乃上策。但昏主尚存,从兵犹众,我之所部,并是山东人,既见未下洛阳,何肯相随西入?诸将出于群盗,留之各竞雄雌。若然者,殆将败矣!"

密恃兵锋甚锐,每入苑与隋军连战。会密为流矢所中,卧于营内,东都复出兵乘之,密众大溃,弃回洛仓,归于洛口。炀帝遣王世充率劲卒五万击之,密与战不利,孝和溺死于洛水,密哭之甚恸。世充营于洛西,与密相拒百余日,大小六十余战。武阳郡丞元宝藏、黎阳贼帅李文相、洹水贼帅张升、清河贼帅赵君德、平原贼帅郝孝德,并归于密,共袭破黎阳仓,据之。永安大族周法明举江、黄之地以附密,齐郡贼帅徐圆朗、任城大侠徐师仁、淮阳太守赵佗皆归之。②

武德元年九月,世充以其众五千来决战,(李)密留王伯当守金墉,自引精兵就偃师,北阻邙山以待之。世充军至,密遂败绩,裴仁基、祖君彦并为世充所虏,密与万余人驰向洛口。世充围偃师,守将郑颐之下兵士劫叛,以城降世充。密将入洛口仓城,邴元真已遣人潜引世充,密阴知之,不发其事,欲待世充兵半渡洛水,然后击之。及世充军至,密候骑不时觉,比将出战,世充军已济矣。密自度不能支,引骑而遁,径赴武牢,元真竟以城降于世充。③

(大业)十三年,让分兵与密,别为牙帐,号蒲山公。密持军严,虽盛夏号令,士皆若负霜雪,然战得金宝,尽散之,由是人为用。复说让曰:"今群豪竞兴,公宜先

---

① 《旧唐书》卷五十三《列传第三》,第2210~2212页。
② 《旧唐书》卷五十三《列传第三》,第2219页。
③ 《旧唐书》卷五十三《列传第三》,第2222页。

天下攘除群凶，宁常剽夺草间求活哉？若直取兴洛仓，发粟以赈穷乏，百万之众一朝可附，霸王之业成矣。"让曰："仆起畎陇，志不及此，须君得仓，更议之。"

二月，密以千人出阳城北，逾方山，自罗口拔兴洛仓，据之，获县长柴孝和。开仓赈食，众襁属至数十万。隋越王侗遣将刘长恭、房崱讨密，又令裴仁基统兵出成皋西。密乃为十队，跨洛水，抗东、西二军。令单雄信、徐世勣、王伯当骑为左右翼，自引麾下急击长恭等，破之。东都震恐，众保太微城，台寺俱满。

让等乃推密为主，建号魏公。巩南设坛场，即位，刑牲歃血，改元永平，大赦，其文移称行军元帅魏公府。以让为司徒，邴元真左长史，房彦藻右长史，杨德方左司马，郑德韬右司马，单雄信左武候大将军，徐世勣右武候大将军，祖君彦记室。城洛口，周四十里，居之。命护军将军田茂广造云𣖔三百具，以机发石，为攻城械，号"将军炮"。进逼东都，烧上春门。

四月，隋虎牢将裴仁基、淮阳太守赵佗降，长白山贼孟让以所部归密。以仁基为上柱国，与让率兵二万袭回洛仓，守之。入都城掠居人，火天津桥。隋出军乘之，仁基等败，还保巩。司马杨德方战死。密自督众三万，破隋军于故城，复得回洛仓。俄而德韬死，乃以郑颋为左司马，郑虔象右司马。诸贼帅黎阳李文相、洹水张升、清河赵君德、平原郝孝德皆归密，因袭取黎阳仓。永安大族周法明举江、黄地附之，齐郡贼徐圆朗、任城大侠徐师仁来归。密令幕府移檄州县，列炀帝十罪，天下震动。

护军柴孝和说密曰："秦地阻山带河，项背之亡，汉得之王。今公以仁基壁回洛，翟让保洛口，公束铠倍道趋长安，百姓谁不郊迎？是征而不战也。众附兵强，然后东向，指㧑豪桀，天下廓廓无事矣。今迟之，恐为人先。"密曰："仆怀此久，顾我部皆山东人，今未下洛，安肯与我偕西？且诸将皆群盗，不相统一，败则扫地矣。"遂止。是时，隋军益出，密负锐，急与之确，中流矢，卧营中，隋军乘之，密众溃，弃仓守洛口。[①]

初，密既杀翟让，心稍骄，不恤士，素无府库财，军战胜，无所赐与，又厚抚新集，人心始离。民食兴洛仓者，给授无检，至负取不胜，委于道，践轹狼扈。密喜，自谓足食。司仓贾润甫谏曰："人，国本；食，人天。今百姓饥捐，暴骨道路。公虽受命，然赖人之天以固国本。而禀取不节，敖庾之藏有时而傶，粟竭人散，胡仰而成功？"不听，徐世勣数规其违，密内不喜，使出就屯，故下苟且无固志。初，世充乏食，密少帛，请交相易，难之。邴阮真好利，阴劝密许焉。后世充士饱，降者益少，密悔而止。

武德元年九月，世充悉众决战，先以骑数百度河，密遣迎战，骁将十余人皆被创返。明日，密留王伯当守金墉，自引精兵出偃师，北阻邙山待之。密议所便，裴仁基曰："世充悉劲兵来，东都必虚，请选众二万向洛，世充必自拔归，我整军徐还。兵法

---

① 《新唐书》卷八十四《列传第九》，第3680~3681页。

所谓彼归我出，彼出我归，以疲之也。"密眩于众，不能用。仁基击地叹曰："公后必悔！"遂出兵阵。世充阴索貌类密者，使缚之。既两军接，埃雾嚣塞，世充军，江淮士，出入若飞，密兵心动。世充督众疾战，使牵类密者过阵，噪曰："获密矣！"士皆呼万岁，密军乱，遂溃。裴仁基、祖君彦皆为世充所禽，偃师劫郑颋叛归世充。密提众万余驰洛口，将入城，邴元真已输款世充，潜导其军。密知不发，期世充度兵半洛水，掩击之。候骑不时觉，比出，世充绝河矣。即引骑遁武牢，元真遂降，众稍散。①

张须陀，阌乡人。为荥阳通守。性刚烈，有勇略。善战，为时名将。李密说翟让取洛口仓，惮须陀，不肯进。密乃先伏千人于林木间，邀击陀，兵败。密、让合军围之，陀溃围出，左右不能尽出，复跃马入救，众皆败散。须陀仰天叹曰："兵败如此，何面目见天子乎！"下马战死。见《纲目》。②

庆倾曲善候时变。帝猜忌骨肉，滕王纶等皆被废放，唯庆获全。累迁荥阳太守，颇有政绩。

及李密据洛口仓，荥阳诸县多应密。庆勒兵拒守。岁余，城中粮尽，兵劳日蹙。密遗庆书曰："王之先世，家住山东，本姓郭氏，乃非杨族。娄敬之于汉高，殊非血胤；吕布之于董卓，良异天亲。芝焚蕙叹，事不同此。江都荒湎，流宕忘归，骨肉崩离，人神怨愤。举烽火于骊山，诸侯莫至；浮胶船于汉水，还日未期。王独守孤城，援绝千里，粮糇支计，仅有月余，弊卒之多，才盈数百。有何恃赖，欲相抗拒？求枯鱼于市肆，即事非虚；因归雁以运粮，竟知何日！止恐祸生匕首，衅发萧墙，空以七尺之躯，悬赏千金之购，可为酸鼻者也。幸能三思，自求多福。"于时江都败问亦至，庆得书，遂降于密，改姓为郭氏。密破，归东都，又为杨氏，越王侗不之责也。及侗称制，拜宗正卿。③

遇李密攻陷兴洛仓，进逼东都，官军数败，光禄大夫裴仁基以武牢降于密。帝恶之，大发兵，将讨焉。特发中诏遣世充为将，军于洛口以拒密。前后百余战，互有胜负。世充乃引军度洛水，逼仓城。李密与战，世充败绩，赴水溺死者万余人。时天寒，大雨雪，兵既度水，衣皆沾湿，在道冻死者又数万人，比至河阳，才以千数。世充自系狱请罪，越王侗遣使赦之，召令还都。收合亡散，屯于含嘉城中，不敢复出。④

李密逼东都，诏世充为将军，以兵屯洛口。大小百余战，无大胜负。诏即拜右翊卫

---

① 《新唐书》卷八十四《列传第九》，第3684页。
② 《嘉靖荥阳县志》卷之上，第26页。
③ 《北史》卷七十一《列传第五十九》，第2455~2456页。
④ 《北史》卷七十九《列传第六十七》，第2661~2662页。

将军，趣破贼。十四年，世充引军与密战洛南，有气若城压其营，世充大败，众几尽，走保河阳。自系狱，请罪于越王侗，侗以书慰勉，赐金帛安之，召还洛，哀亡散得万人，屯含嘉城，畏缩不敢出。①

及李密攻陷洛口仓，进逼东都，炀帝特诏世充大发兵，于洛口拒密，前后百余战，未有胜负。又遣就军拜世充为将军，趣令破贼。世充引军渡洛水与李密战，世充军败绩，溺死者万余人，乃率余众归河阳。时天寒大雪，兵士在道冻死者又数万人，比至河阳，才以千数。世充自系狱请罪，越王侗遣使赦之，征还洛阳，置营于含嘉仓城，收合亡散，复得万余人。②

未几，李密破化及还，其劲兵良马多战死，士卒疲倦。世充欲乘其弊而击之，恐人心不一，乃假托鬼神，言梦见周公。乃立祠于洛水，遣巫宣言周公欲令仆射急讨李密，当有大功，不则兵皆疫死。世充兵多楚人，俗信妖言，众皆请战。世充简练精勇，得二万余人，马二千余匹，军于洛水南。密军偃师北山上。时密新破化及，有轻世充之心，不设壁垒。世充夜遣三百余骑潜入北山，伏溪谷中，令军人秣马蓐食，迟明而薄密。密出兵应之，阵未成列而两军合战。其伏兵发，乘高而下，驰压密营，又纵火焚其庐舍，密军溃，降其将张童仁、陈智略，进下偃师，密走保洛口。初，世充兄世伟及子玄应随化及至东郡，密得而囚之于城中，至是尽获之。又执密长史邴元真妻子、司马郑虔象之母及诸将子弟，皆抚慰之，各令潜呼其父兄。世充进兵，次洛口，邴元真、郑虔象等举仓城以应之，密以数十骑走河阳，率余众入朝。世充尽收其众，振旅而还。③

世充夜遣二百骑蔽山伏，因秣马蓐食，迟明薄之，密阵未成，伏兵上北原，乘高驰下，压其营，纵焚庐落，密众大溃，降其将张童仁、陈智略，进拔偃师。初，密得世充兄世伟及子玄应于化及军，因之，至是皆归。世充兵次洛口，密长史邴元真、司马郑虔象以城降，悉收美人、宝货而还。密以数十骑跳奔。④

让寻与李密屯据洛口仓，辩与王世充讨密，阻洛水相持经年。辩率诸将攻败密，因薄其营，战破外栅。密诸营已有溃者，乘胜将入城，世充不知，恐将士劳倦，于是鸣角收兵，翻为密徒所乘。官军大溃，不可救止。辩至洛水，桥已坏，不得渡，遂涉水，至中流，为溺人所引坠马。辩时身被重甲，败兵前后相蹈藉，不能复上马，竟溺死焉。时

---

① 《新唐书》卷八十五《列传第十》，第3690~3691页。
② 《旧唐书》卷五十四《列传第四》，第2228~2229页。
③ 《旧唐书》卷五十四《列传第四》，第2230页。
④ 《新唐书》卷八十五《列传第十》，第3692页。

年五十六。三军莫不痛惜之。①

建德败于武牢，群帅未知所属，曹旦长史李公淹、大唐使人魏征等说旦及齐善行令归顺。旦等从之，乃令矩与征、公淹领旦及八玺，举山东之地归于大唐。授左庶子，转詹事、民部尚书。②

李玄道者，本陇西人也，世居郑州，为山东冠族。祖瑾，魏著作佐郎。父行之，隋都水使者。玄道仕隋为齐王府属。李密据洛口，引为记室。及密破，为王世充所执。是时，同遇囚俘者并惧死，达曙不寐，唯玄道颜色自若，曰："死生有命，非忧能了。"同拘者雅推识量。及见世充，举措不改其常。世充素知其名，益重之，释缚以为著作佐郎。③

大业末，武阳郡丞元宝藏举兵以应李密，召征使典书记。密每见宝藏之疏，未尝不称善，既闻征所为，遽使召之。征进十策以干密，虽奇之而不能用。及王世充攻密于洛口，征说密长史郑颋曰："魏公虽骤胜，而骁将锐卒死伤多矣；又军无府库，有功不赏，战士心惰，此二者难以应敌。未若深沟高垒，旷日持久，不过旬月，敌人粮尽，可不战而退，追而击之，取胜之道。且东都食尽，世充计穷，意欲死战，可谓穷寇难与争锋，请慎无与战。"颋曰："此老生之常谈耳！"征曰："此乃奇谋深策，何谓常谈？"因拂衣而去。④

庞坚，京兆泾阳人。四世祖玉，事隋为监门直阁。李密据洛口，玉以关中锐兵属王世充击之，百战不衄。世充归东都，秦王东徇洛，玉率万骑降，高祖以隋旧臣，礼之。玉魁梧有力，明军法，久宿卫，习知朝廷制度。⑤

武牢之战

（武德三年）七月，总率诸军攻王世充于洛邑，师次谷州。世充率精兵三万阵于慈涧，太宗以轻骑挑之，时众寡不敌，陷于重围，左右咸惧。太宗命左右先归，独留后殿。世充骁将单雄信数百骑夹道来逼，交抢竞进，太宗几为所败。太宗左右射之，无不应弦而倒，获其大将燕颀。世充乃拔慈涧之镇归于东都。太宗遣行军总管史万宝自宜阳南据龙门，刘德威自太行东围河内，王君廓自洛口断贼粮道。又遣黄君汉夜从孝水河中

---

① 《隋书》卷六十四《列传第二十九》，第1521页。
② 《隋书》卷六十七《列传第三十二》，第1584页。
③ 《旧唐书》卷七十二《列传第二十二》，第2583页。
④ 《旧唐书》卷七十一《列传第二十一》，第2545页。
⑤ 《新唐书》卷一百九十三《列传第一百十八》，第5546~5547页。

下舟师袭回洛城，克之。黄河已南，莫不响应，城堡相次来降。大军进屯邙山。九月，太宗以五百骑先观战地，卒与世充万余人相遇，会战，复破之，斩首三千余级，获大将陈智略，世充仅以身免。其所署筠州总管杨庆遣使请降，遣李世勣率师出轘辕道安抚其众。荥、汴、洧、豫九州相继来降。世充遂求救于窦建德。

四年二月，又进屯青城宫。营垒未立，世充众二万自方诸门临谷水而阵。太宗以精骑阵于北邙山，令屈突通率步卒五千渡水以击之，因诫通曰："待兵交即放烟，吾当率骑军南下。"兵才接，太宗以骑冲之，挺身先进，与通表里相应。贼众殊死战，散而复合者数焉。自辰及午，贼众始退。纵兵乘之，俘斩八千人，于是进营城下。世充不敢复出，但婴城自守，以待建德之援。太宗遣诸军掘堑，匝布长围以守之。吴王杜伏威遣其将陈正通、徐召宗率精兵二千来会于军所。伪郑州司马沈悦以武牢降，将军王君廓应之，擒其伪荆王王行本。①

建德自荥阳西上，筑垒于板渚，太宗屯武牢，相持二十余日。谍者曰："建德伺官军刍尽，候牧马于河北，因将袭武牢。"太宗知其谋，遂牧马河北以诱之。诘朝，建德果悉众而至，陈兵汜水，世充将郭士衡阵于其南，绵亘数里，鼓噪，诸将大惧。太宗将数骑升高丘以望之，谓诸将曰："贼起山东，未见大敌。今度险而嚣，是无政令；逼城而阵，有轻我心。我按兵不出，彼乃气衰，阵久卒饥，必将自退，追而击之，无往不克。吾与公等约，必以午时后破之。"建德列阵，自辰至午，兵士饥倦，皆坐列，又争饮水，逡巡敛退。太宗曰："可击矣！"亲率轻骑追而诱之，众继至。建德回师而阵，未及整列，太宗先登击之，所向皆靡。俄而众军合战，嚣尘四起。太宗率史大奈、程咬金、秦叔宝、宇文歆等挥幡而入，直突出其阵后，张我旗帜。贼顾见之，大溃。追奔三十里，斩首三千余级，虏其众五万，生擒建德于阵。太宗数之曰："我以干戈问罪，本在王世充，得失存亡，不预汝事，何故越境，犯我兵锋？"建德股栗而言曰："今若不来，恐劳远取。"高祖闻而大悦，手诏曰："隋氏分崩，崤函隔绝。两雄合势，一朝清荡。兵既克捷，更无死伤。无愧为臣，不忧其父，并汝功也。"②

（武德）四年二月，建德克周桥，虏海公，留其将范愿守曹州，悉发海公及徐圆朗之众来救世充。军至滑州，世充行台仆射韩洪开城纳之，遂进逼元州、梁州、管州，皆陷之，屯于荥阳。三月，秦王入武牢，进薄其营，多所伤杀，并擒其将殷秋、石瓒。时世充弟世辨为徐州行台，遣其将郭士衡领兵数千人从之，合众十余万，号为三十万，军次成皋，筑宫于板渚，以示必战。又遣间使约世充共为表里。经二月，迫于武牢，不得进。秦王遣将军王君廓领轻骑千余抄其粮运，获其大将张青特，虏获甚众。

---

① 《旧唐书》卷二《本纪第二》，第26页。
② 《旧唐书》卷二《本纪第二》，第27~28页。

建德数不利，人情危骇，将帅已下破孟海公，皆有所获，思归洺州。凌敬进说曰："宜悉兵济河，攻取怀州河阳，使重将居守。更率众鸣鼓建旗，逾太行，入上党，先声后实，传檄而定。渐趋壶口，稍骇蒲津，收河东之地，此策之上也。行此必有三利：一则入无人之境，师有万全；二则拓土得兵；三则郑围自解。"建德将从之，而世充之使长孙安世阴赍金玉啖其诸将，以乱其谋。众咸进谏曰："凌敬书生耳，岂可与言战乎？"建德从之，退而谢敬曰："今众心甚锐，此天赞我矣。因此决战，必将大捷。已依众议，不得从公言也。"敬固争，建德怒，扶出焉。其妻曹氏又言于建德曰："祭酒之言可从，大王何不纳也？请自滏口之道，乘唐国之虚，连营渐进，以取山北，又因突厥西抄关中，唐必还师以自救，此则郑围解矣。今顿兵武牢之下，日月淹久，徒为自苦，事恐无功。"建德曰："此非女子所知也。且郑国悬命朝暮，以待吾来，既许救之，岂可见难而退，示天下以不信也？"于是悉众进逼武牢，官军按甲挫其锐。

及建德结阵于汜水，秦王遣骑挑之，建德进军而战，窦抗当之。建德少却，秦王驰骑深入，反覆四五合，然后大破之。建德中枪，窜于牛口渚，车骑将军白士让、杨武威生获之。先是，军中有童谣曰："豆入牛口，势不得久。"建德行至牛口渚，甚恶之，果败于此地。[①]

（武德）四年，建德克周桥，虏海公，留其将范愿戍之。悉发海公、徐圆朗之众，并兵号三十万救世充，至滑州，世充行台仆射韩弘开城纳之。建德进逼元、梁、管三州，皆陷，遂屯荥阳。运粮溯河西上，舟相属不绝。壁成皋东原，筑营板渚。遣使与世充约期，又遗秦王以书。

三月，王进据虎牢。翌日，以骑五百觇建德营，设伏道侧，独以数骑去贼营三里，觉，贼出骑追之，王渐却，诱至伏所，卒起奋击。贼骑惊，引去，追斩三百级，获其将殷秋、石瓒，乃报建德以书。建德失二将，又闻唐兵精，得书犹豫，顿六十日不敢西。

时世充弟世辩为徐州行台，亦遣将郭士衡、兵数千人从建德，王遣王君廓以轻骑抄其饷，执贼大将张青特。建德惧，人情携骇，其诸将又新破海公，掠获盈给，日夜思归。凌敬说建德曰："今唐以重兵围东都，守虎牢，我若悉兵济河，取怀州河阳，以重将戍之，然后鸣鼓建旗，逾太行，入上党，传檄旁郡，进壶口以骇蒲津，收河东地，此上策也。且有三利：乘虚捣境，师有万全，一也；拓土得众，二也；郑围自解，三也。"建德将从之，而王琬、长孙安世日请兵西，每言必流涕，又阴赍金玉啖诸将，以挠其谋。众乃曰："凌敬书生，岂知战？"建德乃谢曰："今士心锐，天赞我也，师将大捷。方用众议，不得如公言。"敬固争，建德怒，命扶出。其妻谏曰："祭酒计甚善，王盍用之？夫自滏口道乘唐之虚，连营渐进以取山北，因招突厥西抄关中，唐必还师自救，郑难纾矣。今顿兵虎牢下，徒自苦，恐无功。"建德曰："此非女子所知。且

---

① 《旧唐书》卷五十四《列传第四》，第2241～2242页。

郑朝暮待吾来，既许之，岂可见难而退，且示天下不信。"

五月，建德自板渚出为阵，西薄汜南，属鹊山，亘二十里，鼓而前。郭士衡为游兵。秦王登虎牢城望其军，按甲不战，曰："贼起山东，未尝见大敌，今度险士嚣，令不肃也；逼城而阵，有轻我心。待其饥，破之果矣。"日中，建德士皆坐列，渴争饮，意益怠。王麾军先登，骑怒，尘大涨，乃率史大奈、秦叔宝缠麾帜，驰出贼阵后，建德军顾而惊，遂大溃。建德被重创，窜牛口谷。车骑将军白士让、杨武威获之，传而西，斩长安市，年四十九。初。其军有谣曰："豆入牛口，势不得久。"至是果败。①

窦建德未败时，有谣曰："豆入牛口，势不得久。"

贞观十四年，交河道行军大总管侯君集伐高昌。先是其国中有童谣曰："高昌兵马如霜雪，汉家兵马如日月，日月照霜雪，回首自消灭。"②

及窦建德营于板渚，太宗将挑战，先伏李勣、程知节、秦叔宝等兵。太宗持弓矢，敬德执槊，造建德垒下大呼致师。贼众大惊扰，出兵数千骑，太宗逡巡渐却，前后射杀数人，敬德所杀亦十数人，遂引贼以入伏内。于是与勣等奋击，大破之。王世充兄子伪代王琬使于建德军中，乘隋炀帝所御骢马，铠甲甚鲜，迥出军前以夸众。太宗曰："彼之所乘，真良马也。"敬德请往取之，乃与高甑生、梁建方三骑直入贼军，擒琬，引其马以归，贼众无敢当者。③

窦建德营板渚，王命李勣等为伏，亲挟弓，令敬德执槊，略其垒，大呼致师。建德兵出，乃稍引却，杀数十人，众益进。伏发，大破之。时世充兄子琬使于建德，乘隋帝厩马，铠甲华整，出入军中以夸众。王望见，问："谁可取者？"敬德请与高甑生、梁建方三骑驰往，禽琬，引其马以归，贼不敢动。从讨刘黑闼，贼以奇兵袭李勣，王勒兵掩其后，俄而贼众四面合，敬德率壮士驰入贼，王乘阵乱乃得出。又破徐圆朗。以功授王府左二副护军。④

安史之乱

（天宝十四载）十二月丙戌朔，禄山于灵昌郡渡河。辛卯，陷陈留郡，杀张介然。甲午，陷荥阳郡，杀太守崔无波。丙申，封常清与贼战于成皋罂子谷，官军败绩，常清奔于陕郡。丁酉，禄山陷东京，杀留守李憕、中丞卢奕、判官蒋清。时高仙芝镇陕郡，弃城西保潼关。常山太守颜杲卿与长史袁履谦、贾深等杀贼将李钦凑，执贼将何千年、

---

① 《新唐书》卷八十五《列传第十》，第3701~3703页。
② 《新唐书》卷三十五《志第二十五》，第918页。
③ 《旧唐书》卷六十八《列传第十八》，第2496~2497页。
④ 《新唐书》卷八十九《列传第十四》，第3753页。

高邈送京师。辛丑，诏皇太子统兵东讨。以永王璘为山南节度使，以江陵长史源洧副之；颍王璬为剑南节度使，以蜀郡长史崔圆副之。二王不出阁。丙午，斩封常清、高仙芝于潼关，以哥舒翰为太子先锋兵马元帅，领河、陇兵募守潼关以拒之。辛亥，荣王琬薨，赠靖恭太子。①

（天宝十四载）十二月丁亥，安禄山陷灵昌郡。辛卯，陷陈留郡，执太守郭纳，张介然死之。癸巳，安禄山陷荥阳郡，太守崔无诐死之。丙申，封常清及安禄山战于罂子谷，败绩。丁酉，陷东京，留守李憕、御史中丞卢弈［奕］、判官蒋清死之。河南尹达奚珣叛降于安禄山。②

（天宝十四载）十二月，度河至陈留郡，河南节度张介然城陷死之，传首河北。陈留郭门禄山男庆绪见诛庆宗榜，泣告禄山，禄山在舆中惊哭曰："吾子何罪而杀之！"狂而怒，官军之降者夹道，命交相研焉，死者六七千人，遂入陈留郡。太守郭纳初拒战，至是出降。至荥阳，太守崔无诐拒战，城陷死之。次于泥水罂子谷，将军荔非守瑜蹲而射之，杀数百人，矢及禄山舆。禄山不敢过，乃取谷南而过。守瑜箭尽，投河而死。东京留守李憕、中丞卢奕、采访使判官蒋清烧绝河阳桥。禄山怒，率军大至。封常清自苑西隤墙使伐树塞路而奔。禄山入东京，杀李憕、卢奕、蒋清，召河南尹达奚珣，使之莅事。初，常清欲杀珣，恐应贼，憕、奕谏止之。常清既败，唯与数骑走至陕郡，高仙芝率兵守陕城，皆弃甲西走潼关，惧贼追蹑，相蹂藉而死者塞路。陕郡太守窦庭芝走投河东。贼使崔乾祐守陕郡。临汝太守韦斌降于贼。③

禄山至钜鹿，欲止，惊曰："鹿，吾名。"去之沙河，或言如汉高祖不宿柏人以佞贼。贼投草颣树于河，以长绳维舟集槎以结，冰一昔合，遂济河，陷灵昌郡。又三日，下陈留、荥阳。次罂子谷，将军荔非守瑜邀之，杀数百人，流矢及禄山舆，乃不敢前，更出谷南。守瑜矢尽，死于河。败封常清，取东都，常清奔陕。杀留守李憕、御史中丞卢弈［奕］。河南尹达奚珣臣于贼。时高仙芝屯陕，闻常清败，弃甲保潼关，太守窦廷［庭］芝奔河东。常山太守颜杲卿杀贼将李钦凑，禽高邈、何千年，于是赵郡、钜鹿、广平、清河、河间、景城六郡皆为国守，禄山所有才卢龙、密云、渔阳、汲、邺、陈留、荥阳、陕郡、临汝而已。④

---

① 《旧唐书》卷九《本纪第九》，第230页。
② 《新唐书》卷五《本纪第五》，第151页。
③ 《旧唐书》卷二百上《列传第一百五十上》，第5370页。
④ 《新唐书》卷二百二十五上《列传第一百五十上》，第6418页。

天宝末入朝，而安禄山反，帝引见，问何策以讨贼。常清见帝忧，因大言曰："天下太平久，人不知战。然事有逆顺，势有奇变，臣请驰至东京，悉府库募骁勇，挑马箠度河，计日取逆胡首以献阙下。"天子壮之。明日，以常清为范阳节度副大使，乘驲赴东京。常清募兵得六万人，然皆市井庸保，乃部分旗帜，断河阳桥以守。贼移书平原，令太守颜真卿以兵七千防河。真卿驰使司兵参军事李平入奏。常清取平表发视，即倚帐作书遗真卿，劝坚守，且传购禄山檄数十函与之，真卿得，以分晓诸郡。

禄山度河，陷荥阳，入罂子谷，先驱至葵园。常清使骁骑拒之，杀拓羯数十百人。贼大军至，常清不能御，退入上东门，战不利。贼鼓而进，劫官吏。再战于都亭驿，又不胜；引兵守宣仁门，复败。乃自提象门出，伐大木塞道以殿，至谷水，西奔陕。语高仙芝曰："贼锐甚，难与争锋。潼关无兵，一夫奔突则京师危，不如急守潼关。"仙芝从之。①

其（天宝十四）载十一月，安禄山反于范阳，人心震惧。玄宗遣安西节度封常清兼御史大夫为将，召募于东京以御之。憕与留台御史中丞卢奕、河南尹达奚珣，绥辑将士，完缮城郭，遏其侵逼。迁憕礼部尚书，依前留守。自逆徒发范阳，至渡河，令严，觇候计绝。及渡河，陷陈留、荥阳二郡，杀张介然、崔无诐，数日间已至都城下。禄山所统，皆蕃汉精兵，训练已久；常清之众，多市井之人，初不知战。及兵交之后，被铁骑唐突，飞矢如雨，皆魂慑色沮，望贼奔散。憕谓奕曰："吾曹荷国重寄，誓无避死，虽力不敌，其若官守何！"奕亦便许愿守本司。于是憕居留守宅，奕独居台中。②

至德二年，李光弼与史思明战于邙山。③

宝应元年十月，遣元帅雍王领河东朔方诸节度、回纥兵马赴陕。仆固怀恩与回纥左杀为先锋，鱼朝恩、郭英义为后殿，自渑池入；李抱玉自河阳入；副元帅李光弼自陈留入；雍王留陕州。二十九日，与朝义战于邙山之下，逆贼败绩，走渡河，斩首万六千，生擒四千六百，降三万二千人，器械不可胜数。朝义走投汴州，汴州伪将张献诚拒之，乃渡河北投幽州。二年正月，贼伪范阳节度李怀仙于莫州生擒之，送款来降，枭首至阙下。又以伪官以城降者恒州刺史、成德军节度张忠志为礼部尚书，余如故；赵州刺史卢淑、定州程元胜、徐州刘如伶、相州节度薛嵩、幽州李怀仙、郑州田承嗣并加封爵，领旧职。④

---

① 《新唐书》卷一百三十五《列传第六十》，第4581页。
② 《旧唐书》卷一百八十七下《列传第一百三十七下》，第4888页。
③ 《河南历代方志集成》第六卷《乾隆巩县志》，第419页。
④ 《旧唐书》卷二百上《列传第一百五十上》，第5382页。

朝义乘邙山之捷，进略申、光等十三州，光弼舆疾就道，监军使以兵少，请保扬州。光弼曰："朝廷以安危寄我，贼安知吾众寡？若出不意，当自溃。"遂疾驱入徐州。时朝义围李岑于宋州，使田神功击走之。初，神功平刘展，逗留淮南，尚衡、殷仲卿相攻兖、郓间，来瑱擅襄阳，及光弼至屯，朝义走，神功还河南，瑱、衡、仲卿踵入朝，其为诸将惮服类此。宝应元年，进封临淮郡王。光弼收许州，斩贼赢千级，缚伪将二十二人。朝义分兵攻宋州，光弼破走之。①

怀恩为人雄重寡言，应对舒缓，然刚决犯上，始居偏裨，意有不合，虽主将必折诉。其麾下皆蕃、汉劲卒，恃功多不法，子仪政宽，能优容之。及李光弼代子仪，怀恩仍为副。光弼守河阳，攻怀州，降安太清。又子玚，亦善斗，以仪同三司将兵，每深入多杀，贼惮其勇，号猛将。太清妻有色，玚劫致于幕，光弼命归之，不听，以卒环守。复驰骑趋之，射杀七人，夺妻还太清。怀恩怒曰："公乃为贼杀官卒邪？"光弼持法严，少假贷。初，会军汜水，朔方将张用济后至，斩纛下。怀恩心惮光弼，自用济诛，常邑邑不乐。及光弼与史思明战邙山，不用令，以覆王师。帝思其功，召入为工部尚书，宠以殊礼。代宗立，拜陇右节度使，未行，改朔方行营节度，以副子仪。②

藩镇叛乱

（元和）十年，王师讨蔡州，师道使贼烧河阴仓，断建陵桥。③

帝讨蔡，诏兴诸道兵而不及郓，师道选卒二千抵寿春，阳言为王师助，实欲援蔡也。亡命少年为师道计曰："河阴者，江、淮委输，河南，帝都，请烧河阴敖库，募洛壮士劫宫阙，即朝廷救腹心疾，此解蔡一奇也。"师道乃遣客烧河阴漕院钱三十万缗，米数万斛，仓百余区。④

（元和）十年，王师讨吴元济，承宗与李师道继献章表，请宥元济。其牙将尹少卿奏事，因为元济游说。少卿至中书，见宰相论列，语意不逊，武元衡怒，叱出之，承宗益不顺。自是与李师道奸计百端，以沮用兵。四月，遣盗烧河阴仓。⑤

（元和十年）五月，承宗、师道遣盗烧河阴仓，诏御史中丞裴度于军前宣喻，观用兵形势。⑥

---

① 《新唐书》卷一百三十六《列传第六十一》，第4589页。
② 《新唐书》卷二百二十四上《列传第一百四十九上》，第6367页。
③ 《旧唐书》卷一百二十四《列传第七十四》，第3538页。
④ 《新唐书》卷二百一十三《列传第一百三十八》，第5992页。
⑤ 《旧唐书》卷一百四十二《列传第九十二》，第3880~3881页。
⑥ 《旧唐书》卷一百四十五《列传第九十五》，第3949~3950页。

黄巢起义

（广明元年）九月，徐州兵三千人赴溵水，途经许。许州节度使薛能前为徐帅，得军民情。徐军吏至，请馆，能以徐军怀惠，令馆于州内。许军惧徐人见袭，许州大将周岌自溵水以其戍卒还，逐薛能，自据其城。徐军已至河阴，闻许军乱，徐将时溥亦以戍兵还徐，逐节度使支详。齐克让惧兵见袭，亦还兖州。溵水诸军皆散。贼闻之，十月，乃悉众渡淮。黄巢自号率土大将军，其众富足，自淮已北整众而行，不剽财货，惟驱丁壮为兵耳。①

（中和四年）五月辛酉朔。癸亥，沙陀追黄巢而北。丁卯，次尉氏。戊辰，大雨，平地水深三尺，沟河涨溢。贼至中牟，临汴河欲渡，沙陀遽至，贼大骇，其党分溃，杀伤溺死殆半。尚让一军降时溥，别将杨能、李谠、霍存、葛从周、张归霸等降朱全忠，李周、杨景彪以残众走封丘。己巳，沙陀渡汴河，趋封丘，黄巢兄弟悉力拒战，李克用击败之。获所俘男女五万口，牛马万余，并伪乘舆、法物、符印、宝货、戎仗等三万计。得巢幼子，年六岁。黄巢既败，以其残众东走。庚午，李克用急蹑黄巢，一日夜行二百里，马疲乏死者殆半。宿冤朐，粮运不及，骑军至寡，乃与忠武监军田从异班师。甲戌，次汴州，节度使朱全忠馆克用于上源驿。全忠以克用兵力寡弱，大军在远，乃图之。②

（中和四年）五月，大雨震雷，平地水深三尺，坏贼垒，贼自离散，复聚于尉氏，逼中牟。翌日，营汴水北。是日，复大雨震电，沟塍涨流。贼分寇汴州，李克用自郑州引军袭击，大败之，获贼将李用、杨景。残众保胙县、冤句，官军追讨，贼无所保。其将李谠、杨能、霍存、葛从周、张归厚、张归霸各率部下降于大梁，尚让率部下万人归时溥。贼自相猜间，相杀于营中，所残者千人，中夜遁去，克用追击至济阴而还。贼散于兖、郓界。黄巢入泰山，徐帅时溥遣将张友与尚让之众掩捕之。至狼虎谷，巢将林言斩巢及二弟邺、揆等七人首，并妻子皆送徐州。是月贼平。③

第五节　五代、宋、金、元

五代军阀混战

河东李克用脱上源之难，丧气还，罕之迎谒谨甚，劳饩加等，厚相结。罕之因府为屯，会孙儒来攻，罕之不出。数月，走保垕池。东都陷，儒焚宫阙，剽居民去。爽遣将收东都，罕之逐出之，爽不能制。俄而爽死，其将刘经、张言共立爽子仲方，欲去罕

---

① 《旧唐书》卷十九下《本纪第十九下》，第708页。
② 《旧唐书》卷十九下《本纪第十九下》，第718～719页。
③ 《旧唐书》卷二百下《列传第一百五十下》，第5397～5398页。

之。而罕之故与郭璆有隙，擅杀璆，军中不悦。经间众怒，袭其壁，罕之退保乾壕，经追击，反为所败，乘胜入屯洛阳苑中。经战不胜，还河阳。罕之屯巩，将度汜，经遣张言拒河上，反与罕之合，攻经不克，屯怀州。①

光启初，（诸葛）爽卒，其子仲方为留后。部将刘经与李罕之争据洛阳，罕之败经于圣善寺，乘胜欲攻河阳，营于洛口。经遣全义拒之，全义乃与罕之同盟结义，返攻经于河阳，为经所败，收合余众，与罕之据怀州，乞师于武皇。武皇遣泽州刺史安金俊助之，进攻河阳，刘经、仲方委城奔汴，罕之遂自领河阳，表全义为河南尹。②

丁会字道隐，寿州寿春人也。少工挽丧之歌，尤能凄怆其声以自喜。后去为盗，与梁太祖俱从黄巢。梁太祖镇宣武，以为宣武都押衙。

光启四年，东都张全义袭破河阳，逐李罕之，罕之召晋兵围河阳，全义告急。是时，梁军在魏，乃遣会及葛从周等将万人救之。会等行至河阴，谋曰："罕之料吾不敢渡九鼎，以吾兵少而来远，且不虞吾之速至也。出其不意，掩其不备者，兵家之胜策也。"乃渡九鼎，直趋河阳，战于沇水，罕之大败，河阳围解。③

同光三年，唐主猎于白沙。质实云，白沙疑是地名，未详何所，今据上书猎近郊，盖即巩之白沙也。四年四月，唐伶人郭从谦弑其主李存勖，李嗣源入洛阳。嗣源至罂子谷闻之，恸哭谓诸将曰："主上素得士心，正为群小蔽惑，今吾将安归乎！"乃入洛阳。罂子谷在巩县东三十里。④

（同光四年三月）乙丑，车驾发京师。戊辰，遣元行钦将骑军沿河东向。壬申，帝至荥泽，以龙骧马军八百骑为前军，遣姚彦温董之，彦温行至中牟，率所部奔于汴州。时潘环守王村寨，有积粟数万，亦奔汴州。是时，李嗣源已入于汴，帝闻诸军离散，精神沮丧，至万胜镇即命旋师。登路旁荒冢，置酒视诸将流涕。俄有野人进雉，因问冢名，对曰："里人相传为愁台。"帝弥不悦，罢酒而去。是夜次汜水。初，帝东出关，从驾兵二万五千，及复至汜水，已失万余骑。乃留秦州都指挥使张塘以步骑三千守关。帝过罂子谷，道路险狭，每遇卫士执兵仗者，皆善言抚之曰："适报魏王继岌又进纳西川金银五十万，到京当尽给尔等。"军士对曰："陛下赐与太晚，人亦不感圣恩。"帝流涕而已。又索袍带赐从官，内库使张容哥对曰："颁给已尽。"卫士叱容

---

① 《新唐书》卷一百八十七《列传第一百一十二》，第5443页。
② 《旧五代史》卷六十三《列传第十五》，第837～838页。
③ 《新五代史》卷四十四《杂传第三十二》，第481页。
④ 《河南历代方志集成》第六卷《乾隆巩县志》，第419页。

哥曰："致吾君社稷不保，是此阉竖！"抽刀逐之，或救而获免。容哥谓同党曰："皇后惜物不散，军人归罪于吾辈，事若不测，吾辈万段，愿不见此祸。"因投河而死。

甲戌，次石桥，帝置酒野次，悲啼不乐，谓元行钦等诸将曰："邺下乱离，寇盗蜂起，总管迫于乱军，存亡未测，今讹言纷扰，朕实无聊。卿等事余已来，富贵急难，无不共之，今兹危蹙，赖尔筹谋，而竟默默无言，坐观成败。予在荥泽之日，欲单骑渡河，访求总管，面为方略，招抚乱军，卿等各吐胸襟，共陈利害，今日俾余至此，卿等如何！"元行钦等百余人垂泣而奏曰："臣本小人，蒙陛下抚养，位极将相，危难之时，不能立功报主，虽死无以塞责，乞申后效，以报国恩。"于是百余人皆援刀截发，置髻于地，以断首自誓，上下无不悲号，识者以为不祥。是日，西京留守张筠部署西征兵士到京，见于上东门外，晡晚，帝还宫。初，帝在汜水，卫兵散走，京师恐骇不宁，及帝至，人情稍安。乙亥，百官进名起居。安义节度使孔勍奏，点校兵士防城，准诏运粮万石，进发次。时勍已杀监军使据城，诡奏也。丙子，枢密使李绍宏与宰相豆卢革、韦说会于中兴殿之廊下，商议军机，因奏："魏王西征兵士将至，车驾且宜控汜水，以俟魏王。"从之。午时，帝出上东门亲阅骑军，诫以诘旦东幸，申时还宫。①

庄宗遣金枪指挥使李从璟驰诏明宗计事。从璟，明宗子也。行至卫州，而明宗已反，行钦乃縶从璟，将杀之，从璟请还京师，乃许之。明宗自魏县引兵南，行钦率兵趋还京师。从庄宗幸汴州，行至荥泽，闻明宗已渡黎阳，庄宗复遣从璟通问于明宗，行钦以为不可，因击杀从璟。

明宗入汴州，庄宗至万胜镇不得进，与行钦登道旁冢，置酒，相顾泣下。有野人献雉，问其冢名，野人曰："愁台也。"庄宗益不悦，因罢酒去。西至石桥，置酒野次，庄宗谓行钦曰："卿等从我久，富贵急难无不同也。今兹危蹙，而默默无言，坐视成败。我至荥泽，欲单骑渡河，自求总管，卿等各陈利害。今日俾我至此，卿等何如？"行钦泣而对曰："臣本小人，蒙陛下抚养，位至将相。危难之时，不能报国，虽死无以塞责。"因与诸将百余人，皆解髻断发，置之于地，誓以死报，君臣相持恸哭。②

（天福二年）七月辛亥，两浙钱元瓘奏："弟吴越土客马步诸军都指挥使、静海军节度使元球，非时入府，欲谋为乱，腰下搜得匕首，已诛戮讫。"诏削元球在身官爵。甲寅，奉国都指挥使马万奏，滑州节度使符彦饶作乱，屠害侍卫马军都指挥使白奉进，寻以所部兵擒到彦饶，差立功都虞候方太押送赴阙。寻赐死于路。是日，削夺范延光在身官爵。以马万为滑州节度使；以昭义节度使高行周为河南尹、东都留守，充西面行营诸军都部署；以护圣左右厢都指挥使杜重威为昭义军节度使兼侍卫马军都指挥使，充西

---

① 《旧五代史》卷三十四《庄宗纪第八》，第419页。
② 《新五代史》卷二十五《唐臣传第十三》，第272页。

面行营副部署；以奉国都指挥使侯益为河阳节度使；以右神武统军王周充魏府行营步军都指挥使；以滑州节度使马万充魏府行营马军都指挥使；以左仆射刘昫充东都留守，兼判河南府事。杜重威等奏："收下汜水关，破贼千人，张从宾及其残党奔投入河；兼收到护圣指挥使曹再晟一百人骑，称背贼投来，并送赴行阙。"升贝州为防御使额。皇子故东都留守重义赠太傅，皇子故河阳节度使重信赠太尉。敕："朋助张从宾逆人张延播、张继祚等十人，宜令收捕，亲的骨肉并处斩。"①

（张从宾）先害皇子重信，及入洛，又害皇子重义，取内库金帛以给部伍，因东据汜水关，且欲观望军势。高祖命杜重威、侯益分兵讨之，从宾大败，乘马入河，溺水而死焉。②

（天福十二年夏四月）戊辰，权河阳留后武行德以城来归。初，契丹主将发东京，船载武库兵仗，自汴浮河，欲置之于北地，遣奉国都虞候武行德部送，与军士千余人并家属俱行。至河阴，军乱，夺兵仗，杀契丹监吏，众推行德为帅，与河阴屯驻军士合，乃自汜水抵河阳。河阳伪命节度使崔廷勋率兵拒之，兵败，行德等追蹑之，廷勋弃城而遁，行德因据其城。伪命西京留守刘晞弃洛城，南走许州，遂奔东京，洛京巡检使方太自署知留守事。未几，太为武行德所害。③

靖康之难

（靖康元年）十一月丙寅，夏人陷怀德军，知军事刘铨、通判杜翊世死之。籍谭积家。戊辰，康王未至金军而还。冯澥罢。己巳，集百官议三镇弃守。庚午，诏河北、河东、京畿清野，令流民得占官舍寺观以居。辛未，有流星如杯。壬申，禁京师民以浮言相动者。癸酉，右谏议大夫范宗尹以首议弃地罢。金人至河外，宣抚副使折彦质领师十二万拒之。甲戌，师溃。金人济河，知河阳燕瑛、西京留守王襄弃城遁。乙亥，命刑部尚书王云副康王使斡离不军，许割三镇，奉衮冕、车辂，尊其主为皇叔，且上尊号。丙子，金人度河，折彦质兵尽溃，提刑许高兵溃于洛口。金人来言，欲尽得河北地。京师戒严。④

金人南下，趣召之，加检校少保、静难军节度使、京畿河北制置使，听便宜檄兵食。师道方居南山豹林谷，闻命即东。过姚平仲，有步骑七千，与之俱北。至洛阳，闻斡离不已屯京城下，或止勿行曰："贼势方锐，愿少驻汜水，以谋万全。"师道曰："吾兵少，若迟回不进，形见情露，祇取辱焉。今鼓行而前，彼安能测我虚实？都人知吾来，士气自振，何忧贼哉！"揭榜沿道，言种少保领西兵百万来。遂抵城西，趋汴水

---

① 《旧五代史》卷七十六《高祖纪第二》，第1004~1005页。
② 《旧五代史》卷九十七《列传第十二》，第1289页。
③ 《旧五代史》卷九十九《高祖纪上》，第1328~1329页。
④ 《宋史》卷二十三《本纪第二十三》，第431~432页。

南，径逼敌营。金人惧，徙砦稍北，敛游骑，但守牟驼冈，增垒自卫。①

和尼渡盟津，永安军降② 《金史·太宗纪》

按，《金史·太宗纪》书于天会四年十一月，《和尼传》则无永安军降之文，惟曰："大军至河，无船不得渡，罗索遣和尼循水上下，和尼率军三百，自孟津而下，度其可渡，遂引军以济。"而见于《罗索传》，曰："罗索取偃师永安军，巩县降，和尼为罗索之子，是时从罗索军也。"从纪书之。

撒刺答败宋兵于汜水，降荥阳、荥泽、郑州、中牟。《弘简录》。③

元灭金

乌林答胡土。正大九年正月戊子，北兵以河中一军由洛阳东四十里白坡渡河。白坡故河清县，河有石底，岁旱水不能寻丈。国初以三千骑由此路趋汴，是后县废为镇，宣宗南迁，河防上下千里，常以此路为忧，每冬日命洛阳一军戍之。河中破，有言此路可徒涉者，已而果然。北兵既渡，夺河阴官舟以济诸军。时胡土为破虏都尉，戍潼关，以去冬十二月被旨入援，至偃师，闻白坡径渡之耗，直趋少室，夜至少林寺。时登封县官民已迁太平顶御寨。明日，胡土使人给县官云："吾军中家属辎重欲留此山，即率兵赴汴京。"因摄县官下山，使之前导，一军随之而上。山既险固，粮亦充足，遂有久住之意。寻纵军下山劫掠居民，甚于盗贼，旁近一二百里无不被害。胡土畏变，知而不禁，又所劫牛畜粮糗亦分有之。④

金宣宗之徙都于汴也，立河平军于新卫以自固，恃为北门。撒吉思卜华数攻之，不拔。壬（申）[辰]正月，太宗自白（波）[坡]济河而南，睿宗由峭石滩涉汉而北。撒吉思卜华集西都水之舟，渡自河阴。至郑，郑守马伯坚降。⑤

《纲鉴》："宋理宗宝庆五年秋七月，金恒山公武仙等会兵救汴。八月，遇蒙古于京水，皆溃。"⑥

《金史弘简录》："都统押刺拔鹘岭关，把回海取小湖关、敖仓，进至荥口镇，遂取其城。"⑦

---

① 《宋史》卷三百三十五《列传第九十四》，第10751~10752页。
② 《河南历代方志集成》第八卷《民国巩县志》，第82页。
③ 《河南历代方志集成》第十一卷《乾隆荥泽县志》，第171页。
④ 《金史》卷一百十一《列传第四十九》，第2451~2452页。
⑤ 《元史》卷一百二十二《列传第九》，第3014页。
⑥ 《河南历代方志集成》第九卷《乾隆荥阳县志》，第410页。
⑦ 《河南历代方志集成》第九卷《乾隆荥阳县志》，第410页。

两都之战

（天历元年）十月一日，阿礼海牙集省宪官属，问以长策，无有言者。阿礼海牙曰："汴在南北之交，使西人得至此，则江南三省之道不通于畿甸，军旅应接何日息乎。夫事有缓急轻重，今重莫如足兵，急莫如足食。吾征湖广之平阳、保定两翼军，与吾省之邓新翼、庐州、沂、郯炮弩手诸军，以备虎牢；裕州哈剌鲁、邓州孙万户两军，以备武关、荆子口。以属郡之兵及蒙古两都万户、左右两卫、诸部丁壮之可入军者，给马乘赍装，立行伍，以次备诸隘。芍陂等屯兵本自襄、邓诸军来田者，还其军，益以民之丁壮，使守襄阳、白土、峡州诸隘。别遣塔海以备自蜀至者，以汴、汝、荆、襄、两淮之马以给之，府库不足，则命郡县假诸殷富之家。安丰等郡之粟，溯黄河运至于陕，籴诸汴、汝，近郡者，则运诸荥阳以达于虎牢。吾与诸军各奋忠义以从王事，宜无不济者。"众曰："唯。"命即日部分行事。自伯颜不花王以下省都事李元德等，凡省之属吏与有官而家居者，各授以事而出。廉访使董守中、金事沙沙在南阳，右丞脱帖木儿、廉访使卜颜在虎牢，分遣兵马以听其调用。馈饷之行，千车相望，阿礼海牙亲阅实之，必丰必良，信以期会。自虎牢之南至于襄、汉，无不毕给。盖为粟二十万石，豆如之，兵甲五十五万，刍万万。是时，朝廷置行枢密院以总西事。襄、汉、荆湖、河南郡县皆缺官，阿礼海牙便宜择材以处之，朝廷皆从其请。

是月，西兵逼河南，行院使来报，曰："西人北行者度河中以趋怀、孟、磁；南行者帖木哥，过武关，掠邓州而残之，直趋襄阳，攻破郡邑三十余，横绝数千里，所过杀官吏，焚庐舍，虏民人妇女财物，贼虐殄尽，西结囊家鲋以蜀兵至矣。"阿礼海牙益督饷西行，遣行院官塔海领兵攻帖木哥，而又设备于江、黄，置铁绳于峡口，作舟舰以待战。十九日，师与西兵遇于巩县之石渡，而湖广所征太原之兵最为可用。甫至，未及食，或趣之倍道以进，转战及暮，两军杀伤与堕涧谷死者相等，而虎牢遂为敌有。兵储巨万，阿礼海牙尽其心、民殚其力者，一旦悉亡焉。行省院与诸军敛兵退。二十二日至汴，民大恐。阿礼海牙前后遣使告于朝，辄为也先捏留不遣，不得朝廷音问已二十日，阿礼海牙亦忧之，亲出行抚其民。乃修城阙以备冲突，立四门以通往来，戒卒伍以严守卫。时虽甚危急，阿礼海牙朝夕出入，声色不动，怡然如平时，众赖以安。①

元末农民起义②

《元史》："红巾贼刘福通作乱，不数月，江淮诸郡皆陷。察罕帖木儿奋义起兵，沈丘子弟愿从者数百人，与信阳人李思齐合兵同设奇计，袭破罗山贼。事闻，授汝宁府。达鲁花赤所在义士将兵来会，得万人，自成一军，屯沈丘，数与福通战，彻捷。贼由汴南陷邓、许、嵩、洛诸州，察罕转战而北，遂戍虎牢，以遏贼锋。贼北渡盟津，焚掠至覃、怀，河北震动。察罕引兵奋击，贼败走，河北定，朝廷奇其功，除中书刑部侍

---

① 《元史》卷一百三十七《列传第二十四》，第3315~3316页。
② 《河南历代方志集成》第九卷《乾隆荥阳县志》，第410页。

郎。苗军以荥阳叛，察罕夜袭，俘其众，遂营中牟。"

第六节 明　清

正德匪患

《明史》："正德七年春，流贼刘惠、赵燧驻西平，副总兵冯桢、时源，参将神周、金辅击败之，贼溃而西。巡抚邓璋等朝崇王于汝宁，宴饮连日。贼招散亡，势复振，陷□陵、荥阳、汜水、巩县。围河南府三日，诸军始集。贼屯洛南，觇官军饥疲，迎战。右哨金辅不敢渡洛，桢及源、周方阵，贼乘之，失利。"①

正德十年，流寇从任家店渡黄河，摽掠乡村。②

明末农民起义

《明史》："崇祯七年，李自成陷陈州、灵宝、汜水、荥阳，闻左良玉将至，移壁梅山、溱水间。八年正月，大会于荥阳，老回回、曹操、革里眼、左金王、改世王、射塌天、横天王、混十万、过天星、九条龙、顺天王及迎祥、献忠共十三家七十二营。"③

《旧志》："崇祯十五年，城再陷于李自成，公私庐舍焚毁无余。"④

崇祯十五年五月，李自成据有河南，自号新顺王，尽发荆襄兵会于汜水、荥泽，伐竹结筏，人佩三葫芦，将谋渡河。《明史》。⑤

《旧志》："崇祯十七年，大盗李际遇啸聚嵩少境内，恶少年乘机蜂起，大肆标掠，民尽逃亡。"⑥

鲁世任，山西垣曲举人，崇祯十年知郑州事。时闻流寇猖獗，率荐绅父老砌城以砖，贼数攻不能破。又五年，贼复薄郑，居民望风远遁。公率士民之未去者坚拒之，及东门守阍者开门揖贼，公适巡北城，闻变，仰天号泣曰："封疆已失，何以生为？"拔刀自刎，百姓不忍，夺刀掷地，拥之去。抵黄河，投身急流，数十辈力为救援，复不获

---

① 《河南历代方志集成》第九卷《乾隆荥阳县志》，第410～411页。
② 《河南历代方志集成》第十卷《顺治荥泽县志》，第246页。
③ 《河南历代方志集成》第九卷《乾隆荥阳县志》，第411页。
④ 《河南历代方志集成》第九卷《乾隆荥阳县志》，第411页。
⑤ 《河南历代方志集成》第十一卷《乾隆荥泽县志》，第171页。
⑥ 《河南历代方志集成》第九卷《乾隆荥阳县志》，第411页。

死。因寄居原武县，郑之原武渡河者，公分别之，俟其家人领收，各得完聚。旋移至河南花园砦，时土寇蜂起，倚山傍谷为害甚，公招集力士，擒获立毙于法。越明年，流寇自南而北，大河一带连营百里，公复北渡，谋守河朔。夜遇贼于途，执而系之舟，以公清正，不忍加兵，欲授以官。公挺身不屈曰："城破之日，已誓一死，事已至此，死复何憾？"贼怒杀而投诸河。顺治四年，阖州士民追思之，其牒学使置主入名宦祠，更肖像于天中书院，春秋祀之。书院，公所建也，弦歌至今不绝。[1]

刘崇会，钦依守备。垣曲鲁公守郑时，土寇屯聚于登、密之间，有申、李二营时过郑抢掠，私通城内奸细，谋取郑。事觉，鲁公立斩奸细数十辈。至期，贼果逼城下，约万余众，会只身往，率敢死士百余人迎战，斩首百余级。贼退，鲁公置酒劳之。既而贼侵河阴，守土者请援，会率众大战于汜水之柏朵。适营有火灾，崇会死之。乡人吊其烈，立《刘将军大捷碑》在州西金水河岸。[2]

周腾蛟，直隶香河人，以举人任汜令。莅任于崇祯辛巳春，时中州扰攘如鼎沸，汜又奇荒大疫，枕尸相藉。远而流寇冲衢，近而土贼窥伺，公自以为盘错之利器，出其智勇当之，殊无难色。前此里甲地亩多寡不均，公每甲均为二十四顷，每里均为二百四十顷，百姓便之。惩乱疾恶，不嫌过严，邑中士民稍有才干者即驾驭为用，如司文英百折不挫、王璧之一矢全城、陈衷直之始终为国，皆一时材选也，余不及详。公每有寇警，辄身先士卒，奋勇追逐，贼亦远慑其威。时诸上台俱移驻河北，岁壬午上，贼李际遇窥公，公出率，群贼突至，据城西摩天砦，围困汜城几一月，昼夜攻打，城中亦坚守不下。贼仍沿河设守，以防救兵。公在河北闻变，力请官兵躬偕，将官卜从善渡河奋击。广武山一战，贼众披靡，退保摩天砦，是夜贼遁去。时流寇克洛攻汴，纵横楚豫，势将入关中图大事。公迁县治于摩天砦，以扼其冲，声势远闻。贼悉众来攻，公亦竭力拒守，相持兼旬，贼死伤无算，然众寡不敌，卒为所陷。砦临河，及将破，或劝公先渡以免。公曰："吾何忍舍民而独生也？"遂同溺以殉。其不及沉河者尽被屠，如邑庠生宋德盛、赵明芳、禹惟机咸与公难。后于黄河滩头得公尸，肘犹悬印。邑人白受采、宋彻鸿置衬舁至河北殡埋，后因河徙，移柩汜河口葬焉。邑人禹昌际有度阡文，贾攀鳞有灾异、寇变二说，张令名有吊忠魂诗。[3]

张继松，善浮水，邑令周腾蛟公出河北上，贼李际遇率众数万乘虚围困汜城，四面攻打，二十二日水泄不通。松忠愤自激，黑夜浮河，往来四次与周令报信请兵，会得吴

---

[1] 《河南历代方志集成》第一卷《康熙郑州志》，第155~156页。
[2] 《河南历代方志集成》第一卷《康熙郑州志》，第184页。
[3] 《河南历代方志集成》第十一卷《顺治汜志》，第364~365页。

道弘赴院求救，按院苏移檄将官卜从善统兵渡河，大战于广武山前，斩获者无算，汜围始解。赤身渡河救满城性命，继松可谓愤不顾身者矣。①

刘邦道，四川仁寿人，由举人任汜水令。甲戌，流寇由山右渡河，越明年正月，沿河东来，人皆狃于承平，日久恬不为备，城遂陷。城中有案岭、印山、玄武顶、卧龙山四砦，民皆仓皇登避，其未及避者悉被戮。公混迹隐避，仅以身免，庭堂衙舍及民房尽付一炬，印宝亦烧毁无存，公被逮，卒不免。②

陈衷直，高平丞守忍之曾孙，家世科贡。衷直少业儒，长好武，豪侠尚义。崇祯八年正月初五日，贼破汜城，大肆焚戮，人皆远遁。衷直渡河畊田，四月，邑令李原立来任，闻衷直名，征之。选兵壮三百名，命团练为守御计，衷直率兵壮习射演阵，皆成骁锐，暇则令环城挑品坑，各深丈余，广三百步。八月二十日贼复大至，衷直率兵拒守，城赖以全。十四年，邑令周腾蛟莅汜，倍加倚任。甫一载，周公因公事出，土贼李际遇乘虚寇城，密约季株等十八人为内应。时巡道伍公以汜有兵卫驻汜水，衷直缉知，即以其状具白，旋即尽获伏诛，城卒无恙。自后流寇猖獗，西陷洛阳，东破汴城，汜当东西之冲，孤城难以相抗。周公力请移据摩天砦，进战退守，且北邻黄河，以便河北接济。衷直率兵，或雪夜掩袭，败贼于石洞沟，或冒雨冲突，追贼于巩邑城外，扼贼咽喉，为一方保障。至七月二十七日，贼统大众，分兵攻城，卒为所陷，衷直与周公共赴黄流。贼欲生得为用，以钩挽之，不能近岸，遂以枪搠之，负伤浮水去。河北识者怜而救之，调理三逾月始痊。李公曾表其门曰"枕戈桓赴"，周公亦表其门曰"文武全才"。《旧志》。③

吴道弘，为汜掾，素慷慨激烈。避闯逆居河北，时李贼围城甚急，勇士张继松浮河请救兵。道弘闻之，奋不顾身，赴怀庆府按院苏公祈请甚哀，公怒其唐突，责八十棍，道弘辞色不变，祈请盖力，至温县跪门号哭。公义之，遂檄卜从善赴援，汜赖以全。时人方之申包胥云。《旧志》。④

王璧，邑增生，孝子谦孙。十二游庠，咸称奇童。然好韬略，于骑射独有心得，尝夜射香炷，箭经响处，香炷应弦而落，虽穿杨贯虱无以过之。明季寇乱，忠义勃发，协邑令周腾蛟登城守陴，昼夜不懈，小丑来逼，辄控弦引矢，驱而逐之境外。令尝语人曰："此予之于城腹心也。"会土贼李际遇率全军来攻，盘据北岭，俯瞰城中，危若累卵，璧一矢射中际遇盔缨，贼胆丧而遁。上台奖之曰："一矢全城。"勒其功于石碣，

---

① 《河南历代方志集成》第十一卷《顺治汜志》，第422~433页。
② 《河南历代方志集成》第十一卷《顺治汜志》，第363页。
③ 《河南历代方志集成》第十二卷《乾隆汜水县志》（乾隆九年刻本），第151~152页。
④ 《河南历代方志集成》第十二卷《乾隆汜水县志》（乾隆九年刻本），第152页。

雍正六年祀忠义祠。①

禹积善，为人慷慨慕义。崇祯十六年，流贼寇汜城，邑令周公腾蛟迁县治摩天砦，积善与共守之，昼夜防御，拒战盖力，及砦将破，或谓之曰："势危矣，盍去诸？"积善曰："吾与县主共守此砦，义不忍独去。"砦破，遂与周公同沉于河。②

崇祯十六年七月二十九日，贼至河干，编筏渡河，卒不克济，村落城舍荡然一空。③
太平天国及捻军起义
（咸丰三年）五月己巳，开封解严，贼南窜中牟、朱仙镇，敕托明阿等追之。

六月乙亥……戊寅，河南贼犯汜水，分股渡河陷温县。托明阿击之，复汜水。己卯，金陵贼船上陷南康，进围南昌。辛巳，温县绅勇败贼，复其城，复会官军败贼于武陟。命讷尔经额为钦差大臣，督办河南、河北军务，恩华、托明阿副之。黄河再决丰北。④

（咸丰）三年，粤匪既踞江宁，分党由安徽入河南，归德、睢州、宁陵、兰封相继陷，河南巡抚陆应谷败绩。贼窥开封，命讷尔经额防守大名，遏贼北窜。令总兵花里雅逊布屯延津防河，双禄守彰德为后继，而贼酋林凤祥、李开芳已自汜水渡河，陷温县，犯怀庆。讷尔经额檄总兵董占元赴援，自驻临洺关，请增调盛京、吉林步骑。诏授讷尔经额为钦差大臣，节制河南、北诸军。贼围怀庆久，知府余炳焘率绅民固守，贼周树木栅为久困计。援军四集，惟都统胜保、将军托明阿军战最力，花里雅逊布、董占元等隔丹水驻军，畏贼不敢进。胜保屡以为言，诏促讷尔经额进师夹击，并防贼窜入山西，乃进驻清化镇。八月，诸军五路合击，破贼栅，贼大溃，围乃解。文宗大悦，赐讷尔经额双眼花翎、黄马褂，赍擢诸将有差。⑤

（咸丰）三年，粤匪林凤祥等陷扬州，逼淮、徐，命率所部赴江南、山东交界防堵，进屯清江浦。贼窜滁州，托明阿赴援，与周天爵会剿。遂追贼至河南，迭战于睢州、杞县、陈留、中牟，进克汜水，歼贼千余，被珍赉，命襄办军务。贼窜河北，围怀庆，乃渡河会诸军分路进攻，迭有斩获。贼筑土城树木栅以拒，合攻破之，擒斩数千。贼始遁，怀庆围解。论功，赐黄马褂，予西林巴图鲁名号。追贼山西，诏以胜保督师，命托明阿襄办。贼窜入直隶境，坐降五级留任，寻以伤剧解职回旗。⑥

---

① 《河南历代方志集成》第十二卷《乾隆汜水县志》（乾隆九年刻本），第152页。
② 《河南历代方志集成》第十二卷《乾隆汜水县志》（乾隆九年刻本），第152页。
③ 《河南历代方志集成》第十卷《顺治荥泽县志》，第247页。
④ 《清史稿》卷二十《本纪二十》，第725页。
⑤ 《清史稿》卷三百九十二《列传一百七十九》，第11749页。
⑥ 《清史稿》卷四百三《列传一百九十》，第11879~11880页。

西凌阿，都兴阿弟。由拜唐阿授侍卫。道光中，从扬威将军奕经援浙江，迭晋头等侍卫，累擢察哈尔都统。咸丰三年，率黑龙江骑兵从琦善防浦口，因不能阻粤匪北窜，褫职留营，责令追贼。偕将军托明阿等驰解开封围，又败之汜水。贼渡河围怀庆，援军会集，西凌阿战最力，围解，复原官。追贼，迭战王屋、邵原、平阳、洪洞，由山西入直隶，命帮办胜保军务。至静海，贼踪始定，会军围攻。四年春，贼走阜城，西凌阿追至后康庄，破之。从僧格林沁连破城外贼屯，贼走踞东光、连镇，攻战数月，西凌阿常为军锋，五年正月，克之，擒贼首林凤祥，予二等轻车都尉世职，赐号伊精阿巴图鲁。①

（咸丰）三年，江宁陷，徐州捻、枭诸匪蜂起，德再赴兖、沂、曹诸府督防。未几，扬州陷，德令防军分三路：游击王凤祥等驻郯县红花埠为东南路，总兵百胜等驻峄县韩庄闸及阴平为中路，总兵三星保巡刘家、董家二口，遏贼北窜，为西南路。德驻宿迁迤北，与百胜等犄角。四月，贼自浦口北窜安徽，陷滁州，逼凤阳临淮关。德进驻宿迁，虑徐州守兵弱，请移山西、陕西、绥远诸路援兵策应。五月，贼自亳州经米家集窜河南，陷归德，扰刘家口。德命防军进击，民团继之，毁北岸船，贼不得渡。有由曹河驶入者，乘半渡击沉之，贼败退。寻自河南汜水北渡温县，西路告警，德自曹州分兵驰援，督师继之。比贼围怀庆，德会诸军力战，解其围。捻匪扰归德境，毗连曹、单，德留陕、甘兵九百会剿，自引师回防东路。②

时捻匪由山东南窜，鹤年以为十余年来贼屡扰归、陈、南、汝间，即去而他窜，必假道于豫。乃增募两军各万余人，一曰毅军，宋庆统之；一曰嵩武军，张曜统之；更以马队属善庆，与两军为犄角。于是宋庆等军大破张总愚睢州，鹤年亲赴陈、留、杞督战。任、赖各逆复乘虚北扰，鹤年以贼踪无定，防河尤急。贼果犯中牟，以有备不得逞，乃于省治西决堤引水南流，扰及长垣。鹤年飞檄水陆各军沿堤剿堵。贼西走湖北麻城、黄冈，诏饬宋庆一军越境会剿，歼贼无算。鹤年自驻许州策应，贼窜裕州，庆击败之。善庆及淮军刘铭传大败贼赣榆，任柱被戕死。赐鹤年头品顶戴。③

（咸丰三年）杨秀清遣伪丞相吉文元由浦口窜亳州，偕林凤祥陷永城，犯开封。省官兵击破之，又败之汜水。寇奔黄河渡口，溺死无算。杨秀清遣伪豫王胡以晃陷安庆，又遣伪丞相赖汉英、石祥祯攻九江、湖口，进围南昌。湖北按察使江忠源驰援江西，入城固守。凤祥等自汜水败退，犯郑州、荥阳。六月，围怀庆，以地道攻城，不克。镇江寇出城扑我军。战北固山下，伏寇纵火，七营皆被焚。邓绍良退守丹阳，都司刘廷锳等

---

① 《清史稿》卷四百十七《列传二百四》，第12097~12098页。
② 《清史稿》卷四百二十五《列传二百十二》，第12221~12222页。
③ 《清史稿》卷四百五十《列传二百三十七》，第12545~12546页。

督潮勇驰援。寇退入城，复扰丹徒镇，刘廷锳复击退之。向荣檄总兵和春与刘廷锳扎徒阳运河之新丰镇，寇始不敢南窜，常州获安。寇之围怀庆也，立木栅为城，深沟高垒，我兵相持几至六旬。讷尔经额亲督诸将分五路攻垒，毁其木栅，毙敌酋吉文元。凤祥受重创，解围而遁，河北肃清。①

雷中魁，六品顶戴。杜建功、白新、任光玉、刘名义均充河营守兵。咸丰十一年八月，皖捻窜扰，皆随河营上泛千总杨立中战死河干。杨公，武陟县人也。②

白太疆，字子朴，充中河营兵。咸丰十一年八月，防御六保，遇捻逆扒河，迎击被害。③

咸丰三年夏，太平天国吉文元入巩，知县王恩泰逃匿。采访。

洪秀全已据金陵，遣吉文元入河南，围开封不克，遂由郑州汜水至巩。攻破石关、南河渡等寨，杀伤数百人。知县王恩泰逃匿（恩泰贿赂公行，刑罚酷烈，时呼为恩犬）。兵亦颇有纪律，民有献物者，厚赐之。留数日，渡河攻怀庆。采访。

五月，粤军林凤翔、李开方帅众数十万，由巩渡河　《中州先哲传·陈仲甡传》。

按，上两节少有出入，为审孰是，姑两存之。

又据采访册，云军首号"大头王"，据巩东站等处，连营十余里，打粮括人、禁止奸杀。然环城三十里亦多有被毒者，南大寺、石窟寺、神堤、大王庙概遭毁烧，石关被祸尤惨，人呼为"红巾队"，以红巾裹首也。五月二十日抵巩，二十六日北渡，亦有南走密县者。④

捻匪挫黑石关　咸丰十一年，皖贼西犯攻虎牢，不克。由间道袭击河南府，知府樊琨帅师御之，遇于黑石关，夹河而军。贼屡以筏渡河，辄击退之，会河水涨，筏无所施，贼遂宵遁。是役也，非琨督众力战，则河洛危矣。琨不自居功，以河水涨溢，谓有神助，即请于朝，加河神封号云。节录俞樾《樊琨传》。⑤

长枪会　同治四年八月，长枪会由郑州入荥之北境，旋由河阴沿河东窜。⑥

---

① 《清史稿》卷四百七十五《列传二百六十二》，第12873页。
② 《河南历代方志集成》第六卷《民国中牟县志》，第87页。
③ 《河南历代方志集成》第六卷《民国中牟县志》，第87页。
④ 《河南历代方志集成》第八卷《民国巩县志》，第88~89页。
⑤ 《河南历代方志集成》第八卷《民国巩县志》，第467页。
⑥ 《河南历代方志集成》第十卷《民国续荥阳县志》，第171页。

第七章

艺文、碑志

本章分为两节，一节为艺文，一节为碑志。

艺文一节所收录的文章，若按体例而分，有散文、诗赋、诏书、地方官的公文等，若按内容而分，有的载治水事，有的记河决事，有的是请求朝廷豁免钱粮。其体例虽庞杂，内容虽多样，但无一例外是以黄河郑州段为核心。

碑志一节，收录的是从地方志中摘录的碑文，至于这些碑文当时是否镌刻上石，大部分是不得而知的。有的碑志至今仍存，如《御制杨桥河神祀碑记》，是乾隆皇帝所作；可惜的是，大部分碑志已经不存世，其碑文得以流传于世，得益于方志之记载。需要说明的是，郑州境内现存不少关于黄河的碑刻，其碑文未见录于方志，但本次我们没有编辑入书内，待今后收集成规模之后，另行编撰成册。

第一节 艺 文

汴渠成诏[①]

（永平）十三年夏四月，汴渠成，河、汴分流，复其旧迹。辛巳，帝行幸荥阳，巡行河渠，下诏。汉明帝诏曰："自汴渠决败，六十余岁，加顷年以来，雨水不时，汴流东侵，日月益甚，水门故处，皆在河中，漭瀁广溢，莫测圻岸，荡荡极望，不知纲纪。今兖、豫之人，多被水患，乃云县官不先人急，好兴它役。又或以为河流入汴，幽、冀

---

① 《河南历代方志集成》第十卷《康熙荥泽县志》，第344页。

蒙利，故曰左堤强则右堤伤，左右俱强则下方伤，宜任水势所之，使人随高而处，公家息壅塞之费，百姓无陷溺之患。议者不同，南北异论，朕不知所从，久而不决。今既筑堤理渠，绝水立门，河、汴分流，复其旧迹，陶丘之北，渐就壤坟，故荐嘉玉洁牲，以礼河神。东过洛汭，叹禹之绩。今五土之宜，反其正色，滨渠下田，赋予贫人，无令豪右得固其利，庶继世宗《瓠子》之作。"

汴河论[①]

宋　张方平

臣窃惟今之京师，古谓陈留，天下四冲八达之地也。非如函秦天府，百二之固。洛宅九州之中，表里山河，形胜足恃。自唐末朱温受封于梁，因而建都，至于石晋，割幽蓟之地以入契丹，遂与强敌共平原之利。故五代争夺，祸乱相仍，其患出于畿甸无藩篱之限，本根无所庇也。祖宗受命，规模卑狭，不还周汉之旧，而梁氏是因，岂乐是而处之，势有所不获已者，大抵利漕运而赡师旅，依重师而为国也。则是今之势，国依兵而立，兵以食为命，食以漕运为本，漕运以河渠为主。国初浚河渠三道通京城，漕运自后立定上供年额，汴河斛斗六百万石，广济河所运多是杂色粟豆，但充口食马料，惠民河所运止给太康、咸平、尉氏等县军粮而已。惟汴河所运一色粳米相兼小麦，此乃太仓畜积之实，今仰食于官廪者不惟三军，至于京师士庶以亿万计，大半待饱于军饷之余，故国家于漕事至急至重。夫京，大也，师，众也，大众所聚故谓之京师，有食则京师可立，汴河废则大众不可聚，汴河之于京城乃是建国之本，非可与区区沟洫水利同言也。近岁已罢广济河，而惠民河斛斗不入太仓，大众之命惟汴河是赖。近岁陈说利害以汴河为议者多矣，臣恐议者不已，屡作数更，必至汴河日失其旧。国家大计殊非小事，惟陛下特回圣鉴，深赐省察，留神远虑，以固基本。

卫民堤记[②]

兵科给事中　慈溪　周旋撰

中牟距汴城七十里，正统间河走汴北，经原武、阳武之地，去中牟稍远，民不罹于河患。至十二年，河徙汴之西南，由荥泽以入中牟境万胜镇高家窝滩头韩庄以达淮泗，县之东北西三方皆边于河，一遇秋潦灌岸，则散漫四溢，高原平野渐为沮洳，民不可田，甚者穿城注民庐舍，百姓闭门以与水抗，曳踵负泥，卒无宁居。弘治壬子，河更故流，自孙家渡杨桥镇而东，竟冲黄陵，河决张秋以入于海，中牟之民稍获息省，然不利于漕挽。山东、河南守臣以闻，上命都御史刘公大夏辈往任治水，复筑黄陵冈，时中牟令郝公始来知县，□既涤篆，即号于报曰：

天子轸念生民，俾予来牧斯邑，民之忻戚，皆切吾心。兹□□□，河流俾再由东南而下，则将复肆冲□，然事关运道，不可已者，吾当与尔众谋一事自安之计，使邑民不

[①] 《河南历代方志集成》第九卷《乾隆荥阳县志》，第485~486页。

[②] 《河南历代方志集成》第四卷《正德中牟县志》，第39页。

侪于鱼鳖，斯可□水自用谋。又白于巡按御史徐公、□管河副使张公，□□□寓所谋，因所陈咸可之，即檄委以行。于是堤□□□西□面以障悍流，南则恃□冈以为固。议或不□者，公□之顾，而私之愈坚，规度其宜，计□以限，出科丁以役，力□公臣，均民□□。命荷钟负畚者不令而集，起东五里堡毛家巷，北至滩头，西□冈头，以尽于十里铺，其为堤若干里，高余三丈，广则如之，土□筑坚，岸以墙立，旁植以柳，使根之入地者，是以络土势而固之，枝之低拂者是以便车马之驰突。凡所以卫堤，为久远计者，无所不至。费止若干缗，仅用其民千有奇。肇土于弘治癸丑之冬，讫事于甲寅之春，至是而黄陵冈之绪通就，水势南逼而邑赖以无患。民德其惠，欲文诸石，以纪不忘。于乎与事之始，□造靡定，而公毅然任咎，不恤序言，事卒底集，非其有卫民之志、济世之才、周防虑患之智，何能及此？彼有官于其土，鱼肉其民，□然无所动于中者，视郝公不亦愧且忸哉？谨记之，□其民使知安土，□土之有自也。

时弘治九年岁次丙辰秋九月吉日立石。

贾鲁河水利记①

明　阴化阳　郡人

善治水者，不袭拘挛之凤议，惟持域外之大观，而且有硕谋远见，以经营区画于其间，卒能转祸为福，易危为安，而国计民胥有赖焉。此通变宜民经久之至计，非区区挟私智而利堤防者所可几也。吾郑刘父母有之。

郑城北四十里有水来自荥阳，盖合索、须、京三水以成其流，至双桥村始大，父老传元臣贾鲁所开，因名焉。下流如许家屯，历诸村，至姚店堤一带，洋洋然向板桥，过朱仙、正阳，以达于淮，而水有所归矣。顾板桥以下，河身阔大，无泛滥之患，有舟楫之利。自白沙而上，沙积地高，一遇水发，漂屋没禾，百姓全无可耕之地，岂救灾息患之长策乎？瀛海刘父母讳光祚，捧檄而牧，甫下车即问民利病，百姓有以河患为言者，公视民溺由己溺，恻然动念。及莅政暇，亲临其地，四顾良久，漫衍相属，平原广野，可以正经界而兴水利。公申文按院金，蒙批准开水利，三月至八月灌田，九月至二月行商。奉文下令，授以蓄泄之法，令民乘便穿渠，量田之多寡而均其用，因地之远近而酌其期，果得稻田十余项，是不惟开渠灌溉而收无穷之利，且也分析支派而杀滔天之势，所以挽其滔溺而予以乐利者，公功抑何溥大也。古不有神禹乎，决九川以距海，浚畎浍以距川，凡以恤灾悍患，无不为民尽力耳。禹之明德远矣，公德泽不可与共垂不朽哉？生员董献策等沐公之恩，勒石以垂永世，令子若孙守而勿替也，来问记于余，余勉芜词以记其盛。是为记。

河工词②

甲戌八月作

中州河工吾略悉，荥泽危险推第一。

---

① 《河南历代方志集成》第一卷《康熙郑州志》，第219~220页。
② 《河南历代方志集成》第十卷《康熙荥泽县志》，第366页。

估计常经费万缗，万缗用尽工难毕。
近复秋风吹不休，中流顿起沙为洲。
拦当水势翻身入，雨月全归南岸头。
岸头只尺城社逼，狂澜怒涛相冲激。
崩裂长堤屡震惊，划然声若悬崖劈。
旧时埽尽逐波巨，迄今补下能几存。
上官急符督救护，无米难为主馈人。
邻封拨协材亦罄，采青兹奉传新令。
可惜纤纤弱柳条，斧斤砍伐无余剩。
联车接轸运堤工，四野萧疏一望空。
更有草麻绳橛等，办送频频恒未充。
吁嗟河伯何太虐，苦竭民膏与力作。
畚锸纷纭昼夜忙，担土尤劳老与弱。
那得风恬水不波，平成安享百年多。
农夫击壤高歌罢，引睇河涯遍绿莎。

河夫苦累疏[①]

清　李粹然　巡按御史

奏为河夫第一苦累，屡议终无实着，谨摅末议，仰请睿裁。事切，惟论治理者首重保民务，保民者亟课实政，度缓急，审时宜，斯可以言为政矣。言必行，行必信，斯可以言实政矣。若地之见缓而实急，民之似逸而偏劳者，则今日之中州也；若事之议多而鲜成，情之最苦而无告者，则中州之河夫也。

河夫一节，稽之古制，原出雇募，合之人情，原应雇募，今以派为募者，格于时绌故也。其如地剧人稀，差烦费重，处处皆然，大路尤甚。岁有本处之工，有协济之工，有塞决之大工，有补葺之小工，虽工有停时，而派调殆无宁日，将谓既有工食，虽派而即募，讵知工食不敷，虽募而仍派也。且开销每于隔岁，官役多有侵渔，即此不敷之工食，尚不得如数依期，是全无募之实，而仅存派之名矣。在穷民之身役者，未免误农失业；在殷实之倩人者，不无被勒多端。里下有催提金解之需扰，工所有揽头夫棍之刁难，辄见逃而复提，解而复派。一夫之累，可以倾家，可以丧命，虽内外节经条奏，迄无良法。

处此，臣所谓议多而鲜成，情苦而无告者，此也。臣自入境之初，即亲得河夫之称苦，会先以堡夫之累上陈，而尚未概言及此者，盖河夫正奉部文会议，臣力求补救之实，未敢空言其苦耳。适准总河臣朱之锡为河工，国之大政会汇，并河夫征派，当更一揭，凡派夫之原委，远近之分析，及冲疲之临期，酌减言之已详，无庸复赘。又据分巡

[①]　《河南历代方志集成》第一卷《康熙郑州志》，第199～200页。

大梁道臣沈荃条议六款,言多可采,如河夫之均派酌调、立法稽查、定期更替,以及修浚内河四款,俱臣与河抚诸臣可以酌妥而径行之者。臣正在区画,期得一平易而可著之实行,行之而立见苏息。非请旨不敢擅专者,则冲途免夫与首地免派之二事也。河工必不可误,则河夫不得不派,民力必不能支,则冲途不得不恤。若曰临期量减,仍虚语也,若曰加之僻邑,而僻邑亦非不苦,恐致比例而呼又将谁改?臣愚以为冲途业有本处之苦累,河夫亟应全免。计中州一百八州县,处于大路者如磁州、安阳、汤阴、淇县、汲县、新乡、荥泽、郑州、新郑、禹州、襄城、叶县、裕州、南阳、新野、许州、临颍、郾城、西平、遂平、确山、信阳州一带,不过二十余处,在小民减一名便得一名之实惠,在公家少一夫须有一夫之着落。若概言雇募,似难轻议于此时,而所减无多,应责河官之募补。如其谓雇募之难也,则河官各有衙役,河干向有揽头,独不可照民间鸠工之例,以效倩觅之力乎?如其谓工食之少,则民为朝廷之民,官为朝廷之官,设官以治民,分职以治事,即为民稍任其劳,稍分其苦,亦不为过。况官则可以详议设法,而民则永累莫伸变通之法,或亦有人心者所不忍辞乎?若上岁自首地亩,虽蒙恩宥,从前止征见课,而民多剜肉医疮之苦,宁有三年五年之蓄,并征两年之额赋于一时,良非易易。如再派河夫等役,则地虽有增,而民犹是民也,催呼一迫,必至逃亡,一切差徭,悉宜免派,养其余力,固其恒心,正所以裕正供耳。至于道臣所言踏勘确核,以杜报地之虚悬者,臣亦早虑及此,先已严檄藩司通察,无则取结存案,有则另行入告。

臣总为国计民生起见,减之民而责之官,权也,将见天下大定,冲者为缓,劳者成逸,又何子来之弗效也。予之业而示之宽,暂也,将使四方来归,蕃息渐臻,草莱渐辟,又何贡赋之弗充?民不累而工不旷,斯为折衷;言可践而事可行,斯为实着。愚昧所及,悉以听之睿裁。

酌派河夫疏[①]

清 李及秀 监察御史

题为河夫之征派,当更远近之地方,宜酌仰祈睿鉴。

敕部酌复以均偏累,以苏民困,事窃,惟河南之大政首在河工,臣屡渡黄河,士民环马而泣,佥云:"河夫重累,旦夕难支。"臣初入地方,未得要领,不敢轻渎宸聪。因行文管河道开封府逐一察明,详覆到臣。该臣看得黄河为患,自古皆然,从无一劳永逸之规,而有因时制宜之法。立法善,则官不能行其私;奉行公,则民得以忘其役。若不审百姓之筋力,不察地方之远近,不斟酌河工之有无,止于循例而行,以势相督,宜其筋力日尽,远近皆劳,而河工之患为甚酷也。

臣愚以今日之河工,当更议者一,当酌议者二。如旧派夫,以地四十五顷,而今派夫,止地二十二顷五十亩,此一款所当更议者也。盖昔年荆隆甫塞,朱源继溃,每年之间用夫万计,是以派夫加倍,仅坐地二十二顷五十亩。今稍称安澜,河工有限,岂可以

---

① 《河南历代方志集成》第一卷《康熙郑州志》,第202~203页。

河口溃决之日为例乎？此一款所当更议者也。夫堤岸虽有一定之地方，而百姓亦有一定之筋力，今河南额课每年大率五分，若河夫一名每年计用银五十两，如濒河州县或每夫止坐地四顷，或止三顷，甚有止地一顷有奇，是河工之费十倍于正项矣。杂项偶同于正项，民犹告困，而反十倍焉，民何以支？况河患关乎通省，原非一县之力所可御，若不通长较算，惟本县之民是责，如河道详称各府州县皆地二十二顷五十亩派夫一名者，安所用之乎？臣闻近河百姓有弃其家而逃者矣，夫使小民无安土重迁之情，此其心可悯，此其势可虞也。

臣愚以为近河地方亟当酌议，每夫一名应坐地若干顷。至于逾额，则议所以协济之，而后近之工可以相继，此其所当酌议者，一也。至于南阳一带，去河工数百里，离河益远，则雇觅益难。据河道开报，各州县协济夫数不敢增减，是与附近河工地方一同按亩计夫，又岂为情理之平乎？

臣愚以为远河地方，并当酌议每夫一名应坐地若干顷，须加倍于附近州县，非河有大工不得轻派，而后远河之地可以相安，此其所当酌议者，二也。

以上三款，皆河工不平之数，均当更定以苏民困。臣非不知河道自有专辖，臣言之似为越俎，然通省利害之所关，臣目击既真，敢不据实入告。如果臣言不谬，伏祈敕部行河督、河抚两臣通长确议。

详免梢料记①

李清

瓠子决而璧马沉，酸枣溃而金堤筑。河之为患久，而豫当其冲，濒河之州邑累尤甚。□堤筑扫，无岁无之，丁夫物料，动辄数十百万，困此方民，力损国家金钱，岂非古今一大漏卮哉！

吾邑去河三舍，近幸广武之山屏障之，无泛滥之虞，苍黔稍得休息。他处有急险工程则协之，办料不过秫秸草秆之类，而丁夫不与焉。沿之綦久，民习焉勿怪。乾隆九年，奉檄办山柳稍三十万斤，而吾邑之民皇然相顾而惧，何也？柳非荥之所产也。天地生物有性，植物有宜，渭川之竹、安邑之枣，因其地也。西北无梅，而橘渡江为枳，失其性也。柳诚木之贱者，性独喜水，得水则易活且茂。荥邑地势既高，四周皆崇山峻岭，深沟削壁，土膏疏而不润，汴水仅存一泓。而京、索诸流，水沙漫处，间插一二株，植根未深，非摧折于狂飙，即淹流于暴涨，其舞纤腰，而送青眼，成阴茂密者寥寥也。三十万之谓何？乃合耆士，诉之明府李公。公固莅荥四载，洞瞩共故，即据申明各宪，顾以河工之所关巨，恐下邑之饰说也，恳请至再，未遽信。适上南河河务司马乔公行部至荥，我李公乃口陈手画，其地不宜柳矣。复偕视山岗，数十里间依依者果绝少。因进告乔公曰："语有之，十年之计树木，诚以培养非一朝一夕，而植物当顺其自然，今荥茕茕之众为资生口食计，种柿树十之九，枣梨者十之一，势难披枝伤干，以窘

---

① 《河南历代方志集成》第九卷《乾隆荥阳县志》，第483~484页。

民生，故不特柳稍为无米之炊，即山稍亦有，万难承办者。或曰天下贵重之物，珠玑贝阙，不胫而走，海内岂皆地所自出，亦挟其资而招致之耳。柳稍之属，贱焉者也，帑金具在，何难购之他所，是又不然。珠贝易于取，携居奇而需之，岁月迟迟无害也。洪河汤汤，飘倏迅疾，办此者非仅为未雨绸缪之计，亦灼肤燎毛之急也。按亩里而散之，价据籍而督之，交十五五取足于穷乡僻壤，捆载而车驱之，能必其敷于数耶？不敷于数，恐致误工，势必严迫之、鞭朴之，是催科之外添一催科也，小民不重困乎？或又以官帑属之官，官自办庶可无累于民，是又有所不能也。以村墟道路，星散之物而欲以区区三数胥役越阡度陌而谋之，能免骚扰乡民氓乎？不待智者而知为难矣。况近邑连界耳目所及，其承办之处亦无多余以应邻封之求也，又何从措手乎？地方之利兴，小民未遽蒙其福，地方之例立，小民之害遂无穷。今之三十万者，何必不倍之，何必不又倍之，即使荥之山、荥之野果木尽变柳稍，不难斧斤立尽，矧兹之寥寥绝少耶？故康熙六十一年武陟工、雍正元年中牟工皆协办秸秆草，不及稍料。即乾隆六年饬办，亦经详免。是荥之不产柳，不办柳及山稍，非第今日始，却宜永从今日始也。"于是乔公目击情形，首领我李公之言，而陈上游。李公复申府宪，转请河宪、道宪奉批准免。吾荥之士庶欢欣歌舞，戴二公之德而属余为文，泐之石。余老不能文，即述我李公之所以告乔公者应之，自此以往，凡吾邑之山厓水涘或有楂柌老干摇曳轻丝者，诸君尚其谨视之，勿剪、勿伐，即以为二公之棠荫也。是可为记。

河决日记[1]

较第　邑人　孝廉

黄河之患自古有之，考宋及明，不可胜纪。然未有如牟邑之多者，或者其地势然耶。至于本朝康熙元年，河决黄练集，当时未决之先，时和年丰，衣食颇足，虽遭水患，尚可糊口，其不至逃亡流离而失所者，平日之蓄积然也。迄于今六十有二载矣，乃复遭此阽耶？乃复遭此阽而更甚于当年耶？自康熙五十三年来，八载亢旱，无麦无禾，室如悬罄，野无青草，贫乏无度，赋黄鸟而适乐郊者已不乏人，独奈何天之降罔，惟其极矣。旱魃之后，继以冯夷，焚毁之余，复遭沉溺。于六月初八日河决十里店，九月二十二日复决杨桥口。溃我长堤，入我平原，淹我庄村，污我田畴，泙湃浩荡，横无际涯。牟邑四境，东至韩庄，西抵白沙，南经水沱，北自万胜，数百庄村尽在波沉之内，几万户口悉属漂渺之中。《书》曰："洪水滔天，怀山襄陵。"亦不是过矣。至于县内土屯城门，犹恐冲决，吊桥尽没，禁城崩裂，平地涌泉，粮仓倾颓。卑则乘舟入市而窝巢尽圮，高则朝不保夕而烟火断绝，所余者寥寥数家，苟延残喘，相对唏嘘，而守以待毙者矣。更可悲者，四方居民迫不及避，而游鱼已在床下，涉波而逃，履不数武而浮尸又过。目前生者，扶老携幼，无论男女，履波涛而陟高冈，号声震天，死者持大抱小，不分昼夜，浮水面而任东西。掩尸无地，或结庵于白草黄沙之阜，那顾风雨飘摇，或依

---

[1]　《河南历代方志集成》第五卷《乾隆中牟县志》，第207~208页。

栖于寒月苦霜之下，无奈鬖发栗烈伤心哉！百年枯坟，倏而棺椁随流水，其谁氏之宗祖可痛乎？数仞荒陵，不日窀穸成义冢，皆伊人之子孙，当此之时，人人黯然而消魂，个个凛乎而丧胆。兼之昊天疾威，云雾连结，雨雪霏霏，旬日不开，阴风怒号，浊浪排空，朝晖夕阴，不见日星。数覆渡口之舟，人绝往来之踪，每有磷火之见，常闻鬼哭之声。登高一望，时惟长鹤翱翔于波上，短鸥潜浮乎浪中。迨至坚□□河，商贾不通，柴米尽绝，欲沽无从，睁睁两眸无半蔬以充饥，冻裂四体乏寸草之可烘。啼饥者不啻野雀罗网，号寒者堪比江鱼沸鼎，其菜色骨立之状，有不可以言语形容者矣。呜呼！困苦至此，何其有极，陋同陈蔡绝粮，百倍七日，困等首阳饿夫，不下万人，嗷嗷哀鸿，茕茕士民。某固日杂乎号寒悲叹之中，目睹其摧残零落之象，而心识其沦亡丧溺之形者也。吁嗟乎！生灵一劫，降此大殃，陵迁交变，灾岂寻常，虽未见昔日之水患，为何如恐不及今日之堪伤。爰为是记，志其始末，至河清而黄流澄澈，海晏而水不扬波，则又望于圣人之化矣。

酌免绅衿河夫工料议[①]

乾隆二年　　知州陈廷谟

议得士为四民之首，一切力役，自应循例，以昭优恤。但豫省逼近黄河，募夫办料，在所不免，盖因夫料自卫身家，非若总甲差徭可比。绅衿每以办料募夫为苦，借称优恤，希图幸免，独不思朝廷岁费帑金设官堵御，官为设法，民为趋事，而绅衿坐享其成。非惟独累穷民自问难安，即使工程繁急，夫料偶迟，设有冲淹，断无穷民受害而绅衿独免之理。纵不稍存公心，亦当自为保护，是以郑州往例，凡遇河工募夫办料，无论绅民、书役，俱按地亩均办。自乾隆元年奉文浚筑贾鲁河工程，各绅士因奉有举贡生员概免杂差之恩，遂有求免雇夫之请。前经知州查核地亩，绅衿十居六七，难以全免。详奉抚部院批允，凡绅衿有地二顷者，免其本身出夫一名，如有赢余，乃按地亩计算派拨。遵行在案，复蒙檄饬，令将豫省绅衿优免，向日有无成例可循，或仿别省，贡监各生、举人、进士每名应免地亩若干，持平妥议等因，当经署州详蒙。本府议以河工雇夫进士每名优免地四顷，举贡每名优免地二顷，生监每名优免地一顷，吏员每名优免地五十亩，已仕者各照其出身优免，名下地亩不及优免之数者免其承办，如有盈余，仍照地亩计算。雇募如本无地亩，而将他人田地诡计幸免者，照律治罪，转详在案，盖因绅衿例得优免一丁。今豫省丁银派入地亩，故议令各除优免之地再行按地起夫，其与绅衿应免本身之丁本不相悖。至于料物，产自地亩，理宜按照花户额地多寡，责令里书领银采买。但查小民耕地无多，所收有限，而绅衿、富户积料甚广，况持银买料，无异交易，亦非差徭可比。并蒙本府议照旧例，无论绅衿、平民，一体收买出卖，则绅衿既存优恤，小民不至偏累，河工夫料亦无贻误。虽别省贡监各生、举人、进士每名优免地亩无案可稽，此亦至平至允，堪可通行遵守，奉为一定章程，缘奉饬议，理合详报。以上

[①] 《河南历代方志集成》第二卷《民国郑县志》（民国五年刻本），第307～308页。

《旧志》。

祭大王庙文[①]

张钺　州知

毓秀两间，灵昭永奕。巩固黄舆，澄清底续。乃者洪流，倏然奔溢。及郑之疆，堤防啮蚀。势若建瓴，飞涛山立。田庐既渚，民且鱼鳖。埽筑是兴，畚锺维亟。扳石落秸，绉缒十寁。集彼丁夫，指千万百。宿雨餐风，沙蹲草藉。暑继以寒，颒汗靫瘃。旦暮以之，有作无息。嗟民之穷，仰神之赫。降罚有来，吏实不德。敢与神要，哀此苍赤。人力所施，功成期月。浪静波恬，一劳而逸。神霁其威，民涵其泽。或有灾疢，吏敢逃责。斋沐告虔，牲体用洁。神其鉴之。

按，乾隆三年九月，河冲黄冈庙地方，损旧堤之半，饬修筑埽，至明年六月工犹未成。夫之集于河干者数千，劳苦备至，余具述其状，祭而默祷于神。是夏埽工果成，河归故道。迄今已越六载，神之庇佑，不亦大哉！

豁免滩粮记[②]

清　张钺　州守

昔大禹之平水土也，则三壤以成赋中邦。而我朝取民之制因之，按地之亩定粮之额，法綦善哉！顾滨水沙滩之地，出没迁徙，倏忽无常，正昔人所谓"朝桑田而暮沧海"者，盖不可以成例拘也。

初，郑北乡胡家屯、崔家墙及大小蓝庄诸处，距黄河近者三里，远者五六里，田畴庐舍，可居可耕。迨后河忽南徙，且愈徙愈南，冲啮所及，汪洋弥漫。民恐阳侯之遽怒也，避而他适，向之田庐，尽成泽国，即有一二依高苦草为偷安计者，如雁凫之栖芦苇。然计地坍没二百七十余顷，一切地丁漕米问诸水滨，虽雍正十二年蒙赦，而乾隆四年综核新旧，逋至三千有奇。每当征纳之期，鞭朴未加，哀号环吁者，衣鹑面鹄，无复人形。余恻焉伤之，夫抚字心劳，催科政拙，阳子之言，至今传为美谈也。目击其艰，而不为请命，司牧之谓何？乃条具情形，上之各宪，适藩宪朱将入觐，余复面悉委细，指画利弊，公恺恻之心见于辞色。既而敷陈丹陛，得旨行抚军雅覆奏尽与豁免，而一隅之民困始苏矣。且夫古之守令事权划一，凡利弊之切于民者，皆得以便宜行之。后世科条目烦，动掣其肘，不但不敢为，且不敢言。即言之，而上之人不能遽信，而速行则亦徒言之而已。今郑民之困于滩地也，按籍则有粮，而计亩则无地，属为详请乞免。而又每以慎重额赋檄覆往来，动须时日，向非藩宪念切民瘼以入告，而滨河之哀鸿嗷嗷，余第心伤之已耳。积年久而逋赋日益多几何，其不流亡以尽也哉？余既宣布朝廷宽大之恩、抚藩转请之力，又深幸刍言之得以上达也。敬述其始末以为记。

---

① 《河南历代方志集成》第二卷《民国郑县志》（民国五年刻本），第371～372页。
② 《河南历代方志集成》第二卷《民国郑县志》（民国五年刻本），第342～343页。

请免办柳稍详文[①]

李煦　邑令

荥阳县为详陈下情等事，乾隆九年三月二十一日，蒙本府批据，士民翟鸣竹、张继汾、赵天成、马琳、王用中等呈前事，仰荥阳县确查妥议，具报到县。蒙此该卑职查得，卑职前奉檄饬领银二百二十五两办买柳稍三十万斤，运贮上南河厅工所经。卑职具文详请改办秸草，仰蒙宪台呈送印领详内声，请以杂料折抵。嗣蒙道宪，因柳稍存工无几，不便折批，饬购办柳稍在案。兹据士民翟鸣竹等具呈宪案，蒙批饬令，确查妥议等因，仰见宪台体惜民隐之意。遵查卑县地处山岗，境不临河，土性不宜栽柳，实难采买，是以从前历奉备办工料并无柳稍一项。如康熙六十一年协办武陟县钉船帮坝工料，雍正元年协办中牟十里店料物，均系急险要工，前县张令据士民具呈，禀请河北到宪改办秸草。又乾隆六年奉文饬将预备料物多半柳枝山梢运工，复经卑职将难购缘由亦报在案，是卑县之素不办柳，确有案据。翟鸣竹等所呈情词，委非虚捏。卑职查柳稍、秸草同属工需料物，领银采办，必因其地之所有而始能运贮。卑县既非产柳之区，奉办柳稍实属无米之炊。自应仰恳宪恩俯顺舆情，或将卑县前领银两如数缴还，另饬产柳之邑采办，或转请改办秸草交工，不特卑职获免迟延之愆，而阖邑黎庶无不感沐鸿慈于无既矣。

蒙批仰候转详管河道宪批示，饬遵。

嗣蒙道宪饬查本府上南河厅宪详称，查得荥阳一县，昨卑职查河，路过该处，留心查视，柳株实属稀少，采办自尔维艰。况杨桥大坝工所秸草亦属无多，似宜俯如所请，改办秸草，以顺舆情，庶公私两得其便。等因详请，管河道宪。

蒙批仰候檄行开封转饬遵照，仍候详明河院缴等因，蒙此乾隆九年六月初五日蒙本府转蒙道宪，蒙总河部院完详据本道呈据该府申请，荥阳县该办秸草详由蒙批，既据荥邑素不产柳，仰即饬令该县改办秸草运赴工所，照例造册，详请盘验毋迟缴。

论游租[②]

许勉燉

游租何言乎？无定之词也。汜治北大伾、广武两山下有黄河退洲地，东连敖仓，西至寥峪，北滨大河。虽时有耕种，然地势卑下，河、洛、汜三水围绕横贯，迁徙无常，存没难定，正昔人所谓"朝为桑田，暮为沧海"者也。小民耕种，既不敢据为恒产，有司征科，又何得执为成规？守土者第于岁终，较量亩数，斟酌收成，聊取升许，备济鲋困而已。淹没则悉蠲之，命曰"游租"，诚鉴于此。名为利薮，实乃祸源，请以利害言之。嘉靖前无可考，二三父老犹言万历年间，邑令周濂一日乘舟玉门外，遥见黄河安澜，绿野沃若，慨然曰："此地可耕，胡乃荒芜？"下令耕种，三年后方起科。于是民尽力开垦，果三年后课其收成，每亩夏征麦一升，秋征豆一升，入仓备赈。至河退地广，年逢大有，

[①]《河南历代方志集成》第九卷《乾隆荥阳县志》，第485~486页。
[②]《河南历代方志集成》第十三卷《民国汜水县志》，第444~446页。

岁致千钟，公即以所收喂马支费，充赋给役，计上岸皇粮地一亩止费钱十四文，遂完一年赋税，一时家获其利，国享其福。百姓歌曰："千钟粟，惠我民，周公恩惠非伦。常将私税充公赋，一亩费钱十四文。"不期大田方歌于前，蟊贼遂乘其后，邻封愤嫉，豪强吞并，佃户潘印为温县郑之俊所杀，冯守业又为河阴张化龙所毙。人因地死，经界安正，汜士民陈所闻等呈告九年，经三抚、三按、五司、七道、七府、九厅、一州、九县历断多案，至本府清军同知袁懋贞始得质成。公先定封疆，次正经界，汜疆东至河阴，石槽沟为限；西至巩县界，寥子峪为限；东北以武陟刘毅庙南应敖仓石槽沟为限。河北徙则地南出，汜民管业出租；河南徙则地北出，武民管业出租。以河为界，彼此从无争竞，有"天地元黄"等十一号。西北汜、温界，公引绳、竖橛、筑塍为限，共丈东滩地一百八十顷，西滩地二百六十八顷二十四亩，东西编号曰"原隰既平泉流清"，夹"时靡有争王心宁"，共十四号。时、清中间有夹道区，即汜水入河之故道也，宁四区有拐地一段斜入温巩交界处，宁六区有拐地一段斜入巩地内。南北分区，每区宽长俱三百六十弓，准地五顷四十亩，山势有坳突，区号有多寡，各号自八九区至五六区不等，中长而东西稍短，形同人字。区界既定，仍将历年各官断案刊刻成书，名曰《质成编》，令汜民照区管业，其水占汜地，与温无干，水占温地，亦与汜无干。由是疆定讼息，民安物阜。至万历四十二年，奉旨搜括间〔闲〕田为福藩养赡，邑令张应春即以是地进归福藩为养赡地，每亩征银三分，解入本府交纳。福基方奠，祸孽旋踵，黄河塌陷，区号灭没，大伾山下犹存强半，广武山下寸土靡遗，洋洋千顷，渺无涯际，汜人士徒自望洋而叹已耳！呜呼！地已泯灭，册有定籍。邑令李继芳莅任未几，府差坐催，急如星火，公无奈日事敲朴以为取盈，百姓鬻妻卖子赔苦不前，鸟散鼠窜相率逃亡，木楼苌村一带空无烟火矣。邑廪生张鈘身受切肤之害，力不能脱，目击流离之苦，恨不能援，率众前驱上赴抚按司道，终岁控陈。诸司佥曰："亲藩额税，谁敢议减？"本府提取不给，岁借库银三百余两代输，数年累至数千金，按册追比，则虚无人踪，为因王租并逋皇粮，邑令悉以怠缓王事逋负帑金罢职，民逃官黜，汜何能堪？天启二年，徐成治来守是邦，天性骨鲠，心存慈爱，一膺民社便思为民除害，仍令鈘等极力陈诉，公亦力为申请。会梁按台之栋过汜觐王，鈘等号泣动天，遮道上诉，公亦泣下，遂上疏请蠲。蒙旨批："无地征租，苦我百姓，仰河南地方官查得有地抵补，无地竟行豁除，由是两院，会议题革。"大害始免，而流民渐复业矣。自万历至天启，蒙利未数岁，而受害凡四十余载，谓之祸源岂虚语哉！

至国朝定鼎，河势横激，薄山东流，一滩裂为三洲，荒芜日久，尽成荆榛。兼以人死十分之八，无牛可耕，无力开垦。皇粮岗地尚多荒芜，又安能以有限财力用之莫可凭定之河滩也？间或开垦数亩，亦且春而耕种，夏而淹没，夏而耘耔，秋而沦胥，终岁勤动，而获入仓廪者盖不数数见也。安得崇伯嗣兴，公刘复起，上塞龙门之口，下封伊阙之道，与我民任土作贡，则壤成赋，以享乐利于无穷也哉！愿俟诸贤明，斟酌而调停之，可也。《旧志》。

又黄河滩地原额五百六十八顷，除河占外，额征租地三百七十五顷一十二亩七分五厘，每亩征银一分六厘，共征租银六百两二钱四厘。康熙三十年，黄河南徙，滩地大半沦没，汜民赔累，人皆谋去其籍。雍正四年，邑令缪孔昭目击民瘼，详请改为活租，每年二月令各区地户呈报本年承种地亩，核定多寡，按数酌派，务足旧征六百两二钱四厘之额而止。雍正四年，丁随地派，又加丁银十两八钱四分三厘五毫，共征银六百一十一两四分七厘五毫，遇闰不加。夫游河滩地，朝田暮海，坍涨靡常，兹按现年承种第亩均派活租，有地者既共乐输将，无地者亦不苦额赋，立法颇善，官民实为两便。但昔则求去其籍以豁累，今则谋增其籍以希占，莠民孔多，又长险健之风。知县许勉燉令各区区头详造业户鱼鳞细册，原地之多寡有无，现地之坍涨增减，每年春核实派粮。又亲行勘丈，明立沟涂封树，比来争讼稍戢，倘嗣是修而明之，虽淤塌不常，亦无难了如而截如也。《旧志》。

附东滩界碑文

汜境滩地，东邻河阴，北滨黄河。乾隆年间，河民越界站种，殴毙区户冯某，邑人士上控宪批，府委荥阳县知事王洼会荥泽知县钱汝丰、汜水知县张允熹会勘。南自石槽沟，北至河北柳毅庙，对准子南午北，直至河边，河东、汜西永为定界。刊立三碑，壹立后丁村三官庙内，附碑全文。河汜滩地大界，南至石槽沟底中，北照河北柳毅庙，河东汜西。

大清乾隆四十二年正月二十日

府委荥泽知县钱汝丰、荥阳知县王洼、汜水知县张允熹，把边区区头宋承孔，会勘子南午北。

荥汜滩地界记。嘉庆七年季冬月吉旦。

石槽沟内中间立定中臬，子南午北一线到河，东属荥，西属汜，守尔界永绝争端，言归于好，沟内中间距山根东西各十八弓正。

荥泽县河南巡政厅加三级沈德良、文林郎知荥泽县事加五级纪录十次冯兆麟、文林郎知汜水县事加五级纪录十次巫乃白、署汜水县督捕厅加三级刘锦标公同立。

此碑拓本在段坊贡生宋瑞生处。

附西滩界碑文

庚辰冬莅任兹土，缘汜境西滩地亩西邻巩邑，东界武陟，北连温县，中隔黄河，被温、武占种者久之。旋据邑士民王亮采、禹龙光、禹畴、柴益等呈控前来，详准委员，会勘清理。历经数载，始得断还原业，筑有界堤，东、中、西三界石碑。恐河流靡常，立于南岸三大王庙。全案勒石署前，并刊入志末，以与旧案永垂不圬云。《旧志》。

乾隆三十四年六月日抚部院阿批准藩司何议详护河陕道赵勘定。

汜温武滩地区界定案

查得汜、温二县滩地相接，汜水处于东南，温县处于西北，两城斜照，中隔黄河，缘河身迁徙靡常，界址易灭，屡构争端。

乾隆十八年，经委前任理事同知兆城勘丈立界之后，迄今多载，河势南迁，温民多侵汜地。汜水王令详请委员勘丈，经前司详委河陕欧阳道前往勘丈。欧阳道因办理兵差，旋即升任正署，各任久未勘结。兹催据护河陕汝道归德府知府赵瑗详称，滩地跨河，丈算难得准确。乾隆十八年理事厅兆同知议照现在办法，河走汜则丈温，河走温则丈汜，洵为不易之论。今河走汜地，并未北迁，理宜在温丈算，查问汜、温两县官民，亦俱谓河无定准，不愿丈河，应亦丈温为便。

温县滩地，区号顷亩既有舆图可凭，又有印册可证，较对明白。分清区界，将温地尽数丈足，以南所余者还汜，以东所余者还武，则彼此无从置辩。先依司印弓式，制就丈杆，调取巩县知县王璟帮同看丈，并拨巩县弓手二名，于四月初一日至温县。会同温令朱中理、汜令王作明、武陟县委员管河主簿温保懿，较准绳簪，并用罗盘审定方向。督令巩县弓手秉公经直，踩丈温地。西与孟县接壤，向以朱龙河为界，自朱龙河东堤下温县地字二十五号之南北适中处步丈起，以三百六十弓为一里，向正东丈足三十里零一百八十弓，封立一墩。正南至巩、汜交界，正北至魏家沟土坡根，南北径直齐平，即《温志》元字五、六两号分界之处西，共三十号。南顶巩县东共十二号，南顶汜界。自前墩接丈起，再向正东丈足十二里，通共四十二里零一百八十弓，以四十二里尽足四十二号，一百八十弓尽还地字十一号之夹道，统以四十二里半立墩为界，界东属武陟，界西属温县。又自魏家沟起向南丈足十二里，系《温志》图列元字六号十二区，南顶汜界之处，即在此第十二区，西南尖角对立一墩，对准汜邑寥子峪，用绳径至河边为界，界东即为汜地。查志书图列十二区注有破字，破者乃不足一区之谓。印册册总共地六十六顷十一亩二分，以每区五顷四十亩计之，应该十二区零一顷三十一亩二分，今于十二区为定界，按册尚不足数，查十二区南尚有勾股形地一段计七顷十二亩五分，与元字五号十三、十四两区相连，即于此内按数拨出以补册总之不足，其勾股形内拨补所余之地，查系嫩滩，无庸入数。至元字十七号，《志图》虽列八区，而查对印册，总数只有二十三顷三亩一分四厘，以每区五顷四十亩计之，只有四区零一顷四十三亩一分四厘，应丈足四里零九十五弓三尺，以南首所余还汜。但查汜界，旧系东北斜向西南，与中界一字取直，今若改依温地，区分长短，使之犬牙相错，则与原案不符，且虑交互纠缠，将来愈滋争论，应通按温民滩册应得之地为之截长补短，以此之有余补彼之不足。照依旧案取直定界，而取直之后温民各区所有缺角即以余地补之。因于元字十七号按册应得四里九十五弓二尺之上，向南加出二里一十四弓三尺，从东界坡根步丈起向南共量六里零一百二十弓，封立一墩，即从此对准汜邑孤柏嘴。用绳径至河边为界，界西即为汜地。再从温县衙门照壁起对准汜水县城照依原数丈足十四里三百八十八弓四尺九寸，系在元字号第十区偏东之末，封立一墩，定为中界。从此中界墩其丈至二字六号十二区西南尖角之西界新墩处五里零一百一十四弓三尺，又从中界墩起丈至元字十七号六里一百二十弓之东界新墩处，计九里零二百七十五弓，两边俱用绳依墩取直，划开为界，南属汜界，北属温，与原案相符，地无盈缩，而南北界址亦有定准。至于汜、武两县东西交界，在于河北仅止二里零三十八弓，前因东界模糊，武民因有越种，今东界已定，则东武西汜不致混淆，可以各安其业。

若迤东之地向以黄河为界，南汜北武本无争竞。再温、武交界之处，前次温民原一士等籍夹道为词，于坡根三里之南渐次向东越占，以致武民张生兴、田实等于乾隆三十三年九月内赴司呈控未结。今此案已从西界直丈至东，照图限定，以北宽四十二里，南宽四十二里为度，则彼案别无争较。亦可以饬县叙明，由怀庆府转详完结，分定界址之后，尽皆输服，递有遵依等语。本司披阅地图，该护道勘丈分拨之处，甚属公明平允，应请饬令汜、温、武三县照依勘定丈尺形势，封墩立界之处俱立石碣为界，刻明弓数，用灰汁灌注土内，毋使动摇。饬令各县人民恪遵界限管业，不许丝毫侵越。再据该护道议称，现在麦禾遍滩，将次成熟收割之时，应仍照乾隆十八年兆同知议法，不问何人布种，照依新清之界，各自收割，不许再行纠缠等语。虽依照依旧案定议，但黄河涨出滩地每为邻近之人耕种，必经官司判断而后业归各主，未断以前种地之人视为己物，已费工本，若于麦熟尽随地去，则得地者坐享其成，而种地者全失其利，于情终有未平。昨奉本部院按临怀郡，据温、汜等民人拦舆喊控，蒙谕该府前往弹压，并谕该府县仿照主佃分收之例，各半分收，以息争端。并令赵守再赴会同督收。此据该府县并护道亲诣滩地，将温民应收一半之麦，督令收割完竣，存贮公所，该县王令督令汜邑地户收割完竣，各据禀报在案，应毋庸另议。至地内已种早秋复移，据赵守议称将来成熟之后并照二麦之例，各半均分以昭画一，所遗麦茬白地，请俟早秋分毕之后，听汜民悉以新界播种，于杜争之意更为周密等语。本司覆查地既勘分，立界已定，凡断于汜者，应归汜民管业，惟早秋系经温民费本耕种，应照二麦之例与汜民各半分收，仍饬两县地方官先行会同查明，按亩注册，晓谕新旧户，并专管滩区之号差遵照。将来成熟之时，两县督率分收，毋得稍有争竞。至于已经割麦之地，断给汜民者，应听汜民随时犁种，不得待分毕早秋而后播种，致失地利，并启温民觊觎之心。从此断案已定，两县地方官当各率其民，恪遵埂界管业，若有恃强越种，立即严拿重处押令毁。倘地方官约束不严，偏徇生事，查出即行参究。是否允协，合将送到《图志》具详转呈，伏候本部院鉴核批示饬遵等因。蒙此相应遵批，勒石永守，并将碑摹呈送各宪查核存案，以杜讼端云尔。《旧志》。

邑侯马少原请准豁免游河滩沙压地租德政记[1]

尹聘三

粤稽古来良吏治迹显著，德垂当时，声施后世者指不胜屈，而求其苏困扶厄，忧民之忧，则莫如我邑侯。

邑侯姓马氏名毓麒，少原其号也，扶风望族，江右名士。自莅汜土，以身勤事，以劳先民，诸多善政，更仆难数，而惟游租一事尤令人深感慕而不能忘。邑北部东西两滩额征租银六百一十两零，耗银七十三两零，均按麦禾摊派。乃自道光二十三年黄水滔天，水落后地被沙压，难以耕种，但租赋所在，按年仍得完纳。附近居民赔累不堪，履请停缓，未及转详。迨我邑侯荣任，有区户生员孙殿等，区头儒童张书绅等，复呈案下。我公疴瘝在抱，深悉舆情拮据，亲至勘验，见其积沙深厚，实难种植，不觉目击心伤，旋即备文，详请停缓。上宪发委查验，据详申奏，幸蒙恩准，刊刻誊黄，遍行晓谕，民忧除而民困苏矣。合邑感德，颂声载道，而犹恐德意不能垂诸久远也，爰勒石以志之。

---

[1] 《河南历代方志集成》第十三卷《民国汜水县志》，第526~527页。

恭录咸丰七年十一月二十六日内阁奉上谕英桂奏沙压地亩粮赋恳请停缓一折："河南汜水县游河滩地尽被沙压，既据该抚查勘，实属积沙深厚不堪种植。若将钱漕照常征收，民力未免拮据。加恩着照所请，所有汜水县游河滩地三百七十五顷十二亩零，民欠未完道光三十年及咸丰三、四、五、六等年丁耗钱粮，自道光三十年为始，着按年先行停缓，以苏民困，候数年后能否耕种，再行察看情形，分别办理。该抚即刊刻誊黄，偏行晓谕，务使实惠均霑，毋任胥吏无比用副。朕轸念瘠区，至意该部知道。钦此。"

荥工被淹缓征钱漕议①

同治八年　知州王莲塘　山东

议得荥工黄水漫淹之东赵保等一百五十七村庄，今年正月，荥泽漫口虽经堵合，无如涸出地亩均成沙土白泥，并由盐碱之地。上年隆冬，积水较深，地多受寒，逃出灾民归来者本属未全，地多荒芜，回归之户缺乏籽种、牛具，未能一律耕种，即有试种者，甚属寥寥，不成分数。况上年田庐被淹一空，今岁麦禾又不能播种，是该灾民已失两季收成，实属万分困苦。经知州莲塘、委员麟章将本年新赋禀请缓至秋后启征，现在查看情形，仍未能征。询据老农云，此项灾民非三四年不能布种，即使勉强种植，亦属不敷工本。目睹疮痍，殊堪悯恻，若不分别缓征新旧钱漕，非特徒事追呼，无益库款；尤恐激成事端，致干严谴。非缓旧欠无以轸民，非缓新赋无以培元气，再四筹酌，悉心妥议，拟请将应征本年东赵保等一百五十七村庄丁耗裁扣，河夫粳米漕项、节省丁耗并漕粮均至同治九年麦秋后察看情形分别带征，其原缓同治七年蠲剩三分丁耗漕粮等款，请展缓至同治九年秋后仍分二年带征。所有民欠未完同治七年熟地应征丁耗裁扣粳米漕项、节省耗等项，请缓至同治九年麦后带征，以纾民力而示体恤，理合开折绘图，禀呈鉴核。

杜慎斋先生事略②

杜谨行，字慎斋，中牟县城内西街人。清同治癸酉科武举。性磊落，貌魁伟，膂力过人，归镇标，效力于河北镇崔鼎贵军门麾下，以军功擢升千总。光绪三年，岁饥，奉崔军门委令，在怀庆设厂散粥，全活甚众。光绪十三年，郑工石桥口河决，充任河工弹压委员，勤于督查，无时或懈，因之坠河，工人得以救生，合龙后保奖五品顶翎。后任河北镇练军马前营中哨哨长，驻防洛阳鲁山等县，所至之地，军民和睦。嗣奉令委署新乡县城守营千总，又调升怀庆府守营守备，盘查奸宄，缉捕盗匪，地方安义。晚年归里，遇姻族有告贷者周其急，乡党有讼争者解其纷，慷慨好义类如此。子树德，曾任郑州商埠警察厅科长。长孙冠军，河南大学法学士，考取县长。次孙冠武，省立第一中学毕业，考取教育局长。

郑工决口记③

朱骥　湖北大冶人　拔贡　举人

光绪十年秋，予奉部铨宰是邑。十月初二日接篆，莅事以来，巡行阡陌，访问疾

---

① 《河南历代方志集成》第二卷《民国郑县志》（民国五年刻本），第308页。
② 《河南历代方志集成》第六卷《民国中牟县志》，第201～202页。
③ 《河南历代方志集成》第五卷《同治中牟县志》，第465～466页。

苦，稔知屡受河患，被沙淤者童土不毛，浸斥卤者石田□用，其他平衍可耕，藉以菑畬滋息之区殆十不五六。噫！地之瘠也而民之贫已概可想见。然是邑自汉初建颇称名区，其间兴养兴教，庶狱庶慎，一切社稷，人民重寄，端赖司牧者因时参错，随事经营，则虽弹丸下邑，亦有不容怠荒业胚者。兼之地邻省会，为东西邮递冲衢，文移往来，冠盖纵横，曰有应接不暇之势。以予才，同拆线强学制锦，戴星出入，每惕冰渊。幸是邑人情风俗犹为近厚，以故数岁之久，上无□□，下少隔阂，间有缺失，旋即弥缝，得与民相安于无事。乃十三年八月黄河暴涨，二堡滨险，警报迭至，急于星火。予以有协防责，飞与赴工，与中河厅营泛诸公悉心培筑。尔时怒浪冲击，所剩原堤仅丈余许。初八日，承河帅扎督催料，仓猝间只购三百余□。正值漫□，而十三日酉刻忽闻郑境石家桥水决灌穴，沛莫能御。予诚若□呆，牟居下游，首当其厄，□□行□销差，回保邑城，沿途驰谕，促使鸣金，着共登高避水。且贾鲁河旧绕邑城之北，商舸蚁聚，先期号存以备调遣。一面督在邑绅民军役拨土搬砖，阖门塞实。时十三日夜五鼓也。十四日申刻，大□交城而过，风吼雷奔直抵城垣，街巷汹汹，叫号声惨不忍听。尚□北系顺流无大顾虑，东枕关中鹿角冈，形颇陡峻，洼宅居民多□之。惟西□急湍震撼，时虑倾陊，予率同寅诸公昼夜巡视基址，少动辄就厢抛独，至隙门而溃闭塞，维艰久之，内圈颓压，滴泄不通□亦危矣。尤吓人者南门侧向有水洞，本为大雨滂沱引令外□□反洪波滢潋导使用，内来非浚井，而上行如濆泉之□出。予恐□□不壅，全城淹没，即在俄顷，急转商邑绅侍御张致夫候选二等□荐臣等取出与绵衣并楮絮包大铁锅即牛□□袋等件，亟力觅人裹填。上邀天福未果失事，然经雨处灌注，与四围之渐渍，邑中已大半为泽国矣。夫以先后被水，凡属境内皆为赤子，纵不能人人手援，而急未能逃乌止猱升者危争呼吸，当先有以捄之。予因守城任重，分令捕厅合幕宾携丁役载糇粮驾舟四出，搜拯饥溺，兼冒风雨蹋淖湑，遍查灾黎，汇册请赈而厂委船只诸请上宪，皆一一应，九第非移粟就民，灏瀚瀇瀁携取必艰。于是相度程途，西南则刘申庄，西北杨桥镇，逦东则水月庵胡家寨，分设粥米二厂，均有司事暨委员经理至邑内给粥散米，则固予派绅所亲自检点者。数月间左支右绌，中厪不遑，因灾致罹积劳成疾，乃于腊月下浣姑行请假，十四年正月十八日交卸归省就医，盖相代为理者即水月庵之厂委顾友篪也。越十有一月，新膳载加，旧痛渐痊，遂上谒回任，续联措办，迄于腊月二十日合龙。延至十五年四月终赈务方罢，时则周览郊坰，慰安黎庶，浩劫初过，如隔再世，不觉黯然神伤而叹，风景无殊，举目有山河之异焉。爰思此次河患其散坟倒树，摧屋折墙固属难免，而土田虽或有沙洑停掩，□□□□种者亦复不少，若夫赈恤频仍，使民忘灾则诚恃乎？□□之□存，亦究归皇上之深仁厚泽，况蠲除祖赋尤特恩□□□。江苏赈捐三次，协济优给城乡约费二万余贯，则疏财仗义，救灾恤邻，更为予所深嘉乐道而不肯埋没其美者欤。第虑岁远年湮，传闻异辞，将当日一城震荡，保障艰难，百姓流离，惠施稠叠，概无由考其详而得其实。故谨略叙颠末，附入县乘，以示安不忘危之意，并使采风者得以览焉，岂自多琐屑之劳也哉！

光绪十六年

清光绪缓征石桥决口被灾钱漕文[1]　光绪十五年十二月二十六日

上谕："倪文蔚奏郑、沁两工合龙后各州县沙压水占地亩，请停免钱漕分年缓征开单呈览一折。河南郑州等六州县，自郑、沁两工合龙后，间有沙水占地亩，著一并蠲缓，以舒民力。该抚即照单开细数，分别应免。刊刻腾黄，遍行晓谕，务使实惠均霑，毋任吏胥舞弊，用副轸念灾区之至意。该部知道单并发，钦此。"

清光绪传旨嘉奖马汝骏诏[2]　二十一年十月

上谕："马汝骏，明于治河，深资指臂，实事求是，裨益良多。若许振祎所奏，功成不居，尤觉谦德，可风求之近今儒林中殊属不可多得之人。前柘城县训导马汝骏，着传旨嘉奖，以为急公好义者劝，将此通谕知之。"

汴河源流策[3]

庠生　陈煐　郡人

今之所谓汴河，即古所谓茛荡渠是也。茛荡渠一名浚仪渠，原在河南开封境，现称为祥符县。其源出荥阳大周山，合京、索、须、郑四水，东流至中牟县北，与沙水同流，东南至浚仪而分，南注为沙，东注为汴，此汴河所由来也。

西汉平帝时，黄河南奔冲汴。东汉明帝永平间，命王景修之，自荥阳以下分疏，使黄河北流入海，汴河东南流入泗，复入淮。渠广至四十步，河旁皆筑御道，树以柳，名曰隋堤柳，又名为汴堤柳。隋受开凿之劳，唐享转输之利，数十年间汴水依然东流，而隋家宫阙竟成灰烬矣。厥后炎宋都汴，引水穿入城中，有上水门、下水门之名，转运江、浙、湖之粟直达汴京，设官司之。至元十七年，黄河决，始淤塞，元命贾鲁修之，又名为贾鲁河，俗仍汴河之称。郑州八景一，曰"汴河新柳"，河在郑犹称为汴，意即此旨欤。

第二节　碑　　志

谷公建大王庙碑记[4]

冉觐祖

凡名山大川必有神焉，主之河为北条之宗，神尤显赫，往往从河干人闻河水消长事，灵应如响，予心识之。窃疑今之视河神与古异，古云四渎能荡涤垢浊，能通百川于海，能出云雨千里，为施甚大，故视诸侯。又云河海润于千里，皆谓有功宜祀也，夫非河则为焦土，不可生物，神功信莫大焉。今人不知神之为功，徒畏其溃决四出以毒我

---

[1]　《河南历代方志集成》第二卷《民国郑县志》（民国五年刻本），第292页。
[2]　《河南历代方志集成》第二卷《民国郑县志》（民国五年刻本），第292页。
[3]　《河南历代方志集成》第二卷《民国郑县志》（民国五年刻本），第378～379页。
[4]　《河南历代方志集成》第五卷《乾隆中牟县志》，第204～205页。

也，而祀之是禳灾也，非报功也。然当其灾将临，而力能御之，则亦荷神之庥而崇报之典不可废也。上谷谷公以甲族巍科，宿德重望，来牧吾邑，下车即询父老阖邑利病所在。佥曰："牟利病强半系于河，河安澜则民乐业，一有溃决则民不保其田庐，而且日操畚锸，辇梢缆以从事不聊生矣。"公曰："神固可以诚格，不可以力抗也。"躬诣河上，陈牲币与河神约。河在牟境内，令职司民社与神相感召，其有褒越，神加谴怒无所怒，无纵水族重困我百姓为也。每岁当计工，邻邑率以急工上闻，公独曰："无之，民得尽力南亩。"则公之大有造于牟也。值桃花水泛渐徙而南，小潭溪尤属急，冲岸土坠，落如败叶，夫不及集埽，料复无储，人皆惴惴，势莫可御。公走马至河，跽而虔祷，谓："令即不德，自顾无愧王子赣，河若溃，而前请以身当河之冲。"是夜，报河之北徙者里许，人皆举手加额，公之诚果能格神如此。公曰："神之功也，不可以无报。"于是捐俸建庙于东关之陲，物价必平，工役无亏，数月竣事。公率僚吏绅士往观，登台砌瞻庙貌，步周垣见其地敞而基巩，千年之规也。或曰事神治民，有司职也，建庙宜；或又曰往来河上，仆仆为劳，建庙于关外宜。冉觐祖为之言曰："是役也，报神也，实以为民也。"公之仁心仁政恺切而周至，无日不欲民饱暖安居。倘神于此鼓其狂澜，拱我堤岸，荡覆我村落，漂没我禾稼，是犹夺赤子以投洪波，为父母者当营救不遗力矣，故不得不为民邀惠于神也。不然，公操履清且俭，平生爱惜物力，极慎重于土木之事，而奚独为此乎？亦曰迫于为民不自已也。《穆天子传》云："阳纡之山，河伯居焉。"庙落成，神岂即来居而遥相鉴格，敛其凭怒，自今日以迄百千年安澜惟永，牟民亦得世世荐其馨香，皆于是庙为祈报地也，庙之建为虑远矣。公曰："是吾心也，其登之石。"

康熙二十五年

岳山寺新建白龙王庙碑记[①]

陈鹏年

川渎之神，即以其族之灵且长者为之，惟其精气磅礴，嘘噏动变，能致祸福于民，故龙神之祀于百川四渎也，厥由惟旧，而黄河则尤其专司。

康熙六十年七月，河决于武陟，溃出故道，挟沁水而驰，滨河之民荡于汹涛，浸淫及于三省，而兖、济之间运道梗矣。当斯时，天子忧劳于上，择大臣之熟于其事者，授方略、假便宜，令与守土大吏克日堵决。而鹏年适于四月中有南河之命，闻信已先期驰至，因得与襄版筑，两阅月而告功焉。时逼仲冬，沙寒土确，斧冰垒基，不任冲刷。春水方至，气融冰释，颓然涣然复即于圮。鹏年以无状奉特恩摄河务，思所以召灾降恫，实系于职司，乃以二月二十三日复渡河而北，于决口上下周遭遍视，集属吏而告之曰："是不可于下流争也，夫水之行地，障之则决，导之则流，不泄不止，不分则壅，黄河由孟津建瓴而来，蜿蜒绕出于广武山之下，而沁水会黄，亦于此合流，所以日趋而北者，以地势远属，□土虚松，迅流散慢，正河渐淤，无由宣泄，故漫溢而四出也。若能

[①] 《河南历代方志集成》第十一卷《乾隆荥泽县志》，第191~192页。

于广武山下淤滩开浚故道，纡者直之，漫者束之，迎上流澎湃之势，以径达于荥泽，大河庶其有瘳哉！"皆曰："然！"乃绘图而奏诸朝，既得，请于三月初一日告于大河之神，集众启土，自西徂东，跨河阴、荥泽二县，绵亘二十五里，宽若干丈，深若干丈。役夫二万余人，不足乃更募于旁邑，简属吏之勤且干者十人，画疆而分督之。不三旬而竣事，方其土功之既举也，漫山被野，万夫雷动，凿地作炊，偃波夜卧，举锸成云，下锸成雨。而担夫贩竖亦时列肆山脚，以供役人之所需。鹏年不敢自爱，戴星沐露，昼夜杂操，作间稽惰，勤戒骚扰，故凭山而居者若不知有是役也。月之二十三□，克期放溜，缺月衔山，牵牛正中，职司冠珮，徒众荷锸，咸鹄立两崖之际，俄而人声渐沸，薄云作雾，旌旗反风，鸣钲彻天，锄捐齐下，但闻涛声怒号，隐隐竑竑，挟欢呼之声，而奔腾以注于引河之内。越三日，由决口挽舟而上，转入新河，但见风帆飒飒，映带山光，估舫市舶，衔尾直趋，回望向漫流处，已水落沙呈，舟胶而不可行矣。是举也，奉圣天子威灵，策群力襄助，得毋陨越，然非神之默诱，其衷不能至此也。

记曰：能御大灾则祀之，能捍大患则祀之，神之合于祀典也，明矣。去岁九月，决信至淮上，星奔即路，将次河北，秋末涉冬，川原萧瑟，肩舆假寐，恍惚中宛见有素裳白髯者，垂旒束带，伛偻迎导。惊醒谛视，倏忽不见，回语从者，则咸诧曰："此殆龙王神也。"噫！岂其间将有大兴作，而神之灵先为来告乎？及兹役之成，念神之德不可忘，与南河刘丞循山相度，得地一区于岳山寺之左，负山面河，登陟远眺，则西接洛汭，东临睢汴，控豫省全河之势，隐隐皆在目前，是可以为神灵之所栖息矣。且夫白者，西方之色也，于五行属金，而工则为中色。时当季春，又以木司令生克之理有固然者，因为之立庙，而记其所以合于祀典者，如此若饬土庀材，则开封府南河同知刘永锡、阳武县丞谢球例得书。

题请豁粮修河感恩碑[①]

毛汝诜　郡人　进士

天生圣人以为民也，圣人轸念万民，寄之岳牧，岳牧得人，则下情毕达，洪恩普被，民困以纾，民患以去，其利溥，其泽远矣。

郑滨大河，不时侵溢，兼有贾鲁、栾、郑诸河助之为害，而贾鲁更烈。故近水一带数十里，非斥卤则淤沙，非潴水则洪流，或种不入地，播种弗留，或苗不秀，秀不实，或枵腹拮据、衣食无措，或逋赋征比，呼吁无门，近或数岁、数十岁，远则不计年矣。巡抚富公，周询疾苦，命开封府司马黄公履郑查勘。黄公来郑，自州北而东而南悉勘，以上无隐。公复询我郑牧陈公，陈公又为备陈厥苦。公乃叹曰："惫矣！斯民不播不获，其何以堪？其何以支？"于是力陈于朝，豁除碱地三百九十顷八十七亩八分四厘、沙地六十六顷八十三亩九分七厘，凡除银三千六百八十两五钱三分零，且将雍正十三年旧欠悉行豁免。数年之拖累以去，民始有更生之庆。公又会同总督河务白公合疏奏请，

---

① 《河南历代方志集成》第二卷《民国郑县志》（民国五年刻本），第371页。

发河库银若干修贾鲁河道，自我郑田家河迤东，经张家桥至灰池口接中牟界，浚河筑堤，上下三十余里数十村沮洳以出，泛溢以免，佥曰："继自今，田始我民之田也，庐始我民之庐也。我民始得，作讹成易，以有其生，仰事俯畜，以有其家也。"

大哉！皇恩浩矣！荡矣！厚哉！公泽周矣！浃矣！我民无以鸣报也，众口嵩乎，兆向稽首，蕲我州牧陈公上请于公代陈舆情，仰达天听，东向叩公，勒石以志。

御制杨桥河神祀碑记[①]

乾隆辛巳七月，豫中秋霖大至，河溢祥符黑堽口，急命侍郎裘曰修驰传勘视。俄而，会城骤涨侵淫，遂溃杨桥堤，夺溜贾鲁河。河臣张师载、抚臣常钧连牍以状闻，且惶恐谢守土不谨。

朕曰："尔勿棘，尔分莅有界限，惟豫艰是图，宜为全河计。乃者燕齐迤北并积潦，汇中州而下，势必张，所过事乘障不已，将酿南河患。艰以上游之治治，今尔疆陂堰纵不戒，未越宿而徐城暴长之水乃陡落庸渠，非不幸之幸然。尔时贾鲁方演漾，颍、寿注洪泽湖，日夜挟沙奔流，淮病黄愈病。是不亟治上游而下游又乌可以不治治于时。大学士刘统勋、协办大学士尚书公兆惠就行在授指往董厥事。而抚臣常钧等，方议尽塞南岸旁决之口，徐兴筑杨桥堤。咈哉！旁口益堵，即大溜益湍，此何异医者不察标本，欲悉壅闭诸孔窍，妄觊调停腹溃哉！咨尔胡宝瑹，尔早习豫河要害，其再调抚兹土，汔赞有成。咨尔高晋，尔简率江南练工、弁卒，缮备捐菱楗，先后资助之。爰广代赈，集厥力增薪，值赡厥材，其急冲之不能猝迴者，亲为按图审度，点笔为志。今凿引渠，酾河溜，重臣覆奏至，亦不谋吻合。夫然后众志齐而储偫周，工作以次就理。斯役也，漫口初止六十丈，汕蛰至二百余丈，视前此南河之朱家海、张家马路，盖三倍而羸，自蠲除赈给暨别件营辑外，计大工专支帑金三十万有奇。经始于九月一日，合龙于十一月一日，为时甫两匝月。统勋等以程绩罔□导引，时兼有返风之应，宜建河神祠，开请颁额勒碑，用申昭报。朕念洪河故四渎之一，而历代迁徙不当，虽神禹无由善其后，岂非势弛。于日下补救者必以争上游为得策欤？自豫河决而复合，其岁三矣，沮洳之壤，黄流顺轨，□□鼓弗闻，以彼洁此，差数了然可睹，匪神贶默臻，曷以至是。若朕宵旰勤求之苦衷，具见志实诗中。并命镌诸石，示我守臣，体之有永，毋隳后效，毋弃前劳，是为记。"

河南巡抚常钧奏报秋潦河涨漫溢大堤诸情形，诗以志事。辛巳七月。

俗称三白涝，适当孟秋际。
撰辰早定期，雨中因启跸。
将谓偶行潦，跋涉何妨试。
南望云势重，齐豫早崖意。
由来才逾旬，方伯飞章至。
七月十七八，霪霖日夜继。

[①] 《河南历代方志集成》第五卷《同治中牟县志》，第262~263页。

黄水处处涨，菱楗难为备。

遥堤不能容，子堰徒成弃。

初漫黑堽口，复漾时和驿。

侵寻及省城，五门填土闭。

乘障如戒严，为保庐舍计。

吁嗟此大灾，切切吾忧系。

言念此方民，饥溽臻往岁。

疏沦命朝臣（豫省水利向以潴泄失宜，民田颇苦淤垫。岁丁丑，命侍郎裘曰修会同前抚臣胡宝瑔相度各工，大加浚筑，此年并获有秋），救民不惜费。

近年颇获丰，甫得复元气。

而胡更遇涝，灾较前尤剧。

所幸河归槽，涨滩断流墍。

城郭庶无恙，佳音日夜跂。

其余被水郡，谆谕勤周济。

前功不可废，朝中遣大吏。

轻车自成竹（时常钧甫经莅任，裘曰修于黄沁河流，素所谙悉，即令驰驿前往会勘），□□□□□。

启行值涂泞，仆从已多悉。

岂知北轻南，额手感天赐。

万方吾保赤，一饥已所致。

盈虚敢诿数，调燮惟增愧。

河南巡抚常钧奏报开封水消及河夺溜杨桥诸情形，诗以志事。辛巳八月。

方伯飞章速置邮，开缄一慰一以愁。

慰因开封涨水退，愁在河夺杨桥流。

下趋贾鲁虽古道，不经久岂堤防修。

川不能容必奔放，豫齐处处将贻忧。

已闻南河诧奇事，河水反落霪霖秋（尹继善奏徐州一带于七月二十等日河涨，陡落丈余，上流疑有冲漫。遣人分赴探视云云计其时，正豫省夺溜次日也。然中州地处高原，杨桥散溢，下游泽国得免水患，不可谓非天幸矣）。

实因散漫䄃迤上，正流弱乃淤泥留。

一患侵淫生百患，南望愁若寻饥调。

急则治标事遮障，俾归故道遑他谋。

重臣一再遣往勘（先是祥符漫水报至，已命裘曰修赴豫相导河渠，至是复命刘统勋、兆惠驰驿前往，专司董筑贾鲁河夺溜急工），督筑兼命视赈赒。

宣房后已失长策，补偏实更无良猷。

平成乏术方抱愧，救民漫惜司农筹。

大学士刘统勋、协办大学士兆惠等奏报杨桥决口合龙，诗以志慰。辛巳十一月。

秋霖河决致灾侵，亿万苍黎系念深。

特遣重臣资硕画，善能集聚益详斟。

功无时已歌宁信，事在人为语允谌。

倍价那愁薪不属（豫省草直每束例九分，以邻近多被水，准其倍给，料集工速），抒诚早胜玉还沉。

柏冬归旧神哉沛，刻日传佳慰以欣。

不筑宣房筑灵宇，佑民巩堰冀来歆（工竣时日晴风顺，回澜迅捷，灵贶昭应。因命即工所建河神祠，亲题匾额，申为民报祈之意）。

谨按，乾隆二十六年七月十七日至十九日大风雨，河水陡涨，漫溢中牟县杨桥大堤，夺溜成河。

钦差大学士刘统勋、协办大学士公兆惠同河督张师载、巡抚胡宝瑔率领各员募夫堵筑。江南河督高晋亦奉命到工，并率领南工将弁一体偿办。于十一月初一日合龙，河流顺轨，筑大堤二百七十七丈。

重修蓼子峪河神庙碑记[①]

许勉燉

盖闻邮表水庸，犹陈酒醴；勾□田祖，亦构堂阶。凡以泽暨方隅，是处还思爱戴；功留士女，谁家不念尊崇。爰开庙貌以巍峨，且进豆笾而芬苾，理固然耳，情岂殊欤？

原夫蓼子峪者，亘绵大伾，环带洪河，花木葱茏，仿佛袁家渴畔沟塍历落，依稀华子冈头尔其万顷。波红夜夜，惟闻激濑千层；浪白朝朝，只见怒涛心戚。□鱼情殷抵壁，乃允禽而波臣受职，怀柔而河伯安流。春水年年，桃花无恙，秋风岁岁，瓠子依然，鸡犬桑麻咸藉神灵之呵护，井疆庐舍共仰明德之维持。于是架堑跨峰嵌之兰若，镕金范土现出辟支。叩讲院之钟，响传幽谷；赓梵窗之呗，韵落寒泓。无何而矢激星移，榱崩栋折，几同鲁殿帐蔓草之千堆，宛似秦宫叹斜阳之一片。颓垣败壁，徒益悲凉，苦雨凄风，能无踯躅？今兹里社踊跃整修，鸠工庀材，鲁般则锁其凤镘；丹楹刻桷，郢人乃经彼龙梭。画栋重辉，矗鸳鸯于天际；雕甍再焕，排玳瑁于云间。既襞绩而星罗，复纷□而绮布。金容灿灿，琉璃然鹤焰之灯；玉带垂垂，巫觋醉蛛丝之酒。将见风琴雅筦永庆安澜，凿井畊田长歌乐土。爰搦一枝之管，用题三尺之碑。

裁免站堤夫碑记[②]

孙甸　邑人　贡生

盖闻我之有德于人也，不可不忘也；人之有德于我也，不可忘也。不独当我身之

[①]《河南历代方志集成》第十二卷《乾隆汜水县志》，第302页。
[②]《河南历代方志集成》第六卷《民国中牟县志》，第145页。

不忘，更愿千万世之终于不忘也。是故歌功颂德，深感激于当世，亦且撰文勒碑，衍声称于来世，盛德至善，人且不能忘耳。豫省河堤旧有站堤民夫，法至美也，乃当捻匪扰攘以来，民不聊生，逃亡过半，间有未逃之人，犹自枵腹守堡，然十无二三矣。上宪疑其废弛，未深究也。甲子秋，泛险急，武孝廉万恒昌率领永固寨居民襄办，时与上宪相见，上宪因问堤夫寥寥之故，孝廉乘间详陈民夫受累之苦，谭大中丞为之慨然，原有恩免之语，孝廉退而甚喜。第恐大工皇皇，大中丞之或遗忘也，因谒观察德公，恳其代为禀求，以成此美。公即允许，果蒙河抚两上宪恩准裁免站堤夫。现奉颁下告示，晓谕远近，从此逃者可以复，饥者可以食，此诚莫大之德，而沿河居民之所以不能忘也。

同治四年

第八章

城池、建筑、交通

　　城池之建设，往往与军事密不可分。郑州因其独特的地理位置而成为军事重镇，在这里发生的大小战役，难以统计。在郑州境内密布因战争而兴建的城池，仅以黄河沿岸论之，典籍中所记载者不下数十座。有的城池早已废弃，但高大的城墙至今仍存，如春秋之索城，秦末之楚王城、汉王城，汉代之荥阳城，向世人展示着它曾经的辉煌；有的城址早已消逝，如商之隞都、唐之河阴城，早已沦于黄河，明清时各县之县城，亦均被拆毁。因有典籍之记载，我们得以知悉已经消逝的城池，得以印证仍然存在的城池。同时，随着考古发掘工作的进行，大量载于典籍而尚未发现的城池或许会在将来露出它的真实面目。这也是我们将与黄河郑州段有关的城池收录成章的目的。

　　本章收录的建筑，有的与城池有关，如洛口仓外有洛口城；有的与祭祀黄河有关，古人治理黄河时被黄河之滔天巨浪所震慑，是以将希望寄托于神灵，在黄河沿岸修建众多金龙四大王庙、龙王庙；还有一些建筑，本与黄河毫无瓜葛，但其受黄河决堤之破坏，被地方志所记录，我们也将其收录于书内。

　　建筑与交通往往有密切关联，如成皋驿，既是建筑，又是交通的一部分；又如桥，是建筑，也是交通的见证。因此，我们将城池、建筑、交通编为一章。

　　需要说明的是，书内所录之建筑和交通，至今是否仍然存在，我们没有做过调查，有待今后继续深入研究。

第一节 城 池

汉小平城[1] 《名胜志》《郡国志》云:"小平城,汉县,废址在今巩县西北,有河津曰小平津,即城之隅也。黄河西自偃师县界流入于此,有五社渡,又为五社津。后汉朱鲔遣贾强从五社津渡是矣。"《施府志》:"小平城在平阴东北,平阴在孟津县,故《方舆纪要》以小平城属孟津,不知小平、平阴本非一地。平阴故城在今孟津,巩接孟壤,故小平城遂入巩县。其地在今巩西北裴峪渡,裴平音转故也。"

隋洛口仓城[2] 《方舆纪要》:"隋大业三年于巩东南原上筑仓,周回二十余里,穿三千窖,窖容八千石,亦曰兴洛仓。十二年以盗贼充斥,命移兵守洛口仓城。"《一统志》:"洛口仓在河南府巩县西。"《方舆纪要》:"隋大业初,移巩县治于洛口。"

李密洛口城[3] 《方舆纪要》:"李密说翟让曰:'洛口仓多积粟,去都百里有余,先无预条,取之如拾芥耳。'遂袭克兴洛仓,密称魏公,命护军田茂广筑洛口城,方圆十里而居之。"

移巩县治于洛口[4] 《方舆纪要》。《水经》:"洛水又东北,过巩县城东。"郦注:"洛水又东经巩县故城南,东周所居也。盖桑钦西汉人,而曰'过县东',则作《经》时县犹在洛西,故巩城也。"道元后魏人而已,目为故巩城则后魏以前县治,已移洛水南,今县也。至隋大业初,移县治洛口,乃自今县治而移,与故城无涉。

(巩县)城池[5] 巩县周围七里四十八丈,高二丈,濠堑深八尺。明成化十一年,知县柯忠修筑。正德七年流贼攻毁,分巡翟公督修之。嘉靖二十二年,水复淹颓,知县周泗增修。万历十三年,分□□□□□□□□砌,知县李再思、汪本英后先修完。周围角楼三座,窝铺墩楼三十座。门五座,东曰迎恩,西曰瞻洛,南曰玉川,又曰望嵩,北曰纳洛。其一小东门。盖旧城东门卑下,一遇黄河水涨则溢淹入城。万历四十年,知县程宇鹿择城垣高处另开一门,又筑土堤五百丈以卫城脚,树巩简公甸坊一座,与新门对峙,城上建砖石高楼一座,沿城加修倍异前制。至崇祯十年,知县宋文瑞复增高五尺。阅癸未,流寇鸥张攻陷,倾圮者数处。

嚣城[6] 在邑东北二十里广武山上。商仲丁因亳都有河决之害,乃迁都于此,时蓝

---

[1] 《河南历代方志集成》第七卷《乾隆巩县志》(乾隆五十四年刻本),第345页。
[2] 《河南历代方志集成》第七卷《乾隆巩县志》(乾隆五十四年刻本),第345页。
[3] 《河南历代方志集成》第七卷《乾隆巩县志》(乾隆五十四年刻本),第345页。
[4] 《河南历代方志集成》第八卷《民国巩县志》,第71~72页。
[5] 《河南历代方志集成》第六卷《乾隆巩县志》,第420页。
[6] 《河南历代方志集成》第十二卷《乾隆汜水县志》,第189~190页。

兵为乱，仲丁据险遏之。《纲目》注曰："河南敖仓是也。今其上为水冲塌，瓦砾尚存。"《诗》曰："搏兽于敖。"《春秋》："晋师在敖、鄗之间，士季设七覆于敖前。"秦立敖仓，以为天下转输之区。俱一地也。《荥阳志》分敖山、敖仓而二之，且曰在县东北五十里。《荥泽志》又指为荥阳城。史称汉王取成皋，军广武，就敖仓食，项羽闻之，亦还军广武与汉相守。可见敖仓、成皋为联壤之地，而汉王次第有之也。汉楚相守之地又在敖仓之东，若曰敖在荥阳东北五十里，是在楚人所守之东矣，汉又安得深入而据之也？敖仓明而嚻城可知矣。今村名曰东仓头、西仓头，东属河阴，西属汜水，其名盖昉于古也。《旧志》。

考，《河阴县志》河、汜交界在西仓头之西二里许，名石槽沟，东属河阴，西属汜水，断断以虞芮为虑。盖唐分汜水为河阴，宋并汜水入河阴，二邑疆域或分或合，不常厥居，纪载者又好摭引古迹以为志乘，光宠几同聚讼，至今日则界址划然，岂容以纸上空言启异日争端耶？

嚻城[①]　在县西北二十里许，今东西两仓头之上。商仲丁因亳都有河患，自亳迁都于此，时蓝兵为寇，仲丁据险遏之。《纲鉴》注曰："在河南开封府河阴县，即敖仓是也。"今其地瓦砾尚存。

隞都[②]　一曰敖城，在城东北古敖山上。《史记·殷本纪》："帝仲丁迁于隞，《集解》云：'河南敖仓是。'《索隐》：'隞亦作嚻，并音敖。'"《竹书纪年》："仲丁自亳迁于嚻，于河上。"《水经注》："济水又东迳东广武城北，又东迳敖山北，其山上有城，即殷仲丁之所迁也。"皇甫谧《帝王世纪》曰："仲丁自亳徙嚻于河上者也，或曰敖矣。秦置仓于其中，故亦曰敖仓城也。"《太平寰宇记》："敖仓城北临汴水，南戴三皇山，殷仲丁迁嚻，《诗》曰：'搏兽于敖。'皆此。"《舆地广记》："敖山，商仲丁自亳迁此，周宣王尝狩其地。故《诗》言搏兽于敖。秦于此置仓，所谓敖仓也。"

按，敖仓实在河阴。《太平寰宇记》《舆地广记》隶荥泽下，当是据未析置前旧典而误。详见《山脉》。

隞城[③]　在县城西南一十七里。《史记》殷帝仲丁迁都于隞，索隐曰："隞亦作嚻，并音敖。"正义曰："《括地志》云即荥阳故城。"又项羽围高祖于荥阳，纪信诳楚诈降亦此地。《通志》。

成皋城[④]　在邑城之西大伾山上，左联玉门，右络什谷，虎牢襟其前，大河带其后，为中原上游地。史称楚围汉王于荥阳急，将军纪信曰："事急矣！臣请诳楚王，可

[①]　《河南历代方志集成》第十四卷《康熙河阴县志》，第42页。
[②]　《河南历代方志集成》第十四卷《民国河阴县志》，第190页。
[③]　《河南历代方志集成》第十一卷《乾隆荥泽县志》，第161页。
[④]　《河南历代方志集成》第十一卷《顺治汜志》，第437～438页。

以间出。"于是陈平夜出女子东门二千余人,楚因击之,信乃乘王之车黄屋左纛,曰:"食尽,汉王降楚。"楚皆呼万岁,之城东观,以故汉王得与数十骑出西门遁去。纪信焚死。汉王至成皋,入关收兵欲复东,辕生说:"汉王深壁,勿战,令荥阳成皋间且得休息。"汉王从其计,出军宛、叶间,与黥布行收兵。项羽闻汉王在宛,果引兵来,汉王坚壁不与战。彭越为汉将,游兵击楚,羽乃使终公守成皋而自东击,彭越、汉王破终公,复军成皋。羽已破走彭越,乃引兵西拔荥阳城,遂围成皋。汉王逃,独与滕公共车,出成皋玉门,北渡河,宿小修武传舍,诸将稍得出成皋从汉王。楚遂拔成皋,欲西,汉使兵距之巩,令其不得西。汉王欲捐成皋以东,屯巩洛以距楚,郦生曰:"知天之天者,王事可成,王者以民为天,民以食为天。夫敖仓,天下转输久矣,藏粟甚多,楚人拔荥阳,不坚守敖仓,乃引而东,此天所以资汉也。愿足下急进兵,据敖仓之粟,塞成皋之险,示诸侯形胜之势,则天下知所归矣。"王从之,乃复谋取敖仓。楚大司马咎守成皋,项王令谨守勿战,汉数挑战,楚军不出,使人辱之数日,咎怒,渡兵汜水,士卒半渡,汉击之,大破楚军,尽得楚国宝货,咎及司马欣自刭。汉王引兵渡河,复取成皋,军广武,就敖仓食。项羽闻成皋破,引兵军广武,与汉相守,楚军食少,项王患之。为高俎,置太公俎上,告汉王曰:"今不急下,吾烹太公。"汉王曰:"吾与羽俱北而受命怀王,约为兄弟,吾翁即若翁,必欲烹而翁,幸分我一杯羹。"项王怒欲杀之,项伯曰:"为天下者不顾家,虽杀无益也。"项王谓汉王曰:"愿与王挑战决雌雄,毋徒苦天下之民父子为也。"汉王曰:"吾宁斗智不斗力。"相与临广武间,汉王数羽十罪,羽大怒,伏弩射中汉王,汉王伤胸,乃扪足曰:"虏中吾指。"汉王病创卧,张良强请汉王起行劳军,以安士族,毋令楚乘胜。汉王出,行军疾甚,因驰入成皋,项羽自知少助食尽,乃与汉约中分天下,割鸿沟以西为汉,以东为楚,归太公、吕氏,引兵解而东归。汉兵追之,围垓下,至东城,羽刎于乌江。汉王还,诸侯王皆上疏请汉王为黄帝,甲午即黄帝位于汜水之阳。六年,以成皋为县,筑战垒为城。后吕布据之,以遏关东诸侯,世称虎牢关,三战吕布此其地也,后人止知为吕布城。今黄河南下,啮割过半,常塌出屯粮兵刃之类,兵刃为土渗,粮则灰飞也。

成皋城[①] 在邑城西大伾山上。左联玉门,右络什谷,虎牢襟其前,大河带其后,为中原上游地。楚汉攻守,兵连不解。汉六年以成皋为县,筑战垒为城。后汉吕布据之以遏关东诸侯,相传有吕布城遗址。今黄河南下,啮割过半,常塌出屯粮兵刃之类,兵刃为土渗,粮则灰飞也。《旧志》。

按,《括地志》成皋故城在洛州汜水县西南二里,《旧志》云在大伾山上,则今县治西北也,未详孰是。至所云吕布据之,有城遗址,考《陈寿志》等书,皆不载,姑存而论之。

广武城[②] 去邑城东北五里广武山之原。唐武德四年,既平郑夏,乃筑此城,置郑州

---

① 《河南历代方志集成》第十二卷《乾隆汜水县志》,第192页。
② 《河南历代方志集成》第十一卷《顺治汜志》,第438页。

治，以汜水县附之。垂拱四年，改为广武县。王摩诘诗曰："广武城边逢暮春。"此之谓也。今小武村仅存遗址。

按，载古城非商周之国都，则汉唐之郡县。昔为锦制花封，而今皆荒丘野甸矣。噫！安从睹当年文物之盛也，虽然铜驼气歇，朱雀烟销，盖自古记之矣。

广武城① 在邑城东北五里广武山之原。戴延之《西征记》曰："三皇山上二城，东者曰东广武，西者曰西广武，相去二百余步，即楚汉相距处。"唐武德四年三月，窦建德救王世充军于成皋东原，郭孝恪请先据虎牢之险以拒之。五月，世民北济河，南临广武，成皋东原即东广武，世民所临即西广武是也，即平郑夏，乃筑此城，置郑州治，以汜水县附之。垂拱四年改为广武县。王摩诘诗云"广武城边逢暮春"是也。今小武村仅存遗址。《旧志》。

广武城② 在旧治西北二十里。筑两城相对三皇山上，东曰东广武，西曰西广武。各在一山头，相去百余步。汴水从广武涧中东南流，今涸。汉高祖数羽十罪即此。今属河阴。《纲目》。

广武城③ 在县治北三十里三皇山上。两城相对，楚汉各据一山，相去百余步。一涧横阻，遂号东西广武。高祖数羽十罪即此。今属河阴。

广武城④ 两城相对，在敖仓西三皇山上。戴延之《西征记》曰："三皇山上有二城，东曰东广武，西曰西广武，各在一山头，相去百步，水从广涧中东南流，城各三面。"四年十月，项王、汉王相与临广武间而语，羽欲与汉王独身挑战，汉王数羽十罪。阮籍登广武故城，见刘、项战处曰："时无英雄，使竖子成名！"

楚王城⑤ 在广武山鸿沟东，内有高墩名太公台，即楚王欲烹太公处。唐雍陶诗："高城新筑压长川，虎踞龙盘气色全。五里似云根不动，一重如月晕长圆。河流暗于沟池合，山色遥将睥睨连。自有此来当汴口，武牢何处锁风烟。"《通志》。

汉王城⑥ 在西广武山，汉王自修武引兵渡河，复取成皋，军西广武，筑城其地以拒楚。址尚存。《通志》。

汉王城⑦ 在县东北西广武山上。先是，楚大司马曹无咎守成皋，项王令谨守勿战，汉数挑战，楚军不出，使人辱之，咎怒，渡兵汜水，士卒半渡，汉击之，大破楚军，尽得楚宝货。及汉王自修武引兵渡河，复取成皋、西广武，筑城其北以距楚。今其城址尚存。

---

① 《河南历代方志集成》第十二卷《乾隆汜水县志》，第192页。
② 《嘉靖荥阳县志》卷之上，第8页。
③ 《河南历代方志集成》第九卷《康熙荥阳县志》，第80页。
④ 《河南历代方志集成》第十卷《康熙荥泽县志》，第300页。
⑤ 《河南历代方志集成》第十二卷《乾隆汜水县志》，第192页。
⑥ 《河南历代方志集成》第十二卷《乾隆汜水县志》，第192页。
⑦ 《河南历代方志集成》第十四卷《康熙河阴县志》，第42~43页。

汉王城[①]　在城北略东十里余广武山上、广武涧西，一名西广武城，有二城相接近。《水经注》："济水又东迳西广武城北。"《郡国志》："荥阳县有广武城，城在山上，汉所筑，高祖与项羽临绝涧对语，责羽十罪，羽射汉王中肩处也。"《史记正义》、戴延之《西征记》云："三皇山上有二城，东曰东广武，西曰西广武，各在一山头，相去百余步，汴水从广涧中东南流，今涸无水。城各有三面，在敖仓西。"郭缘《述征记》云："一涧横绝相过，名曰广武，相对皆立城堑，遂号东、西广武。"《通鉴》注："于荥阳筑两城相对为广武，在敖仓西三皇山上。"《括地志》："东广武、西广武在郑州荥阳县西二十里。"《元和郡县志》："三皇山亦曰嶅，高山上有三城，即刘项相持处。"《太平寰宇记》："三皇山亦曰嶅鄗山，山上有三城，即是汉楚相持于此。"《舆地广记》："三皇山亦曰嶅鄗山，山上有三城，即刘项相持处。"

按，《通鉴》"汉四年，军广武，就敖仓食，项王闻成皋破，乃引兵还，亦军广武"，即其相持处也，今故城南垒尚存，犹可指确。《太平寰宇记》《舆地广记》误分三城，广武为二，别记于荥泽下，此亦情形未悉，漫录唐以前旧文所致。

又按，嶅高山上三城，《申志》谓汉王城西有子房城，今考其上尚有遗址，但指为子房城，且附会其说，无可征信，故不取。

楚王城[②]　在县东广武太公顶上。时项羽闻成皋破，汉军广武，亦引兵军广武，筑城距汉。

霸王城[③]　在汉王城东，与汉王城东西相对，中隔广武涧，一名东广武城。《水经注》："济水又东迳东广武城北，楚项羽城之，余见前。"

子房城[④]　在汉王城西。韩人张良，字子房，虽未特将时，从汉王为画策臣。时汉王军广武，为良置城，良乘夜无人声自理洞箫，隐寓楚军以家人父子之乐，战锋镝之危，自是楚军皆思东归，而楚王之势孤矣。

汜水县城[⑤]

今治城创自隋开皇二年，始命为汜水县，定其址于锦阳川东畔，后为唐人变置，至宋又复其地，仍其名，金元因之，武宗至大元年，大水漂没，城郭宫室一空，乃迁置于锦阳川之东十里古制邑之墟。

明洪武六年，邑令刘渊奏请徙复县治，即旧址筑城。景泰元年，知县刘泰增筑。成化十八年，知县王铭修葺是城也，因北依卧龙山，西南滨汜河之浍，依山者飞堞，其上随冈峦宛曲之势，滨河者因其地，正其廉隅，半高半下，随方随圆，其街道亦随山城围

---

① 《河南历代方志集成》第十四卷《民国河阴县志》，第190～191页。
② 《河南历代方志集成》第十四卷《康熙河阴县志》，第43页。
③ 《河南历代方志集成》第十四卷《民国河阴县志》，第191页。
④ 《河南历代方志集成》第十四卷《康熙河阴县志》，第43页。
⑤ 《河南历代方志集成》第十三卷《民国汜水县志》，第402页。

转。城周回五里十一丈，高二丈，女墙高三尺，上阔八尺，基倍之，雉千二百有奇。隍深八尺，阔二丈，城内马道环绕相通。城门五座，东曰迎恩；东北曰宣威；西曰傅岩，旋改通陕；西南曰观澜；南曰擁秀。各衣以铁，戴以台阁，阁东曰鸿沟古界；西曰虎牢天险；南曰龙泉活水；北曰牛口征云。又藩门旧有椁楔，曰锁天阃城，在迎恩门外；曰控地咽喉，在傅岩门外；曰汉楚雄镇，在宣威门外；曰美哉山河。并废于正德十四年水涨之秋。是年山河泛涨，东南城垣淹颓，邑令黎循纪申请修筑，又于东门外推其式廓，筑重城一百丈，建其门，曰达汴，故改傅岩门为通陕，字以配之，深广一如旧制。嘉靖中，汜河内浸，邑城西堤溃，城危，市肆成津，学宫大坏，官舍民居且沉龟产蛙矣。有司申闻台司，欲为迁徙计，巡抚雒公具题请旨，以上街之北、胡固之东、广武南高平处为城郭基址，后水退患歇，民力不堪，遂就旧城稍加修缮。万历中，邑令刘钊、张统相继修筑，益完且坚。崇祯八年，流寇破汜城，邑令刘邦道被逮，继令李原立以土城倾圮难守，议欲砖砌，未果。后令王国楠克任其事，周围上下甃砌整饬，视前加高且厚，汜自此遂为砖城矣。崇祯十六年，邑令周腾蛟因流寇攻乱，移县治于城西北之大伾山，依成皋旧址为新城，名摩天砦，即玉门之西旁也，后砦被流寇所破，为荒垒。《旧志》。

清顺治二年，豫藩奉命略地，委巩人阎际和署汜事，复令民就锦阳川之旧城以治，后令高永光因之，遂仍定基于此。《旧志》。

又，乾隆元年，知县罗光临以城滨汜水，每苦冲决，议开引河南行，以杀水势，使无逼城，请帑挑浚，复补筑城雉之冲陷太甚者。役未竣，次年六月二十八日山水涨发，城西、南二面冲毁一百二十余丈，引河亦淤塞。《旧志》。自是厥后，汜城不堪言状矣。

按，汜水，汉曰成皋，城址在今治西南二里（《括地志》）。唐曰广武在虎牢城侧（见《通典》，《旧志》云在大伾山），又曰武牢，城址未详。今皆久废。

汜水县城护城堤[①]

明正德十四年，邑令黎循纪以城南、西二面临汜水，患啮城，培土筑堤，自东郭外环至西城外，周千八百余武，高一丈五尺，广倍之，两边列树杨柳，自是稍杜河患矣。礼部侍郎何瑭、翰林编修张璧并有碑记其事。嘉靖中，汜河内浸，邑西堤溃。《旧志》。

清康熙初年，知县郑瑞国筑护城堤，张国辅继加修堤，上列树杨柳，郁然成阴，民赖安堵者二十余年，自后堤受水啮，日就沦没，城亦渐圮。乾隆四年，知县许勉燉仿前堤址，捐金五百，复劝士民乐输修堤，自南迤西共一百三十余丈，树桩三匝，堤外护以挑水坝，衷亦如之，复于城南当冲处为拦水坝。《旧志》。

嘉庆二十三年五月，黄河溢，由城西北隅入。道光间，邑令谢益复修堤址。同治九年六月，汜水溢，由城南门入，毁公私房舍，溺死甚众。十六年六月，汜水又溢，坏南垣，入城内，水深数丈，邑令达德欲迁治于胡固村，不果。后邑令席元銮率绅赵文镕等

[①] 《河南历代方志集成》第十三卷《民国汜水县志》，第402页。

修堤，自东郭门外至太和山，长约五里，广一丈，高二丈，环植杨柳。知县庞毓同又修南门外石坝。

民国十二年六月二十八日，大雨彻昼夜，堤溃，水灌入城，顿成泽国，知县王树清、邑绅魏联奎、张登云等拨赈款数千元以救灾黎。又王光星、赵儒濂等请立华洋义赈救灾支会商准总会拨款一万元，修复堤工，自太和山根至南门外长四百五十丈，工价每方洋四角，县长暨各机关轮流督工，四区义赈会暨工程师韦学海估工，历两月而堤始竣。

京城[①] 在县东南二十里，广袤八里。郑庄公封弟叔段于此，号京城大叔。秦属三川郡。遗址存。

京城[②] 《纲鉴》："周威烈王十八年，郑城京。"今邑东南二十里有京，见旧址。

大索城[③] 即今荥阳县。汉韩信收兵与汉王复战楚于荥阳南京、索间，破之，即此。

小索城[④] 在大索城北四里，故址尚存，即六国时二索也。晋韩宣子如楚送女，郑子皮、子大叔劳于京索城即此。应邵曰："京县今有大索小索亭，索氏兄弟居焉，故有大小之名。"

荥阳故城[⑤] 在荥泽西南十余里。去今治五十里，元魏时迁于古索亭之间。两汉、三国、晋、南北朝，黄河以南皆荥阳地。隋始置荥泽县，河阴在濒河山下，而荥阳古迹多在二县矣。

古荥阳[⑥] 荥阳故城在荥泽县西南十七里平原上，去今治四十里，故址尚存，索水经其东，即项羽围汉王处。自汉迄隋，皆于此置郡。

建德城[⑦] 在牛口峪东山上。按史，建德将兵救郑，数战皆不利，凌敬劝建德悉兵济河，攻取怀州、河阳，使重将守之，遂建旗鼓，逾太行，入上党，徇汾晋，趋蒲津，蹈无人之境，拓地收兵，则关中震惧而郑围自解矣。建德将从之，而世充遣使告急，又阴以金玉啖建德诸将，诸将皆言敬书生不知战事。建德乃谢敬，悉众军牛口峪，乃建城焉。

建德城[⑧] 《申志》："在牛口峪东山上。"

按，建德事见《唐书》，详《兵事》，此当是出牛口时之营寨。

---

① 《河南历代方志集成》第九卷《康熙荥阳县志》，第80页。
② 《河南历代方志集成》第九卷《乾隆荥阳县志》，第406页。
③ 《河南历代方志集成》第九卷《康熙荥阳县志》，第80页。
④ 《河南历代方志集成》第九卷《康熙荥阳县志》，第80页。
⑤ 《嘉靖荥阳县志》卷之上，第5页。
⑥ 《河南历代方志集成》第九卷《康熙荥阳县志》，第80页。
⑦ 《河南历代方志集成》第十四卷《康熙河阴县志》，第45页。
⑧ 《河南历代方志集成》第十四卷《民国河阴县志》，第191页。

河阴旧城[1]　唐时在输场东，约当今治东北，元徙大峪口，详见《古迹》。至正末，以河患徙山南黄店街，即今治。洪武三年，知县刘茂筑土城，周四里，开濠堑，广阔莫考。景泰六年，知县傅礼重修。正德六年，知县李穆增筑，高二丈六尺，隍深一丈五尺。七年，典史刘惠复增筑，高三丈五尺，阔七尺，基倍之，隍深二丈五尺，四门易土以砖，建楼其上，四隅各建角楼一，今废，四周设墩铺。嘉靖三十一年，知县吴承恩重修。万历三十三年，雨坏北门，知县王润重修，并引城西诸水环城周流。天启七年，南门崩，知县田京源重修。崇祯十五年，逆闯屠城，知县王尧宪重修。清顺治十一年大雨，城多崩陷，知县范为宪重修，门加铁衣，隍加深一丈，水仍流，后淤没。康熙二十七年，北城崩，知县申奇彩重修。以上《申志》。

乾隆十二年，知县张足法重修。三十年，省县为乡，城之失修者九十年。咸丰九年，巡检殷萃喆大筑之，高三丈五尺，基厚四丈三尺，上阔一丈四尺，周围七百八十四丈一尺。撤城外三官庙、西来寺，增修女墙一千二百一十一，高五尺，内砌水道二十九，筑警铺十所。四门修砖洞，高一丈一尺，宽二丈一尺，深长三丈五尺，建重楼，东门曰迎恩，西宣化，南昭文，北广武。复凿池，周九百一十五丈五尺，阔二丈，上阔三丈，深二丈，无水源，惟夏秋积潦时有涓流。号称完固。光绪十一年巡检唐传鱼补修。宣统三年，南城崩，知县周秉彝补修，复筑城隍。以上采《苏志稿》。

民国三年，知事胡荃重修。

郭周六里有奇，洪武三年筑，高一丈五尺，厚八尺，门四，东曰通汴，西曰注洛，南曰望岳，北曰拱京。《苏志稿》。

东西皆有重楼，西门万历二十九年知县王润建，东门万历三十二年知县李钦建。见《申志》。今郭已尽圮，遗址仅存。

唐河阴城[2]　在广武山北滨河地。据《赫连崇通墓记》在神峪东北，据《元和郡县志》《太平寰宇记》，梁公堰在县西二十里，堰在河口东，东过堰又二十里，约当今城东北。《明史稿》："东有河阴旧城，元徙于大峪口。"大峪口为元城，则旧城自指唐代，其地当在广武城东北。清《一统志》作"荥泽西是矣"，盖指荥泽故城也。又《方舆纪要》："开元二十年，析置河阴县。二十三年，徙治输场之东渠口，以便漕运。"则此治之前当有极短期之旧治，惜今未能详也。

元河阴城[3]　在城正北山阴。明《一统志》："元徙治广武山之大峪口。"《方舆纪要》："元徙治于广武山之大峪口。"《明史稿》："元徙于大峪口。"清《一统志》《旧志》："元时徙治广武山之大峪口。"明弘治四年《重建金山寺碑》："金山寺旧与河阴治在广武山大峪口，元至正十八年厄于河决，洪武二年迁县治于鸿沟西南十

---

[1]　《河南历代方志集成》第十四卷《民国河阴县志》，第184～185页。
[2]　《河南历代方志集成》第十四卷《民国河阴县志》，第191页。
[3]　《河南历代方志集成》第十四卷《民国河阴县志》，第191～192页。

里许。"

按，各说当是，元初即徙大峪口，至至正十八年河决城坏，明初又徙今治。《申志》云至正十八年河决，县徙广武山之大峪口，明初河决，徙县鸿沟西南黄家庄，即今治，误。金山寺旧址在今张沟西山北，《申志》谓在西水峪，则大峪口当即西水峪之口也。

彦章砦[①] 在城西北二十里许刘沟西山上，面积约二十亩。耕者掘土，时有刀剑箭镞发见，人皆呼为彦章砦。《五代史·王彦章传》："自梁失魏博，与晋夹河而军，彦章常先锋。迁汝、郑二州防御使。"此或其屯兵处。

（荥泽县）古城[②] 在县西南十里许，商仲丁迁都处，周东虢国，汉荥阳县。二年五月，汉王至荥阳，诸败军皆会，萧何亦发关中老弱未傅者悉诣荥阳，汉军复大振。三年四月，楚围汉王于荥阳，急，汉王请和，亚父劝羽急攻荥阳。汉王患之，乃用陈平计，间疏楚君臣，项王果大疑亚父。亚父欲急攻下荥阳城，项王不听。五月，纪信诳楚，汉王出荥阳至成皋入关，收兵欲复东，辕生说之，暂出宛、叶间。六月复军成皋，羽拔荥阳，遂围成皋，汉王逃。高皇后八年，齐王将兵屯荥阳以待吕氏之变，后命灌婴将兵屯荥阳，以备诸侯之师，灌婴与齐王兵合。晋惠帝永兴二年八月，范阳王虓自许屯于荥阳后，虓奔河北。十二月，吕朗等屯荥阳，帝奕。太和五年春正月，乐安王臧进屯荥阳。武帝太元九年，故扶余王余蔚为荥阳太守，慕容垂兵至，太守降之，群请上尊号。十年，荥阳人郑燮以郡来降。梁武帝大通元年五月丁巳，魏以东南道大都督杨昱镇荥阳。癸酉，北海王颢及陈庆之拔荥阳。

官渡城[③] 在县北五里，即魏武拒袁绍处。

官渡城[④] 在县北五里，即魏武拒袁绍处。

官渡[⑤] 在县北五里，即关某拒袁绍处。按《水经注》，莨荡渠经曹公垒北，有高台谓之中牟台。又按《史记·河渠书》，荥阳下引河，东南为鸿沟，《索隐》曰："文颖云：'即今官渡水。'"旧有石桥名官渡桥，今河故道淤，石桥亦废。

官渡[⑥] 在县北五里。按《水经注》，经曹公垒，北有高台，谓之中牟台。又按《史记·河渠》书，荥阳引河，东南为鸿沟。索隐曰："文颖云即今官渡水。"旧有石桥名官渡桥，今淤，石桥亦废。

中牟县城[⑦] 旧在县东二里许（图二）。曹操始筑，明天顺五年知县董敏移建今

---

① 《河南历代方志集成》第十四卷《民国河阴县志》，第192页。
② 《河南历代方志集成》第十卷《康熙荥泽县志》，第300页。
③ 《河南历代方志集成》第四卷《顺治中牟县志》，第88页。
④ 《河南历代方志集成》第四卷《康熙中牟县志》，第238页。
⑤ 《河南历代方志集成》第五卷《乾隆中牟县志》，第44页。
⑥ 《河南历代方志集成》第六卷《民国中牟县志》，第26页。
⑦ 《河南历代方志集成》第五卷《同治中牟县志》，第290~291页。

治。原系土垣，周围六里三十六步，高一丈五，广二丈，池深一丈，阔一丈二尺。岁久倾圮，成化、正德、万历间知县戴玉、周纪、李如桂、乔璧星、陈幼学次第修葺。崇祯七年，邑人刑部尚书刘之凤请于知县俞士鸿易土而砖，东西两门加月城。十五年寇毁。国朝顺治二年，知县刘泰来重修，城四角置窝铺各一，其门东曰朝阳，西曰镇平，南曰迎薰，北曰拱辰。城外濠广一丈，深如之。明万历二十三年，知县陈幼学募贫人给以工费，盖房三百二十二间以为内防，城外东西三面盖房二百六十六间以为外护，崇祯十六年俱为寇毁。顺治十六年，知县吴彦芳重修。康熙十二年，知县韩荩光重修。雍正元年，黄水冲决，四垣颓圮。乾隆十五年，知县孙和相重建四门，并月城门楼各增其一，西门易旧额曰紫光，东外门增额曰瞻云，西外门增额曰就日。十七年春，详请发帑，修筑自二月起工，至十八年四月告竣，城高一丈五六尺不等，顶宽一丈，底宽二丈四五不等，浚池宽三丈，深一丈。二十七年知县唐尹重修。嘉庆二十四年河溢十里店，道光二十三年，中河漫口，两次冲刷，几经塌尽。咸丰九年，知县鲁奉垚禀请劝捐缮修，增建碉楼。同治五年署知县杨九龄添盖营房。七年，荥工决口，大溜浸注，坍垫残缺，知县何鼎禀请重修，未及开工，交卸去任，署知县吴若烺修如旧制。

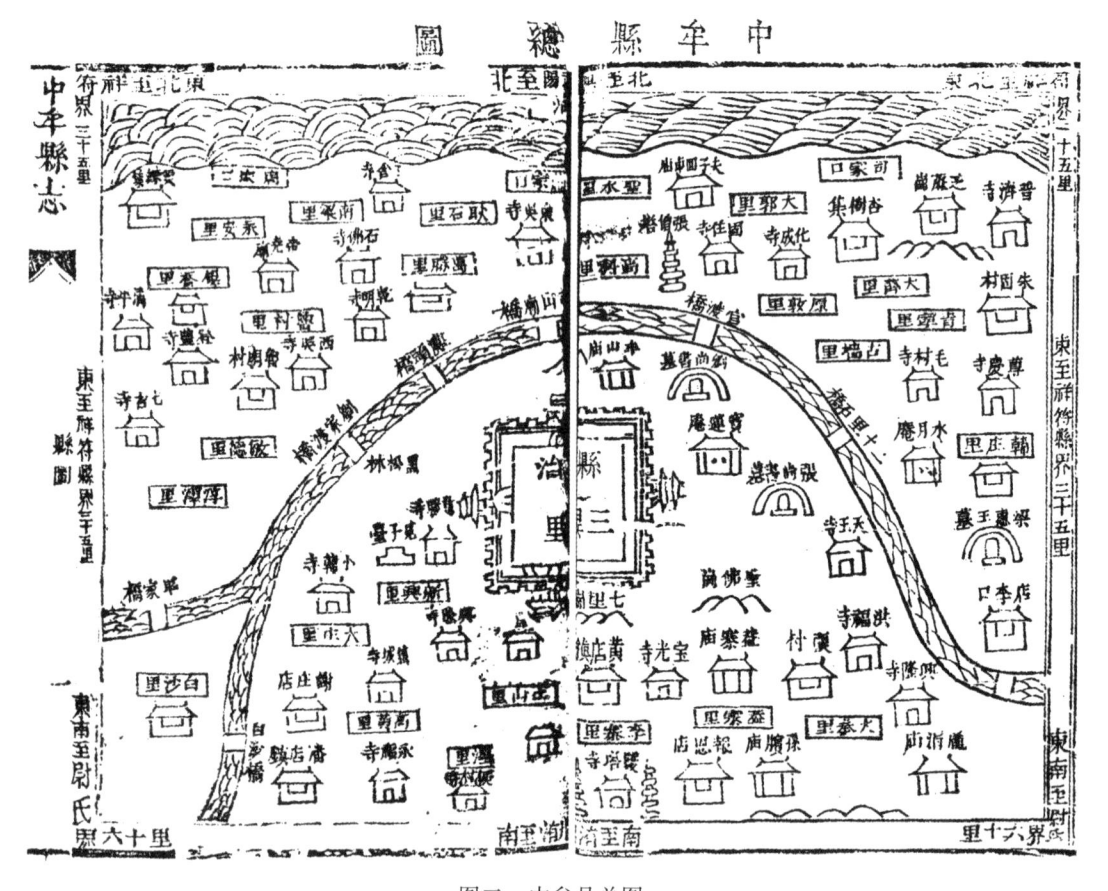

图二　中牟县总图

（引自《河南历代方志集成（郑州卷）》卷4《顺治中牟县志》，第70页）

第二节 建 筑

晋泰始十年，作河桥[①] 《晋书·杜预传》。杜预以孟津渡险，有覆没之患，请建河桥于富平津。议者难之，预曰："造舟为梁，河桥之谓也。"及桥成，帝从百僚临会，举觞属预曰："非君，此桥不立也。"

河桥[②] 晋十年，吴五年，晋作河桥。杜预："以孟津渡险，请建河桥于富平津。"议者以为殷周所都，历圣贤而不作者，不可立故也。预固请为之，及桥成，晋主从百僚临会举觞，属预曰："非君此桥不立。"对曰："非陛下之明，臣亦无所施其巧。"

隋洛口龙舟殿[③] 《大业杂记》："车驾幸江都，自漕渠口下，乘小朱航行，次洛口，御龙舟，皇后御翔螭舟。其龙舟高四十五尺，阔五十尺，长二百尺，四重。上一重有正殿、内殿、东西朝堂，周以轩廊。中二重有一百六十房，皆饰以丹粉，妆以金碧朱翠，雕刻奇丽，缀以流苏、羽葆、朱丝、网络。下一重长秋、内侍及乘舟水手，以素丝大条绳六条，两岸引进。其引船人，并名殿脚，一千八十人，俱着杂锦、彩妆、袄子、行缠、鞋袜等。分为三番，皇后御次水殿，名翔螭，其殿脚有九百人；又有小水殿九，名浮景舟；并三重，朱思网络。已下殿脚为两番，番一百人。诸嫔妃乘大朱航三十六，名漾彩船，并两重，加网络，殿脚百人。又有朱鸟船、苍龙船、白虎船、元武船各二十四，其驾船人名船脚。又有飞羽船六十、青凫舸十、凌波舸十，宫人习水者乘之。又有五楼船、三楼船、二楼船、板榻、黄篾舫，并给黄衣夫。又有平乘五百艘、青龙五百艘、蒙艟五百艘、八擢舸二百艘、舴艋舸二百艘，并十二卫兵所乘，载兵器帐幔。兵士自乘，不给夫。发洛口部。"《施府志》："巩邑当隋唐时幸无宫殿土木之扰，然洛口龙舟其为烦费不支，龙舟必在洛口者以数千百舳舻，洛水不能容，故皆置舟于洛水入河之处，其上诸殿无可附，附之于洛口可也。"

成皋驿[④] 在邑西北，原有皇华庭一座，后庭五间，厢房二十间，驿丞宅一所。正统十三年河决荥阳，东走汴城之南，自是省会在河北矣。汜水此时不通孔道，往来征节不由其道，奉文迁驿于河北之亢村。未几，河出故道，周行如昔前，驿不能取回。邑令施宗贤、周濂等先后申请议复，未报。有碑在仪门。夫以黄河暂徙之故，遂置驿于他所，而吴越、川陕之通衢，轩轺接踵，一日且三四至。呜呼！敝邑穷民，奈何当此苦累，而犹出本地脂膏协济别县牛车马匹等项哉！明朝二百年、清朝十六载，徒劳谭大夫之悲，

---

① 《河南历代方志集成》第八卷《民国巩县志》，第68页。
② 《河南历代方志集成》第六卷《乾隆巩县志》，第418页。
③ 《河南历代方志集成》第七卷《乾隆巩县志》（乾隆五十四年刻本），第346页。
④ 《河南历代方志集成》第十一卷《顺治汜志》，第355页。

而黄鸟不前，飞鸿何集，诚不知其底止也。愿司驿计者衡其传之平。

成皋驿[①] 在邑西北，旧有皇华亭一座，后庭五间，厢房二十间，驿丞宅一所。正统十三年河决荥阳，东走汴城之南，省会遂在河北。驿使征节不复由汜水往来，因奉文迁驿于河北之亢村。未几，河由故道，周行如昔，前驿不能改回。邑令施宗贤、周濂等先后申请议复，不报。夫以黄河暂从之故，遂置驿于他所，而吴越、川陕之通衢，辀轩接踵，一日且三四至。呜呼！敝邑穷民，奈何当此苦累，而犹出本地脂膏协济别县牛车马匹等项哉！自正统后三百余载，徒劳谭大夫之悲，而黄鸟不前，飞鸿何集，诚不知其底止也。愿司驿计者衡冲僻之，平一苏积困乎？《旧志》。

成皋驿[②] 驿传古名成皋驿，在邑城西北皇华亭内，后庭五间，厢房二十间，驿丞宅一所，早废。明正统十三年，河决荥阳，东流汴城之南，省会遂在河北。驿使往来不复由汜，因奉文迁驿河北亢村，获嘉县属。及河归故道，前驿不能改回，邑令施宗贤、周濂等先后申请议复，不报，遂仍北渡，送迎苦累多年。以上俱见《旧志》。清末设邮裁驿，一切支应始得免焉。

济渎庙[③] 有二，一在大里村东岳庙西，始建无考，元大德六年重修，教谕薛贵祖为记。洪武四年，土人靳大重修，陈万言为记，傍有济池，盖荥渎也。一在绐家屯。《旧志》。

昭武庙[④] 在伏蛟山上，唐武宗敕建，祀周之穆王、惠王、襄王，汉之高祖、昭烈，唐之高祖、太宗，共七天子。其配享者晋文公、悼公等诸侯，孟献子、知武子等诸大夫，共百二十人皆有事于虎牢者也。宋太祖尝谒此庙，祀以太牢。元也先帖木儿据虎牢，毁之，后人以为憾，遗址尚在。《旧志》。

（汜水县）金龙四大王庙[⑤] 有五。一在玉门渡，春秋致祭；一在蓼子峪；一在孤柏嘴；一在牛口峪。人传神沁水人也，卫姓逊名，从唐秦王破窦建德，卒于牛口之间，秦王录功而悲，夜泊洛口，梦神来谒，既觉，遂封为洛口大王（即今巩县神堤），以司河道。其孤柏嘴上下更著，盖英神尚在此也。唐人挂剑甲于虎下，岁时致祭，令每岁九月十七日为神之忌辰（或曰诞日），前后十余日忌渡。一在上街，乃河路商人所建。《旧志》。

按，唐许浑《题卫将军庙诗》序："逊，阳羡人，擒窦建德，录功拜将军，宿卫，及卒，庙于荆诸之湄。"《旧志》所载似属失考，姑存而论之。

美哉亭[⑥] 在金龟山上，陈与义有诗见题咏，废于元末。《旧志》。

扈亭[⑦] 《水经注》："河水又东迳卷之扈亭北。《春秋左传》：文公七年，晋赵盾

---

① 《河南历代方志集成》第十二卷《乾隆汜水县志》，第67页。
② 《河南历代方志集成》第十三卷《民国汜水县志》，第456页。
③ 《河南历代方志集成》第十二卷《乾隆汜水县志》，第72页。
④ 《河南历代方志集成》第十二卷《乾隆汜水县志》，第72页。
⑤ 《河南历代方志集成》第十二卷《乾隆汜水县志》，第72～73页。
⑥ 《河南历代方志集成》第十二卷《乾隆汜水县志》，第197页。
⑦ 《河南历代方志集成》第十四卷《民国河阴县志》，第192页。

与诸侯盟于扈。《竹书纪年》：晋出公十二年，河绝于扈。即于是也。河水又东迳八激堤北。"

按，《左传》杜预注："扈，郑地，荥阳卷县西北有扈亭。"《竹书纪年》以之属晋，何故？岂另有一地欤？浑涛东注，焉有中绝之理？惟荥泽为河、济、灉分流处，大溜南徙，河道忽竭，此事之常，但若此，则又非郑之扈地不能绝也。此郑地，而为晋所侵者，遗迹久沦于河。因在八激堤西，当属今邑境内，故录之。

敖亭[①] 《后汉书·郡国志》："敖亭注：周宣王狩于敖。"《左传·宣十二》："晋师在敖、鄗之间。"秦立为敖仓。

按，遗迹久无。

五龙祠[②] 《水经注》："河水又东，迳板城北，有津，谓之板城渚口。河水又东，迳五龙坞北，坞临长河。有五龙祠。应劭云：'昆仑山庙在河南荥阳县。'疑即此祠，所未详。"

按，此祠在板城东、汜水西，故知其当在河阴。

卫将军庙[③] 在牛口峪。《申志》作金龙四大王庙，而以卫将军事实之误。

按，金龙四大王，传王姓谢名绪，宋会稽诸生。卫将军阳羡人，名逊，详见《兵事》，牛口乃将军立功之地，建庙固宜。明正德间河圮庙迁，乡人误以金龙四大王为将军，将军于是乎休矣。

昭成寺[④] 唐时所建，在山北滨河处，见《金石》。

河侯神祠[⑤] 《太平寰宇记》："汜水河侯神祠，在县东北四十里，隋开皇七年通渠之日，于大河分流之处立此祠，往来商贾祷祀不绝焉。"

按，汜水东北四十里处，中唐后属河阴。

圣后祠[⑥] 《金史·河渠志》："大定十二年春正月，尚书省言：'郑州河阴县圣后庙，前代河水为患，屡祷有应，尝加封号庙额。今因祷祈，河遂安流，乞加褒赠。'上从其请，特加号曰昭应顺济圣后，庙曰灵德善利之庙。"

郑州河阴县圣后庙[⑦] （大定）二十七年春正月，尚书省言："郑州河阴县圣后庙，前代河水为患屡祷有应，尝加封号庙额。今因祷祈，河遂安流，乞加褒赠。"上从其请，特加号曰昭应顺济圣后，庙曰灵德善利之庙。每岁委本县长官春秋致祭，如令。

金山寺[⑧] 旧在山北张沟西。《明重修碑记》："金山寺，旧在今县北，北有河流，

---

① 《河南历代方志集成》第十四卷《民国河阴县志》，第192页。
② 《河南历代方志集成》第十四卷《民国河阴县志》，第194页。
③ 《河南历代方志集成》第十四卷《民国河阴县志》，第194页。
④ 《河南历代方志集成》第十四卷《民国河阴县志》，第194页。
⑤ 《河南历代方志集成》第十四卷《民国河阴县志》，第194页。
⑥ 《河南历代方志集成》第十四卷《民国河阴县志》，第194页。
⑦ 《金史》卷三十五《志第十六》，第822页。
⑧ 《河南历代方志集成》第十四卷《民国河阴县志》，第195页。

南倚广武，古招提也。"景泰钟款识云："元至正十八年圮于河水，至正统间，知县刘侃移建于本县预备仓西。"

龙王庙① 在城西北三里澶然河北岸。清顺治二年创建。

河神庙② 《苏志稿》："在城西北十里东仓头庙，初在牛口峪。明正德戊寅，为河所圮，迁建于峪北里许，山原上有碑。"

荥泽河防所③ 自荥泽至睢州，筑河防十有八所，给其夫钞人十贯。驸马也列于住所部民饥，以粮二千石赈之。是月，平阳地震不止，已修民屋复坏。

（郑县）金龙四大王庙④ 在州西门外。按，神谢姓绪名，杭人也。幼多异征，长折节读书，本理宗谢后从侄，不欲以外戚进。洎元帅入临安，帝后北去，神愤恚投苕水死，死之日水涌高丈余，尸逆流上，经旬不仆。明将傅友德与元兵大战吕梁，势不支，兵忽见金甲神行空，横槊刺元将于河。夜示梦友德，称钱塘谢四秀才。事闻太祖，亲制辞赞，号四大王，详具本传。又有黄大王，名守才，字英杰，河南偃师人。生而状貌非常，幼时堕井投河皆无恙，后筑埽指泉，屡著奇绩，袖食济饥千万人不竭。其他灵异甚多，不能悉志。生万历三十一年十二月十四，卒康熙二年月日，皆同于前。乾隆三年封灵佑襄济王，今祔于庙。

（中牟县）城隍庙⑤ 在县治西，明洪武三年知县张永泰建。成化间黄河水决，庙倾圮。弘治十五年，知县韩思忠倡修，乡民蔡键等舍资铸神像以铜，铸二翼神像以铁，道士张清素又募财建石坊、石栏，规模宏敞，知县韩思忠、邑人张启勒石以记之。嘉靖四十一年道士何来化、天启三年知县段耀然、崇祯十三年田首凤屡加修葺。明末为流寇残破。顺治四年，河南按察司经历汪应聘署邑篆，重修。康熙十三年重修。

乾明寺⑥ 在县北万胜镇。唐时建有佛座石刻，唐开元年号。宋绍兴中重修。元至正二年重建。元末兵火。明正统十二年，僧行增重兴，成化元年本僧复修，之后，黄河水冲坍塌，遗址改为河渎庙，正德六年僧明庆重修，别建庙以祀河渎。

固住寺⑦ 在县北二十五里黄冈。旧基在寺之西偏，成化间因黄河水涨，移建今所。寺西有高塔，神僧张姓所造，呼张僧塔，即寺故址也。正德元年重修，万历三十五年再修。邑人张民表有记。相传张僧原居山东泗水县龟山之侧，尝显神异，降水母于泉下，后归原武，住此寺。其地昔有毒蛇长百尺，伤人，僧赶蛇入井，遂坐化，今葬塔尚存。

---

① 《河南历代方志集成》第十四卷《民国河阴县志》，第196页。
② 《河南历代方志集成》第十四卷《民国河阴县志》，第196页。
③ 《元史》卷二十一《本纪第二十一》，第457页。
④ 《河南历代方志集成》第三卷《民国郑县志》（民国二十年重印本），第61页。
⑤ 《河南历代方志集成》第四卷《顺治中牟县志》，第94页。
⑥ 《河南历代方志集成》第四卷《康熙中牟县志》，第253页。
⑦ 《河南历代方志集成》第四卷《康熙中牟县志》，第253页。

固住寺①　在县北二十五里黄冈，旧基在寺之西偏，明成化间因黄河水涨移建今所。寺西有高塔，为神僧张姓造，呼曰张姓塔，即寺故址也。邑人张民表有记。相传张僧原居山东泗水县龟山之侧，尝显神异，降水母于泉下，后归原武，住此寺。其地西有毒蛇，长百尺伤人，僧逐蛇入井，遂坐化。今葬塔尚存，寺已废。

关帝庙②　在县东关鹿角冈。正殿五间，两廊各三间，乐楼一座，大门三间，照壁一座。金大安元年建。元至元甲午，达鲁花赤小云失帖木儿，至大三年中牟县铺马都监鹿伯林，至顺四年达鲁花赤大都马相继重修，俱有记。至明弘治五年，义官张岳重修。顺治四年重修。康熙四十三年知县李其昂重建。乾隆四年知县梁皎重修，三十三年知县郑俊基重修，四十三年知县查鸣吕重建乐楼，五十三年知县刘丰衍重修。嘉庆十三年知县刘鋐重修乐楼。道光十三年知县黄元柱重修。同治三年知县蒋凤标重修，一在官渡桥。康熙三十九年知县李其昂建正殿三间，大门三间，乐楼一座。道光二十三年河决九堡，浸圮殆尽。同治四年署知县杨九龄重修。

夫子回车庙③　在县北三十里南岩较家庄，有石刻。夫子回车□庙之肇修莫考何代，明万历间，知县陈幼学□□。□□元年，总制王士俊发帑金三百两，命知县魏士隅重修大成殿三楹两庑六间、戟门三间。道光二十三年，九堡河决，没于水。同治六年，改建于东张永固寨内次一区。按，夫子回车，人多疑为夫子自卫适赵，临河而返之事，然彼时河在卫地，非郑地，中牟属郑，安得有回车事？考之《史记·孔子世家》，孔子在宋遭宋桓司马，微服而过宋，遂适郑，与弟子相失，孔子独立郑郭，庙之建，其或以是与。

河神庙④　在杨桥，乾隆二十六年十一月敕建，御制碑文碑阴镌御制诗。

大王庙⑤　在县东关外，大门一间、正殿三间、西房两间。乾隆十五年知县孙和相修。嘉庆己巳重修。同治八年知县何鼎重修，增祀朱大王，一在中河八堡。道光二十五年合龙后，中河通判王熙文奉敕建修。

白龙王庙⑥　在县北四十里猷庵庄东，旧供铁观音三尊、龙王铁像一尊，祷雨辄应。道光二十三年，中河决口湮没。咸丰元年，韩振邦掘旧置得神像，暂修草殿以宁风雨。

风火神庙⑦　在中河八堡。道光二十五年合龙，后中河通判王熙文奉敕建修。

观音堂⑧　在县北杏树镇，明弘治间有水冲来石大士一尊，里人建堂祀之。后嘉靖三十八年五月十五日河决，居民虔祷，水即时四散，本村无患。

---

① 《河南历代方志集成》第六卷《民国中牟县志》，第32页。
② 《河南历代方志集成》第五卷《同治中牟县志》，第296页。
③ 《河南历代方志集成》第五卷《同治中牟县志》，第296页。
④ 《河南历代方志集成》第五卷《同治中牟县志》，第296页。
⑤ 《河南历代方志集成》第五卷《同治中牟县志》，第296页。
⑥ 《河南历代方志集成》第五卷《同治中牟县志》，第296页。
⑦ 《河南历代方志集成》第五卷《同治中牟县志》，第296页。
⑧ 《河南历代方志集成》第五卷《同治中牟县志》，第298页。

第三节 交 通

北宋孟昌龄凿大伾[①] 京每为帝言，今泉币所积赢五千万，和足以广乐，富足以备礼，于是铸九鼎，建明堂，修方泽，立道观，作《大晟乐》，制定命宝。任孟昌龄为都水使者，凿大伾三山，创天成、圣功二桥，大兴工役，无虑四十万。两河之民，愁困不聊生，而京偭然自以为稷、契、周、召也。又欲广宫室求上宠媚，召童贯辈五人，风以禁中逼侧之状。贯俱听命，各视力所致，争以侈丽高广相夸尚，而延福宫、景龙江之役起，浸淫及于艮岳矣。

金代李晏运木于河[②] 李晏字致美，泽州高平人。性警敏，倜傥尚气。皇统六年，登经义进士第。调岳阳丞。再转辽阳府推官，历中牟令。会海陵方营汴京，运木于河，晏领之。晏以经三门之险，前后失败者众，乃驰白行台，以其木散投之水，使工取于下流，人皆便之。丁内艰，服除，召补尚书省令史。辞去，为卫州防御判官。

清代东站河桥[③] 康熙二十一年，知县蒋征猷筑城建。

清代芦汉铁路[④] 臣以为宜自京城外之卢沟桥起，经河南达于湖北汉口镇。豫、鄂居天下之腹，中原缟縠，胥出其涂。铁路取道，宜自保定、正定、磁州，历彰、卫、怀等府，北岸在清化镇以南，南岸在荥泽口以上，择黄河上游滩窄岸坚经流不改之处，作桥以渡河，则三晋之辙下于井陉，关陇之骖交于洛口，西北声息刻期可通。自河以南，则由郑、许、信阳驿路以抵汉口，东引淮、吴，南通湘、蜀。

（巩县）舟舶[⑤] 巩以河洛交流，故船户特多，又以民艰生计，故榜人特多。创始不可考，清季年，全县商船约七八百艘，帆樯林立，往来如织。洛水上游极浅，逆流仅抵洛阳。黄河则上溯陕西，下浮济南，时或远达海口，南入江淮。顾上游有三门砥柱之阻，篙师瞠目，束手不能强越一步。若由陕东下，尽可冲险犯危，无或差忒。往者铁道未筑，运输以舟为中坚。光绪丁戊之厄，大河南北，人自相食，而孑遗幸存者惟舟是赖。当时粒食几绝，金珠不堪疗饥，所恃数百尾画鹢泛滥洄溯，舳舻相望，兖青之粟可果巩洛之腹，其关系为何如乎！至于舟人之于饮馔甚丰，安然度荒，而金钱所入恒以斗量，此皆前事可验者。迨火车畅行，航业顿缩，若比较运费，终以河流为便。近十年来军事踵接，生涯萧条，乃别觅新航路，以陕潼为市场，藉以绵续旧业，此则数千年舟楫

---

① 《宋史》卷四百七十二《列传第二百三十一》，第13726页。
② 《金史》卷九十六《列传第三十四》，第2125页。
③ 《河南历代方志集成》第七卷《乾隆巩县志》（乾隆五十四年刻本），第232页。
④ 《清史稿》卷一百四十九《志一百二十四》，第4431~4432页。
⑤ 《河南历代方志集成》第八卷《民国巩县志》，第108~109页。

难超之关,竟以人力牵换耳。

(汜水县)舟[①]　船舶由黄河西来,自寥峪入境,东至石槽沟出境,上下计四十里。中有玉门俗名汜水口,系南北通渡,古今称便,惜黄河不能行使轮船耳。

汜水县官道[②]

通车官道东自三十里堡入境,西至许岭出境,合计五十三里。清光绪年间,汴洛铁路贯串汜境,虎牢关至许岭通衢车辆鲜走,路亦失修,遂成陂坎。自民国十二三年来,军事屡起,车辆繁多,此道重修,车马更通行焉。

按,汜地当东西之衢,水陆皆通,而北渡玉门口可达温境,计十五里。南至金谷口堆河,曰汜边,约二十里。再经巩之仙家店石坡口入密境,虽羊肠曲径不能通车,而人骑可行,历有年所,亦交通之一线也。

---

① 《河南历代方志集成》第十三卷《民国汜水县志》,第456页。
② 《河南历代方志集成》第十三卷《民国汜水县志》,第456页。

第九章

疆域、沿革、滩地

正史中的地理志，对于地方疆域往往语焉不详，或者惜字如金，寥寥数笔即已交代完毕。要了解古代县域疆界，必须依赖地方志。通过地方志可知，明清时期巩县、汜水县、河阴县、荥泽县、郑县、中牟县，均与黄河接壤，河阴县、荥泽县的疆域甚至跨越了黄河。

明清两代，黄河两岸大堤之内的河床甚是广大，巩县、汜水、河阴、荥泽、郑县的农民都在黄河滩地种植。由于黄河主河道不固定，有的年份往北移，有的年份往南徙，势必造成滩地界限被破坏。因此，厘清滩地界限成为地方官的当务之急。地方志就对黄河滩地非常重视，甚至连分解纠纷的官方文书、契约、桩界，都一字不落地收录进来。

第一节　疆域与沿革

（巩县）疆域[①]　县境在府东北一百三十里，东抵汜水，西抵偃师，南抵登封，北抵黄河，其广六十里，其袤一百里（图三）。

（巩县）疆域志[②]　禹甸山河疆理，书自东南周锡，茅土广轮，载在官礼，疆域之辨，自古为昭，不然犬牙绣错之中，几何而不为卑梁之衅、清河之争哉！志疆域，县在河南府东一百二十里，东抵汜水县十里铺界三十里，至汜水县四十里，至省域二百八十里。西抵偃师县黑羊山界三十里，至偃师县六十里。南抵登封县五枝岭界八十里，至登

---

① 《河南历代方志集成》第六卷《嘉靖巩县志》（民国重刻本），第342页。
② 《河南历代方志集成》第六卷《乾隆巩县志》，第415页。

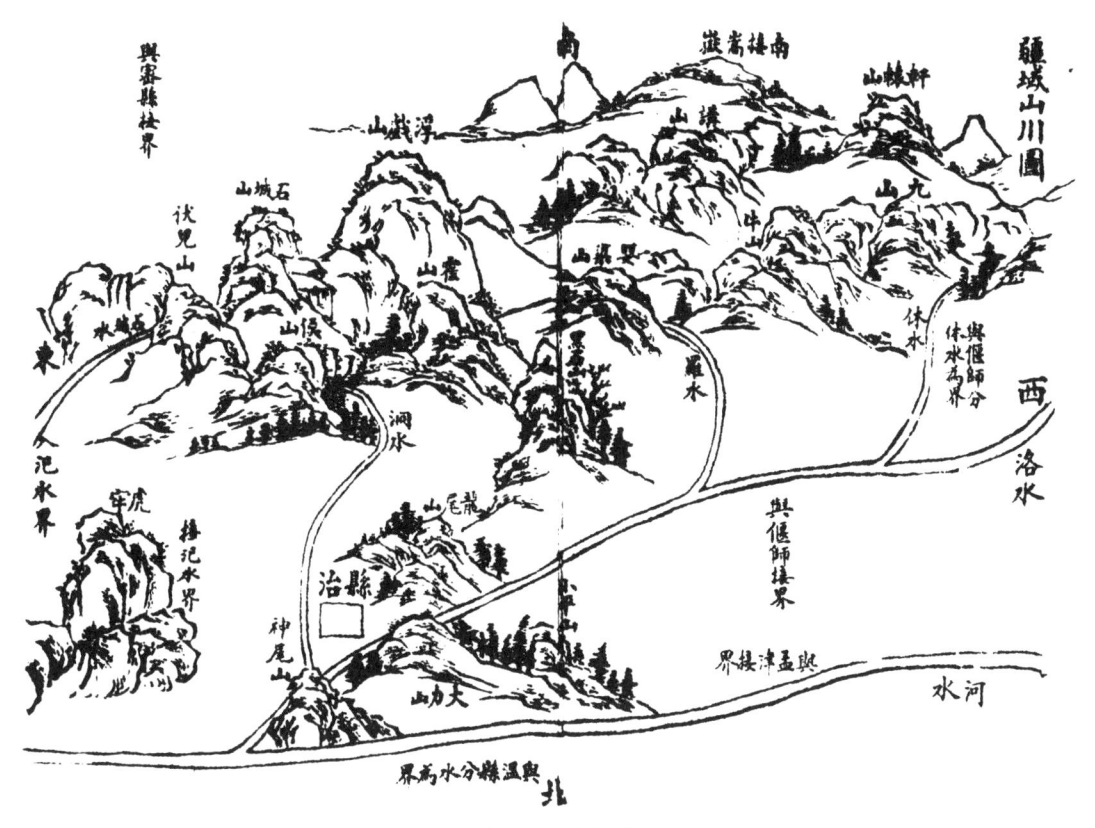

图三　巩县舆图
（引自《河南历代方志集成（郑州卷）》卷7《乾隆巩县志》，第218页）

封县一百二十里。北抵温县黄河界二十里，至温县二十五里。东南抵荥阳县万山界六十里，至荥阳县八十里。东北抵汜水县黄河界四十里。西南抵登封县崿岭口界八十里。西北抵孟津县周家山七十里界，至孟津县八十里。纵广一百里，袤一百二十里，远达京师顺天府一千八百里。

（巩县）疆域[①]　县在府东一百三十里，东至汜水界三十里，至汜水县四十里。西至偃师界三十里，至偃师县六十里。南至登封县界五枝岭八十里，至登封县一百二十里。北至温县黄河界二十里，至温县二十五里。东南至荥阳县万山六十里，至荥阳县八十里。东北至汜水县黄河界四十里。西南至登封界崿岭八十里，至登封县一百一十五里。西北至孟津县界七十里，至孟津县八十里。东至省城开封府二百九十里，北达京师一千八百里，广一百里，袤一百二十里。

（巩县）疆域[②]　县城东至汜水界三十里，城五十里。西至偃师界三十里，城六十里。南至登封崿岭界八十里，城一百二十里。北至温县黄河界二十里，城二十五里。东

---

① 《河南历代方志集成》第七卷《乾隆巩县志》（乾隆五十四年刻本），第234页。
② 《河南历代方志集成》第八卷《民国巩县志》，第15页。

南至荥阳密县五枝岭界八十里。西北至孟津界七十里，孟县黄河界三十五里。广一百里，袤一百二十里。

按，县城初因东周之旧，在洛水西，即今之康店。魏晋间移在洛水南。隋末李密再移县城于洛口，密败仍复旧。巩属下邑，境域褊小，而四面邻县有八，惟荥阳接壤处甚少。

（汜水县）疆域[①]　邑在开封府郑州迤西，东跨鸿沟楚汉划界处，自河阴县东一壕南来，直达三峰，荥、汜于此分疆。今地以鸿界名，西踞虎牢，西下曰蓼子峪。南北一沟由兰若山而入于河，乃其西鄙焉。南阻嵩麓方山之巅，汜与荥、密、登、巩共割其土，所谓五至岭是也。

域内强半皆山，南望谷岸相逼，嵌侧无数亩之平，再南则山愈深地愈险，野草云连，陵岗星列，其最远者惟柏池，深处亦湾环一川耳。汜水斜贯其中，南山北水，此域中之大概也。

（汜水县）沿革[②]　汜水于上古为高辛氏火正祝融之墟。

祝融氏以火施化，亦号赤帝，都于郐。史称郑武公收虢郐十邑以国之，可见虢郐同地。《左传》梓慎曰："郑，祝融之墟也。"时制邑、虎牢俱属郑，则知汜为火正祝融之故墟矣。

有熊氏轩辕之丘。

黄帝都于轩辕之丘，后名具茨，或曰大隗，即汜东南山之绵亘处，盖属有熊氏故土也。

唐虞夏，属豫州。

商曰嚣地。

汤伐夏，徙都于亳，《尚书》郑氏注云："东成皋，南轘辕，西降谷，是时为亳都畿内地。"今邑东郭外有汤王沟，更有桑林，传系汤王祷雨处。及仲丁因亳都有河决之害，迁都于嚣，以征蓝寇。嚣都在今汜城东北，嚣《史记》作隞并音敖，《水经注》云："敖山上有城，即仲丁之所迁，秦置仓于中，亦曰敖仓城。"今汜城东北有村名东仓头、西仓头，东属河阴，西属汜水，其名盖昉于古也。

周曰虎牢、制邑，初属东虢，春秋属郑，战国属韩，又名成皋。

武王十有三年己卯，大建公侯于天下，而虢叔封于制，是为东虢，今县东上街镇传为东虢故城址。穆王养虎于东虞，名其地曰虎牢，东邻虢地。及郑桓公为司徒，王室多故，乃东寄孥与贿，虢郐受之，十邑皆有寄地，后灭虢而有其邑焉。春秋郑仍为制邑。《左传》："郑庄公立，武姜请封共叔于制，公曰：'制，严邑也，虢叔死焉。'"即此地也。诸侯会盟，天王出狩，屡经虎牢、制田、旃然、伯牛、坎欿、汜、蔡之间。韩哀侯灭郑，因遂属韩，名曰成皋。秦时张仪连横说韩王，韩效宜阳，秦取成皋，韩遂失据，自此属秦。

秦隶三川郡。

庄襄王元年，蒙骜为秦将伐韩，取成皋、荥阳，置三川郡。始皇灭六国，分天下为

[①]　《河南历代方志集成》第十一卷《顺治汜志》，第326页。
[②]　《河南历代方志集成》第十三卷《民国汜水县志》，第396～397页。

三十六郡，以成皋隶三川郡。

汉隶司隶部河南郡，东汉改皋为睾，后废县为关。

楚汉相拒成皋，分指鸿沟，东楚西汉。成皋本汉王先得之地，及汉灭楚，高祖即位汜水之阳，置成皋县于虎牢河南郡。后王莽奸天位，创六队六郊六服，以成皋属祈队。颜师古曰："队音遂。"即荥阳、成皋，数易其名，民不能纪。

光武中兴，悉革去之。建武元年，冯异攻天井关，拔上党，南下成皋东十三县，降者十余万。入都洛阳，于中原环置八关，以成皋为旋门，盖京东第一关也，过此无扼塞可据矣。后改成皋为成睾，又废县为关。献帝时《纲目》所书关东，即指此地。至曹操迁帝于许昌，而关守稍弛矣。

三国属魏，复置成皋，隶司州部河南郡。

三国属魏，为其地介居许、洛之间，复置汜水关，设将守之。

晋既统一，因而未改。未几五胡乱华，迭为刘、石、慕容、姚、符、元魏等互争之地。

晋置司州，分河南立荥阳，以成皋县隶河南郡。永嘉之后司州沦没，刘聪以洛阳为荆州。及石勒，复以为司州，石虎又分司州之河南、河东、弘农、荥阳，兖州之陈留、东燕为洛州。元帝渡江，亦侨置司州于徐，非本所也。永和五年桓温入洛，复置河南郡，属司州。

东晋元帝大兴元年，荥阳太守李矩潜遣耿稚夜袭汉营，汉军警溃败走，遂奔虎牢，诏以矩都督河南三郡军事。是时虎牢属晋，隶荥阳郡。

明帝太宁三年，李矩等众溃而归，石勒尽陷司、兖、豫三州之地，虎牢入赵，此后书虎牢为武牢，避赵主石虎之讳也。唐李延寿作《南北史》，易石虎名为季龙，又避唐高祖之祖讳也。

穆帝永和十二年，桓温督军讨姚襄，襄奔平阳，温屯金墉城，是时武牢复为晋有。

哀帝兴宁三年，慕容恪、慕容垂攻陷洛阳，时虎牢属燕。废帝大和四年，燕人许割武牢以西赂秦，五年，荆州刺史武威王筑以洛阳降秦，秦以王猛都督关东六州军事，则武牢又为秦地。

孝武帝太元九年，谢玄、桓石虔伐秦，河南城堡咸来归附，玄遣刘牢之据碻磝、滑台，时武牢复属于晋。至后秦姚兴灭秦，取汾、绛，陷许、洛，武牢又入后秦。

安帝义宁十三年，刘裕入洛，遣王镇恶帅水师大破秦军，姚弘出降，是年武牢属晋。未几，赫连勃勃陷长安、蒲坂，毛德祖不能御，全军归彭城。裕以德祖为荥阳太守，戍武牢。景平元年，魏叔孙建、奚斤兵攻武牢，城陷，执德祖，遂取司、豫诸郡，武牢遂为魏地。刘宋虽经收复，终为魏夺。

文帝元嘉七年，遣将到彦之等伐魏。段宏将精骑直指武牢，魏收众北渡，洛阳、武牢戍兵皆弃城走，地为宋有。未几，叔孙建、长孙道生济河，会攻七女津，进攻武牢，到彦之弃去，武牢复属于魏。魏得其地，设为重镇。

北魏书北豫州，晋治项，嗣置司州，泰常中治武牢，太和十九年罢，置东中府，天平初罢,改复领荥阳、成皋、河南三郡。成皋郡,天平元年分荥阳置,领西成皋、巩二县,是时府、州、郡、县同治于此,重要可知。魏分东西,地属东魏。魏主修奔长安,高欢入洛,立清河王世子善见,而魏分东西矣,是时武牢属东魏广武郡。两魏既亡,高齐、宇文周以此地为界,周灭齐,遂统于周,属荥州。

隋始改县曰汜水,隶荥阳郡。文帝开皇三年(《通志》云十八年),以武牢为汜水县,属荥阳郡,汜水名县始此。大业十三年,武贲郎将裴仁基以武牢归李密。

唐初于武牢置郑州,以汜水县附郭,旋徙郑州,治管城,几经变迁,汜水乃属孟州。

高祖武德元年,李密为王世充所败,轻骑奔武牢。时王伯党保河阳,密自武牢济归之。三年,郑王世充使太子弘应镇武牢。四年,唐遣王君廓袭武牢,拔之。四年二月,窦建德率兵十万援王世充,五月壬戌,秦王世民败建德于武牢,执之。始于武牢置郑州,以汜水县附郭,荥阳、荥泽、管城、新郑、中牟、原武、阳武七县属之。武德四年,析置成皋县,贞观元年省。贞观七年,徙郑州,治管城。高宗显庆二年,改州为洛州。垂拱四年,改县为广武。中宗神龙元年,复为郑州汜水县。玄宗开元二十二年,析汜水、荥泽、武陟,置河阴县,隶河南府。天宝初,改郑州为荥阳郡,十四年,安禄山陷武牢。肃宗至德二年,郭子仪收复之,复置郑州于武牢,乾元二年又没于史思明。宝应元年,仆固怀恩进克东京州县,复其地。德宗建中二年,以汜水租赋益河阳军。武宗会昌三年,废州存县,改属孟州。

五代隶河阳节度,属孟州。

唐昭宗天佑三年,朱温篡立,国号曰梁,时汜水属大梁,计一十七年。后唐庄宗于同光元年入大梁,复其地者十有三。长兴七年,石晋灭之而有其地。历晋而汉而周共二十三年,而归于宋。一说后唐汜水隶郑州。

宋隶京西北路,初属洛州,元丰初复属孟州。

太祖即位,仍以汜水县属大梁。仁宗庆历三年,属洛州,后改为行庆关,为巩县东境,属西京河南府。

金隶河南路属郑州。钦宗靖康二年,割两河与金,遣使陈过庭赍诏谕民降附,汜水入编,属河南路。及高宗时复归于宋,未几,又为兀术所陷。岳飞力战后复之,飞进军朱仙镇,与兀术对垒,及和议成,飞还鄂,而汜水复属于金。

元隶河南、江北等处行中书省汴梁路,属郑州。世祖中统三年,以阿术为征南都元帅,置统军司,东至亳州、西至钧州诸万户隶河南,汜水属郑州汴梁路。

明隶河南布政使司,属开封府郑州。

元顺帝二十七年,明太祖遣徐达、常遇春率师北伐以定中原,檄下,汜水百姓迎降。洪武初因之为汜水县,隶河南布政使司,属开封府郑州。

清隶河南布政使司,属开封府。

雍正二年,改郑州为直隶州,汜水属焉。十三年,复改隶开封。光绪末年,又隶郑州。

民国隶豫东道(图四)。

图四　汜水县形势略图

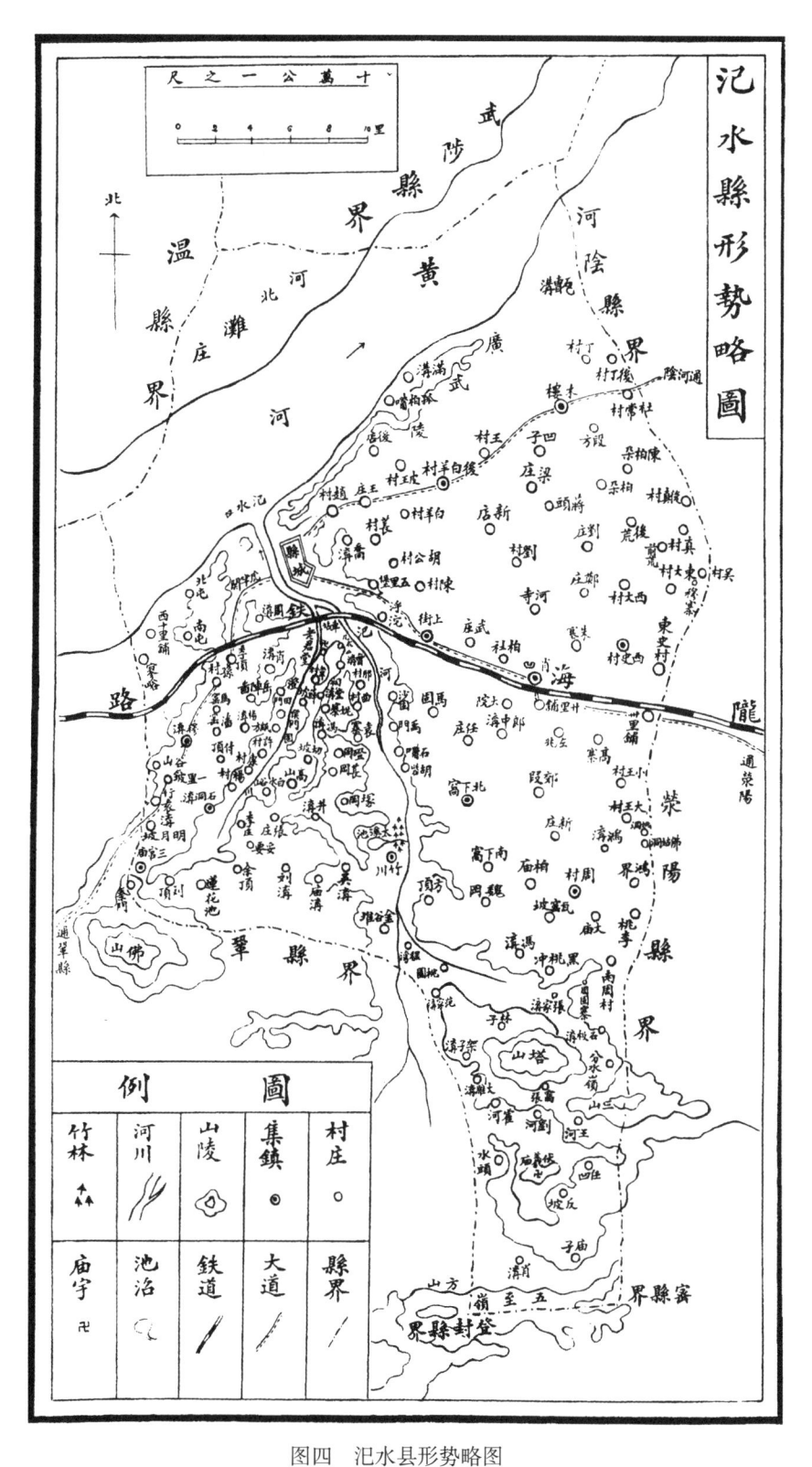

（引自《河南历代方志集成（郑州卷）》卷13《民国汜水县志》，第388页）

（河阴县）沿革考① 地理之沿革至纷纠矣，或一地而数名，则历代变迁之所致也，或数地而一名，则彼此形势之相同也。非好学深思精察明辨，往往混合离析，如坠云雾，考古者憾焉。河阴为县，见于正史者凡五，而属之豫州则自魏改平阴为河阴始。然此孟津之河阴，非荥汜间之河阴也。荥汜间之河阴始于唐开元，后世不审，误合为一，遂以此为古平阴，夫东西相望，名相同地相近，时又相接，陋儒寡识，复数典而忘其祖，张冠李戴不亦宜乎？虽然地理差则人事舛，沿革误则名实诬，踵谬传讹，非细故也，稽史乘，采志传，纠古人以告来者考沿革（图五）。

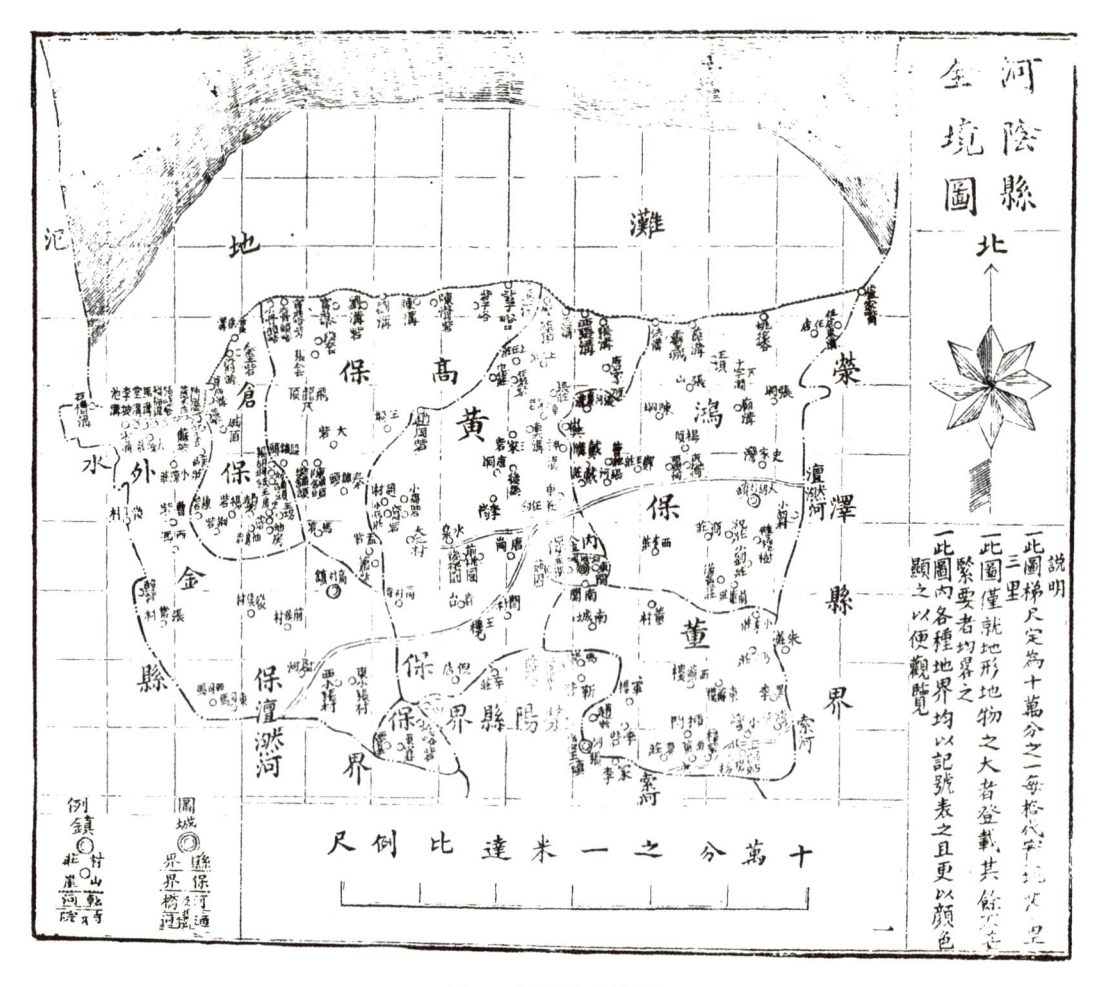

图五 河阴县全境图
（引自《河南历代方志集成（郑州卷）》卷14《民国河阴县志》，第130页）

《申志》谓河阴即平阴，其说见于唐《耿元晟墓志》（辨详金石），明《一统志》，清《河南通志》《开封府志》，并同案。古以河阴名地者，一汉县，五原郡，见《汉书·地理志》。李氏兆洛谓在今陕西榆林东北鄂尔多斯河西南岸，董祐诚曰《二汉

---

① 《河南历代方志集成》第十四卷《民国河阴县志》，第161~165页。

志》载五原郡，汉末废，当在今鄂尔多斯右翼后旗界内，即《水经注》所云"河水又东迳河阴故城北"，《水经注·图附录》《汉志·释地略》谓即纳玛代泊是也。一晋县，司州河南郡，见《晋书·地理志》，本汉平阴县地，魏改河阴，晋因之，北魏、东魏、北齐、北周并置郡县，隋大业始废。《水经注》云在平城之南，故曰平阴，魏文帝改曰河阴者是也。顾氏栋高、李氏兆洛并谓在河南孟津县。一南宋、南齐县，雍州河南郡，见宋、齐书《州郡志》，并侨置其地，当在今河南南阳境。一唐县，河北道孟州，盖析荥、汜、武三县地，见《唐书·地理志》。一辽县，西京道应州，见《辽史·地理志》，本汉阴馆县地，在今山西山阴县西南。数者之中，惟唐河阴为今治。

案，《水经注·济水篇》"自于岑造入激堤于河阴，水脉断绝，故渎难寻，又南会于荥泽"云云，此之河阴虽因地命名，而实为邑治滥觞。又《河水篇》"河水又东，迳卷县之扈亭北。又东，迳八激堤北。又东，迳卷县北"，而《济水篇》"济水又东，迳敖山北。又东，合荥渎，次东得宿须水口，水受大河，渠侧有扈亭水。又东，迳荥阳县北"。既扈亭在荥阳西，则当时卷地在大河南，今荥泽西北，知八激堤所在与唐时故城约在一处。故《方舆纪要》云八激堤在河阴县，汪士铎《水经注图》载其地于河南阴沟出河处，命名河阴，良有以也。

顾氏《方舆纪要》所谓开元二十年始置，非复平阴旧地者也，施氏诚《河南府志》亦载平阴之沿革，谓与此别。今本顾氏之说，参以施氏所考，去其讹谬，以归典实，非敢与前人竞胜也，是非所在，义不容诬尔。

又，今之河阴由唐上溯并未置县，疆域既难确指，沿革亦涉犹疑，且详近略远，亦地理家之通例。惟今日幅员，考之其有现隶域内而于古有征者，似未便一概抹煞，致蹈数典忘祖之讥，因撮其要略如左，庶原委可寻，而轻重亦不失焉。

案，河阴山川疆域之名，虞夏以前书阙有间，无可据依，仅能撷拾旧闻，证其属于豫州而已。自仲丁迁嚣为都，其地始著，故考沿革者当自殷始。

《尔雅》："河南曰豫州。郭注：'盖殷制。'"《史纪·殷本纪》："帝仲丁迁隞。《集解》：'河南敖仓是。'正义《括地志》：'荥阳城在荥泽西南十七里，殷时敖地也。'"《方舆纪要·荥阳县》："荥阳城，注云在县北。"《括地志》："在今荥泽县西南十七里，殷之敖地也，亦曰隞，周曰北制，在敖山之阳。"

西周而后属东虢。

《左传·隐元年》："制，岩邑也，虢叔死焉，杜注：虢叔，东虢君也。"《后汉书·郡国志》："荥阳有虢亭，虢叔国。"《水经注》："应劭曰：'荥阳，故虢叔国也，今虢亭是矣。'"故马渊《郡国志》曰："虢亭，俗谓平咷城。"《方舆纪要》："咷亦作桃。"案，虢亭即平咷城，而平咷则在今河阴，是河阴为虢故城明矣。

东周属郑。

郑桓公用史伯之言寄帑与贿于虢桧，虢桧献十邑，武公乃灭两国而有其地，详见《国语》《史记》。

战国属韩。

《史记·韩世家》："哀侯二年灭郑国，袭都郑。"《文献通考》："后郑为韩所灭，韩又徙都之。"

秦属三川郡。

《史记·秦本纪》："庄襄王元年，蒙骜伐韩，韩献成皋、巩，秦界至大梁，初置三川郡。"《史记·韩世家》："桓惠王二十四年，秦拔我成皋、荥阳。"《资治通鉴》："庄襄王元年，蒙骜伐韩，取成皋、荥阳，初置三川郡。"

汉属河南郡。

《前汉书·地理志》："河南郡，注云：'故秦三川郡，荥阳、成皋。'荥阳注：'卞水、冯池皆在焉。'应劭曰：'故虢国，今虢亭是。'"

后汉属司隶河南尹。

《后汉书·郡国志》："司隶河南荥阳成皋。荥阳注：'有鸿沟水，有广武城，有虢亭，虢叔国，有敖亭。'"

魏属司州河南尹荥阳郡。

洪亮吉补《三国志·郡国志》："魏司州河南尹成皋，汉旧县。荥阳郡荥阳，汉旧县。"

晋因之。

《晋书·地理志》："司州河南郡成皋。荥阳郡荥阳注：'地名敖，秦置敖仓者。'"毕沅《晋地理志补正》："河南郡成皋，荥阳郡地名敖，秦置敖仓者。"毕沅《晋太康三年地记》："司州，秦建敖仓于成皋。引《史记正义·高祖本纪》：'荥阳郡。'"毕沅撰王隐《晋书·地道记》："济自大伾入河，与河水斗，大伾在成皋，古成皋包巩县之界，溢出为荥水。"引《太平御览·水部》案："敖古当荥阳西境，因疆界改变，故时入成皋。"

东晋属荥阳郡。

洪亮吉《东晋疆域志》："荥阳郡荥阳，汉旧县，有大河渠、石门，成皋有汴口。成皋注：'《史记·正义》称太康地记曰：秦建敖仓于成皋。'《水经注》称《晋书·地道记》云：'济自大伾入河，与河水斗，大伾在成皋，古成皋兼包巩县之界，溢出为荥水，有成皋关、汴口。'"

十六国前赵属河南郡荥阳郡。

洪亮吉《十六国疆域志》："前赵河南郡成皋，汉旧县。《史记·正义》称《晋太康地志》：'秦建敖仓于成皋，荥阳郡荥阳，汉旧县。'"

后赵属洛州河南郡荥阳郡。

洪亮吉《十六国疆域志》："后赵洛州河南郡成皋，荥阳郡荥阳，有石门。"《水经注》："汉灵帝于敖城西北垒石为门。"

前燕同。

洪亮吉《十六国疆域志》："前燕洛州河南郡成皋，荥阳郡荥阳，有新乐石门。"

前秦属豫州河南、荥阳二郡。

洪亮吉《十六国疆域志》："前秦豫州河南郡成皋，荥阳郡荥阳，有石门。"

后秦、后燕并同。

洪亮吉《十六国疆域志》："后秦河南郡成皋，荥阳郡荥阳，有碻磝、麻田。后燕豫州河南郡成皋，荥阳郡荥阳，有碻磝、石门。"案，明《一统志》："碻磝，晋之戍名，属济北郡，宋省入平阴县，盖山东地也，此云碻磝，乃敖鄗之误。"

南北朝宋属司州荥阳郡。

《宋书·州郡志》："武帝北平关洛，河南底定，置司州刺史，治虎牢，领河南、荥阳、弘农，实土三郡，荥阳领荥阳、成皋。少帝景平初，司州复没北虏。"《通典》："虎牢谓之成皋，宋毛德祖戍虎牢，后魏昼夜攻围二十日方破，侧有广武城。"

后魏属北豫州荥阳郡。

《魏书·地形志》："北豫州注：'泰常中复治虎牢，太和十九年罢，置中东府。'"《方舆纪要》："北魏泰常中置豫州，后又置豫州于汝南，以虎牢为北豫州。太和十九年改置中东府于此，以县属荥阳郡。"

东魏属北豫州荥阳、成皋二郡。

《魏书·地形志》："北豫州荥阳郡，领荥阳、成皋，荥阳注：'有敖仓、广武城、石门城、管叔冢。'成皋郡领西成皋，注：'天平元年分荥阳之成皋置州郡治，有厄井、汉高祖坛。'"

北齐属成皋郡。

《方舆纪要》："荥阳北齐改郡曰成皋。"汪士铎《南北史志补·地理志》："魏齐周荥阳郡荥阳成皋，荥阳郡，注：'齐曰成皋郡。'荥阳，注：'有敖仓、广武城、石门城、管叔冢、冯池、砾溪、石门、三皇山、泌水。'"

北周属荥州。

《隋书·地理志》："汜水，注：'后周置荥州。'"《方舆纪要》同。

隋属豫州荥阳郡。

《隋书·地理志》："荥阳郡汜水，注：'旧曰成皋，即虎牢也，开皇十八年改成皋曰汜水。'荥泽注：'开皇四年置，曰广武，仁寿元年改名焉。'"《方舆纪要》："隋初郡废，属郑州。"案，《隋书·地理志》序，开皇三年遂废诸郡，洎于九载，析置州县。炀帝嗣位，寻即改州为郡，乃置司隶刺史，则《方舆纪要》亦纪实也。

唐初属河南道郑州荥阳郡，河北道孟州。

《唐书·地理志》："河南道郑州荥阳郡，武德四年置，治虎牢。荥泽望河北道孟州，汜水望本隶郑州。武德四年析置成皋，贞观元年省。显庆二年隶洛州，垂拱四年曰广武，神龙元年复故名。"

此皆开元以前之沿革。虽东鳞西爪，略具首尾，要亦考古者所不废也。若夫开元置县，以后则详征博采，用备参稽览者详之。

唐河北道孟州河阴县。《唐书·地理志》："河北道孟州河阴，开元二十二年析汜水、荥泽、武陟置，隶河南府，领河阴仓。会昌三年来属，有梁公堰在河、汴间，开元二年，河南尹李杰因故渠浚之，以便漕运。"《旧唐书》略同。《元和郡县志》："河阴县，本汉荥阳地，开元二十二年以地当汴河口，分汜水、荥泽、武陟三县地于输场东置，以便漕运，即侍中裴耀卿所立。"《太平寰宇记》："会昌三年，河阳升为孟州，寻有敕割河阴隶孟州。又，河阴县其地即汜水、荥泽、武陟三县之地，开元二十二年侍中裴耀卿奏议，地当汴河口，便于漕运，宜析上三县之地，置县以顿之，因在河之南，故于输场东渠口北二百五十步立河阴县焉。"即今理所。《舆地广记》："河阴县，汉成皋、荥阳、怀县地，开元二十九年割汜水、荥泽、武陟三县地。以便漕运，属河南府。领河阴仓。"《困学纪闻》："河南府河阴县，注：'汉荥阳县，唐属孟州。'"《方舆纪要》："河阴县，本汜水、荥泽二县地，唐开元二十年析置河阴县治，属河南府，会昌三年改属孟州。又，开元二十年析置河阴县，管河阴仓，二十三年徙治输场之东渠口。"《明史稿》："唐分汜水、荥泽、武陟三县地，有河阴旧城。"清《一统志》："唐开元二十年析置，属河南府，会昌初属孟州。"《禹贡锥指》："河阴县在今郑州西北五十里，汉荥阳县地，隋为汜水、荥泽二县地，唐开元中析置河阴县。"

案，各说异同，当以《唐书》为正。

又案，唐置河阴，本析荥、汜、武三县地。至明，河北三保划归武陟，则今之河阴仅荥、汜故地耳，沿革之涉武陟者概不阑入。

五代河阴县。《旧五代史·郡县志》《五代史·职方考》皆未详，独《旧五代史·汉高祖纪》："众推武行德为帅，与河阴屯驻军士合，乃自汜水抵河阴。"可为有县之证。故清《一统志》："五代时亦有河阴县。"

宋京西北路孟州河阴县。《宋史·地理志》："京西北路孟州河阴。又，汜水，熙宁五年省入河阴，元丰二年复置。"《太平寰宇记》："孟州河阴县。"《舆地广记》："京西北路河阴县。"《元丰九域志》："孟州河阴，熙宁五年省汜水县为镇，入河阴，元丰二年复置汜水县。"《方舆纪要》："河阴县，唐属孟州，宋因之。"《续通典》："宋京西路北路府孟州河阴汜水，熙宁五年省入河阴，元丰二年复置。"《续文献通考》："宋京西北路孟州河阴，注：'开元二十二年析汜水、荥泽、武陟三县地置，隶洛州。'"

金南京路郑州河阴县。《金史·地理志》："南京路郑州河阴县。"明《一统志》："金属郑州。"《方舆纪要》："金属郑州。"《续通典》："金南京路郑州河阴。"《续通志》："金南京路郑州河阴，注：'宋隶孟州。'"

元河南江北行中书省汴梁路郑州河阴县。《元史·地理志》："河南江北等处行中书省河南江北道肃政廉访司汴梁路录事司郑州河阴。"《续通典》："元河南江北道肃政廉访司汴梁路郑州河阴。"《续文献通考》："元河南江北行中书省河南江北道肃政廉访司汴梁路郑州河阴。"

明河南布政使司开封府郑州河阴县。《明会典》："户部河南等处承宣布政使司开封郑州河阴。"罗洪先《广舆图》："河南等处承宣布政使司大梁道开封府郑州河阴县。"《明史·地理志》："河南承宣布政使司开封府郑州河阴，州西北，旧治在大峪口，洪武三年为水所圮，徙于此。东北有广武山，与三皇山连，西有敖仓，北滨大河。"明《一统志》："本朝因之，改属开封府。"《明史稿》："河南开封府郑州河阴，东北有广武山，一名三皇山，上有东、西二城址。又，西有敖山，西北有牛口峪，北滨大河。又，西有石门渠，即古荥口。又，西有河口，唐置仓。"《续文献通考》："河南布政使司开封府郑州河阴。"《申志》："明太祖北定中原，以河阴县隶河南布政使司开封府郑州，编户十有一里。嗣因邑地屡被河冲，止存八里。"《广舆记》："河南承宣布政司开封府郑州河阴。"

案，三皇即广武，详见《水经注》《明史稿》是。敖仓在广武城东，亦见《水经注》。今之仓头亦曰敖仓，在县西，然仓头乃明时十一保之一。清《一统志》："河阴仓在废河阴县西。"乾隆《府厅州县志》："河阴仓在故县西。"所指位置固沿流俗之误，但其方向正今仓头地，仓头当以此得名，非由敖起。天顺五年明《一统志》："敖山在河阴县西北二十里。"而飞龙顶各碑在嘉靖时犹曰"东有敖仓口"，以后则皆曰"西有敖仓"。盖敖山塌没已久，敖仓口又逐渐西移，于此可证未与敖仓合归一地，后人遂不复分别矣。

清河南开封府河阴县，后省入荥泽。《清会典》："河南省开封府河阴。"《清通典》："荥泽，乾隆二十九年省河阴入焉。"《清通志》："河南开封府郑州，初属府，雍正二年升直隶州，领荥阳、荥泽、河阴、汜水四县，十二年改属府，河阴后省。"清《文献通考》："河南开封府荥泽县，雍正二年分属郑州，十二年还属开封府，乾隆三十年省入荥泽。"《河南通志》："河阴县，明属开封府郑州，国朝因之。雍正二年升郑州为直隶州，县仍属，编户六里。"《续河南通志》："河阴县，雍正二年升郑州为直隶州，县仍属，十三年复归开封，乾隆二十九年省入荥泽县。"《开封府志》："河阴县，明属郑州，隶开封府，本朝因之。"《申志》："顺治三年，邑令王文烨并为六保，余悉如明制。"光绪三十一年又升郑州为直隶州，邑仍属之。

中华民国河南省开封道河阴县。民国元年县复，二年，裁州分省，为四道，设豫东观察使，三年，改为开封道，县属焉。

（荥泽县疆域）[①] 旧治东至郑州界花园三十八里；西至河阴县界鸿沟一十九里，至河阴县治二十五里；南至郑州界五里，至郑州治四十里；北至获嘉县越河二十五里，至获嘉县治六十里。东至省城一百四十里，北至京师一千四百六十里。《旧志》。（图六）

---

① 《河南历代方志集成》第十一卷《乾隆荥泽县志》，第29页。

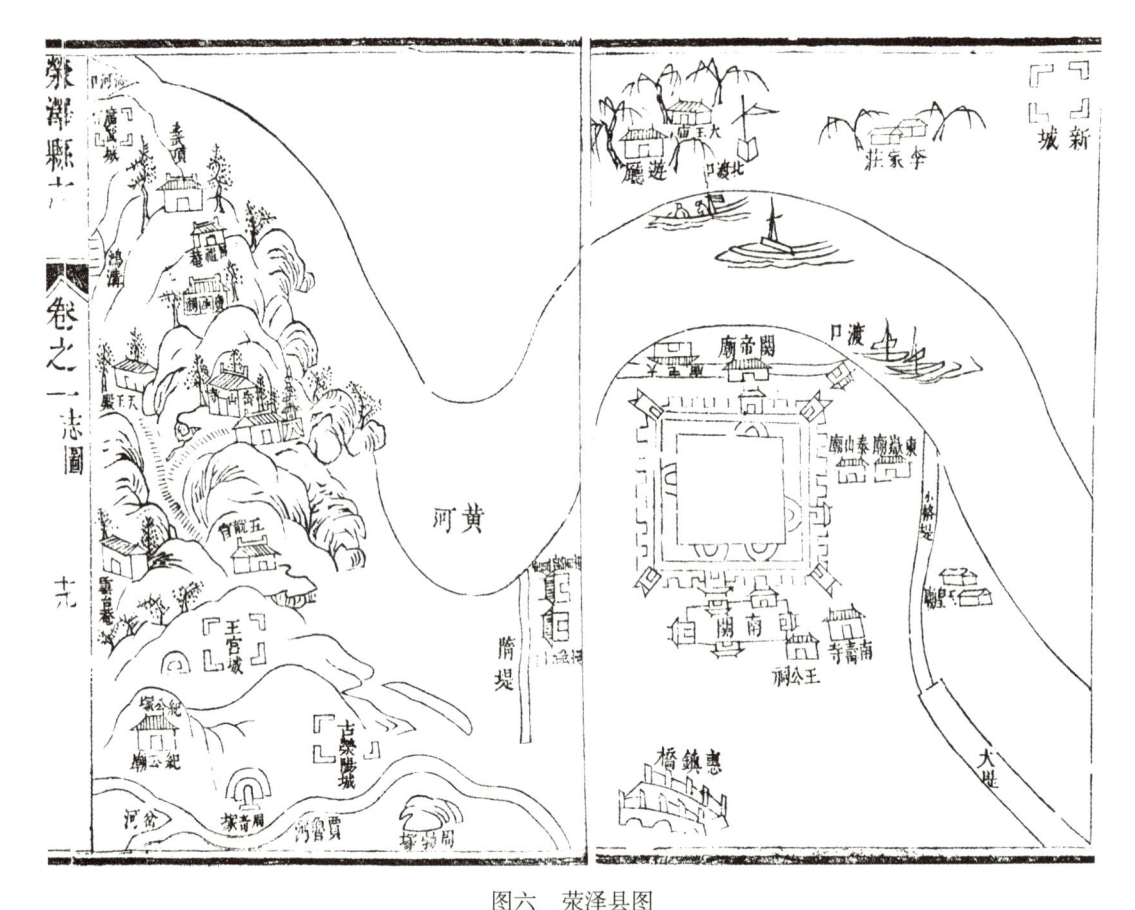

图六 荥泽县图
（引自《河南历代方志集成（郑州卷）》卷10《康熙荥泽县志》，第287页）

第二节 滩 地

（巩县）滩地界[①] 乾隆五年，巩、温二县会详，抚院雅批，定巩、温黄河滩地界址。东自寥子峪汜界起，西至支家峪止。寥子峪至金沟，巩得地南北长五里二百四十号，至温界。洛口巩得地南北长七里一百八十号，至温界。自桃峪沟起至七里铺止，巩得地东长九里，至温界，西长七里，至温界。神堤大王庙地字六号起至八号止，东西宽三里，巩得地南北长四里二百一十号，至温界。又自地字九号起至十四号止，东西宽五里三百二十四号，巩得地南北长四十二号一尺，至温界。又自石板沟起至支家峪止，东西十一里宽，巩得地南北长二里三百四十七号三尺，至温界。

乾隆八年，河、洛二县详准，抚院硕批，定巩、孟黄河滩地界址。东至虎朋沟，

---

① 《河南历代方志集成》第八卷《民国巩县志》，第178～179页。

西至羊峪沟偃界止。塌坡村滩地，南除护山地二百四十弓外，巩得地南北长一千零七十弓，至孟界。赵家沟滩地，南除护山地二百四十弓外，巩得地南北长九百六十九弓二尺，至孟界。其余木兰沟、于家沟、马峪沟、柏坡等处村庄黄河滩地，俱与孟县以河为界。

乾隆四十七年蒙上宪断案，于家沟、张家岭、逯杨岭、焦家湾黄河滩地，与温、孟二县以河为界。

以上系豫抚雅尔图批定巩温黄河滩地界址。

按，吾县黄河滩壤地辽阔，编户栉比。因河水南侵，地陷民徙，原额粮地三则共地三千九百余顷，租地三则共地四百余顷，粮银共一万七千七百余顷。两伊考囊昔城池仓廒，星罗棋布，隋唐间恃为战阵根据地，史册俱在，无烦赘述。自明万历、崇祯后，河流迁徙无常，巩温时起地界之争。迨清康熙五十年河水南徙，紧挨北岸山根，将滨河城郭、仓廒、庄村、堤坝尽数塌没，所有巩县成熟行粮地与温县为邻者八百三十顷，并前此顺治间除荒豁免地亩三千五百余顷，概退北岸。温县骤睹此喏大沃野，乃欲据为己有，丈地造册，即基于此。乾隆五年，温民郑相乔与雅抚有戚谊，壤争又起，虽经两县互控，而结果则左袒，实甚不足以表示大公。除斥革张恬衣衿外，兼提巩令张雷光带案赴省审谳，张恬几乎毙命。遂任雅抚批定巩温地界址，含冤缄口不敢置辩，虽暂蠖屈于一时。至于滩地亩，数谁肯舍三千余顷于人而不问者？雅抚之权，仅能压迫一时，而公理自在天壤，公道自在人心。又况凿凿确证，昭然在人耳目乎？略志端倪，余有历次案在。

（汜水县）滩地区界[①]　东滩分刷边贫民老拐新拐，"天地元黄，宇宙洪丰，日月盈新，淤水口区"等字样，南至石槽沟中，北照河北至柳毅庙，子午分界，荥东、汜西树有碑。

河北滩分"原隰既平泉流清"，夹"时靡有争王心宁区"等字样，东中西界有孤柏嘴、汜河口、廖子峪，各大王庙均树有三界碑。

按，河滩出没无常，屡经变迁，始而开垦收获，邻封启争界之衅，继而无地升科，福藩苦额征之苛。幸徐令疏请全数蠲免，按年估计，不苦赔累，而历年争界之案仍所不免，姑将碑碣卷帙略志一二，以为文献之证云。

（河阴县）滩田[②]　滩地九十九顷四十四亩九分九厘，每年实征籽粒银二百九十八两三钱四分九厘七毫。

滩田即河流故道，旧止岁终按现种亩数起租，淹塌则否。原无定额，邑令范公为宪申报各宪，征银起科自此始。其地东至任家店，西南至石槽沟，西北至夹堡刘毅庙。明万历间，水退地出，有司劝民开垦，每亩取租升许，入仓备赈，名曰籽粒，一遇湮没，即行蠲免，其时有滩地之利而无其害。后因豪邻吞并，小民自揣不敌，进献亲藩，每亩征银三分，校尉取科如虎生翼。终明之世，藩患始息，民复自垦成田，自范公申造黄册之后，昔为王租，今为皇粮矣。迨河徙地陷，水在地南，地在水北，两岸高坡故址宛

[①]　《河南历代方志集成》第十三卷《民国汜水县志》，第444页。
[②]　《河南历代方志集成》第十四卷《康熙河阴县志》，第54~55页。

存，小民渡河各种己田，而武陟张洪略等恃强夺我田，毁我禾，侵欺我边陆，致使良田又归豪右。庠生秦士升率合滩二百八十家上控前抚王，邑令申公奇彩亦力行申请，批司批府会同怀府委南河分府黄公同河、武两县亲履踏勘，越三年而质始成。断令沙河以南尽归河阴，以补悬粮之苦，其武生张洪略率众妄控，应行学戒饬以惩刁风。仍令于两县接壤之处立碑勒石，永杜争端，始得五十余顷。未几，河水又复南侵，界内之地又隔河北矣，武、温两邑势豪复行占种。吁天则河伯不灵，复控则穷乏无力，额赋难除，何时是已。倘各上台斟酌而善处之，豁除虽不敢望，而东塌西补，亦补偏救弊之良策也。

（河阴县）滩田[①]　　河阴滩田，东毗荥泽，西连汜水，北接武陟，画疆分界。恒起轇轕，结讼连年，废时失业，分曹械斗，动酿巨案。权其利害，得不偿失，小民趋利，一时结怨，累世亦可悯已。今者东西已有成约，南北又成铁案，各守分地，永杜争端，亦共同之福利也。爰合旧志新档，撮而录之，以为异日券。

《申志》："滩地九十九顷四十四亩九分九厘，每年实征籽粒银二百九十八两三钱四分九厘七毫。"

《申志·论滩田》云："滩田即河流故道，旧止岁终按现种亩数起租，淹塌则否。原无定额，邑令范为宪申报各宪，其地东至任家店，西南至石槽沟，西北至夹堡刘毅庙。明万历年间，水退地出，有司劝民开垦，每亩取租升许，入仓备赈，名曰籽粒，一遇湮没，即行蠲免，其时有滩地之利而无其害。后因豪邻吞并，小民自揣不敌，进献亲藩，每亩征银三分，校尉取科如虎生翼。经明之世，藩患始息，民复自垦成田，自范申达黄册之后，昔为王租，今属为皇粮矣。迨河徙地陷，水在地南，地在水北，两岸高坡故址宛存，小民渡河各种己田，而武陟张洪略等恃强夺我田，毁我禾，侵欺我边陲，致使良田又归豪右。庠生秦士升率合滩二十八家上控前抚王，邑令申公奇彩亦力行申请，批司批府会同怀府委南河分府黄公同河、武两县亲履查勘，越三年而质始成。断令：'沙河以南尽归河阴，以补悬粮之苦。其武生张洪略率众妄控，应行学戒饬以惩刁风。'仍令于两县接壤之处立碑勒石，永杜争端。始得五十余顷。未几，河水又复南侵，界内之地又隔河北矣，武温两邑势豪复行占种。吁天则河伯不灵，复控则穷乏无力，额赋难除，何时是已。倘各上台斟酌而善处之，豁除虽不敢望，而东塌西补，亦补偏救弊之良策也。"

以上俱《申志》原文，不加点窜，以存真面，备考滩田沿革者了然于今昔情形焉。

附　仓头界碑　　康熙二十三年，巡按王批据详称："河、武二县邻捕各官，并愿证佐人等公同查勘。地即从前河民秦士升与武民张文斗等互争之地，前经审明，议及河民方蒙允结。而武民张洪略等复起控争，乃执以河为界之见，且称即应拨给亦止，宜以石槽沟下至任家营沿河一带界之河民，不给沙河以南之地。但后经丈查，虽有一百十二顷零，然去其水沙，尚不足河阴旧额，并无三百余顷之多。且此地在河阴，实属河阴行粮田地，因黄河南徙，竟将此地遗置河北，虽经水浸而两岸高坡旧址宛存，亲诣踏勘，昭

[①]　《河南历代方志集成》第十四卷《民国河阴县志》，第206~211页。

然无异。故以沙河以南议归河民，以补悬粮之缺累，若以武民沿河分界之说，则临河皆系水沙，不堪耕种，河民仍然赔粮，难以结案。揆情度理，相应仍照原议，以沙河以南之地断归河阴为允当。至于同称□□同谋，持刀砍伤，审无实据。其武生张洪略率众妄控，应行学戒，饬以儆刁风可也。云云。蒙批，既经该委堪明，确如议行，仍将滩地接壤之处明白立文报府，以凭转报。"

县东滩田与荥泽毗连，以卢家嘴为界，东属荥泽，西属河阴。康熙六十一年经宪委荥阳县知县会同荥泽、河阴两知县会勘结案，立碑河阴城内大王庙门左。其文如下：

荥阳县知县纪会勘得，荥、河二邑，地滨大河，冲塌为患，非自今始，因此塌彼涨，小民赔无地之粮，越疆侵占，豪强享有粮之地，此历来祸结兵连，不一而足。但各有疆界，而疆界分明，地有攸归，原无容紊越争也。今荥、河二邑，一以强邻侵占等事上控，一以无端妄控赴诉，并蒙藩宪批送，宪台檄行饬委会同荥、河二邑秉公确勘，讯取切供叙详报府核转等因。卑职遵即备辟二邑会勘，去后续准关覆订期六月初十日，卑职即于是日束装前往荥邑，于次日会同二令，带领弓篾、算手、图志，亲诣滩地处所。查得河阴自洪沟界西起，至任家店界东止，丈得已成熟滩地一百九十二顷五十亩一分八厘七毫五丝，又丈得新滩地一十顷七十九亩二分五厘。在于任家店、卢家嘴之东北接连河邑已成熟之滩，本年四月内荥邑李令将此新滩地分拨荥民领种，因荥民执称河阴以洪沟为界，其洪沟以东之熟地应归于荥，而不应归于河，此乃致讼之由也。卑职于二十日复公同亲诣荥、河二邑交界处，唤集两造，逐一研讯。据王国诏供，称此成熟滩地系四十九年滩出，五十二年成熟。及讯贡生孟起蛟，供称此四十七年滩出，五十年成熟。供词已属互异，成熟实已有年，在王国诏等何不控之于滩出之时，而告之于成熟数年之后，此不辩而自明也。又查《河邑志》，内开载顺治三年邑令王文烨将河阴并为六保，内有洪沟一保之名。又查《志》内载有桃花峪、招子岭、任家店等处。及查《荥邑志》，并无是名。因将二邑之《志》村与国诏等公同细看，且查洪沟至任家店现属河民居住耕种于斯。再讯诸河邑工房冯天植，供称当时运粮荥泽，送卢家嘴河阴交界，河阴送石槽沟汜水交界，供付甚明，则河阴之交界似应以任家店界东为止，不应以洪沟界西为止。既以洪沟东界任家店为止，则已成熟之滩地一百九十余顷应归于河，而新滩地一十顷零应拨荥也又明矣。再考之荥、河二邑诸乘，塌涨靡常，战争不一。据孟起蛟所控荥泽旧城内碑记为据者，系明弘治十三年间荥泽、河阴、武陟三县卫为争滩而成大案，始勒石立界，今碑记年久，显有荥泽交界西至广武山，即昔年奉绘河图存式尚在。余讯供同。

卑职仰体各宪台息事宁民之致意，再四劝谕，各守各业，无事纷更。是否允协，卑职何敢擅便，统听宪台核夺批示遵行。

蒙布政司批据详：洪沟以东至任家店东界滩地一百九十三顷应归河阴抵坍，其接连河阴成熟滩地十顷零在任家店东北，应归荥泽抵坍。现经三县勘明，如详立案，以立疆界。王国诏等无端妄控，姑念赔粮起见，从宽免究。仍檄荥、河二县各立界碑，毋致异日再起争端。缴会勘荥阳县知县纪世祐、河阴县知县梁天宗、荥泽县知县李模仝立。

乾隆四十年十二月初八日，荥泽知县杨暨勘定仓头滩南界，有大路一条，西自石槽沟起，东北至官庄峪止，宽五弓。界路南皇粮地。石槽沟长十五弓，运斗峪长六十弓，宋家沟长七十五弓，池儿沟长九十弓，李家坡口长一百零五弓，堂庙沟口长一百二十弓，马沟口长一百三十五弓，杨树沟口长一百五十弓，苏家坡口长一百六十五弓，黄家台长一百八十弓，牛口峪长一百九十五弓，王世铎庄长五十五弓。自王世铎庄东北至官庄峪俱除塌山地五十五弓，界路五弓外统计塌山地连路共十二顷八十七亩九分。

骨头峪以东滩租共征银一十四两四钱五分八厘。

仓头滩春征租银一百一十五两六钱七分八厘，秋征额粮银九十五两七厘。

右两款乃现收数，与《申志》所载不同，缘沙压水占，河流无定，除额征外收租升科仍照旧随时查报。

道光四年十月，知县蔡銮登详报仓头老滩东以小张沟迤东，小骨头峪迤西，中间午南子北，东西抵河划界，有东西滩通区截区分界碑。

光绪十八年河民李英、张登国等以汜水县民争执仓头滩地上控，屡勘未定。二十五年，宪委于沧澜讯结。

案，仓头滩田原系额粮，北为扇面形，南窄北宽，西邻汜水，南至石槽沟，西北至夹堡刘毅庙。嘉庆六七年间，荥、汜民互控，经两县令履勘清界，竖立界碑，汜水卷宗附有碑文一纸。其文曰："石槽沟内中间立定中臬，子南午北，一线至河，东属荥，西属汜，各守各界，永绝讼端，言归于好。"三十六字，附载沟内中间，距山根东西各十八弓。荥泽县卷同嗣以河流南徙，地去粮存，民不聊生。至光绪十年大溜北徙，滩地始出，汜邑滩户越界侵种，据为己有，经河民李英、张登国等控诉多年，上宪屡委勘验，疆界未定。至光绪二十五年十二月，宪委于守沧澜断令，自河阴石槽沟起，北量五里半，以南北通行车路河、汜分界，不得执子午南北之说。迤北五里半之新滩由车路西定立中臬，向西展量一弓，再照河北大王庙西墙对河取直，定立一臬。向西展六百弓，斜至五里半一弓处所，立定界址，东归于河，西属汜水，各清边界。惟界西半属汜民旧垦之地，零畸散布，所费工本不少，若遽令交出，未免向隅断令。地归河阴，仍暂准汜民耕种，如同河阴寄庄之户，日后一律垦熟，应行升课纳租，均赴邑呈报，以清界限，而补河阴额粮之亏。至现在两县开垦之界，即以河北黄大王庙西墙斜射石槽沟五里半之中臬一线分界，各垦界内之地勿再侵越。

民国四年六月，绅民王庆云、张登国等以仓头一带原有额粮滩地南北长二十五里，去秋至今，黄河南游，塌没二十余里，现存者不过三里，比原有滩地十去其九，河阴膏壤尽归河北。拟请保护河民越河开垦。经知事胡荃批候，并案移咨武陟县确切查明，妥议办理，咨复核办，以昭公允而泯争端。

民国四年九月，河、武两县居民互争滩地（地在鸿沟第三区以东，至任家店止）一案，经宪委谢炳朴会同武陟知事朱作相、河阴知事胡荃查勘明确，会详拟办，并定合同十三条，蒙准作结。

附　详　文　委员谢炳朴、武陟知事朱作相、河阴知事胡荃，为会详河、武两县居民互争滩地，会勘明确，拟具办法，详请销案。事窃，委员炳朴接奉巡按使饬，以据武陟、河阴两县分详，农民争耕地请委会勘一案，饬即驰往该地，会同武陟、河阴两县履勘地址，调查证据，秉公妥议，详复等因。蒙此遵，即束装起程，顺道先至河阴，后赴武陟，将两县卷宗图册一一调阅，并传见两县绅民。一面亲赴争滩对岸之武陟境御坝二铺营、姚期营，及西滩董宋、驾部、余会等地方查验滩形河势。会同知事作相，订期约会知事荃，先期率同绅民在南岸相候，委员炳朴、知事作相邀同北岸绅民乘船渡河，会同亲赴控争处所，详加履勘。此项滩地大溜，先在南岸，地为武民垦种。自民国三年大溜北趋，南岸虽未断流，而洲汀错列，只能掉行轻舟，此次会勘，随从轿马均可徒涉而过，至深仅及二尺，与委员炳朴前勘武陟西滩大致相同。勘毕，同赴河阴县，邀集两县绅民，饬令各抒意见，以凭折衷拟断。据武民恩廉等要求，此项滩地应由武、河两县分种，其说有三：一，滩在河中，两岸有水以夹河滩，论不得全归河阴管辖；二，开垦此滩历七八年，势难舍弃；三，北岸坍塌，赔粮日久，弃滩不种，益形赔累质之。河民王鸿量等亦有三说：一，以河为界，自古已然，今滩坐河南，当然全归河阴管有；二，县西仓头北岸新涨极大，武民独种，河民为官所抑，不能与争守河界也，如东滩分种，西滩亦应照办；三，赔粮情形亦与武无异。委员、知事等就察勘情形，两县绅民所陈理由详加讨论。查河、武两县滨临黄河所有滩地素以大溜为界，不惟两县卷宗舆论一致相同，即证诸凡临水地方分界之通例与河流深处为两岸地界之法理亦相符合，此滩既在大溜以南，应归河阴管辖毫无疑义。若以南岸有水即为夹河滩，则北岸西滩情势相同，此说若行，非徒不利于南，于北岸亦有牵动。将来雨后积潦，亦必藉为口实，纷起争端，实非两县居民之福。所请分种之议，既多窒碍，断难照准。至两造所构空粮一节，事远年湮，是否即系此地遗额，毫无证据。况临河之地随河势为变迁，此盈彼绌，理有固然，自应各从习惯，划河分界，不得找地补粮，俾断藤葛。惟此项滩地武民越河垦种，足胼手胝已七八年，地甫成熟，尚多债累，近岁蝗旱频仍，收成歉薄，获利无多。今为河流北徙，移转南岸，既有特别情形，与此坍彼涨不同，遽令垂手让人，核情未免向隅，应由河民另行报酬开垦之资，方足以昭公允。剖论之下，两造输服，均表赞同。复经公同酌议，河民公出酬劳费钱一千六百串，按麦秋两季分四期缴县，移解武陟县。

转饬。该绅民等承领分发，定立合同十三条，两造签字书押，由两县官绅交换，分别存案收执，以昭信守。其北岸西滩新涨之地，仍照旧章归武耕种，勿得另起争端。一面由知事等会同出示，嗣后倘有越河争地以及抢收麦秋情事，一律挐案照例究办。至河阴仓头两滩，系属行粮地亩，刻下河势南徙，滩田汇塌处应由知事随时勘明详请，豁除粮银，以杜借口而示持平。除两岸滩户争斗杀伤由委员、知事等会审明确另文详报外，所有会勘武、河县民人互争滩地拟结情形理合抄录。

合同会具勘图详情钧署查核销差实为公便。

附　会议合同十三条：

一，两县全境滩田，应永遵历来成例，以黄河大流为界，无论滩内有无港湾坐落，界南则属河阴，界北则属武陟。

二，现争东滩勘明，确因河道变迁，已移界南，当然属河阴管业，武民不再争种。

三，此滩有熟地十二顷，系前坐界北时武民所开垦。又，武民今年种秋未收，不无损失，因酌给报酬费大钱一千六百千文，由管业各河民承交。

四，前项报酬费分四期交付，每期交钱四百千文，本合同订定后当交第一期，明年民国五年旧历六月收麦后交第二期，十月收秋后交第三期，后年民国六年旧历六月收麦后交第四期。

五，各期报酬费由河民如数齐缴河阴县署，由县交郑县钱店，取得汇票，移武陟知事，转饬武民具领移交，日期不得逾所定月份。

六，倘逢水旱蝗灾，此项转移滩地全部失收时，河知事亲诣勘明后，应一面移武知事，转知武民，所有本期应交报酬费得展缓一期，递灾得递缓。

七，倘大流改趋南岸，滩地随之北徙，管业权应移转于武民时，除武民原垦之十二顷不□报酬外，凡由河民垦出地亩，应照合同第三条，视地多寡，定武民应给报酬钱数。

八，滩田移转时，如在麦熟前，所有全滩麦粮俱归河民收割后交地，如在收秋前，应照后拟甲乙两项分别办理。甲如系武民，原垦地按本年成例，河民应不收秋，但武民于收割后须酌偿籽种费，每亩钱二百文。乙如系河民，开垦地应查照本合同第三条、第七条办理。

九，此次四期报酬费如尚未付讫，大流忽又南徙，其未交之款自应随时截止，所有权利移转一切事宜，均查照本合同第七条、第八条办理。

十，报酬费如尚未付讫，此项转移滩地或被全部冲刷，或被冲刷全部几分之几，得随时酌量止付或减付。

十一，本合同定后，两邑人民言归于好，所有前因本案发生一切恶感，概行冰释，不得再行藉端生事。

十二，本合同签名后，由武、河两县会委详报备案，并以两份分交双方代表收执，用专责成。

十三，本合同关系綦重，应永久互相遵守，嗣后两邑知事遇有交替时，应专案移交，以昭郑重。

巡按使批据详：已悉此案，既据该印委等会同勘明拟结，所定合同十三条亦均妥协，应准照办，仰武陟县转知河阴县，各饬绅民人等，务须查照，会同办理，不得再行藉端滋事。并转委员知照折图存此批。

民国四年五月，以黄河北徙，陈垌区以东沿滩地为荥泽县绅民谢之南等争执，洪保绅民王鸿量等禀请会勘立界，以杜争端。嗣经知事胡荃会同荥泽知事万中黼勘定界址，在两造歧异之处从中划断，以东属荥泽，以西属河阴。

附　禀函　河阴绅民王鸿量等禀称河邑滩地，确有证据，非止一端。如卢家嘴以南有王林山河阴山地文契，如果滩界偏西，此地何以偏东？可凭者一。又查县治内河北向有三保，嗣因拨并，武陟现有河北詹店，尚有旧界可证，旧界既偏坐东北，则滩地必向东北斜出，可证者二。查滩地红册于乾隆、嘉庆、咸丰三次换造，均归荥泽案内核办，至册开各区数亩，自洪沟界西起，至任店界东止，共宽二千四百三十一弓，共长一千九百余弓，合计共地一百九十余顷，查与康熙六十一年三县会勘之数若合符节，可证者三。今荥泽肆行侵占，以致区中小段不能分放，今再公恳鉴核，俯准再行辟会，公同定界，以便分放而免争端云云。

四年五月二十五日，河阴县知事胡荃致荥泽公函：

迳启者，案查前据敝县绅民王鸿量、陈正名等禀，控贵县民谢之南等侵占沿河滩地一案，当经咨请会勘，旋准贵县函开。据头区区头李得成以敝县民王鸿量等越界侵占，嘱即定期会勘，等因准此查案。两县之民各执一词，若不勘明断结，瞬值种秋，必致滋生事端，兹定本月二十七日午前亲诣任家店地方，恭候台驾，用特专函，奉布即祈，查照传齐案证，检齐卷宗，届时惠临该处，会同勘验，是为至祷。此致荥泽县知事万。

又十月三日咨，河阴县知事胡荃为咨，请立界事案。据敝县绅民王鸿量等禀称，河、荥争执滩界一案，前蒙两县仁天会勘未决，谕令荥、河各举代表三人。复为公议。等因蒙此，河阴遵即举得王鸿量、商懿德、董景道，荥泽举得韩梦斗、马维祺、韩明德，定期前月十六日在洪保大胡村秉公会议。惟查河阴滩地旧案，东邻原以卢家嘴为界，当因时远年湮，该嘴久经坍没，现仅存荒山一片，碍难指定该嘴之处，荥民必称坐西，河民必指在东，两造互相争执，究竟无凭定立。于是两代表不惮劳怨，舍经从权，议自任家店门栋两县塌山地亩接壤之处往东，丈至河阴所封滩界之处，其间共有一百五十六弓。议令自中断开，权作卢家嘴坐落之处，荥、河各得其半，两不争竞。荥、河代表人等当场亦各认可，于前阴历四月二十八日，荥、河代表等复到所议处所公同丈明，封边立界。又于定界之处铺设罗镜，照依子午方位将地畛调正，俾免耕种之时再起争端。惟是两县下情虽议如此，究竟是否有当合在，详请钧案俯赐裁决，并恳移咨荥泽，订期会勘，公同议勒石界永垂久远施行等情。据此按既经两县代表公同议决，自应丈明定界，以杜纠葛，除禀批示外，拟合咨请贵县，烦请查照文内事理，希即传集区头以及代表人等，酌定日期，先期赐复过县，以便饬令绅民，届时驰赴滩地，会同勘验立界，以垂久远而息争端。此咨荥泽县知事万。

十一月二日，荥泽县知事万中黼咨。为咨复事案准贵县咨开荥、河滩地争执一案，业经两县代表公同议决，应酌定日期会同勘验立界。等因准此。当经饬查去后，兹据该代表韩梦斗、马维祺、韩明德禀称缘荥、河滩界不清互相争执一案，前据区头李得成禀请诣勘在案，蒙仁天函邀河阴并谕两县绅民订期齐集滩所，公同议勘。当同两仁天查阅荥滩西界，一有明代铁狮铸字为证，又有老区头可凭，河民无端可据，言称先人传语，依白家凹、卢家嘴为界，但时远年湮，均无坐落处所行迹，彼此争执，会勘未决。谕令各举代表三人，订期秉公会议，不日即赴大胡村与河民代表商懿德、董景道、王鸿量和平会议。惟查河滩证据，界在任家店山西嘴，河民指在东嘴，歧异甚巨，难以定夺，两造代表无奈舍经从权，设法和解，公同商议即在歧异之处从中断开，于阴历四月二十八日复到滩所，如议划分，暂且耕种，以息争端等情。据此，查此案既经两造和平解决，自应会勘立界，以垂久远而息争端，惟现在已获透雨，民间耕种甚忙，应稍缓时日再行订期会勘立界。为此合咨贵县请烦查照。此咨河阴县知事胡。

（郑县）滩地[①]　郑州大河南滩地共立天字至岁字共二十八号，共六十六区，共计地二百八十六顷九十二亩六分六厘六毫，内除荥泽县地十顷九十九亩七分一厘五毫，除原武县地四顷一十亩五厘八毫，除故堤干河身地一顷四十四亩九分一厘，原行粮地二百七十顷三十六亩九分八厘三毫（图七）。

天字号共一区，共计地四顷八十五亩一分，内除荥泽县地一顷九十一亩五分三厘六毫，除原武县地四亩二分九毫，原行粮地二顷八十九亩三分五厘五毫。

地字号共二区，共计地七顷五十亩，内除荥泽县地一顷九十亩六分五毫，除原武县地五十一亩九分三厘五毫，除干河身地三十一亩，原行粮地四顷七十六亩四分六厘。

元字号共二区，共计地七顷七十二亩五分，内除荥泽县地一顷九亩五分一厘九毫，除原武县地十亩六分一厘五毫，原行粮地六顷十二亩三分六厘六毫。

黄字号共二区，共计地八顷三十八亩五分，内除荥泽县地九十亩九厘八毫，原行粮地七顷四十八亩四分二毫。

宇字号共三区，共计地十二顷五十四亩，内除荥泽县地一顷七十亩二分八厘九毫，原行粮地十顷八十三亩七分一厘一毫。

宙字号共三区，共计地十六顷四十亩五分五厘，内除荥泽县地二顷二十八亩三分三毫，原行粮地十四顷十二亩二分四厘七毫。

洪字号共三区，共计地十五顷四十三亩零五厘，内除荥泽县地一顷一十九亩三分六厘五毫，除故堤三十六亩，原行粮地十三顷八十七亩六分八厘五毫。

丰字号共三区，共计地十四顷二十六亩五分，内除故堤二十九亩，原行粮地十三顷九十七亩五分。

日字号共三区，共计地十三顷九十三亩五分，俱原地行粮。

月字号共三区，共计地十二顷六十七亩五分，俱原地行粮。

盈字号共三区，共计地十二顷五十一亩，内除故堤十六亩三分八厘九毫，原行粮地十二顷三十四亩六分一厘一毫。

昃字号共四区，共计地十三顷八十九亩，内除故堤压地十五亩九分二厘一毫，原行粮地十三顷七十三亩七厘九毫。

辰字号共四区，共计地十四顷五十二亩，俱原地行粮。

[①]　《河南历代方志集成》第三卷《民国郑县志》（民国二十年重印本），第84~86页。

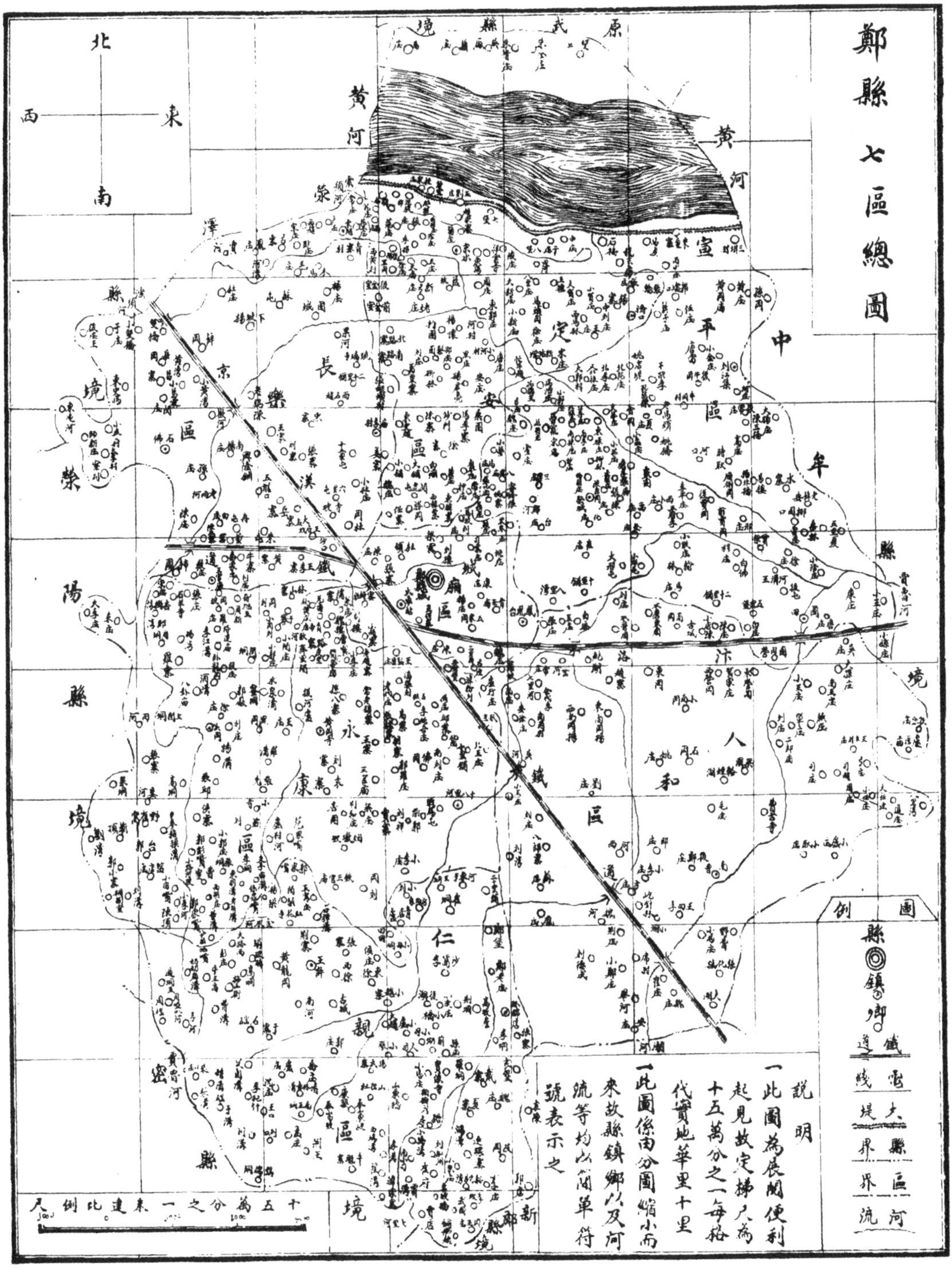

图七　郑县七区总图

（引自《河南历代方志集成（郑州卷）》卷3《民国郑县志》，第20页）

宿字号共四区，共计地十四顷七十四亩五分，内除故堤十六亩六分，原行粮地十四顷五十七亩九分。

列字号共四区，共计地十五顷十亩五分，俱原地行粮。

张字号共三区，共计地十六顷八亩，俱原地行粮。

寒字号共四区，共计地十七顷五十三亩五分，俱原地行粮。

来字号共三区，共计地十四顷八十六亩五分，俱原地行粮。

暑字号共二区，共计地九顷十亩五分，俱原地行粮。

往字号共二区，共计地六顷五十六亩一分六厘六毫，俱原地行粮。

秋字号共一区，共计地五顷四十亩，内除原武县地一顷八十五亩八分。

收字号共一区，共计地五顷八十五亩，内除原武县地六十二亩一分二厘八毫。

冬字号共一区，共计地四顷六十二亩，内除原武县地五十九亩四分七厘，原行粮地四顷二亩五分三厘。

藏字号共一区，共计地四顷五十一亩五分，内除原武县地三十六亩九分一毫，原行粮地四顷十四亩五分九厘九毫。

闰字号共一区，共计地四顷二十七亩五分，俱原地行粮。

余字号共一区，共计地三顷十五亩，俱原地行粮。

成字号共一区，共计地五顷二十四亩四分，俱原地行粮。

按，郑州河滩坐落大河以南、大堤以北，仍系按亩行粮，并无活租，其赋役全书确册，内亦无滩地名色。其立号划区，始自抚宪富奉明，沿河塌地一经水涨，奸民易于影射，致启争端，将堤外滩地查丈，划为区号，每号选一人为公直，择区内一人为区头，开明业户姓名、地数，送州县钤印。凡有估争，吊册查验，法至详也。嗣后抚宪雅以划区，之后夏秋水发，界址仍然难辨，且岁岁划区，官民不无纷扰，奏请停止。然区号现存，其亩数或有坍涨，犹可遵照旧式查丈，故附载于内。

河北老滩地 二十六顷三十三亩八分八厘七毫。按，老滩与原武地轩字号为邻，每因地界不清，郑、原民人屡年控争。知州张越于乾隆三年查丈确数，分界承种，然郑民隔河种地，终觉未便，每被原人侵估，司牧者尚宜如意焉。

河北嫩滩地 共地七十七顷九十亩七分二厘四毫。

按，此地坐落北岸夹河之中，于乾隆三四年新淤成地，理事厅佛公查勘详请，拨补坍户承种。

后　　记

　　经过两年多的编撰，《典籍里的郑州黄河》一书终于完成了。这本书主要对郑州市下辖的巩义市、荥阳市、惠济区、金水区和中牟县等黄河沿岸区县市与黄河有关的典籍进行了收录和整理。典籍汗牛充栋，而我们的精力和学识有限，因此，本书只选取了部分地方志和二十五史作为史料搜集的对象。若依现代行政区划，则黄河郑州段只流经以上五个区县市，但沧海桑田，黄河郑州段屡屡变迁，郑州的区划也屡屡调整，黄河流经的地方实在难以确定，本书所搜集的资料也难免有遗漏。我们所搜集的史料，真实反映了古代郑州黄河及其沿岸的政治、军事、经济、地理、宗教信仰、自然灾害、治河等方方面面的情况，再现了鲜活的黄河历史，展现了博大精深的黄河文化。

　　《典籍里的郑州黄河》在编撰过程中，得到了张振明、刘良超先生和王丽霞、王俊女士的帮助，在此表示衷心感谢！

　　由于编者才蔽识浅，在对地方志的隶定和解读上难免有疏漏之处，敬请方家不吝赐教。

编　者

2022年11月